昭和学院秀英高等学校

〈収録内容〉

便利な DL コンテンツは右の QR コードから

解答用紙

過去年度

※データのダウンロードは 2025 年 3 月末日まで。
※データへのアクセスには、右記のパスワードの入力が必要となります。 ⇒ 674624

〈合格最低点〉

	前　期
2024年度	226点
2023年度	203点
2022年度	186点
2021年度	224点
2020年度	204点
2019年度	228点

本書の特長

実戦力がつく入試過去問題集

- ▶ 問題 …………… 実際の入試問題を見やすく再編集。
- ▶ 解答用紙 …… 実戦対応仕様で収録。
- ▶ 解答解説 …… 詳しくわかりやすい解説には、難易度の目安がわかる「基本・重要・やや難」の分類マークつき（下記参照）。各科末尾には合格へと導く「ワンポイントアドバイス」を配置。採点に便利な配点つき。

入試に役立つ分類マーク

基本 確実な得点源！
受験生の 90%以上が正解できるような基礎的、かつ平易な問題。
何度もくり返して学習し、ケアレスミスも防げるようにしておこう。

重要 受験生なら何としても正解したい！
入試では典型的な問題で、長年にわたり、多くの学校でよく出題される問題。
各単元の内容理解を深めるのにも役立てよう。

やや難 これが解ければ合格に近づく！
受験生にとっては、かなり手ごたえのある問題。
合格者の正解率が低い場合もあるので、あきらめずにじっくりと取り組んでみよう。

合格への対策、実力錬成のための内容が充実

- ▶ 各科目の出題傾向の分析、合否を分けた問題の確認で、入試対策を強化！
- ▶ その他、学校紹介、過去問の効果的な使い方など、学習意欲を高める要素が満載！

解答用紙ダウンロード 解答用紙はプリントアウトしてご利用いただけます。弊社ＨＰの商品詳細ページよりダウンロードしてください。トビラのＱＲコードからアクセス可。

見やすく読みまちがえにくいユニバーサルデザインフォントを採用しています。

昭和学院秀英高等学校

普通科
生徒数　783名
〒261-0014
千葉県千葉市美浜区若葉1-2
☎043-272-2481
総武線幕張駅、京成線京成幕張駅
各徒歩15分
京葉線海浜幕張駅　徒歩10分

独自のカリキュラムで抜群の進学実績 体育・文化施設も万全

URL	https://www.showa-shuei.ed.jp/

生徒の自己実現を支える教育

総合教育機関として発展してきた昭和学院によって、1983年高等学校が創立、中学校は1985年に併設された。校訓に「明朗謙虚・勤勉向上」を掲げ、独自の中高一貫カリキュラムで高い実績を上げている。「質の高い授業」「きめ細やかな進路指導」「豊かな心の育成」の３つの実践目標をもとに、自己実現に向かう姿勢を育み、高い進路目標の実現と、将来を支える人材となる人間性の育成を目指している。

全ての教室には電子黒板

千葉市の文教地区として発展している幕張にあり、静かで申し分のない環境の中、生徒たちは健康的な学園生活を送っている。４つの理科実験室や階段教室が入る６階建ての校舎、貸出や返却などすべてコンピュータで管理している独立した２階建て図書館。そして全ての教室には電子黒板が設置されている。また、全面人工芝のグラウンド、２つの体育館、武道館、全天候型テニスコート（オムニコート）、天井開閉式プールなど、体育施設も充実している。

内装も豪華な図書館

基礎学力を固め、高２でコース分け

多様な生徒の希望に対応して、２年次に多くの選択科目をつくり、文系・理系の２つのコースを設けて指導している。そのため高３では余裕をもって進路実現に向けて取り組むことができる。中学から高校まで各教科で授業を補う補習や、発展的内容にチャレンジする講習を行っていて、特に長期休暇中は多くの講習を行い、大学受験に向けて指導している。

充実した各種学校行事

行事は、生徒たちが自ら企画・運営する体育祭や雄飛祭（文化祭）などのほか、著名人を招いての文化講演会、卒業生や大学関係者を招いての進路講演会などを実施している。情操教育としては全校生徒対象の芸術鑑賞教室だけでなく、２年で能楽の鑑賞教室が国立劇場で実施されている。また、社会の関心を深める取り組みとして、千葉大学や東京大学が実施するプログラムにも参加する。

部・同好会活動は、37団体あり、充実した施設設備のもと、それぞれ精力的に活動している。

[運動部] 硬式野球、新体操、サッカー、バスケットボール、バレーボール、硬式テニス、柔道、剣道、卓球、水泳、陸上競技、バドミントン、チアダンス、ラクロス

[文化部] 吹奏楽、美術、放送、演劇、写真、合唱、弦楽

[同好会] 書道、調理、科学、天文、文芸、ボランティア、クイズ研究、国際文化研究、自然探索、軽音楽、パソコン、数学研究、将棋

ホームステイでのイベントも充実

4年制大学へ優秀な進学実績

東京、京都、東京工業、東北、一橋をはじめとする難関国公立大や国公立の医学部、早稲田、慶應、上智、東京理科などの難関私立大などに卒業生の８割が現役で合格している。

多彩な語学研修プログラム

国際化社会に対応するため、１・２年ではマレーシアやイギリスの大学での語学研修、さらに神田外語大学で外国人講師から授業を受ける年間カリキュラムも実施。また留学生を囲んで、グループディスカッションするプログラムも中１から高１まで行っている。多彩な研修プログラムが用意され、生徒たちは国際感覚を身につけている。

2024年度入試要項

試験日　1/18（一般）
試験科目　国･数･英･理･社

2024年度	募集定員	受験者数	合格者数	競争率
一般	80	1219	729	1.7

※帰国生入試（国・数・英）含む

過去問の効果的な使い方

① **はじめに**　入学試験対策に的を絞った学習をする場合に効果的に活用したいのが「過去問」です。なぜならば，志望校別の出題傾向や出題構成，出題数などを知ることによって学習計画が立てやすくなるからです。入学試験に合格するという目的を達成するためには，各教科ともに「何を」「いつまでに」やるかを決めて計画的に学習することが必要です。目標を定めて効率よく学習を進めるために過去問を大いに活用してください。また，塾に通われていたり，家庭教師のもとで学習されていたりする場合は，それぞれのカリキュラムによって，どの段階で，どのように過去問を活用するのかが異なるので，その先生方の指示にしたがって「過去問」を活用してください。

② **目的**　過去問学習の目的は，言うまでもなく，志望校に合格することです。どのような分野の問題が出題されているか，どのレベルか，出題の数は多めか，といった概要をまず把握し，それを基に学習計画を立ててください。また，近年の出題傾向を把握することによって，入学試験に対する自分なりの感触をつかむこともできます。

過去問に取り組むことで，実際の試験をイメージすることもできます。制限時間内にどの程度までできるか，今の段階でどのくらいの得点を得られるかということも確かめられます。それによって必要な学習量も見えてきますし，過去問に取り組む体験は試験当日の緊張を和らげることにも役立つでしょう。

③ **開始時期**　過去問への取り組みは，全分野の学習に目安のつく時期，つまり，9月以降に始めるのが一般的です。しかし，全体的な傾向をつかみたい場合や，学習進度が早くて，夏前におおよその学習を終えている場合には，7月，8月頃から始めてもかまいません。もちろん，受験間際に模擬テストのつもりでやってみるのもよいでしょう。ただ，どの時期に行うにせよ，取り組むときには，集中的に徹底して取り組むようにしましょう。

④ **活用法**　各年度の入試問題を全問マスターしようと思う必要はありません。できる限り多くの問題にあたって自信をつけることは必要ですが，重要なのは，志望校に合格するためには，どの問題が解けなければいけないのかを知ることです。問題を制限時間内にやってみる。解答で答え合わせをしてみる。間違えたりできなかったりしたところについては，解説をじっくり読んでみる。そうすることによって，本校の入試問題に取り組むことが今の自分にとって適当かどうかが，はっきりします。出題傾向を研究し，合否のポイントとなる重要な部分を見極めて，入学試験に必要な力を効率よく身につけてください。

数学

各都道府県の公立高校の入学試験問題は，中学数学のすべての分野から幅広く出題されます。内容的にも，基本的・典型的なものから思考力・応用力を必要とするものまでバランスよく構成されています。私立・国立高校では，中学数学のすべての分野から出題されることには変わりはありませんが，出題形式，難易度などに差があり，また，年度によっての出題分野の偏りもあります。公立高校を含め，ほとんどの学校で，前半は広い範囲からの基本的な小問群，後半はあるテーマに沿っての数問の小問を集めた大問という形での出題となっています。

まずは，単年度の問題を制限時間内にやってみてください。その後で，解答の答え合わせ，解説での研究に時間をかけて取り組んでください。前半の小問群，後半の大問の一部を合わせて50％以上の正解が得られそうなら多年度のものにも順次挑戦してみるとよいでしょう。

英語

英語の志望校対策としては，まず志望校の出題形式をしっかり把握しておくことが重要です。英語の問題は，大きく分けて，リスニング，発音・アクセント，文法，読解，英作文の5種類に分けられます。リスニング問題の有無(出題されるならば，どのような形式で出題されるか)，発音・アクセント問題の形式，文法問題の形式(語句補充，語句整序，正誤問題など)，英作文の有無(出題されるならば，和文英訳か，条件作文か，自由作文か）など，細かく具体的につかみましょう。読解問題では，物語文，エッセイ，論理的な文章，会話文などのジャンルのほかに，文章の長さも知っておきましょう。また，読解問題でも，文法を問う問題が多いか，内容を問う問題が多く出題されるか，といった傾向をおさえておくことも重要です。志望校で出題される問題の形式に慣れておけば，本番ですんなり問題に対応することができますし，読解問題で出題される文章の内容や量をつかんでおけば，読解問題対策の勉強として，どのような読解問題を多くこなせばよいかの指針になります。

最後に，英語の入試問題では，なんと言っても読解問題でどれだけ得点できるかが最大のポイントとなります。初めて見る長い文章をすらすらと読み解くのはたいへんなことですが，そのような力を身につけるには，リスニングも含めて，総合的に英語に慣れていくことが必要です。「急がば回れ」ということわざの通り，志望校対策を進める一方で，英語という言語の基本的な学習を地道に続けることも忘れないでください。

国語

国語は，出題文の種類，解答形式をまず確認しましょう。論理的な文章と文学的な文章のどちらが中心となっているか，あるいは，どちらも同じ比重で出題されているか，韻文(和歌・短歌・俳句・詩・漢詩)は出題されているか，独立問題として古文の出題はあるか，といった，文章の種類を確認し，学習の方向性を決めましょう。また，解答形式は，記号選択のみか，記述解答はどの程度あるか，記述は書き抜き程度か，要約や説明はあるか，といった点を確認し，記述力重視の傾向にある場合は，文章力に磨きをかけることを意識するとよいでしょう。さらに，知識問題はどの程度出題されているか，語句(ことわざ・慣用句など)，文法，文学史など，特に出題頻度の高い分野はないか，といったことを確認しましょう。出題頻度の高い分野については，集中的に学習することが必要です。読解問題の出題傾向については，脱語補充問題が多い，書き抜きで解答する言い換えの問題が多い，自分の言葉で説明する問題が多い，選択肢がよく練られている，といった傾向を把握したうえで，これらを意識して取り組むと解答力を高めることができます。「漢字」「語句・文法」「文学史」「現代文の読解問題」「古文」「韻文」と，出題ジャンルを分類して取り組むとよいでしょう。毎年出題されているジャンルがあるとわかった場合は，必ず正解できる力をつけられるよう意識して取り組み，得点力を高めましょう。

出題傾向の分析と 合格への対策

●出題傾向と内容

本年度の出題は，大問4題，小問16題と例年並みであった。

出題内容は，①が2次方程式，因数分解，平方根，数の性質，資料の整理，空間図形に関する独立小問5題，②が図形と関数・グラフの融合問題，③が平面図形の計量問題，④が確率の問題であった。

幅広い知識と応用力を問われる問題，さらに確実な計算力を要求する問題が出題されている。

✔学習のポイント

関数と図形，関数と確率など，融合問題に対応する準備をするためにも，各分野の基本例題の解法を十分に身につけておこう。

●2025年度の予想と対策

本校の出題内容の特徴は，大問後半に含まれる小問の難度の高さであり，2次関数・1次関数と図形や確率の問題，円と三角形の複合問題，立体の切断の関わる問題など，数学各分野の融合問題が数多く出題されている。

例年と変わらない問題数で受験生の実力を測るためにも，今後も融合問題は数多く出題されるだろう。まずは各分野をしっかり鍛え，知識を活用できるようにする準備を行っておこう。

余力があれば，難度の高い計算処理や複雑な場合の数・確率の問題にも挑戦しよう。また，図形の有名性質を覚えておくと，解きやすい場合もある。

▼年度別出題内容分類表……

出題内容			2020年	2021年	2022年	2023年	2024年
数と式		数の性質			○	○	○
		数・式の計算	○	○	○		
		因数分解	○		○	○	○
		平方根	○	○	○	○	○
方程式・不等式		一次方程式	○	○			
		二次方程式					○
		不等式					
		方程式・不等式の応用					
関数		一次関数		○	○	○	○
		二乗に比例する関数	○	○	○	○	○
		比例関数					
		関数とグラフ	○	○	○	○	○
		グラフの作成					
図形	平面図形	角度				○	
		合同・相似	○	○	○	○	○
		三平方の定理		○	○	○	○
		円の性質	○	○		○	○
	空間図形	合同・相似			○		
		三平方の定理	○	○	○		○
		切断			○	○	
	計量	長さ	○	○	○	○	○
		面積	○	○	○	○	○
		体積	○	○		○	○
		証明					○
		作図					
		動点					
統計		場合の数	○		○		
		確率		○	○	○	○
		統計・標本調査			○	○	○
融合問題		図形と関数・グラフ	○	○	○	○	○
		図形と確率					
		関数・グラフと確率					
		その他					
その他							

昭和学院秀英高等学校

出題傾向の分析と合格への対策

●出題傾向と内容

本年度は，リスニング2題，適語補充，和文英訳，語句整序問題，長文読解3題，条件英作文の計9題。長文読解では要約問題が出題され，全体的に記述力が問われる問題となっている。

また，英作文問題は15～25語が2題で非常に長い記述量である。

長文読解はかなり長い文章で，内容理解に関する問題が主となっており，日本語での記述問題も出題されており，正確な読解力が要求される。

文法問題は標準レベルだが，総合的な英語力は高いものが要求される。

学習のポイント

長文読解問題，文法問題ともに上級問題集にも挑戦しよう。英作文対策として正確な英文を書く練習をしよう。

●2025年度の予想と対策

出題形式や内容に若干の変更があることも予想されるので，どのような試験にも対応できるよう，幅広い学習が必要である。

長文読解問題対策は，標準から発展レベルの問題集を利用し速読の練習をしておこう。ジャンルを問わず難易度の高い文章や長い文章にも挑戦しよう。

和文英訳，英作文対策は，簡単な文章から始め，自分の意見を英文で書けるまでレベルを上げる必要がある。語彙力をつけ，様々な場面やテーマで正しい英文を書く練習をしておこう。

▼年度別出題内容分類表 ……

	出題内容	2020年	2021年	2022年	2023年	2024年
話し方・聞き方	単語の発音					
	アクセント					
	くぎり・強勢・抑揚					
	聞き取り・書き取り	○	○		○	○
語い	単語・熟語・慣用句					○
	同意語・反意語					
	同音異義語					
読解	英文和訳(記述・選択)		○	○	○	○
	内容吟味	○		○	○	○
	要旨把握	○	○	○	○	○
	語句解釈		○	○		
	語句補充・選択	○	○	○	○	○
	段落・文整序					
	指示語			○	○	
	会話文					
文法・作文	和文英訳		○	○	○	○
	語句補充・選択			○	○	○
	語句整序	○	○	○	○	○
	正誤問題					
	言い換え・書き換え					
	英問英答					
	自由・条件英作文	○	○	○		○
文法事項	間接疑問文	○		○		○
	進行形					
	助動詞		○			
	付加疑問文					
	感嘆文					
	不定詞			○	○	○
	分詞・動名詞	○	○		○	
	比較			○	○	
	受動態		○		○	
	現在完了		○			○
	前置詞			○		○
	接続詞		○	○	○	○
	関係代名詞					○

昭和学院秀英高等学校

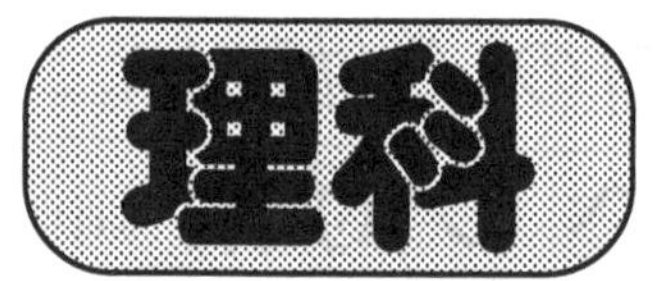

出題傾向の分析と合格への対策

●出題傾向と内容

出題数は，大問4～5題で，小問数は50問程度である。試験時間40分に対する問題量としてはやや多めである。解答形式は，数値，語句，記号選択が多く，記述問題も出題される。

物理・化学・生物・地学の各分野からほぼ均等に広く出題されている。

教科書内容を前提として，基礎基本を重視しつつも，計算問題や応用問題も多めである。問題文の条件から解き方を考える設問も多く，丸暗記だけでは合格点に達しない。思考力と計算力が必要である。

✔学習のポイント

基礎基本を理解したうえで，計算を含む発展内容についてもよく問題練習しておこう。

●2025年度の予想と対策

各分野から幅広く出題されるが，物理分野，化学分野からの発展的な計算問題が含まれるだろう。

語句の暗記だけでなく，意味や原理もふくめた理解も必要となる。また，どの分野でも計算を必要とする問題が出題されることが予想されるので，標準的な問題だけでなく，発展的な内容をふくむ問題まで練習をしておくとよい。

実験や観察について，結果やデータをもとにして計算や考察をする問題や方法に関する問題も出題されるので，いろいろなパターンの問題に取り組んでおきたい。

▼年度別出題内容分類表 ……

	出題内容	2020年	2021年	2022年	2023年	2024年
第一分野	物質とその変化	○	○	○	○	
	気体の発生とその性質	○				○
	光と音の性質		○			
	熱と温度					
	力・圧力	○	○	○	○	
	化学変化と質量	○			○	○
	原子と分子		○			○
	電流と電圧			○		
	電力と熱					
	溶液とその性質					
	電気分解とイオン	○				
	酸とアルカリ・中和		○			
	仕事					
	磁界とその変化					○
	運動とエネルギー			○		○
	その他					
第二分野	植物の種類とその生活	○				
	動物の種類とその生活	○				
	植物の体のしくみ	○	○			
	動物の体のしくみ					
	ヒトの体のしくみ	○				○
	生殖と遺伝		○		○	○
	生物の類縁関係と進化					
	生物どうしのつながり					
	地球と太陽系	○			○	○
	天気の変化	○				○
	地層と岩石		○	○		○
	大地の動き・地震					
	その他	○				

昭和学院秀英高等学校

出題傾向の分析と 合格への対策

●出題傾向と内容

本年度は大問が地理2題，歴史2題，公民2題の合計6題で，小問数は地理10問，歴史15問，公民9問の34問と，昨年度からさらに減った。解答形式は記号選択が23問，語句記入が8問，記述問題は3問で，配点はすべて1点か2点である。

地理分野は日本地理より世界地理の割合がやや大きく，資料の読み取り問題が多いため，時間を要する。歴史分野は日本史が中心で，並べ替えの問題や，正誤の問題では深い知識が要求される。配点が最も高く，確実に得点したい。公民分野は政治分野の基本のほか，需要と供給，家計など，経済分野が多く出題された。

✔学習のポイント

地理：最新の統計資料をチェックする。
歴史：得点源。因果関係を確実に。
公民：政治・経済・国際をバランスよく。

●2025年度の予想と対策

問題数や出題のされ方が変わっても，想定の範囲内だと思いながら解けば問題はない。

3分野の中で地理は資料の読み取りや思考力など，難しい問題が多いと思われるので，難しいな，と思った場合は地理をいったん飛ばして他の分野から取り組むのも戦術だろう。

歴史・公民は純粋に知識で解ける問題が多いと予想される。漢字を正確に書く必要があるので，日頃から意識して漢字の練習に取り組むこと。また，経済分野では需要と供給の関係や為替，景気の変動については仕組みをしっかりと理解しておく。受験前年の国際情勢，国内の出来事は日ごろからアンテナを広げておこう。

▼年度別出題内容分類表 ・・・・・・

		出題内容	2020年	2021年	2022年	2023年	2024年
地理的分野	（日本）	地形図	○	○			
		地形・気候・人口	○	○	○		○
		諸地域の特色	○	○			
		産業		○			○
		交通・貿易	○				○
	（世界）	人々の生活と環境	○	○	○	○	○
		地形・気候・人口	○	○	○	○	○
		諸地域の特色	○	○	○	○	○
		産業	○	○	○	○	○
		交通・貿易		○	○	○	○
	地理総合						
歴史的分野	（日本史）	各時代の特色					
		政治・外交史	○	○	○	○	○
		社会・経済史	○	○	○	○	○
		文化史	○	○	○	○	
		日本史総合					
	（世界史）	政治・社会・経済史	○	○	○		○
		文化史	○		○		
		世界史総合					
	日本史と世界史の関連			○	○	○	
	歴史総合						
公民的分野	家族と社会生活		○	○			
	経済生活		○	○	○		○
	日本経済		○	○	○	○	○
	憲法（日本）		○	○	○	○	○
	政治のしくみ		○	○	○	○	○
	国際経済		○				○
	国際政治				○		
	その他						
	公民総合						
各分野総合問題							

昭和学院秀英高等学校

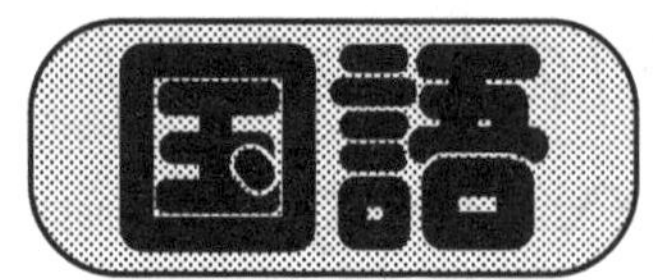

出題傾向の分析と合格への対策

●出題傾向と内容

例年の論理的文章が1題，文学的文章が1題の現代文の読解問題が2題と，古文の読解問題が1題という大問構成に大きな変化はない。

論理的文章では論説文が採用され，脱語補充を通した文脈把握や，内容吟味の設問が中心となっている。

文学的文章では小説が採用され，心情などが問われている。

古文は，口語訳，内容吟味の他に指示語の問題，文学史が問われている。

解答形式は記号選択式と，100字程度の記述式が併用されている。

✔学習のポイント

自分の言葉で表現する練習をしておこう！
選択肢の中から選ぶ問題でも，一度自分の言葉で解答してみよう。

●2025年度の予想と対策

現代文2題と古文1題の大問3題の，この傾向は続くと予想される。

論説文では，論理的文章の内容読解力を試す問題がほとんどなので，指示語，接続語，段落に注意しながら，重要語句をおさえて論旨の展開や要旨をつかむことが大切である。そのためには，比較的長い文章の読解問題を丁寧に解く練習を積んでおきたい。小説は，心情把握の問題に十分に慣れておく必要があり，また，細部の正確な読みが重要になる。古文では，標準以上の問題集を使い，頻出の出題文に接しておいた方がよい。問題を解く過程で，古文単語，口語訳，文脈把握の力を身につけておこう。

▼年度別出題内容分類表 ……

		出題内容	2020年	2021年	2022年	2023年	2024年
内容の分類	読解	主題・表題		○	○		
		大意・要旨		○	○		○
		情景・心情	○	○	○	○	○
		内容吟味	○	○	○	○	○
		文脈把握	○	○	○	○	○
		段落・文章構成			○	○	
		指示語の問題		○			○
		接続語の問題	○				
		脱文・脱語補充	○		○	○	○
	漢字・語句	漢字の読み書き	○	○	○	○	○
		筆順・画数・部首					
		語句の意味	○	○	○	○	○
		同義語・対義語					
		熟語	○				
		ことわざ・慣用句					
	表現	短文作成					
		作文(自由・課題)					
		その他					
	文法	文と文節		○	○		
		品詞・用法					
		仮名遣い	○	○	○		○
		敬語・その他					
	古文の口語訳		○		○	○	○
	表現技法				○		
	文学史			○			○
問題文の種類	散文	論説文・説明文	○	○	○	○	○
		記録文・報告文					
		小説・物語・伝記	○	○	○	○	○
		随筆・紀行・日記					
	韻文	詩					
		和歌(短歌)					
		俳句・川柳					
	古文		○	○	○	○	○
	漢文・漢詩					○	

昭和学院秀英高等学校

2024年度 合否の鍵はこの問題だ!!

数学 1, 2 (1)・(3), 3, 4

1　計算を主体とする小問群であるが1問1問が煩雑である。過去問を復習して，速やかに解答できるように準備しよう。

2 (1)　解説本文の解法も重要だが，余力があれば【参考】の解法もマスターしたい。

(3)　いろいろな解法が考えられるが，直線OA//直線ℓであるから，相似な三角形の面積比に注目して短時間で解答したい。

3 (1)　三角形の内接円の半径を求める基本問題である。(2)～(4)は三角形におけるオイラーの定理に関する一連の流れが問題になっている。初見で時間内に完答するには難しいと思われる。余力があれば高校の参考書などで学習しておこう。

4　落ち着いて取り組めば，十分完答が可能である。

英語 9

条件英作文の配点が12点と高くなっており，昨年よりも配点が低くなっているが，依然として高い配点となっている。したがって，英作文できちんと得点することが重要になってくる。

この問題の場合，前後とのつながりのある英文を書かなければならない点もポイントである。

2つの空所はデメリットを入れる文脈になっている。しかし，それだけでは指定語数を満たさないため，理由や具体例を含めて書くといいだろう。

また，英作文は以下の点に注意をして書くようにしよう。

・時制が正しいかどうか。

・冠詞(a / an, the)の使い方が正しいかどうか。

・可算名詞と不可算名詞を正しく使えているか。

例年，英作文問題は手紙やメールなど，さまざまな形式で出題されている。過去問で練習するとともに，問題集も活用して幅広く問題に触れるようにしたい。

理科 ③ 問1～問3

2024年度の昭和学院秀英高校の問題は，①で，気体の判別に関する問題，②で，化学変化と質量の比に関する問題，③で，クルックス管やクリップモーターのしくみに関する思考力を試す問題，④で，小球の運動に関する問題，⑤で，消化と遺伝に関する問題，⑥で，天気図・太陽高度・地層の形成に関する思考力を試す問題が出された。このように，当校においては，いろいろな分野から幅広く出題される上に，計算問題も多く出されるので，しっかりとした対策が必要である。

③の問1は，陰極線を流れる電流の向きに関する問題であった。この場合は，電子の流れの向きと電流の向きが反対であることに注意する必要があった。

問2は，電流が磁界の中で受ける力の向きに関する問題であり，「フレミングの左手の法則」を使いこなせるようにしておく必要があった。

問3は，「クリップモーター」のしくみについて，しっかりと理解しておく必要があった。また，「クリップモーター」が回転する方向に関して，「フレミングの左手の法則」を用いる必要があった。

社会 ③ 問3

飛鳥時代～平安時代の律令制度における税や労役・兵役についてはよく出題される。それぞれの内容について，表にしてまとめておくと覚えやすい。

<table>
<tr><th>区分</th><th>名称</th><th>内容</th><th>場所</th><th>性別</th></tr>
<tr><td rowspan="3">税</td><td>租</td><td>口分田からとれる稲の3%</td><td>国府へ</td><td>男女</td></tr>
<tr><td>調</td><td>地方の特産物</td><td rowspan="2">中央へ</td><td rowspan="5">男のみ</td></tr>
<tr><td>庸</td><td>麻の布(労役の代わり)</td></tr>
<tr><td>労役</td><td>雑徭</td><td>60日以内の労役</td><td>国府</td></tr>
<tr><td rowspan="2">兵役</td><td>防人</td><td>北九州の3年間の警備</td><td>北九州</td></tr>
<tr><td>衛士</td><td>都の1年間の警備</td><td>都</td></tr>
</table>

日本の土地や人民はすべて天皇が所有するという原則を公地公民という。その上で，6年ごとに戸籍を作成し，6歳以上の男女には口分田を与える代わりに租を納めさせた。そして死んだら口分田を返させることを班田収授法という。

荘園とは，743年に墾田永年私財法が出された後に発生した，貴族や寺社の私有地のことを指す。なお，荘園は安土桃山時代の検地によって消滅した。

国語 三 4

★ なぜこの問題が合否を分けるのか

本入試において，記述問題が二題ある中，本問は100字以内に記述する問題である。一志がとった行動に対して，なぜそのような行動をとったのか，またその時の一志の心情はどのようなものだったのかを字数制限内に書く必要がある。よって，文章の中から解答に必要な箇所を見つけ出し，また字数内に文章を書く能力があるかどうかが問われている。

★ こう答えると合格できない

「口がきけない」とは，話したり喋ったりすることができないということ。つまり，アニさんからの言葉を聞いた一志は，何も言うことができずただ黙っているしかできなかったのである。とすれば，一志を無言でいさせたアニさんの言葉とはどのようなものだったのか，また無言の間，一志はどのような感情を抱いたのかを余すことなく記述しよう。

★ これで合格！

一志の発言の後，アニさんはしばらく黙っていたが，「やり直しがきかないこともあるが，君の年だと色々なチャレンジができる。何度でもできる」「金が必要になったら，また，ここで働けばいい」と言ってくれた。そのことに対して，一志は「ありがとうございます」と感謝を述べて，頭を下げた。感謝した理由について，「アニさんに言ってもらったことに意味があった。この人は，いらないヤツに来いとは言わない。アニさんのコンビニ人生の中の小さなワンピースにすぎない俺でも，信頼してくれた。気にかけてくれた。(中略)アニさんが俺を心配してくれた気持ちは，ありがたかった。心から。本当に」と述べている。これらの事柄から，アニさんの言葉が本当にありがたいと感じ，しばらく何も口にすることができなかったが，やっとのことで，「ありがとうございます」とだけアニさんに伝えることができたのである。

この内容を100字以内にまとめても良いが，「この人は，いらないヤツに来いとは言わない」という内容から，普段，アニさんはどのような人物なのかを書き加えることによって，この時，一志が感謝した理由をよりはっきりさせることができる。

大切なことはメモしておこうネ！

T.G

2024年度

★★★★★★★★★★★★★★★★★★★★★★★★

入　試　問　題

2024年度

昭和学院秀英高等学校入試問題

【数　学】（50分）〈満点：100点〉

1　次の問いに答えよ．

（1）　2次方程式$(4x+3)^2-7(4x+3)+11=0$を解け．

（2）　$(a-2b-1)(a-3b-1)-12b^2$を因数分解せよ．

（3）　$(3\sqrt{5}+\sqrt{3})\div\left(\dfrac{2\sqrt{5}}{\sqrt{5}-\sqrt{3}}-\dfrac{\sqrt{3}}{\sqrt{5}+\sqrt{3}}-6\right)$を簡単にせよ．

（4）　$n+7$が11の倍数であり，$n+11$が7の倍数であるような正の整数nの中で，最小となるものを求めよ．

（5）　半球の底面の円に内接する正方形を底面とし，半球に内接する四角錐を考える．四角錐の体積が最大になるとき，半球と四角錐の体積比を求めよ．

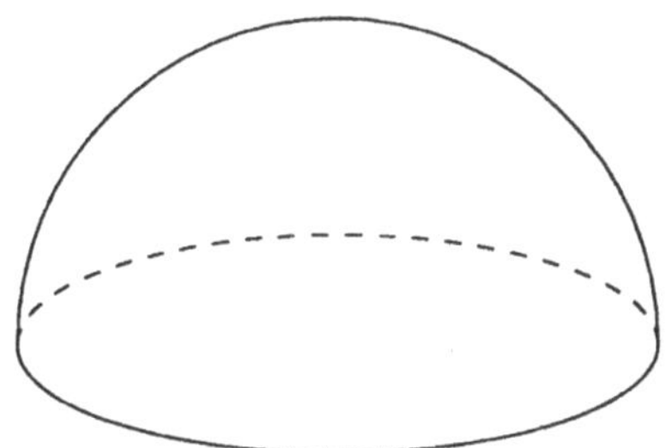

（6）　下の図は50人の10点満点のテストの結果を箱ひげ図にしたものである．これから読み取れることとして正しいものを次の①～⑤からすべて選べ．ただし，得点は0から10までの整数である．

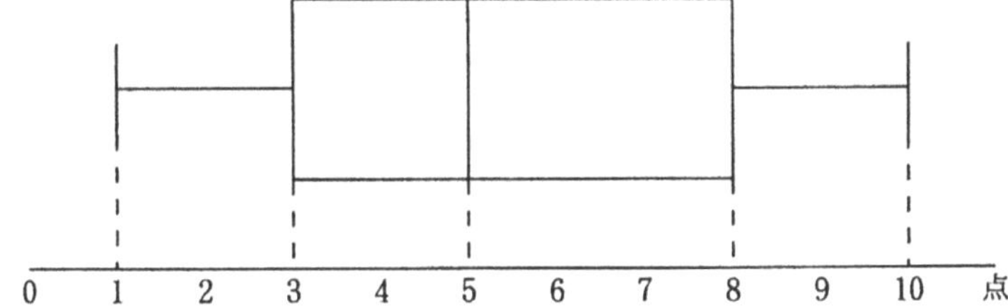

①　平均点は5点以上である．

②　7点以上の人数は13人以上である．

③　第2四分位数と第1四分位数の差は5である．

④　第25位の人の得点は5点である．

⑤　平均点が7点以上になることはない．

2 図のように，放物線$y=x^2$が傾き2の直線と2点A，Bで交わっている．点Bのx座標を$t(t>0)$とするとき，次の問いに答えよ．

（1） 点Aのx座標をtを用いて表せ．

（2） AB$=4\sqrt{5}$のとき，tの値を求めよ．

（3） （2）のとき，原点をOとし，直線OAと平行な直線ℓが△OABの面積を2等分するとする．直線ℓと直線OBの交点のx座標を求めよ．

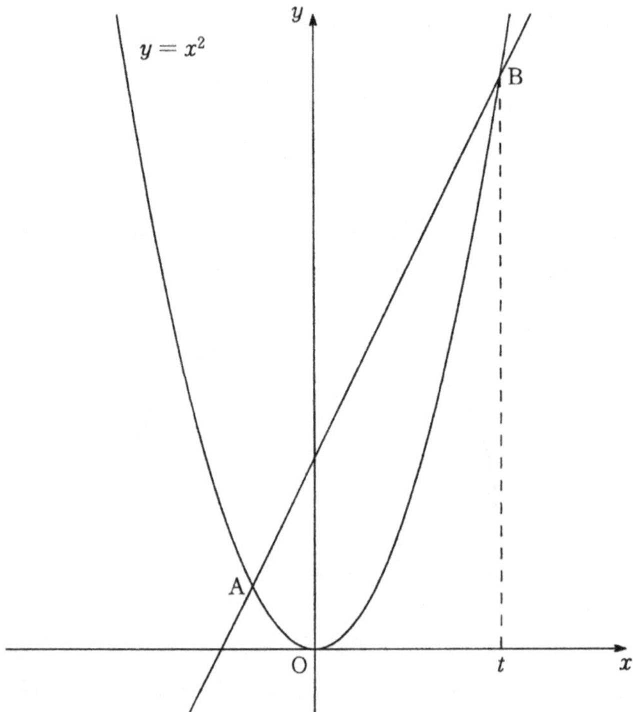

3 図の△ABCの外接円の中心をO，内接円の中心をIとし，直線AIと△ABCの外接円の点Aと異なる交点をDとする．△ABCの面積が$90\sqrt{3}$，AB＝15，BC＝21，CA＝24のとき，次の問いに答えよ．

（1） △ABCの内接円の半径を求めよ．

（2） DB＝DIであることを証明せよ．

（3） △ABCの外接円の半径が$7\sqrt{3}$のとき，AI×DBを求めよ．

（4） （3）のとき，OIの長さを求めよ．

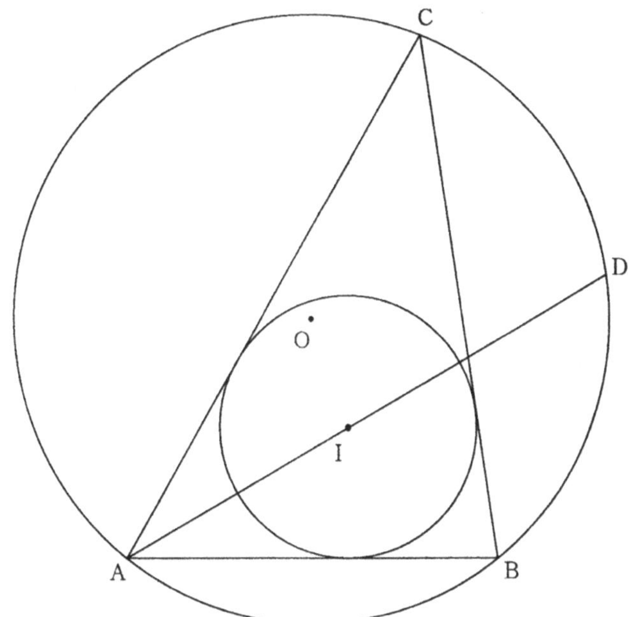

4 1個のさいころを2回投げて出た目の積をxとし，xの正の約数の個数を$D(x)$で表すとき，次の問いに答えよ．ただし，さいころの1～6の目が出る確率は，すべて等しいとする．

（1） $D(x)=2$となる確率を求めよ．

（2） $D(x)=3$となる確率を求めよ．

（3） $D(x)=6$となる確率を求めよ．

【英　語】（50分）〈満点：100点〉

1．それぞれの問いについて，対話の場面が日本語で書かれています。高校生で，兄妹であるJohnとMaryの対話を聞き，それぞれの問いの答えとして最適なものを，4つの選択肢から1つ選び，その数字を答えなさい。対話は一度ずつ流れます。

（1） Maryの旅行について話しています。

Q: What present did Mary get for John?

1. A pen.
2. A small Tokyo Tower.
3. A book about his name.
4. Some Japanese food.

（2） 2人の両親について話しています。

Q: When is their parents' special day?

1. In thirty years.
2. Right now.
3. This weekend.
4. Thursday.

（3） 今日の夕飯の買い物について話しています。

Q: Where is John now?

1. He is at the supermarket.
2. He is on his way to the supermarket.
3. He is at home.
4. He is with Mary.

（4） 近所に住む友人のTomとのピクニックについて話しています。

Q: Why does John suggest a different park?

1. Eating is not allowed at Green Park.
2. The picnic tables are small.
3. Green Park is usually full of people.
4. He does not like the sea.

（5） Johnの予定について話しています。

Q: What is John going to do next month?

1. Work at a Japanese restaurant.
2. Learn about Japanese culture.
3. Go to Japan.
4. Start taking a Japanese class.

2．放送を聞き，次の問いに答えなさい。状況，ワークシートを読む時間が与えられた後，音声が一度流れます。

Q：ワークシートの空欄[1]，[2]，[4]，[5]には算用数字を，[3]には英単語を1語で記入しなさい。

<u>状況</u>

あなたは大学で土星の輪(Satum’s rings)に関する講義を，ワークシートにメモをとりながら聞いています。

ワークシート

<u>Ⅰ. Introduction</u>

Q：How old is Saturn?

A：Over [　　1　　] billion years old.

Q：How big are Saturn’s rings?

A：Over [　　2　　] kilometers long.

<u>Ⅱ. Saturn is Losing Its Rings</u>

Q：Why is Saturn losing its rings?

A：The rings are being pulled into Saturn by gravity and they are falling onto Saturn.
It is called ring [　　3　　].

<u>Ⅲ. The Future of Saturn’s Rings</u>

Q：How long will it take for Saturn’s rings to disappear completely?

A：All of Saturn’s rings will be gone in about [　　4　　] million years
or in a worst case scenario, just [　　5　　] million.

＜リスニングスクリプト＞

大問1

(1)

M: John, I bought you something from Japan.

J : Really?　That’s so nice of you. Is it food?

M: No.　I thought about getting you a small Tokyo Tower, but then I decided on a pen.　I know you love writing letters.

J : Wow!　This has my name on it!　It’s a great present.　Thank you.

(2)

M: John, don’t forget that Thursday is Mom and Dad’s wedding anniversary.

J : Right, but what should we get them, Mary?

M: Let’s get Mom a nice necklace and Dad a pair of shoes.

J : Great idea.　It’s hard to believe that they’ve been together for 30 years.

(3)

J : Hello. This is John.

M: Hi, John. I'm at the supermarket, but I didn't bring my shopping list for today's dinner. I think it's on the refrigerator.

J : Oh. It's right here. You need to buy potatoes, carrots, onions, and rice.

M: Thanks a lot. I'll be home in about thirty minutes.

(4)

J : Let's have a picnic with Tom this weekend.

M: All right. Shall we go to Green Park? There are picnic tables and chairs there.

J : I know. But it's usually crowded. West Park is much quieter, and we can see the sea from there.

M: That sounds nice. I'll tell him about it.

(5)

M: I heard you're going to work part-time at a Japanese restaurant next month.

J : Yes, I learned about Japanese culture at school and I especially want to know about Japanese food.

M: Are you excited?

J : Of course, but I'm also worried about my Japanese.

大問 2

Good morning, everyone. We will be learning about a planet. As you know, there are several planets in space, including Venus, Mars, Jupiter, and others. For this class, we will focus on Saturn. Do you know how old Saturn is? Saturn is over 4 billion years old. Can you imagine the planet? It's the 6th planet from the sun and is famous for its large rings. You must have seen the images of it before. The rings are beautiful. Now, can you guess how big the rings are? Their length is over 70,000 kilometers. That's really surprising!

However, new NASA research shows that Saturn is losing its rings very quickly. Why? The rings are made of billions of pieces of dust, rock, and ice. In fact, they are 99. 9 percent ice.

But, under the influence of Saturn's magnetic field, the rings are being pulled into Saturn by gravity and they are falling onto Saturn.

It is called ring rain. As you can imagine, the amount of water in Saturn's ring rain is so huge that it could fill an Olympic-sized swimming pool in half an hour.

Can anyone guess how long it will take for Saturn's rings to disappear completely?

Surprisingly, because of the ring rain alone, all of Saturn's rings will be gone in about 300 million years. Or, in a worst case scenario, just 100 million.

What do you think about this? Will you feel sad if Saturn loses its rings?

3．次の英文の空所を補うのに最適なものを，4つの選択肢から1つ選び，その数字を答えなさい。

（1） All Emma's friends like her（　　）.

1. because she honest　　2. because she honesty
3. because of her honesty　　4. because of she honesty

（2） I went to see the soccer game the other day.　It was very（　　）.

1. excite　　2. exciting　　3. excited　　4. excitement

（3） The book（　　）is not in our school library.

1. which I want to read it　　2. that I want to read it
3. whose I want to read　　4. I want to read

（4） I have（　　）time to study English today.

1. many　　2. a lot　　3. a few　　4. a little

（5） One of the twin brothers is a good swimmer, but（　　）is not.

1. other　　2. the other　　3. others　　4. the others

（6） I paid two hundred dollars（　　）the bike.

1. for　　2. in　　3. at　　4. with

4．次の日本語を表す英文を，それぞれ[　　]内の語を並べかえて完成させるとき，（　1　）～（　4　）に入れるのに最適な語はどれか，その数字を答えなさい。

残念ながら彼女はとても失望していると言わなければなりません。
（　　）（　　）（　　）（　1　）（　　）（　　）（　2　）（　　）greatly disappointed.
[1. she　　2. you　　3. I　　4. regret　　5. is　　6. tell
7. that　　8. to]

僕は人が自分のことをどう思っているか気にならない。
I（　　）（　　）（　3　）（　　）（　4　）（　　）（　　）.
[1. people　　2. about　　3. of　　4. care　　5. what　　6. me
7. think　　8. don't]

5．次のAとBの会話が成立するように，次の日本語を表す英文を書きなさい。(　　　)内の単語を必ず使用すること。

（1） A: You seem to be ill.
B: 昨日の夜窓を閉めるのを忘れてしまって，風邪をひいてしまったんだ。(because)

（2） A: What are you doing here?
B: トムを1時間待ってるんだけど，まだ来ないんだよ。(but)

6．次の英文を読んで，設問の答えとして最適なものを，4つの選択肢から1つ選び，その数字を答えなさい。

（1） It's really difficult to find a gift for my dad. He always tells me he doesn't want anything. In the end, I usually get him something boring like a sweatshirt or socks. This year I'm going for something a little different. I'm buying him an experience – a gift card, for one hour of driving a really fast sports car. I hope he likes it. It wasn't cheap!

Q: Which statement is true?

1. The writer's father wanted to get a sweatshirt and socks.
2. The writer's father wants to have so many things.
3. The writer is going to buy a sports car for his father.
4. The writer is not satisfied with the gifts she gave to her father.

（2） Dr. Charles Gerba, a germ expert from the University of Arizona, did a study of more than 100 offices (law offices, call centers, accountant services, etc.) and found keyboards with 3,295 microbes per square inch. For toilet seats, that number is usually about 49 microbes! Why? Food falls into your keyboard and produces bacteria. Dr. Gerba calls the keyboard a "bacteria cafeteria." Next lunchtime, ask yourself: "Do I really have to eat at my desk?"

Q: Which is the best title for the passage?

1. Some keyboards are as dirty as toilet seats
2. Some keyboards are dirtier than toilet seats
3. Some keyboards are not as dirty as toilet seats
4. Toilet seats are much dirtier than some keyboards

（3） Elephants in Sri Lanka have nothing to eat because the area where they normally live is getting smaller. The number of elephants dropped from 14,000 in the 19th century to 6,000 in 2011. Poachers, who kill the animals illegally, are one reason. The second reason is the spaces for animals are getting smaller. Elephants are getting closer to farms and people's homes. They even go to **landfills** and eat waste plastic. Some animals eat too much of it, and they die.

Q: Which has the closest meaning of the word **"landfills"** in the passage?

1. the places where wild animals and plants live
2. the places where human beings have lived
3. the places where people throw away unnecessary things
4. the places where people get what they really need

(4) Every year, in late March, people and institutions come together to switch off all non-essential lights for sixty minutes at 8:30 p.m. local time. They do this to show their support for the fight against the climate crisis and loss of biodiversity. Millions of people all around the world join in, as do governments, businesses and institutions. By switching off their lights and measuring the reduction in the amount of energy that is being used, people are showing that it is possible to make a difference.

Q: Which is true about the passage?

1. Millions of people as well as governments join in the action.
2. People switch off all the lights for sixty minutes at night.
3. People try to support the climate crisis and loss of biodiversity.
4. Switching off the lights is less useful than we thought.

(5) Pancake Day is actually another name for Shrove Tuesday, which takes place 40 days before Easter Sunday and marks the start of Lent. In some other countries this day is called Mardi Gras, or Fat Tuesday, because it's when people ate all the good things for the last time before starting 40 days of religious fasting for Lent. Milk, eggs and oil or butter might not seem special nowadays, but hundreds of years ago they were one of the few ways of turning a basic recipe of flour and water into something richer.

Q: Which is NOT true about the passage?

1. Fat Tuesday is also known as Shrove Tuesday.
2. Mardi Gras is 40 days before Easter Sunday.
3. Milk, eggs and butter seemed special once.
4. People all over the world eat pancakes during Lent.

7．以下は，あるスピーチ原稿の一部です。英文を読み，後に続く問いに答えなさい。

I come from an ordinary, middle-class Nigerian family. My father was a professor. My mother was an administrator. And so we had the live-in domestic helpers, who would often come from nearby rural villages. So, the year I turned eight, we got a new helper-boy. His name was Fide. The only thing my mother told us about him was that his family was very poor. My mother sent yams* and rice, and our old clothes, to his family. And when I didn't finish my dinner, my mother would say, "Finish your food! Don't you know? People like Fide's family have nothing." So I felt enormous pity for Fide's family.

Then one Saturday, we went to his village to visit, and his mother showed us a beautifully patterned basket made of dyed raffia* that his brother had made. (1)<u>I was so surprised.</u> I never thought that anybody in his family could actually make something. All I heard about them was how poor they were, so that it was impossible for me to see them as anything else but poor. Their poverty was my single story of them.

Years later, I thought about this when I left Nigeria to go to university in the United States. I was 19. (2)<u>My American roommate was shocked by me.</u> She asked where I had learned to speak English so well, and was confused when I said that Nigeria had English as its official language. She asked if she could listen to what she called my "tribal music," and was very disappointed when I showed my tape of Mariah Carey.

She had no doubt that I did not know how to use a stove.

This was what I was surprised at: She had felt sorry for me even before she saw me. Her default position toward me, as an African, was a kind of sad, kind-hearted pity. My roommate had a single story of Africa: a single story of disaster. In this single story, there was nothing similar between her and an African, no more feelings than pity, no connection as human equals.

I must say that before I went to the U.S., I didn't realize that I was (3). But in the U.S., whenever Africa came up, people turned to me. I knew nothing about places like Namibia. But I did come to understand this new identity, and in many ways I think of myself now as African. Although I still get quite upset when Africa is referred to as a country. The most recent example was an announcement on the airplane two days ago about the charity work in "India, Africa and other countries."

After I had spent some years in the U.S. as an African, I began to understand my roommate's response to me. If I had not grown up in Nigeria, and if all I knew about Africa were from popular images, I too would think that Africa was a place of beautiful landscapes, beautiful animals, and incomprehensible people, fighting senseless wars, dying of poverty and AIDS, unable to speak for themselves and waiting to be saved by a kind, white foreigner. I would see Africans in the same way that I had seen (4) when I was a child.

注 yam(s)* ヤムイモ　　raffia* ヤシの葉

(1) 下線部(1)について,「私」が驚いた理由として最適なものを, 4つの選択肢から1つ選び, その数字を答えなさい。

1. フィデとその家族は貧しかったが,「私」が彼らの助けになっていたとわかったから。
2. フィデとその家族は貧しいだけでなく, 何もできない人たちだったとわかったから。
3. フィデとその家族が貧しかったのは,「私」の母親が助けなかったせいだとわかったから。
4. フィデとその家族は貧しかったが, それは彼らの一面でしかなかったとわかったから。

(2) 下線部(2)について, ルームメイトがショックを受けた理由として最適なものを, 4つの選択肢から1つ選び, その数字を答えなさい。

1. 「私」が, 英語圏ではない地域から来たのにアメリカ人である自分より英語が上手だったから。
2. 「私」が, 戦争や災害や貧しさに困窮するアフリカから来たのに, 英語が話せたから。
3. 「私」を, 自分より下に見ていたので, 同室になってどう接したらいいかわからなかったから。
4. 「私」を, 今まで関わったことがない人種として考えていたので, こわかったから。

(3) 空所(3)に入れるのに最適なものを，4つの選択肢から1つ選び，その数字を答えなさい。

1. Nigerian
2. American
3. African
4. Western

(4) 空所(4)に当てはまる英語を本文中から抜き出したとき，最適なものを，4つの選択肢から1つ選び，その数字を答えなさい。

1. Fide's family
2. my mother
3. Fide's mother
4. a new helper boy

(5) このスピーチのタイトルとして最適なものを，4つの選択肢から1つ選び，その数字を答えなさい。

1. My African Memories
2. The True Story of Africa
3. My Single Stories
4. The Danger of a Single Story

8．以下の英文を読み，後に続く問いに答えなさい。

Not so long ago, if you wanted to watch a drama or a sporting event, you'd have to watch it from your television. As Internet technology improves, more and more shows and movies are becoming available online. Broadcasting companies are putting their primetime shows directly on the Internet, and movie rental stores are changing their DVD collections to digital libraries.

This is probably a good change – at least for viewers. People can now pick exactly what they want to watch, and decide when and how they want to watch it. A study done by Harris Interactive found that more than half of Americans surf the Internet while "watching" television, and about 40 percent say that they read blogs or go on social networking sites at the same time. But this trend could be a problem for television stations. Advertisers aren't getting a response from viewers, and they don't want to pay money if their commercials aren't being seen.

Changing people's habits takes time. Even though many people are interested in watching television on the Internet, some may not want to make the switch completely. And some might be persuaded to, but only under certain circumstances. According to Harris, almost half of television viewers would cancel their cable television if they could get the same programs for free online. However, the number fell to 16 percent when people were told they had to pay a small fee for online viewing. This is strange, since most households' monthly cable bills are the same or even more than what they would pay for the same shows online. (2)<u>People have become so used to getting online entertainment for free that they might not value it.</u>

Even with growing interest in online entertainment, (3)<u>people still think it is important to watch television shows with their friends and family</u>. People used to think that watching television would make families spend less time together, but it actually brought families closer for a few hours each night. Now it's feared that viewing shows online could make people more isolated. Who knows? Perhaps as online programming becomes more popular, people will find a way to make it into a social activity.

（１） 第１段落と第２段落を要約すると次のようになる。下線部に５０字以上７０字以内の日本語を入れ，要約を完成させなさい。

「様々な放送番組がテレビだけでなくオンラインでも視聴できるようになったことは，視聴者にとっては好きな番組をいつでも見られるので良い変化と言える。一方，テレビ放送局にとっては＿＿＿＿＿＿＿＿＿＿＿＿＿＿＿＿＿＿＿＿＿＿＿＿＿＿＿＿＿＿＿＿。」

〈下書き用〉

（２） 下線部（２）を和訳しなさい。

（３） 下線部（３）のように考えられている理由を日本語で書きなさい。

９．以下の【意見】について，デジタル教科書の欠点を２つ挙げ，反対の立場を述べる英文を完成させなさい。それぞれ15語以上２５語以下で書くこと。空所内の英文は２文以上になってもよい。

【意見】Digital textbooks are good for high school students to study with.

I disagree with the statement that digital textbooks are good for high school students to study with. That is because digital textbooks have two disadvantages.

First, [　　1　　]

Second, [　　2　　]

In conclusion, when high school students study, digital textbooks are not good for them.

(記入例)

__I__ __can't__ __go__ , __sorry__ . __We__

【理　科】（40分）〈満点：60点〉

1　次の文章を読んで，以下の各問いに答えよ。

4種の気体A ～ Dを加熱せずに発生させる実験を行った。これらの気体は酸素・水素・アンモニア・二酸化炭素のいずれかである。この実験に使う薬品と特徴を以下の表にまとめた。

表

気体	A	B	C	D
薬品	a	b	c	d
特徴	気体の中で最も軽い	e	刺激臭	助燃性がある

問1　4種の気体を発生させるために使用した薬品を，表の空欄a ～ cに適するように次の**ア**～**キ**から2つずつ選び，記号で答えよ。なお，記号は複数回用いてよい。また，dで使用した薬品によって気体Dが発生する化学反応式を答えよ。

ア．塩酸　　**イ**．過酸化水素水(H_2O_2)
ウ．水酸化ナトリウム水溶液　　**エ**．塩化アンモニウム
オ．二酸化マンガン(MnO_2)　　**カ**．マグネシウム
キ．石灰石

問2　気体Cはある方法で捕集する。その捕集方法を用いる理由をまとめた次の文の空欄(あ)～(う)にあてはまる適切な語句を答えよ。

気体Cは水に溶け(　あ　)く，(　い　)より(　う　)い気体だから。

問3　上の表の空欄eにあてはまる文を次の**ア**～**オ**からすべて選び，記号で答えよ。

ア．この気体が入った試験管に火のついたマッチを近づけると大きな音がする。
イ．この気体が入った試験管にインクのついたろ紙を入れたとインクの色が消える。
ウ．この気体が入った試験管に石灰水を加えると白く濁る。
エ．この気体が溶けた水溶液に赤色リトマス紙を浸しても色の変化はない。
オ．この気体が溶けた水溶液にフェノールフタレイン溶液を加えても色の変化はない。

問4　気体Aはある温度・圧力条件下での質量が2.00g，体積が22.4Lであった。この条件下での気体Aの密度は何g/Lか。小数第四位を四捨五入して第三位まで答えよ。

問5　丸底フラスコに気体Cを入れ，次のページの図のような装置を組み立てる。ここにスポイトから丸底フラスコ内に水を入れることにより噴水ができる。この噴水実験を考察する。次の文章の空欄(あ)～(う)にあてはまる語句を次の**ア**～**ウ**からそれぞれ1つずつ選び，記号で答えよ。なお，記号は複数回用いてよい。また，空欄(＊)にあてはまる語句を10字以内で答えよ。

スポイトから水を入れる前は，(　あ　)い。スポイトから水を入れると(　＊　)，(　い　)くなるので，噴水現象がおこる。やがて，フラスコ内部に水が一定量入ってくると(　う　)くなるので，噴水現象が止まる。

ア．フラスコ内部の圧力の方が大気圧より大き
イ．フラスコ内部の圧力の方が大気圧より小さ
ウ．フラスコ内部の圧力と大気圧は等し

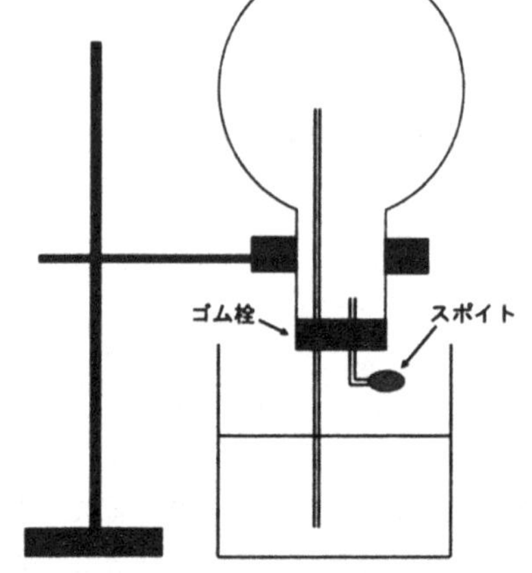

2　次の文章を読んで，以下の各問いに答えよ。

空気中で単体Xを加熱する実験を行った。単体Xの粉末の質量を変えて，加熱前の単体Xの粉末と加熱後に生成した物質の質量を測定すると以下のグラフのような結果となった。加熱後に生成した物質の，酸素の原子数と単体Xの原子数の比は1：1であった。ただし，反応は完全に進行したものとする。

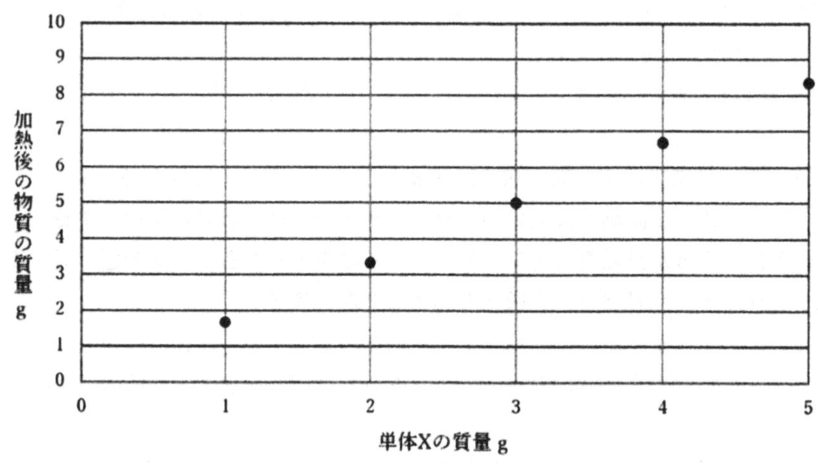

問1　次の**ア**～**オ**の文のうち正しいものをすべて選び，記号で答えよ。

ア．化学反応式における各物質の係数の比は各物質の粒子の数の比に等しい。
イ．化学反応式における各物質の係数の比は各物質の質量の比に等しい。
ウ．化学反応式における各物質の係数の和が大きくなるほど化学反応が起こりやすくなる。
エ．単体Xの質量と反応する酸素の質量は比例の関係にある。
オ．反応する酸素の質量と加熱後の物質の質量は比例の関係にある。

問2　単体X10gを加熱したとき，何gの酸素と反応したか。小数第二位を四捨五入して第一位まで答えよ。

問3　以下の表を参考にして，単体Xは何であるかを考え，Xを使わずに表中の元素記号を用いて，今回の実験の化学反応式を書け。

元素記号	C	O	Mg	Al	S	Ca	Fe	Cu
原子の質量比	12	16	24	27	32	40	56	64

3　次の文章を読んで，以下の各問いに答えよ。

図1は数万Vの電圧を発生させることができる誘導コイルである。この誘導コイルの2つの電極をそれぞれa，bとする。十字板入りクルックス管(放電管の一種)の端子Aを誘導コイルのaに，端子Bをbにつないだ。そして，電圧を端子AB間に加えると，ガラス壁が黄緑色に光り，図2のように<u>十字形の影がみられた</u>。

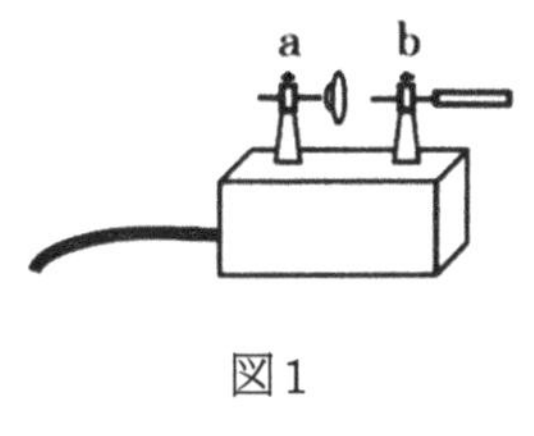

図1

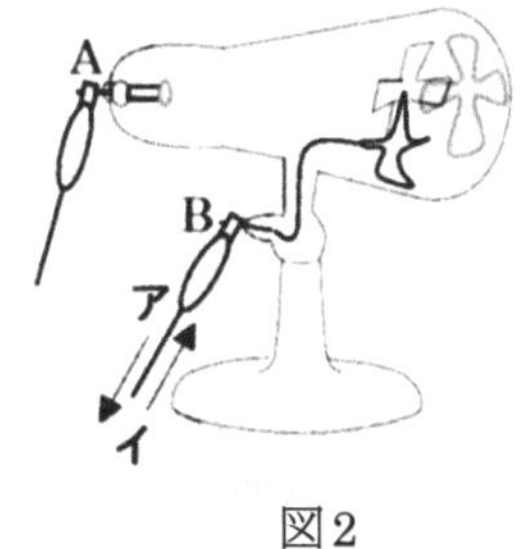

図2

問1　文章中の下線のとき，図2の端子Aは何極か。また，電流の向きは**ア**，**イ**のどちらか。

問2　誘導コイルを電源として，図3のようなクルックス管に変え，端子Aを図1の誘導コイルのaに，端子Bをbに接続した。すると陰極線が見られた。なお，図3はクルックス管を真横から見た図を表している。

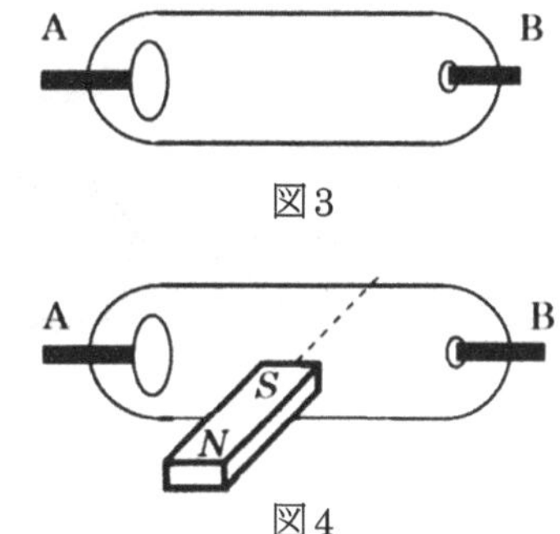

図3

図4

図4のようにクルックス管の手前側に棒磁石のS極を近づけたところ，陰極線が曲がった。このとき陰極線が曲がる方向を次の**ア**～**カ**から1つ選び，記号で答えよ。

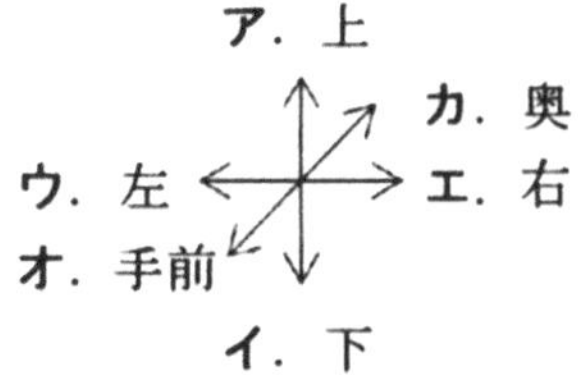

問3　電池(右が＋極，左が－極)，磁石(上がN極，下がS極)を設置し，図5のようなクリップモーターを製作した。コイルはエナメル線を巻いてつくり，クリップにのせた。図5は電流が流れている，あるときの状態を示している。これについて，以下の各問いに答えよ。

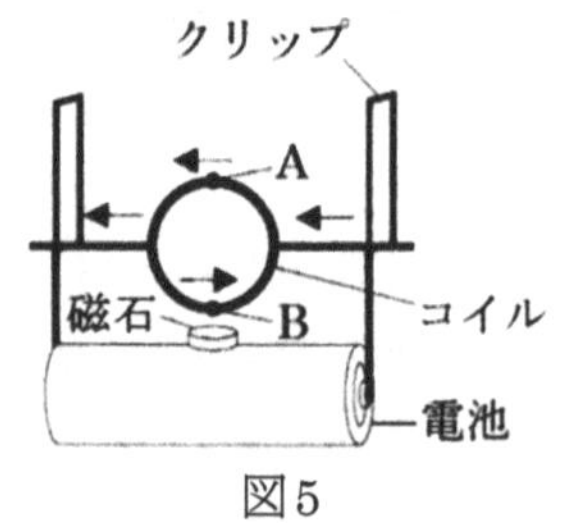

図5

(1)　コイル中を流れる電流の向きが図5の矢印の方向であるときのコイルの上部(A点)，下部(B点)はどちらの向きに力を受けるか。次の**ア**～**エ**から1つ選び，記号で答えよ。

ア．A点が手前向き，B点も手前向きに力を受ける。
イ．A点が手前向き，B点は奥向きに力を受ける。
ウ．A点が奥向き，B点は手前向きに力を受ける。
エ．A点が奥向き，B点も奥向きに力を受ける。

(2)　このクリップモーターを製作する際，コイルの両側のエナメル線の被覆(エナメル)を，コイルが連続して1方向に回転し続けるように加工した。その際の加工の仕方を表した模式図としてあてはまるものを，次の**ア**～**カ**からすべて選び，記号で答えよ。ただし，斜線部が被覆がはがされている箇所であるものとする。また，コイルとクリップとの接点は，**ア**に示した位置ですべて共通である。

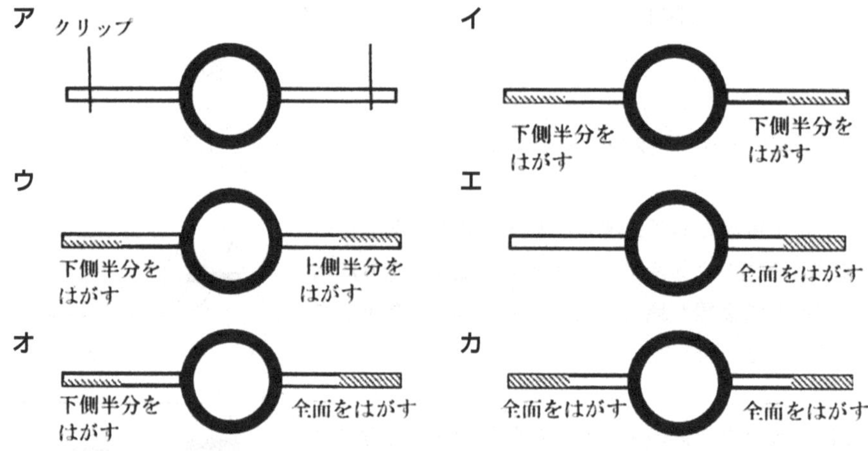

(3)　正しくコイルが回転するように加工したとき，コイルのA点を流れる電流はどのようになるか。正しいものを次の**ア**～**オ**から1つ選び，記号で答えよ。ただし，コイルが回転し，A点が下，B点が上側に来たときも含めて考えよ。

ア．常に左向きに流れる。
イ．「左向きに流れるとき」と「流れないとき」を繰り返す。
ウ．「左向きに流れるとき」と「右向きに流れるとき」を繰り返す。
エ．「右向きに流れるとき」と「流れないとき」を繰り返す。
オ．常に右向きに流れる。

4　次の文章を読んで，以下の各問いに答えよ。

力学実験用のレールと小球で，下図のような装置をつくった。ただし，レールはなめらかで，小球とレールの摩擦や空気の抵抗は考えないものとする。

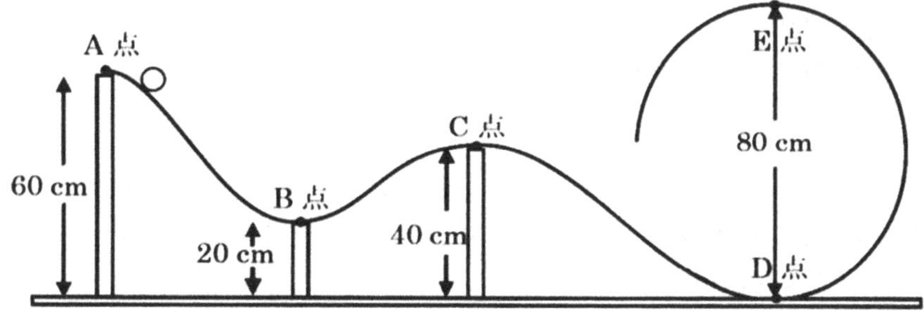

問1　A～D点で最も位置エネルギーの大きな点はどこか。

問2　A～D点で小球が最も速くなる点はどこか。

A点に置いた小球を静かに離すと，小球は運動し始め，レールから飛び出すこともなく，B点，C点を通過し，D点へと向かった。

問3　B点の運動エネルギーを1とすると，C点の運動エネルギーはいくらか。

問4　小球はD点を通った後にどの高さまで到達することができるか。次の**ア**～**オ**から1つ選び，記号で答えよ。また，その理由を「運動エネルギー」という言葉を使用して簡潔に書け。

ア．レールから離れる高さによって最高点の高さは違うのでわからない。
イ．E点と同じ高さ
ウ．A点より高い高さ
エ．A点と同じ高さ
オ．A点より低い高さ

問5　解答欄の小球にあわせて，C点での小球にはたらく力をすべて矢印で描け。矢印は，作用点を黒点・で示し，向き，長さは大きさの等しい力は同じ長さになるように注意して太い実線で描き，矢印が重なる場合には矢印を左右にわずかにずらして記入すること。

5　次の文章を読んで，以下の各問いに答えよ。

酵素は，化学反応を促進するはたらきがある。酵素によって反応する物質を基質という。ある基質が分解される反応の例を図1に示す。

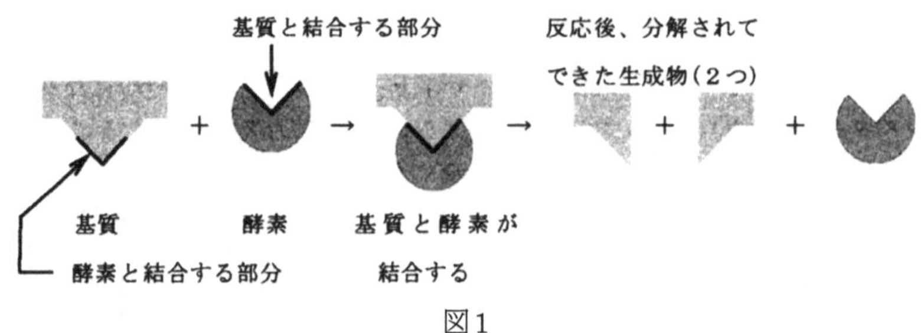

図1

酵素は，基質との関係が鍵と鍵穴のように，結合する部分にぴったりと適合しないと，基質を分解しない。酵素の種類が多い理由は，基質と結合する部分の構造が，基質によって異なるからである。酵素と基質とのこのような関係を_ア基質特異性という。

酵素は，主成分であるタンパク質の特徴を持つ。生卵を加熱するとかたさが変わることからわかるように，タンパク質は熱によって性質が変わる。また，酸やアルカリによっても性質が変わる。酵素は，熱やpHによって性質が変わり，酵素としてのはたらきを無くす。

酵素は，はたらくのに適した温度とpHがあり，それぞれ[イ]最適温度，[ウ]最適pHという。

問1　酵素のはたらきについて，以下の(1)(2)のようなことがらは，酵素のどのような特性によるものか。正しいものを，上の文章中**ア**～**ウ**から1つずつ選び，記号で答えよ。

(1)　アミラーゼは，だ液の中ではよくはたらくが，胃液の中でははたらきが悪くなる。また，ペプシンは胃液の中ではよくはたらくが，すい液の中でははたらきが悪くなる。

(2)　アミラーゼはデンプンを分解するが，ペプシンは，デンプンを分解しない。また，リパーゼもデンプンを分解しない。

問2　ヒトの消化管内ではたらく酵素の最適温度は約何℃か。次の**ア**～**カ**から1つ選び，記号で答えよ。

ア．0～10℃　　**イ**．10～20℃　　**ウ**．20～30℃　　**エ**．30～40℃
オ．40～50℃　　**カ**．50～60℃

ヒトの消化では，デンプンがアミラーゼによってマルトース(炭水化物の一種)になり，マルトースがマルターゼ(酵素)によってブドウ糖(グルコース)になるというように，複数回の酵素反応の結果，デンプンが最終的にブドウ糖になる反応がある。

ヒトと同じようにデンプンを2回の酵素反応で最終的にブドウ糖をつくる生物Xの反応の流れを図2のように示す。

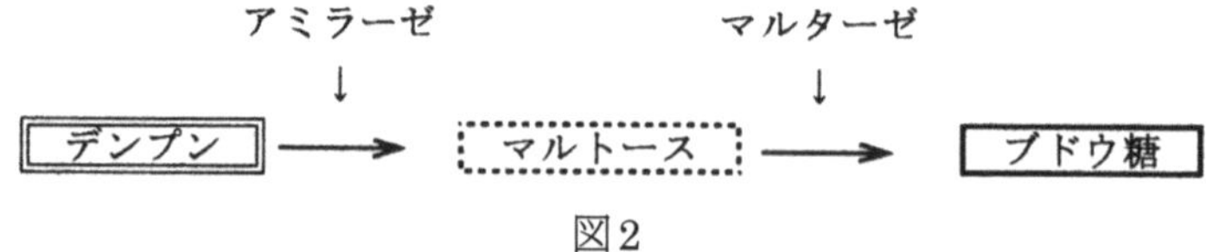

図2

図2の流れを確認するために，生物Xを何世代も育ててアミラーゼとマルターゼのはたらきの実験をしていたところ，ブドウ糖がつくれない変異した生物Xが現れた。変異した生物Xは，アミラーゼまたは，マルターゼをつくれなくなった生物Xで，その他の生命活動に必要な部分は異常がないことが確認できている。

問3 変異した生物Xには，「生物X_1：アミラーゼがつくれなくなったグループ」と「生物X_2：マルターゼがつくれなくなったグループ」の2種類が存在する。生物X_1と生物X_2それぞれに栄養源としてデンプンだけを与えた場合，デンプン・マルトース・ブドウ糖はどのような量の変化が見られるか，最も適当な変化を次のア～カから1つずつ選び，記号で答えよ。

ア．デンプンの量は減少し，マルトースの量およびブドウ糖の量は増加した後，減少した。
イ．デンプンの量は減少し，マルトースの量およびブドウ糖の量は変化しなかった。
ウ．デンプンの量は減少し，マルトースの量は増加したが，ブドウ糖の量は変化しなかった。
エ．デンプンの量，マルトースの量，ブドウ糖の量ともに変化しなかった。
オ．デンプンの量は変化しなかったが，マルトースの量およびブドウ糖の量ともに減少した。
カ．デンプンの量は変化しなかったが，マルトースの量およびブドウ糖の量ともに増加した。

生物Xは，有性生殖で増殖し，生物Xと生物X_1との間でも交雑が可能である。その子孫も有性生殖で増殖することが確認できた。生物Xと生物X_1を交雑し得られた子(雑種第一代　生物X_3とする)は，すべてアミラーゼのはたらきが見られた。生物Xと生物X_1および生物X_3は，メンデルの法則に従うことがわかっている。

問4 デンプンをマルトースに変化させることが，「できる」か「できない」かの形質は，アミラーゼをつくる遺伝子で決定される。アミラーゼをつくる遺伝子は，【**ア**．顕性遺伝子　**イ**．潜性遺伝子】のどちらか。【**ア**，**イ**】から選び，記号で答えよ。

問5 変異した生物Xは，ブドウ糖がつくれないため短命となる。生物X_3どうしを交雑した場合，その子どもが短命となる確率は，計算上何％になるか。整数で答えよ。

6 次の文章を読んで，以下の各問いに答えよ。

図1はある日時における日本周辺の天気図である。等圧線は4hPaごとに引かれており，破線は高気圧，または低気圧の中心を示している。また，数字は中心気圧の値をそれぞれ示している。

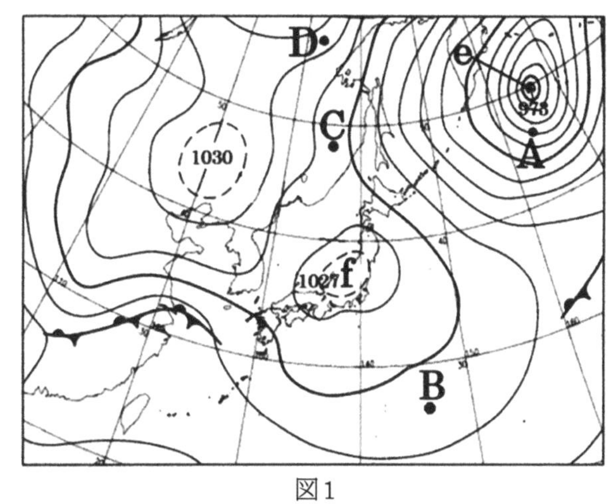

図1

問1 図1中のA点，C点の気圧は何hPaか，考えられる値を答えよ。

問2　図1中のA～D点を，風力の強い順に答えよ。

問3　図1中のC点の風向を次の**ア**～**エ**から1つ選び，記号で答えよ。
ア．北東　　**イ**．北西　　**ウ**．南東　　**エ**．南西

問4　図1中のe，fは高気圧または低気圧である。e，f付近の風の吹き方を次の**ア**～**ク**から1つずつ選び，記号で答えよ。

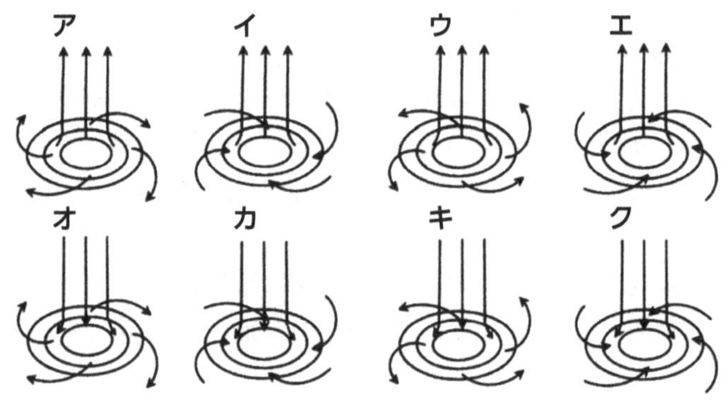

台風と温帯低気圧は，どちらも中心に向かって風が吹いている点は同じである。このことを前提に以下の問いに答えよ。

問5　北半球のある海域で船に乗っていたGさんは，途中で台風に遭遇し，風で船が転覆しないよう船首から船尾に向かって風が吹くように船の向きを変えた。いま，図2のように船首を時計の文字盤の12時，船尾を6時としたとき，台風の中心は何時の方角にあるか。次の**ア**～**エ**から1つ選び，記号で答えよ。
ア．12～3時　　**イ**．3～6時
ウ．6～9時　　**エ**．9～12時

図2

その後，Gさんは小さな無人島にたどり着いた。Gさんは，この島が地球上のどこにあるのか確かめようと思った。この日は秋分の日であった。そこで，太陽を観測することにした。太陽が最も高くなったときの高度は54.3°であり，日本時間に合わせていた時計は午前10時を示していた。やがて夜が来て空を眺めていたところ，北極星が地平線から(　あ　)°の位置にあるのが見えた。

問6　この場所の緯度と経度を答えよ。

問7　(あ)にあてはまる適切な数字を答えよ。

Gさんは堆積学に覚えがあり，島にある河川Hの河口付近において，台風が来ていた期間の川底の堆積物を調べたところ，図3のように堆積物の粒子の大きさが変化していることが確認できた。

問8　図3の地層が形成された期間の河川Hの流量の変化を表したグラフとして最もふさわしいものを次の**ア**～**エ**から1つ選び，記号で答えよ。

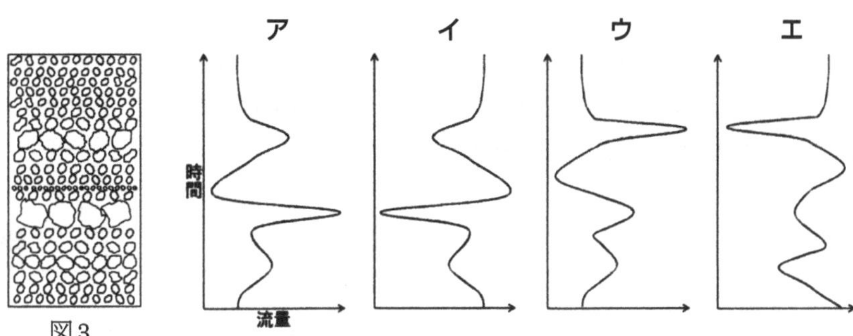

図3

【社　会】（40分）〈満点：60点〉

【注意】

全ての問題について，特に指定のない限り，漢字で答えるべきところは漢字で答えなさい。

1　東南アジアに関する以下の設問に答えなさい。

問1　次の図1は，東南アジアのいくつかの国の宗教別人口の割合(%)を示したものであり，ア～エは，インドネシア，シンガポール，タイ，フィリピンのいずれかです。シンガポールに当てはまるものをア～エより一つ選び，記号で答えなさい。

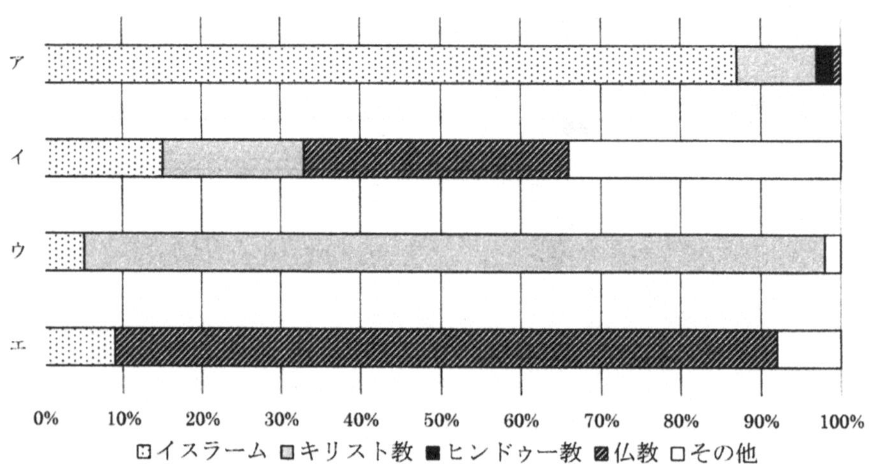

統計年次は2021年。『データブック・オブ・ザ・ワールド』により作成。

図1

問2　次の表1は，世界の主な自由貿易圏の人口，GDP，貿易額(輸出額＋輸入額)を示したものであり，①～③はASEAN，EU，USMCA*のいずれかです。①～③と自由貿易圏との正しい組み合わせを下のア～カより一つ選び，記号で答えなさい。

*NAFTAにかわるアメリカ合衆国，メキシコ，カナダの３国による貿易協定。

表1

	人口	GDP	貿易額(輸出額＋輸入額)
①	4億4,695万人	17兆0,866億ドル	10兆4,623億ドル
②	5億0,040万人	26兆2,799億ドル	5兆3,271億ドル
③	6億7,333万人	3兆3,433億ドル	2兆7,960億ドル

統計年次は2021年。　外務省の資料により作成。

	ア	イ	ウ	エ	オ	カ
ASEAN	①	①	②	②	③	③
EU	②	③	①	③	①	②
USMCA	③	②	③	①	②	①

問３　次の表２は，ある作物の生産上位４カ国と世界生産に占める割合(%)を示したものです。この作物に当てはまるものを下のア～エより一つ選び，記号で答えなさい。

表２

国名	千トン	%
ブラジル	3,700	34.6
ベトナム	1,763	16.5
コロンビア	833	7.8
インドネシア	773	7.2

統計年次は2020年。『データブック・オブ・ザ・ワールド』により作成。

ア　カカオ　　イ　コーヒー　　ウ　サトウキビ　　エ　テンサイ

問４　次の表３は，いくつかの国の主要輸出品と輸出額に占める割合(%)を示したものであり，①～③はそれぞれインドネシア，タイ，フィリピンのいずれかです。①～③と国名との正しい組み合わせを下のア～カより一つ選び，記号で答えなさい。

表３

①	機械類31.4　自動車9.9　金(非貨幣用)5.8　プラスチック3.4　野菜と果実3.1
②	機械類63.7　野菜と果実3.8　銅3.2　精密機械2.9　ニッケ鉱2.6
③	パーム油11.5　石炭11.5　鉄鋼9.2　機械類7.9　衣類4.0

統計年次は2021年。『データブック・オブ・ザ・ワールド』により作成。

	ア	イ	ウ	エ	オ	カ
インドネシア	①	①	②	②	③	③
タイ	②	③	①	③	①	②
フィリピン	③	②	③	①	②	①

問５　次の文章の空欄X，Yに当てはまる語句を答えなさい。

近年，インドネシアやベトナムなどの沿岸部では，日本などに向けた輸出用の(　X　)の養殖場をつくるために，多様な生物をはぐくむ場となる(　Y　)の伐採が進んでいることが問題になっている。

問６　バナナは年降水量1200mm以上の温暖な気候下で生育し，霜の降りるような寒冷な気温では成長が止まります。そのため主に熱帯～亜熱帯地域で栽培される作物です。フィリピンにおけるバナナ栽培の中心はミンダナオ島です。次に示した図３中A，Bの気温と降水量＊，また月別の最大風速を参考にして，ミンダナオ島が栽培の中心となる自然的理由を以下の語句を使用して30字以内で述べなさい。語句は繰り返し用いてもよいですが，使用した箇所に下線を引くこと。

＊気温と降水量はいずれも1990年～2020年の平均。

【語句】収穫量

【地点A】

最暖月平均気温29.4℃　　最寒月平均気温24.3℃　　年間降水量1892.7mm

月別最大風速(m/秒　1951 ~ 2021年)

1月	2月	3月	4月	5月	6月	7月	8月	9月	10月	11月	12月
26	30	25	34	22	55	50	45	50	58	53	26

【地点B】

最暖月平均気温28.9℃　　最寒月平均気温27.3℃　　年降水量1835.5mm

月別最大風速(m/秒　1951 ~ 2021年)

1月	2月	3月	4月	5月	6月	7月	8月	9月	10月	11月	12月
22	20	15	18	31	21	19	15	20	16	15	15

フィリピン大気地球物理天文局(PAGASA)のデータにより作成。

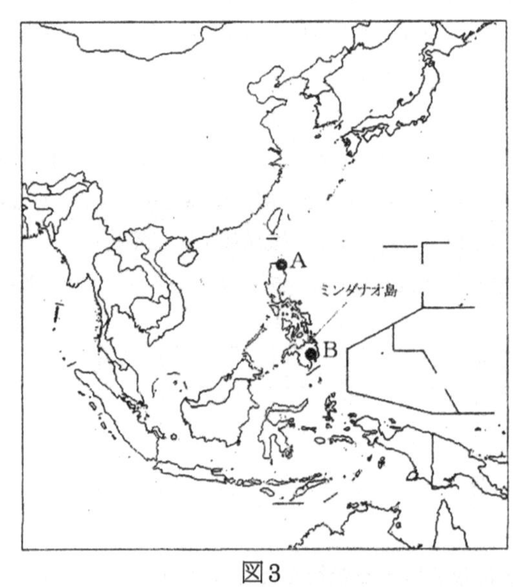

図3

2　**花子さんと太郎くんの九州地方に関する会話を読み，以下の設問に答えなさい。**

花子：九州地方では，各地で気候や a地形を生かした特色ある b農業がおこなわれています。

太郎：農業だけではなく，九州地方は日本の近代工業の発展においても重要な地域です。1901年に八幡製鉄所が操業を開始しました。鉄鉱石の輸入先の中国に近く，また付近に炭田もあったことから，c北九州は鉄鋼業を中心とする工業地帯として発展しました。

花子：しかし1960年代に炭鉱が相次いで閉山し，鉄鋼の生産量も減少しました。その後，九州地方は機械工業への転換をはかりました。かつてとは様変わりしましたが，九州地方では現在も d様々な工業が盛んです。

問1　下線部aに関して，次の図1は，九州南部の地形図である。図中の◯で囲われた人工構造物について述べた以下の文章中の空欄X，Yに当てはまる語句の正しい組み合わせを下のア～エより一つ選び，記号で答えなさい。

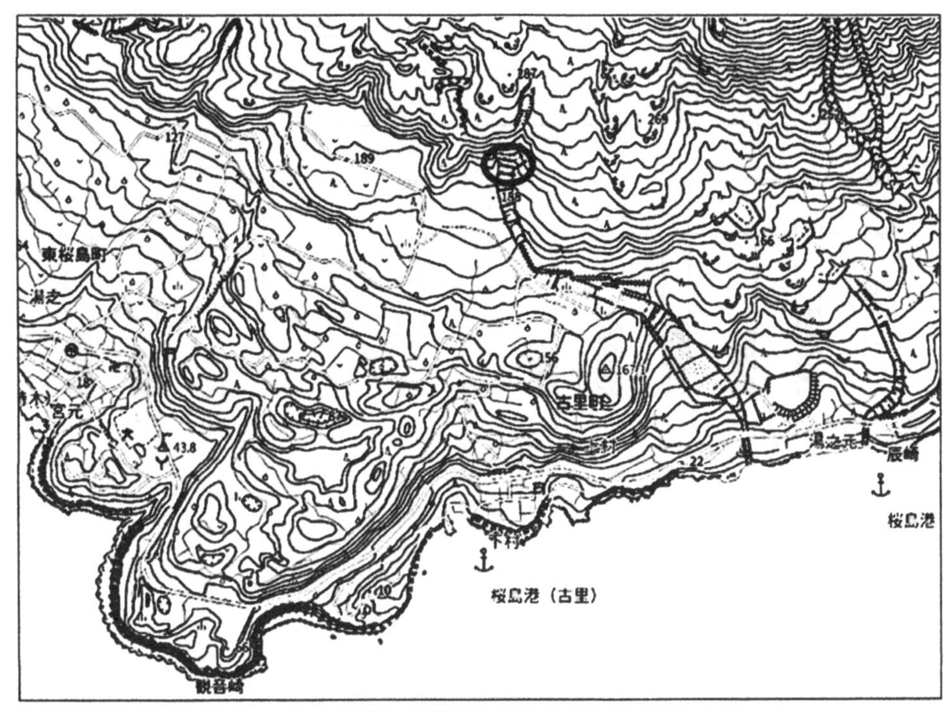

地理院地図により作成。

図1

九州南部には，白色で水が浸透しやすい(　X　)で覆われた土地が広がっている。図中の構造物は(　Y　)のためにつくられたものである。

	ア	イ	ウ	エ
X	火山堆積物	火山堆積物	泥炭	泥炭
Y	発電	土石流防止	発電	土石流防止

問2　下線部bに関して，次の図2は，東京市場のピーマンの入荷量を示したものであり，①～③は茨城県，岩手県，宮崎県のいずれかです。①～③と県名との正しい組み合わせを下のア～カより一つ選び，記号で答えなさい。

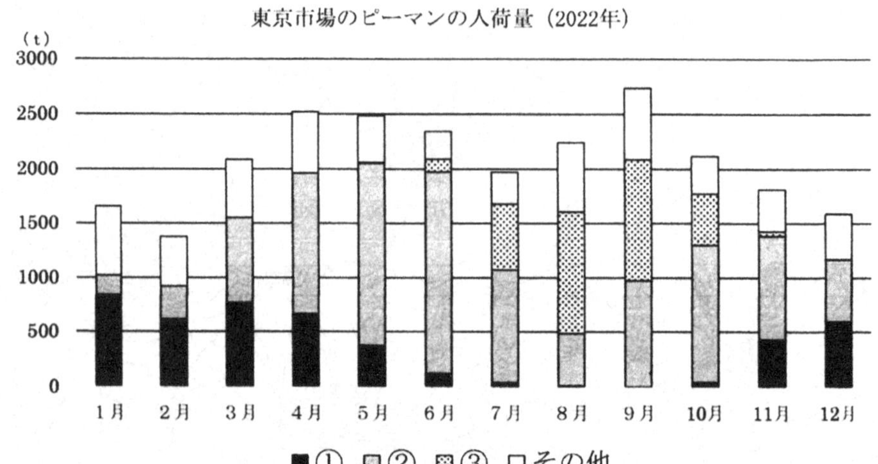

東京都中央卸売市場資料により作成。

図2

	ア	イ	ウ	エ	オ	カ
茨城県	①	①	②	②	③	③
岩手県	②	③	①	③	①	②
宮崎県	③	②	③	①	②	①

問3　下線部cに関して，太郎さんは，北九州市北部がかつて筑豊炭田で産出された石炭の積み出し港として発展してきたことを知り，現在，日本が輸入しているいくつかの鉱産資源の輸入先の上位5カ国について調べてみました。表1中の①～③は，それぞれ原油，鉄鉱石，液化天然ガス(LNG)のいずれかです。①～③と資源名との正しい組み合わせを下のア～カより一つ選び，記号で答えなさい。

表1

①	オーストラリア58.8　ブラジル26.6　カナダ6.3　南アフリカ共和国3.3　アメリカ合衆国1.2
②	サウジアラビア39.7　アラブ首長国連邦34.7　クウェート8.4　カタール7.6　ロシア3.6
③	オーストラリア35.8　マレーシア13.6　カタール12.1　アメリカ合衆国9.5　ロシア8.8

単位は%。　統計年次は2021年。　『データブック・オブ・ザ・ワールド』により作成。

	ア	イ	ウ	エ	オ	カ
原油	①	①	②	②	③	③
鉄鉱石	②	③	①	③	①	②
LNG	③	②	③	①	②	①

問4　下線部dに関して，次の図3中の①～③は，IC工場，自動車工場(自動二輪を含む)，製鉄所のいずれかの主な分布を示したものです。①～③と工場名との正しい組み合わせを下のア～カより一つ選び，記号で答えなさい。

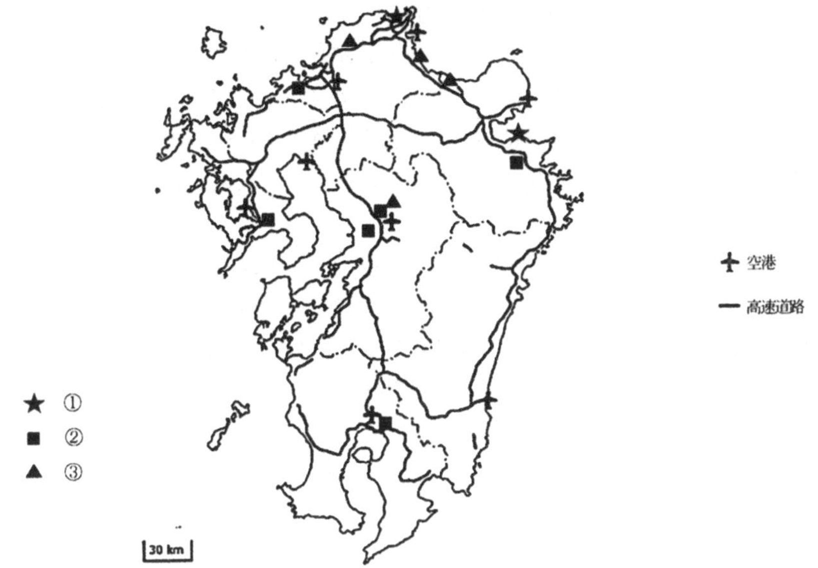

工場の分布は2021年。『新詳高等地図』などにより作成。

図3

	ア	イ	ウ	エ	オ	カ
IC工場	①	①	②	②	③	③
自動車工場	②	③	①	③	①	②
製鉄所	③	②	③	①	②	①

3　交易に関する次のA～Eの文章を読み，設問に答えなさい。

A　縄文時代には地球環境の変化や道具の発達で，季節を通じて食料を獲得できるようになり，人々は住みやすい土地に定住するようになった。①当時の人々は遠い地域と物の交換を行っていたことがわかっている。

問1　下線部①に関して，当時の人々が遠い地域と物の交換を行っていたことは，どのようなことからわかるのか，考古学的な知見から説明しなさい。

B　8世紀にはいり②律令国家が確立すると，③各地からの交易品が都に集められ，市で売買された。市では中国にならって発行された貨幣が使われることもあったが，主に稲や布が貨幣のかわりに用いられていた。

問２　下線部②に関連して，律令国家が確立するまでの出来事について述べた以下の文章を**古い順**に並べ替えた際に，**３番目**になるものとして適当なものを，次のア～オより一つ選び，記号で答えなさい。

ア　豪族による土地と人々の支配をやめて，「改新の詔」により公地公民制が採用された。

イ　百済を支援するために大軍が送られたが，唐と新羅の連合軍に白村江で大敗した。

ウ　正式な国の名前が，遣唐使派遣に際してこれまでの「倭」から「日本」へと改められた。

エ　隋と国交を結んで朝鮮半島の国々に対して影響力を強めるため，遣隋使が派遣された。

オ　天皇のあとつぎをめぐる戦いが起こり，乱に勝利した天武天皇が大きな権力をにぎった。

問３　下線部③に関連して，律令国家の税制度について述べた次の文X・Yについて，その正誤の組み合わせとして適当なものを，次のア～エより一つ選び，記号で答えなさい。

X　男性に課せられた調(特産物)や庸(布)は自分たちで都まで運ぶ必要があった。

Y　６年ごとに作成される戸籍にもとづき，性別や身分に応じて荘園という土地が与えられた。

	ア	イ	ウ	エ
X	正	正	誤	誤
Y	正	誤	正	誤

C　鎌倉時代になると，④農業生産力の上昇によって，みずから食料をつくらずにすむ人々が増加した。毎月決められた日に開かれる定期市が設けられ，⑤商人が各地の市を行き来して交易を行った。

問４　下線部④に関連して，鎌倉時代から室町時代にかけての時代の農業生産力の向上に関して述べた以下の文章のうち，誤りのものを，次のア～エより一つ選び，記号で答えなさい。

ア　農業技術を記した農書が木版印刷によって広がり，作物栽培の工夫が行われた。

イ　水車によって河川から水を引いたり，ため池をつくるかんがいの技術が普及した。

ウ　米や麦の二毛作が西日本を中心に広がっていき，稲の品種も増加した。

エ　作物に人の糞尿を肥料としてほどこすようになり，牛馬による耕作もひろがった。

問５　下線部⑤に関連して，秀多さんは，鎌倉・室町時代の商人の働きに関するレポート課題で以下のような考察を行った。以下の空欄(Z)にあてはまる用語として，適当なものを，次のア～エより一つ選び，記号で答えなさい。

各地の町や市をめぐって交易を行う商人のもとには，人々の需要をみたすため様々な地域の情報が集まったと考えられる。商人が共通の利害をもつ者どうしのヨコの結びつきを強めたとすると，畿内で多くの(　Z　)が発生した理由として，商人が様々な地域の不満をつなぎあわせてまとめた影響があったのではないか，と私は考える。

ア　町衆　　イ　惣(惣村)　　ウ　徳政一揆(土一揆)　　エ　悪党

D　⑥15世紀から16世紀にかけて，ヨーロッパ人による航路の開拓が進み，世界の一体化が進んだ。日本にも多くの来航者が訪れ交易が行われたが，江戸幕府のもとで交易を制限し貿易統制を行う⑦「鎖国」体制が築かれた。

問６　下線部⑥の時期に世界で起きた出来事について述べた以下の文章のうち，**誤りのもの**を，次のア～エより一つ選び，記号で答えなさい。

ア　ドイツでは，ルターが教皇や教会の権威を否定し，宗教改革がはじまった。
イ　アジアでは，明が朝貢使節にのみ貿易を許す体制をとり，日明貿易がはじまった。
ウ　イギリスでは，王政を廃止して共和政を実現するピューリタン革命が起こった。
エ　アメリカ大陸ではスペインによりインカ帝国が滅ぼされ，植民地が築かれた。

問７　下線部⑦に関連して，「鎖国」体制下の日本における交易について述べた以下の文章のうち，適当なものを，次のア～エより一つ選び，記号で答えなさい。

ア　長崎では，主に日本産の生糸が輸出され，ヨーロッパで絹織物に加工された。
イ　琉球では，幕府や土佐藩の管理の下で交易が続けられ，中国との朝貢貿易が行われた。
ウ　大坂(大阪)では，諸藩の蔵屋敷が置かれ，年貢米や特産品が集められて商人により換金された。
エ　蝦夷地では，東廻り航路を通る北前船が就航し，サケや昆布の交易を行った。

E　⑧日米修好通商条約が結ばれ，横浜をはじめとする港が開かれると，日本を取り巻く交易環境は一変した。交易の開始は物価の上昇を招くことになり，物価の高騰を止めることができない江戸幕府への反発が強まることになり，⑨幕府の崩壊を早めることとなった。

問８　下線部⑧に関連して，日米修好通商条約締結後の交易について述べた以下の文章のうち，**誤りのもの**を，次のア～エより一つ選び，記号で答えなさい。

ア　日本と外国の金銀の交換比率が異なっていたことから金が流出したため，幕府は貨幣を改鋳した。
イ　貿易により品不足が発生し生活必需品の米や菜種油も値上がりしたことで，人々の生活は苦しくなった。
ウ　ヨーロッパで大量に生産された綿糸や綿織物が日本に輸入され，国内の生産が打撃を受けた。
エ　貿易は主にアメリカを相手にして行われ，太平洋に面した横浜での取引が貿易額の大半を占めた。

問９　下線部⑨に関連して，江戸幕府の崩壊に至るまでに起こった出来事について述べた以下の文章を**古い順**に並べ替えた際に，**４番目**になるものとして適当なものを，次のア～オより一つ選び，記号で答えなさい。

ア　坂本龍馬らのなかだちにより，薩摩藩と長州藩が薩長同盟を締結した。

イ　水戸藩などの元藩士により，江戸城登城中の井伊直弼が殺害される事件が発生した。

ウ　イギリスなどの4カ国の連合艦隊により下関の砲台が砲撃され，占領される事件が発生した。

エ　徳川慶喜の勢力を政治の中心から追い出すため，王政復古の大号令が出された。

オ　薩摩藩士によるイギリス人殺傷事件の報復として，薩英戦争が発生した。

4　以下の文章を読み，設問に答えなさい。

近代の国家は，国境と領土を定め，そこに住む人々を「国民」とした。このような近代国家作りの背景には，イギリスで生じた①産業革命や，アメリカやフランスでおこった市民革命がある。諸外国では，国家統一や国内改革を行うことで，近代国家作りを行った。

19世紀になり多くの国で産業革命が成功すると，製品市場の獲得が重要となった。②ヨーロッパ諸国は競い合うようにしてアジアやアフリカに植民地を獲得し，自国の工業製品を販売した。

ヨーロッパ諸国の動きにあわせて，③明治時代の日本も国家の領土を定めるために様々な国と交渉を行い，領土を画定させた。また，日清戦争や日露戦争を経て韓国を併合し，植民地を獲得した。アジアの諸国でもヨーロッパ諸国や日本にならい，④新たな国家作りを目指す動きが生まれた。

⑤二度の世界大戦を経て，世界では多くの植民地がヨーロッパ諸国から独立し，新たな国が誕生した。一方で，産業革命以降植民地となった国々の中には，ヨーロッパ諸国による一方的な植民地化や外交の影響を受けて，⑥現在に至るまで紛争が絶えない地域も存在している。

問1　下線部①に関連して，産業革命を牽引した綿工業で，綿花から綿糸を生産する工程を何といいますか，答えなさい。

問2　下線部②に関連して，ヨーロッパ諸国の植民地支配とその影響について，授業の中で中学生がまとめた以下の文章のうち，適当なものを，次のア～エより一つ選び，記号で答えなさい。

ア　ドイツの植民地となった南洋諸島は，第一次世界大戦が始まると日本に占領され，二十一カ条の要求の結果，日本が委任統治権を得て支配することになりました。

イ　アフリカでは，イギリスやフランスが植民地化を進め，第二次世界大戦後も植民地が残りました。アジア・アフリカ会議が開催された年には，多くの国が独立を果たし，「アフリカの年」とよばれました。

ウ　ガンディーはインドで非暴力・不服従運動を指導し，独立運動を発展させました。第二次世界大戦後，インドはインドとパキスタンにわかれて独立を達成しました。

エ　アメリカの植民地だったベトナムでは，独立を目指すベトナム戦争が行われました。ソ連はこの戦争に際しベトナムを支援して，ベトナムの独立を達成するとともに，社会主義国とすることに成功しました。

問3　下線部③に関連して，明治時代初期の日本で結ばれた領土の画定に関する条約のうち，ロシアとの間で締結された条約を何といいますか，答えなさい。

問4　下線部④に関連して，中国では孫文らによる革命が起こり，清が滅亡し新たに中華民国が生まれました。この革命の名称を何といいますか，答えなさい。

問５　下線部⑤に関連して，以下のア～エは，二度の世界大戦の間に日本や世界で起こった出来事に関する画像です。この４枚の画像を**古い順**に並べ替えた際に，**３番目**になるものとして適当なものを，次のア～エより一つ選び，記号で答えなさい。

ア

紙幣で遊ぶドイツの子供

イ

第一回男子普通選挙の際，投票所で列をつくる人々

ウ

ニューヨークにある株式取引所へ集まる人々

エ

南満州鉄道を調べるリットン調査団

山川・二宮ICTライブラリより引用

問６　下線部⑥に関連して，中東地域では，現在にいたるまで地域紛争が絶えず起こっています。例えば，1990年にはイラク軍がクウェートに侵攻する紛争が発生しました。この出来事をきっかけとして，翌1991年にアメリカ軍を主体とする多国籍軍がイラクを攻撃した争いの名称を答えなさい。

5 **社会の授業で，近年の日本の経済状況についての発表をすることになり，Xさんは「円安のしくみと影響」をテーマに設定し，その内容を次のメモにまとめました。Xさんの作成したメモを読み，以下の設問に答えなさい。**

日米間の金利差が拡大

↓ アメリカの中央銀行が金利を引き上げたのに対し，日本銀行は①景気回復のための低金利政策をとっている。

②金利の高いアメリカのドル高が進む

↓ 為替レートは③農産物や工業製品と同様に需要と供給の関係で決まる。

輸入価格の上昇

エネルギー資源や穀物など原材料・燃料費の高騰により物価が上昇し，④家計への大きな負担となっている。

問1　下線部①に関連して，日本銀行の低金利政策についての次の文章を読み，空欄［A］～［C］にあてはまる語句の組合せとして適当なものを，下のア～クより一つ選び，記号で答えなさい。

日本銀行は，かつては公定歩合操作を金融政策の中心としていた。経済活動が停滞したときには，日本銀行が公定歩合を［A］ることによって，市中に流通する資金量を増加させた。しかし，金融の自由化に伴い，1990年代半ば以降の政策の中心は［B］操作となった。

2013年1月以降，日本銀行は2%のインフレ目標を達成するまで，通貨量を増加させることを決定した。この政策により，日本銀行の保有する国債はこの10年で大幅に［C］している。

	ア	イ	ウ	エ	オ	カ	キ	ク
A	引き上げ	引き上げ	引き上げ	引き上げ	引き下げ	引き下げ	引き下げ	引き下げ
B	公開市場	公開市場	預金準備率	預金準備率	公開市場	公開市場	預金準備率	預金準備率
C	増加	減少	増加	減少	増加	減少	増加	減少

問2　下線部②に関連して，アメリカの金利が高くなると，投資家はアメリカで資金を運用しようとするためにドル高が進みます。次のページの図はドルの需給曲線を表しており，当初の需要曲線はD，供給曲線はS，均衡価格がP_0であったとします。今アメリカの金利が高くなったとき，需給曲線はどのように変化するか，下のア～ウより一つ選び，記号で答えなさい。

ア　需要曲線はD_1，供給曲線はS_1へシフトする
イ　需要曲線はD_2，供給曲線はS_1へシフトする
ウ　需要曲線はD_2，供給曲線はS_2へシフトする

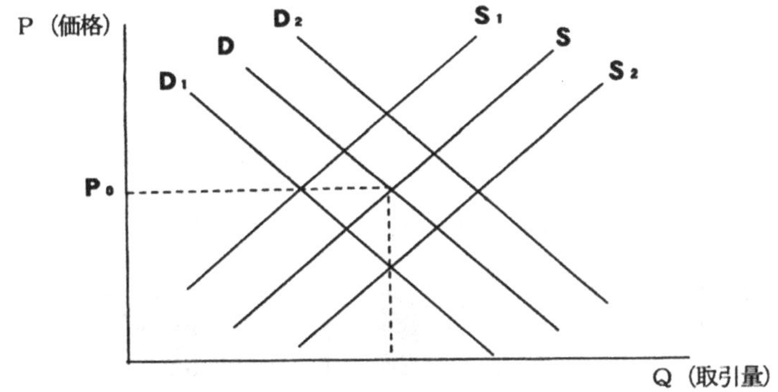

問３　下線部③に関連して，日本の農業の現状についての記述として適当なものを，次のア～エより一つ選び，記号で答えなさい。

ア　生産から小売りまでの食品の流通経路を把握できるようにしたフードマイレージの取り組みが，法律によって義務づけられている。

イ　農産物を生産するだけでなく，加工品の製造までを手掛けることによって付加価値を高める取り組みを6次産業化と呼ぶ。

ウ　TPP(環太平洋経済連携協定)などEPAが締結されると，海外からの安価な農産物流入によって日本の食料自給率が拡大する一方で，日本の農業は打撃を受ける。

エ　農地貸借の規制が法改正によって緩和され，株式会社が農業へ本格的に参入することが可能となった。

問４　下線部④に関連して，次のページのグラフはある二つの世帯の家計の収支を表したものである。グラフから読み取れる内容として適当なものを，下のア～エより一つ選び，記号で答えなさい。

ア　世帯Aでは実収入の約30%が，世帯Bでは約7%が貯蓄に回されている。

イ　世帯Aと比べると，世帯Bの方が社会保険料や税金の額は多い。

ウ　世帯Bと比べると，世帯Aの方が光熱・水道費の額は多い。

エ　世帯Bと比べると，世帯Aの方が食料の支出額もエンゲル係数も高い。

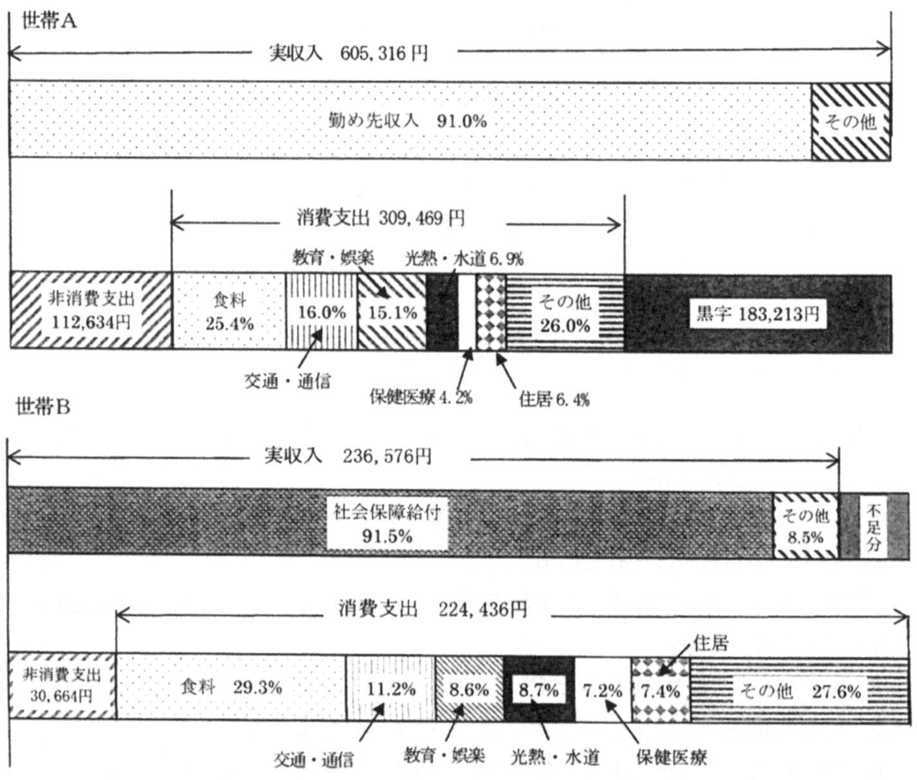

(注1)図中世帯Aの「勤め先収入」及び「その他」の割合(%)，世帯Bの「社会保障給付」及び「その他」の割合(%)は実収入に占める割合である。

(注2)図中の「食料」から「その他」までの割合(%)は消費支出に占める割合である。

(注3)非消費支出とは，社会保険料や税金など，消費以外の支出のことである。

(注4)エンゲル係数とは，消費支出に占める食料費の割合のことである。

6 **次の年表はXさんが2024年に過去の出来事を調べて作成したものです。これを見て，以下の設問に答えなさい。**

年	出来事
10年前	閣議で(　1　)容認 憲法上認められないとされてきた(1)が限定的に行使できるように法整備が進められた。
20年前	裁判員法の成立 国民の感覚を裁判に反映させるために，①裁判員制度の導入が定められた。
30年前	公職選挙法改正 衆議院議員総選挙に，現行の(　2　)制が導入された。
40年前	新紙幣発行 1万円札が福沢諭吉，5千円札が新渡戸稲造，千円札が夏目漱石の紙幣となった。
50年前	国連資源特別総会 ②資源の恒久主権や発展途上国への貿易上の特恵的措置などが主張された。
60年前	③「宴のあと」事件の地裁判決 原告側が勝訴し，原告の主張する権利の侵害が初めて認められた。

問１　年表中の空欄(　１　)～(　２　)にあてはまる語句を漢字で答えなさい。

問２　下線部①に関連して，現行の裁判員制度についての記述として適当なものを，次のア～エより一つ選び，記号で答えなさい。

ア　裁判員制度の対象となるのは，民事裁判の第一審のみであり，第二審から裁判員は参加しない。

イ　裁判員制度では，裁判員が有罪・無罪を決定し，量刑は職業裁判官のみで判断する。

ウ　裁判員の候補者は18歳以上の有権者から選ばれ，一定の理由があっても辞退することはできない。

エ　評議での意見内容には守秘義務があり，違反した場合，懲役や罰金刑が科されることもある。

問３　下線部②に関連して，世界の資源は先進国の大企業に占有されてきましたが，1950年代ころから資源保有国が自国の資源を利用する権利を主張するようになりました。こうした動きを受け，アラブ諸国が主導して1970年代前半に資源の価格を大幅に引き上げ，世界各国にインフレなどの混乱を引き起こしました。この出来事を何というか，答えなさい。

問４　下線部③に関連して，次の文章は「宴のあと」事件の概要です。この訴訟で原告側が主張した，日本国憲法には記されていない新しい人権を明記した上で，その人権を保護することによって起こる問題点を，権利の衝突に着目して簡単に説明しなさい。

三島由紀夫の小説『宴のあと』は，特定の人物をモデルとしたことがわかる作品であった。このため，原告は小説で私生活が公開されたとして，作家と出版社に対し，損害賠償と謝罪を求める訴訟を起こした。

いだ、欠かさずお参りをしていた。

イ　文中の尼は盗まれた絵の仏が摂津国、難波あたりにあるらしいと聞いて、探すために出向いていった。

ウ　文中の尼は市場で見つけた箱の中に盗まれた絵の仏があると知って、箱の主を捕まえようと待っていた。

エ　文中の尼は箱の中からさまざまな生き物の声がしたので、それを買って逃がすために箱の主を待っていた。

オ　文中の尼は、絵の仏が動物の鳴き真似をして居場所を教えてくれたのだと悟って一層信仰心が高まった。

7　『今昔物語集』と同じジャンル（文学形態）の作品を次の**ア**～**オ**の中から一つ選び、記号で答えなさい。

ア　平家物語　　**イ**　徒然草　　**ウ**　竹取物語

エ　宇治拾遺物語　　**オ**　おくのほそ道

れり。これを買はむと思ふ故(ゆゑ)に汝(なんじ)を待つなり。」と。箱の主答へていはく、「これ、さらに生類を入れたるにあらず。」と。尼なほ固くこれを乞(こ)ふに、箱の主、「生類にあらず。」と争ふ。

その時に、市人(いちびと)ら来たり集まりて、このことを聞きていはく、「すみやかにその箱を開きて、②その虚実を見るべし。」と。しかるに、箱の主、a あからさまに立ち去るやうにて箱を棄(す)て失(う)せぬ。尋ぬといへども行き方を知らず。「b はやく逃げぬるなりけり。」と知りて、その後箱を開きて見れば、中に盗まれにし絵仏の像まします。尼これを見て涙を流して喜びかなしむ(ン)で、市人らに向かひていはく、「我さきにこの仏の像を失ひて、日夜に求め恋ひ奉るに、今思はざるに会ひ奉れり。うれしきかなや。」と。市人らこれを聞きて、尼をほめたふとび、箱の主の逃げぬることを、「ことわりなり。」と思ひて、にくみそしりけり。尼これをよろこびて、いよいよはうじやうをおこなひて帰りぬ。仏をばもとの寺に③率(ゐ)て奉りて安置し奉りてけり。

（『今昔物語集』より）

※　知識を引きて…寄付を募って

※　はうじやう…捕らえた生き物を逃がしてやること。

1　二重傍線部「はうじやう」を現代仮名遣いに直しなさい。

2　傍線部a「あからさまに」・b「はやく」の本文中の意味として適当なものを次の**ア**～**オ**からそれぞれ一つずつ選び、記号で答えなさい。

a　**ア**　あらわに　**イ**　ちょっと　**ウ**　公式に　**エ**　だんだん　**オ**　明瞭に

b　**ア**　もともと　**イ**　急に　**ウ**　とっくに　**エ**　かならず　**オ**　おそらく

3　傍線部①「これ」が指すものを本文中の語句（3字～5字）で答えなさい。

4　傍線部②「その虚実を見るべし」の説明として最も適当なものを次の**ア**～**オ**から選び、記号で答えなさい。

ア　箱の中に何か入っているのか、それとも空っぽなのか調べてみようということ。

イ　箱の中に実際には何も入っていないことを開けてみて確かめてみようということ。

ウ　箱の中に生き物が入っているのか、いないのか開けて見てみようということ。

エ　箱の中に本当に仏様の絵が入っているか、開けて調べてみようということ。

オ　箱の中身についてどちらがうそを言っているのか、はっきりさせようということ。

5　傍線部③「率て奉りて」の主語を次の**ア**～**オ**から一つ選び、記号で答えなさい。

ア　箱の主　**イ**　尼　**ウ**　市の人々　**エ**　作者　**オ**　山寺の僧

6　次の**ア**～**オ**のうち、本文の内容と合致するものを一つ選び、記号で答えなさい。

ア　文中の尼は信仰心が強かったので、絵の仏が盗まれるまでのあが彼らにあって、どんなふうに彼らをつくりあげてきたかは知らなくてもいいのだ、ということ。

イ 友人とは自分が一緒に居て心地よい人間なのだから、母親が友人としてふさわしいと考える性質に、彼らが当てはまるかどうかなどどうでもいいのだ、ということ。

ウ 普通知っているような相手の情報を知らず母親の質問に答えられなくても、彼らがどういう人間なのか自分はちゃんと知っているからそれでいいのだ、ということ。

エ 一緒にコンビニで働いてきた仲間なのに知らないことがたくさんあったものの、何も問題なく一緒に働き続けることができたのだからこれでいいのだ、ということ。

4 傍線部③「俺はしばらく口がきけなかった」とあるが、この時の一志の心情を100字以内で答えなさい。

5 空欄**X**に入る語句として最も適当なものを次の**ア**～**エ**から選び、記号で答えなさい。

ア 孤独だって気持ちが湧き上がってきた

イ 鹿沢のさびしい気持ちも分かった

ウ 知っても仕方ないって感じた

エ もう知らなくてもいいとも思った

6 登場人物の心情・人物像に関する説明として適当ではないものを次の**ア**～**エ**から一つ選び、記号で答えなさい。

ア 一志は、基本的に一人でいることを好んでおり、誰かと一緒に何かをすることが得意なタイプではない。

イ 一志の家族は、この一年黙って一志を見守ってきたものの、彼自身の未来を思うと、そろそろここで立ち直って欲しいと考えている。

ウ 一志は、家族が自分のことを真剣に考えてくれているとは分かっているが、やはり父母や兄のテンポと自分のそれは合わないと感じている。

エ アニさんは、寡黙であり少し誤解されるような口調で話すが、相手の気持ちをくむことのできる人間である。

四 次の文章を読んで、後の問いに答えなさい。

> ある尼(あま)が仏を絵に描いてもらい、それを山寺に安置し、つねにその山寺に詣でて礼拝していた。

しかる間、尼いささかに身に営むことあるによりて、しばらく寺に詣でざるほどに、その絵像盗人(ぬすびと)のために盗まれぬ。尼これを悲しび嘆きて、たふるに随ひて東西を求むといへども、尋ねうることなし。しかるに、このことを嘆き悲しむ(ン)で、また、※知識を引きて※はうじやうを行(ぎやう)ぜむと思ひて、摂津(せつつ)の国の難波(なには)のほとりに行きぬ。川のほとりに徘徊(はいくわい)する間、市より帰る人多かり。見れば、担(にな)へる箱を植木の上に置けり。主は見えず。尼聞けば、この箱の中にくさぐさの生類の声あり。「これ、畜生の類を入れたるなりけり。」と思ひて、「必ず①これを買ひてはなたむ。」と思ひて、暫(しばら)く留(とど)まりて、箱の主の来たるを待つ。やや久しくありて、箱の主来たれり。尼これに会ひていはく、「この箱の中にくさぐさの生類の声あり。我はうじやうのために来た

※　復活デフォルト…ここでは「復活して当然」の意味。
※　スウィーティー・ポップな曲…音楽のジャンルの一種。
※　やべえネタ…佐古田も一志同様、ラジオで話す人の話のネタになるメールを送っているが、その内容が過激なものであることを示す。
※　アニさん…バイト先の副店長。
※　荒井さん…バイト先の同僚の一人。
※　センチ…センチメンタル。感傷的。

1　空欄**A**・**B**に入る言葉として最も適当なものを次の**ア**～**オ**からそれぞれ選び、記号で答えなさい。

A　**ア**　悲観的　**イ**　客観的　**ウ**　内向的
　　エ　根本的　**オ**　一時的

B　**ア**　空虚な　**イ**　神妙な　**ウ**　漠然と
　　エ　つつがない　**オ**　ひなびた

2　傍線部①「ヒトゴト感」とあるが、これについて後の問いに答えなさい。

(i)　「ヒトゴト感」の説明として最も適当なものを次の**ア**～**エ**から選び、記号で答えなさい。

ア　自分の進路ではあるものの自分ではどうしたら良いか分からず、結局親や兄のいうような進路に進んでいくだろうことを思うと、自分のことのように思えないということ。

イ　自分としてはちゃんと大学に復帰できるか分からないのに、復帰するのが当たり前として家族の話が進むため、自分についての話をしているように感じないということ。

ウ　自分の考えていることを聞こうとしないくせに自分のことを分かっているように話す家族の会話のテンポについていけず、自分は何なのか分からなくなってきたということ。

エ　自分のことを自分で決めさせてくれないことにはがゆさやしんどさを感じ、家族が当たり前とすることについていけず、もうどうにでもなれと感じているということ。

(ii)　なぜこのように感じたと考えられるか。その説明として最も適当なものを次の**ア**～**エ**から選び、記号で答えなさい。

ア　コンビニバイトで精神的・身体的に大変な思いをしてきたことで、かつて苦しめられてきた家族からのプレッシャーにも動じない心を手に入れることができたから。

イ　少し実家を離れて一人で生活してみた結果、家族の顔すらおぼつかないほどに家族を忘れることができ、何を言われても第三者から言われているようにしか感じなくなったから。

ウ　一度道を外れたことで、兄貴のように「大多数が知ってる企業」への道が閉ざされたからこそ、後はもうどうなっても親の思い通りにはならないと高(たか)をくくれるようになったから。

エ　家族と共に生活していた時は自分の苦しさばかりに気が向いていたが、一度家を離れたことで心に多少なりと余裕が生まれ、家族や自分を客観視できるようになったから。

3　傍線部②「でも、いいんだよ」とあるが、これはどういうことか。その説明として最も適当なものを次の**ア**～**エ**から選び、記号で答えなさい。

ア　今の彼らが自分にとってすべてなのだから、過去にどんなことた。強烈に欲しかった。実際に聞かれてみて初めて気づいた。

「副店長、ありがとうございます」

その質問をしてくれて、を省くと、なに言ってるんだかわかんねえだろうな。

アニさんはしばらく黙っていた。もう、この会話は終了と思ったくらいのタイミングで、

「やり直しがきかないこともあるが、君の年だと色々なチャレンジができる。何度でもできる」

相変わらず、こっちを見ないが、強い声ではっきりと言った。

「金が必要になったら、また、ここで働けばいい」

③俺はしばらく口がきけなかった。

「ありがとうございます」

やっと、それだけ言って頭を下げた。

アニさんに言ってもらったことに意味があった。この人は、いらないヤツに来いとは言わない。アニさんのコンビニ人生の中の小さなワンピースにすぎない俺でも、信頼してくれた。気にかけてくれた。

両親や兄の心配や思いを軽く考えるわけじゃない。口にしたくてもできないこと、口にしないほうがいいと判断すること、むしろ身内だから色々あるんだ。もともと、俺は親に甘えて、ここでの一年を与えてもらってる。

でも、アニさんが俺を心配してくれた気持ちは、ありがたかった。心から。本当に。

三月末にバイトを辞めて実家に帰ることを鹿沢にも話すと、「そう」とうなずいたあと、「さびしくなるね」と言われた。

さびしいという気持ちを俺はこれまで感じたことがあるのかなと、ふと思った。さびしくなるねと言われて心に浮かんできた思い、未知のもののようにも、既知のもののようにも感じる。

俺は、一人でもけっこう平気だ。

ただ世の中の、一人はいけないという空気に負ける。ダメなヤツだと、ミジメだと思わされる。どうでもいいといくら意地を張っても、どっかで頭を垂れてしまう。

孤独でもいいのにね。

でも、本当に孤独を愛する人間なら、夜の闇から響いてくる明るい声に、こんなに心を揺さぶられるものかな。人の声、明るい声、笑い、笑いを作る人々のざわめき。深夜ラジオ。

鹿沢に、彼の人生のことをあれこれ聞いてみたくなったよ。同時に、［X］。ここを離れて、ラインしたり、ライブを聴きに行ったり交流することはあっても、深夜の八時間、十時間を、夜の中に浮かぶ奇妙に明るいコンビニで一緒に働くこととは違う。

俺は感傷的になってるのかな。普通に忙しい、昼夜逆転で、きつい仕事だよ。しゃべったりもするけど、ほとんど黙ってそれぞれ働いてる時間ばっか。特別な時間とか、そんなこと言ったら※センチすぎる。

ただ、俺、二人で長い時間一緒にいて、イヤじゃない相手って、めったにいない。共通点とかなんもないようなヤツなのに。

（佐藤多佳子『明るい夜に出かけて』より）

両親も兄貴も黙ってるんだろう。黙ってれば、自動的に、俺がハズれた道から戻ってきて、めでたしめでたし、丸くおさまるって。

その目に見えない圧のある家庭の空気を、実家の空気を、NO！　とぶち破るほどの意志も理論も方向性も、俺は持ってなかった。ある意味、その程度には回復していた。絶対ダメなら、ダメって言う。どっかで、しょうがねえかって思ってる。もともとそういう流れで、流されるしかないかって。でも、OKって気分には程遠くて、[B]不安はあるけど、その不安を口にする根拠がない。

なんか怖い。

なんかイヤ。

ほんとは、ここでバイトしてたい。※荒井さんみたいなモンスターにイビられてつらくても、身体がしんどくても眠くても、それでも、ここがいい。

でも、言えないよ、ここがいいとか。

「そうなのか」

アニさんは、もっさり答えた。

バイトは一年縛りという話を面接の時、店長にしてない。鹿沢にも言ってない。

「大学を休学中でしたけど、復学することになりました」

俺は事務的に報告した。家族がみんな沈黙を守っていただけなのに、口に出すと、こんなに立派な話になっちゃう。

「店長にはちゃんと伝えます。ご迷惑かけることになって、すみません」

辞めるってことは、どんな理由でも喜ばれないだろうと思う。

一年って時間は、コンビニ的に、どうなんだ？　長いのか短いのか？　バイトの入れ替わりは激しい。鹿沢クラスになると致命的な戦力ダウンだけど、俺くらいだと流動する雑多なコマの一つに過ぎない。もちろん、トロいミスる使えない時間を我慢して育ててもらい、やっとちょっとマシになると辞めるわけで、店的には……。

俺がごちゃごちゃ考えていると、

「問題は解決したのか？」

アニさんは俺のほうを見ずにいきなり尋ねた。

「え？」

そんなこと聞かれると思ってなくて、驚いて聞き返す。

「何かわけがあったんだろう」

アニさんは、怒った口調になる。この口調だからって怒ってるとは限らないことは、学んだ。

わけ？　理由？　休学の理由。

「はい」

俺は緊張して答えた。これだけで済ますわけにもいかなくて、

「わけはあったんですが、解決したかどうかは、よくわからなくて」

口ごもりながらつぶやく。

「大丈夫なのか？」

家族に聞かれなかったことをアニさんに質問されて、なんだか頭が白くなっちまった。

「わ……かんないんですけど」

声がかすれる。

わかんない、大丈夫かどうかなんて。でも、その質問が欲しかっ

自分のファーストネーム忘れかけてたよ。カズシだっけね。カズシ、フー？　って、うすらおかしくなってたら、オフクロが「笑うようになったわね」って。兄貴が真剣にうなずく。

ちょっと待て。これ、いいとこ探し？　俺の回復の無理やり証明？　ていうか、ガチで心配されてるなあ。そうだったな。それもイヤだったんだよな。

「笑うよ、普通に」

と俺は言った。

「そうかあ。よかったなあ」

兄貴、真剣にうなずくのをやめろ。

俺、そんなに笑ってなかったか？　笑う要素なくね？　実家に。それ普通じゃね？

バイトはどうだという話になり、俺がコンビニのことをほそぼそしゃべり、鹿沢のことに触れるとオフクロに色々質問される。ほとんど答えられなくて、自分でビックリした。

鹿沢は、年末年始もシフト入れてたな。実家に帰らないのかな。そもそも、出身どこだよ。ほんとに何にも知らねえな。家族構成も、出身も、最終学歴も。鹿沢、訛（なま）りはないよな。

佐古田の家族構成も知らない。氷川は同級生でうちに来てたりしたから、さすがにわかるけど、あとの二人のことを何も知らないし、知らないことに気づいてすらいなかった。

ちょっとビックリ。

②でも、いいんだよ。

鹿沢がどんなふうに※スウィーティー・ポップな曲を歌うのか知ってるし。どんなふうにレイヤーの彼女にはっ倒されるか知ってるし。スネ出したカラフルな私服知ってるし。

佐古田がどんな※やべえネタ書くか知ってるし。小動物みたいな目がピカピカするの知ってるし。女子高でギリいじめられてないの知ってるし。

いいんだよ。

永川は、思ってたより、四倍くらいいいヤツだし。

【中略　一志は、結局進路の話をまったくしないまま、自分のアパートに戻る。】

二日の金曜日にバイトに行くと、鹿沢じゃなくて※アニさんがいた。俺の親父とは違うタイプの、この無口な男は、実家はどうだった、正月はどうだったでもなく、相変わらずもくもくと働き、働かされる。アニさんが自分チの大掃除も徹底してやるのか聞いてみたかった。でも、話しかける隙なんかなくて、離婚して一人暮らしの男に家事のことを聞くのもどうかと思った。ていうか、俺、どんな相手でも、自分から世間話をしかけるのって、たぶん無理。

「あの……俺、三月末に、東京、帰ることに」

自分のことを口にした。別に、今、ここで、副店長に言う必要はなかった。店長に正式に辞める意志と時期を伝えればいい。でも、なんか、ふっと口について出てきたんだ。

富山家では、既定路線が当たり前のように遂行され、俺が拒否らなければ、そのままって感じ。話題に出して、ゴネられるのがイヤで、

ウ　【文章Ⅰ】では筆者の海外での経験を踏まえて、日本における親子の関わり方のあるべき姿を提案しているのに対し、【文章Ⅱ】では筆者の国内での経験に基づいて、現在は大学と保護者が協力して学生の支援にあたるべきだと述べているよ

エ　【文章Ⅰ】では海外と日本の親子関係の違いに焦点を当てて、それぞれの強みを考察しているのに対し、【文章Ⅱ】では現在の大学で発生していることを確認しながら、筆者が感じる親子関係の問題点をわかりやすく説明しているよ

(2)　空欄Yに入る発言として最も適当なものを次のア～エから選び、記号で答えなさい。

ア　【文章Ⅰ】の内容に基づくと、【文章Ⅱ】で述べられた過度な学生への支援が生じる背景には、保護者と子どもとの間にくつがえすことのできない力関係が存在する可能性がある

イ　【文章Ⅰ】の内容に基づくと、【文章Ⅱ】で述べられた大学の小学校化が生じる背景には、保護者から子どもへの過度な働きかけによって子どもの主体性が育たないことがある

ウ　【文章Ⅰ】の内容に基づくと、【文章Ⅱ】で述べられた過度な保護者の関わりが生じる背景には、保護者が自身の子どもを独立した他者として尊重することに馴(な)れてれていないことがある

エ　【文章Ⅰ】の内容に基づくと、【文章Ⅱ】で述べられた大学への過度な保護者の要求が生じる背景には、子どもを自らの所有物だと考えてしまう誤ったオーナーシップのとらえ方がある

三　次の文章を読んで、後の問いに答えなさい。

「俺」（富山一志(かずし)）は、友人関係のもつれがもとで心を閉ざし、大学を一年間限定という約束で休学して、自分でコンビニバイトを決め、一暮らしを始めた。バイトリーダーの鹿沢、一志と同じ深夜ラジオ好きの佐古田、旧友の永川と交流するうちに、心情に変化が生まれてきていた。次の場面は、一志がひさしぶりに実家に一時帰省した場面である。

親、こんな顔してんだなって思った。兄貴もね。普通、顔なんか見ねえし。久しぶりに帰ると、うっかり見る。よく知ってるのに、ぜんぜん知らない気がする、真逆のダブル感覚で、めっちゃ混乱する。緊張する。

兄貴がよくしゃべるヤツで助かった。この感じも忘れてたな。親父(おやじ)が無口で、俺はしゃべんないし、オフクロのトークを兄貴がサポートして場がもってるんだよ。誰もが知ってる大学を卒業して、大多数が知ってる企業に勤めてる二十五歳って偉大だな。親父もそうだし、こんチじゃ、それが基本線。俺が今ハズれてても、単に［A］なエラーと見なされてる。※復活デフォルトなわけよ。そういう前提で、すべての会話が進む。この①ヒトゴト感すげえよ。前はしんどいって思ったけど、今は、なんかぽかーんとする。え？　って感じ。

親父は、俺の考えてること聞こうとしないくせに、顔色だけは見るんだよな。「一志も少し落ちついたんじゃないか」なんて言う。俺、

3 傍線部②「スポーツチームなどでも監督の決断にプレイヤーが唯々従うスタイル」とあるが、筆者はこのスタイルを望ましくないととらえている。筆者がこのようなスタイルを望ましくないと考える理由が最もよく表れている一文を本文中から抜き出し、その最初の5字を答えなさい。

4 傍線部③「私にとっては、日常の中で何かを要求することや、他者へ意見することへのハードルがやはりまだ高く感じられることがあるのです」とあるが、筆者がこのように感じるのはなぜだと考えられるか。その理由として最も適当なものを次の**ア**～**エ**から選び、記号で答えなさい。

ア 医師としての自分の経験に自信がないことから、自分の意見が治療を誤った方向に進めてしまうかもしれないという不安にさいなまれるから。

イ 自分の意見を主張することは望ましいことであり、かつそれが他者から尊重されるという経験を、子どものころからは積めていなかったから。

ウ 他者に対して主体的に意見することが、自分だけでなく他者にとっても望ましいことであるか否かについて自信を持っては判断できないから。

エ 他者の意見に対して、主体的に意見を述べることは特別なことであると感じており、日常の中でそれを行うことは難しく感じられているから。

5 傍線部④「『親に言われたから』という他人任せの姿勢でいては得ることができない自己肯定感をもってほしい」とあるが、筆者は、子どもたちが「自己肯定感」を持つことによって、どのようなことが可能になると考えているか。本文全体を踏まえて、「ことが可能になると考えている」に続くように80字以内で説明しなさい。

6 次に示すのは【文章Ⅰ】と【文章Ⅱ】を読んだ生徒が話し合っている場面である。これを読んで後の問いに答えなさい。

生徒**A**…【文章Ⅰ】と【文章Ⅱ】を比べると、親子の関わりについて述べている部分があるということが共通しているね。

生徒**B**…そうだね。でもその述べ方には違いがあるようだよ。

生徒**C**…本当だ。［ X ］。

生徒**A**…なるほどね。ところで、二つの文章には違いがある一方で、両者を関連させるとわかることもありそうだよ。

生徒**B**…［ Y ］と考えられるということだね。

生徒**C**…そうか。関連するテーマの文章を比較するというのは面白いことだね。

(1) 空欄**X**に入る発言として最も適当なものを次の**ア**～**エ**から選び、記号で答えなさい。

ア 【文章Ⅰ】では海外の事例を取り上げながら、より望ましい親子の関わり方を模索しているのに対し、【文章Ⅱ】では現在大学で起きていることを取り上げて、保護者の子どもへの関わり方が望ましくない方向に進んでいることを指摘しているよ

イ 【文章Ⅰ】では海外と日本の教育を比較して、日本の教育の問題点を指摘しているのに対し、【文章Ⅱ】では現在の大学における保護者の関わりを取り上げて、現在の保護者の関わり方は学生の成長にとって問題があることを主張しているよ

悟で個人的な考えを言えば、私は、このような大学の小学校化には反対である。ある大学のホームページには、保護者と大学が連携しながら学生をサポートすることを謳っているし、ある大学では成績通知書持参を求めていて、こうなるとなんともハヤと言うしかない。

つまり如何に大学が、学生の面倒をしっかり見ているかが、セールスポイントとなっているようなのである。落ちこぼれのないように、単位が取れていないと保護者にも通知し、低単位指導というものを行って留年防止に努める。そのような大学の手厚い保護、面倒見の良さをアピールすることが学生獲得につながるようなのである。大学と保護者が一体となって、お子様の学業を支えましょうと謳っているホームページもあり、やれやれである。

これだけしっかりとわが子を監視してくれ、その面倒を見てくれる大学になら、安心して子を預けられるという親の心理を慮っての制度設計なのであろう。

（永田和宏『知の体力』より）

※ 親子の間における「同意」・真の意味での「同意」…文章Ⅰの前に、筆者は、「さまざまな関係において、安心と信頼をベースに自分の意思を伝え、互いの意思を尊重すること」を「同意」だと述べている。

※ インターン…インターンシップの略。学生が企業の中に一定期間在籍し、自分の将来に関連のある就業体験を行える制度のこと。

※ サジェスチョン…ここでは「提案・提言」のこと。

※ わが大学…文章Ⅱの筆者は現在、ある大学で教授を務めている。

1 傍線部①「アドボカシー」とは何かを説明したものとして適当なものを次の**ア**～**カ**から二つ選び、記号で答えなさい。

ア アドボカシーとは自分と考えの異なる他者に対して不満を伝えることである。

イ アドボカシーとは自らや組織をより良く変えるために意見を発信することである。

ウ アドボカシーとは自らの要望を他者に伝えるために公的に働きかけることである。

エ アドボカシーとは日常的な会話の中で自然なやりとりとして行われることである。

オ アドボカシーとは意見の異なる他者だけでなく自らに対しても行われることである。

カ アドボカシーとは対立姿勢を鮮明にせずに相手の意見を受け入れることである。

2 空欄**A**に当てはまる内容として最も適当なものを次の**ア**～**エ**から選び、記号で答えなさい。

ア 私が上司としてのあり方を考えるきっかけとなることがほとんどです。

イ 私は彼らが深く考えずに意見することは認められないと感じています。

ウ 私は彼らが臆せずに上司に意見ができるほど成長したことに喜びを感じています。

エ 私は彼らが率直に言ってくれてよかったと感じることがほとんどです。

私の臨床現場でも、アメリカの患者さんのオーナーシップとアドボカシーに感心させられることが多くあります。

たとえ子どもであっても、多くの場合、自分の症状がこうであるとか、日常生活でどんな不都合が生じているかについて自分の言葉で説明しようとします。中高生であれば、「○○の効果は感じるが、××の症状には効いていないから△△のような治療を試してみたい」といったように、治療方針に関しても主体性をもって診察に関わる子どもも多いのです。そのような患者さんに関わると、それまでの治療経過も含めて患者さんがどう感じ、何を求めているのかが明確なため、提案できる治療法もより精度を上げることが可能になり、医師の私自身もありがたいと感じています。

一方で私自身が患者になった場合には、どこか患者側から医療者に対して意見してはならないような気がしてしまって、自分の身体の治療に関して未だにうまくアドボケートできないところがあります。医師側に立ったときには患者さんの主体的な意見がとてもありがたいと感じるのだから、と不調を感じる機会も多かった妊娠中などは自分で自分の背中を押して意見するようにしていましたが、③私にとっては、日常の中で何かを要求することや、他者へ意見することへのハードルがやはりまだ高く感じられることもあるのです。

自分のコントロール下にない他人の判断が自分の状態、成績や評価などに影響した場合、その人への怒り、また「あのとき自分はこう思っていたのに」と消化しにくい思いが湧くこともありますし、自分には自分の世界をコントロールする力はないと無力感を抱いてしまうこともあります。

逆に最終的に上手く行かなかった場合に、その責任を問う相手が自分しかいない状況は辛いこともありますが、自分で考えて、自分のコントロール下でできることをやり尽くした結果の成功はもちろん、失敗もまた「自分のものなんだ」と思えて納得しやすいものです。

だから私自身もどんなにハードルが高く感じられても、自分のことは少しずつでも自分の判断でオーナーシップを持ってアドボカシーをしていかなければ、と頑張ってみようと思っています。そして私の息子たちには、どんな状況であっても自分のことは自分で判断し、それを主張し、自分にためにアドボカシーをしてもいいと感じてもらいたい。そのために、日常の小さな決断や問題解決に、子どもたちも参加させるよう意識して、子どもたちの考えを聞き、アイディアを募り、共に決断していくことで、④「親に言われたから」という他人任せの姿勢でいては得ることができない自己肯定感をもってほしいと願っています。

(内田舞『ソーシャルジャスティス　小児精神科医、社会を診る』より)

【文章Ⅱ】

大学で保護者に対する個別面談が行われていることを知ったときは、さすがに度肝を抜かれた。現に全国の多くの大学で開催されている。耳を疑うような話であるが、「大学の保護者面談」などというキーワードでインターネット検索をしてみれば、その多さに驚くだろう。

※わが大学でも例に漏れず開かれているが、大学当局からお叱りを覚

の仕事をした経験、履歴が大学院やメディカルスクールの選考過程で加味されるために、こうした職に就くことが多く、私の研究はこのようなリサーチアシスタントに支えられており、我がセンターには必要不可欠なポジションです。

歴代のリサーチアシスタントと接するなかで、何度も「凄いなぁ」と感心させられることがあったのですが、それは大学を卒業したばかりの若さで、ボスである私にためらわずに意見を言うところ、また、自分のために臆さずアドボカシーをすることです。

私の研究に関して、「ここはこういうアプローチのほうがいいのではないか」と※サジェスチョンがくることもあれば、任せている論文添削などの仕事量に関して「今やらなければならないことが多すぎると感じる」などと相談に来ることもあります。その際には、一緒にタスクへ優先順位をつけたり、他の人を頼って配分できるタスクはないか、効率化できる部分はないかなどを話し合います。

もちろん上司として要望を聞き入れられない場合もあり、私から彼らの仕事のやり方を変えるようお願いすることもありますし、彼らの研究へのサジェスチョンに反対する場面もあります。しかし、それでも研究に関する意見にしても、仕事に関する相談にしても、［A］。

こういった意見を、抗議や文句の形ではなく、普通の会話の中で当たり前の相談事として持ちかけられる能力というのは、子どものころから自分の意見を主張し、それがリスペクトされる経験を積んだ結果、身につくのだろうなと感じています。

こうして「アドボカシー」が自然に身についている若い人たちに接していると、それは「オーナーシップ（ownership）」とも深く関係していると実感します。「オーナーシップ」とは直訳すると「所有」という意味で、自分に関わる選択、行動、そして結果を「自分のもの」として「所有」することを意味します。

親子間、あるいは上司と部下の関係などで、上の立場と捉えられる側から下に付く人たちに決断のオーナーシップを持たせてあげることも、弱い立場にいる人が周りに意思を伝えることも勇気がいることです。しかし、②スポーツチームなどでも監督の決断にプレイヤーが唯々従うスタイルよりも、プレイヤーが意見を出して戦略や判断に関わる方が、勝っても負けても皆がその結果を「自分のもの」として受け止め、それぞれの個人が、また長期的にチームが前進するきっかけになることも多いのです。

もちろんそれをまとめるだけの監督やキャプテンのリーダーシップと、「自分の意見は受け入れられることもあれば受け入れられないこともある」と選手たちが納得できるようなサポートが必要ですが、そのようなオーナーシップが機能したときのチームの爆発力は目を見張るものですし、なによりも個々人の精神状態や選手間の関係にも良い影響を与えるものです。

近年この素晴らしい例だと感じたのが、2022年のサッカーワールドカップで日本中を熱狂させた日本代表チームでした。自分たちの運命は自分たちでコントロールするという意思の共有、年齢やポジションに関係なくチームとしての戦い方に意見を出し合い、その意見が採用されうる環境があったこと。それを可能にした監督と選手間の信頼も素晴らしいと感じましたし、そのプロセスを促しサポートするベテラン選手の存在も大きかったと思います。

【国　語】（五〇分）〈満点：一〇〇点〉

【注意】

＊字数制限のある場合は、句読点・記号なども字数に含めます。

＊設問の関係上、原文を一部省略しています。

一　次の1～5の傍線部のカタカナは漢字に直し、漢字は読みをひらがなで答えなさい。

1　リタの心を持つことが世界をよい方向に進める。

2　ジャッカン二十歳での偉業に世界がおどろく。

3　新しい対策をチクジ行ってゆく。

4　地域の昔話が現代にクデンで残っている。

5　メイン・コンピュータがシステム全体を統御する

二　次の文章Ⅰ・Ⅱを読んで後の問いに答えなさい。

【文章Ⅰ】

①アドボカシーは社会としての変化をめざして働きかける大きなものもあれば、日常生活の中で感じるモヤモヤを解消しようと、望む変化に向けて誰かに対して働きかける個人的で小さなものもあります。

例えば、私の子どもたちが通う学校で、学校側から保護者への連絡手段はメールにしてほしいとお願いしたり、生徒のひとりが遊具でケガをしてしまったとき、安全に作り直してほしいと保護者たちが学校に要請したり、あるいは学校の運営に問題を感じた保護者たちが理事会に働きかけ、その結果理事長が解任されたりしたこともありましたが、これは親として学校に働きかけるアドボカシーでした。

でも、アドボカシーは対立姿勢を鮮明にしたり怒ったり、ケンカしたりすることとは違います。学校の運営の件について言えば、校長先生や運営に関わる先生たちと相互にコミュニケーションできる雰囲気の中で、あくまで「こうしてほしい」という日常会話として伝えることができていました。

要望が聞き入れられる場合もあれば、聞き入れられない場合はなぜできないのかの説明がある。これも※親子の間における「同意」と同じで、学校と保護者との間に日々のコミュニケーションがあることが基盤になっています。その基盤があるからこそ、いざというときに臆さず意見を伝えられ、また意見を受ける側は聞き入れるか否かにかかわらず、その意見を受け止めるという姿勢が成立するのだと思います。

前に語ったように※真の意味での「同意」とは、「自分の身体や意思は自分のもの」という自分を尊重する力を与えてくれるものであると同時に、「相手の身体や意思は相手のもの」と相手をリスペクトすることです。そのような自分と相手へのリスペクトを持ちながらのコミュニケーションこそがアドボカシーの本質なのだと思います。

私はマサチューセッツ総合病院の小児うつ病センター長として、企業における※インターンのようなポジションである、研究のアシスタントを雇うことがありますが、彼ら彼女らと接するなかでも、早期からのアドボカシー教育の力を感じることがあります。

リサーチアシスタントは大抵大学を卒業したばかりの若者で、近い将来、大学院の心理学の博士課程や、医師になるためのメディカルスクールなどへの進学を志している人たちです。精神医学に関わる研究

2024年度

解　答　と　解　説

《2024年度の配点は解答欄に掲載してあります。》

＜数学解答＞

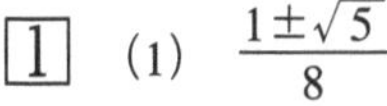

1 (1) $\frac{1\pm\sqrt{5}}{8}$　(2) $(a+b-1)(a-6b-1)$　(3) $2\sqrt{3}$　(4) 59　(5) $\pi:1$

(6) ②，⑤

2 (1) $2-t$　(2) 3　(3) $\frac{3}{2}(2-\sqrt{2})$

3 (1) $3\sqrt{3}$　(2) 解説参照　(3) 126　(4) $\sqrt{21}$

4 (1) $\frac{1}{6}$　(2) $\frac{5}{36}$　(3) $\frac{2}{9}$

○配点○

1 各6点×6((6)完答)　2 (1)・(3) 各6点×2　(2) 7点　3 (2) 8点 他 各6点×3　4 (1)・(3) 各6点×2　(2) 7点　計100点

＜数学解説＞

1 (二次方程式の計算，因数分解，平方根の計算，数の性質，立体図形の計量，箱ひげ図)

(1) A＝$4x+3$とおく。$(4x+3)^2-7(4x+3)+11=0$　$A^2-7A+11=0$　二次方程式の解の公式より，$A=\frac{-(-7)\pm\sqrt{(-7)^2-4\times1\times11}}{2\times1}$　$A=\frac{7\pm\sqrt{5}}{2}$　Aを戻して，$4x+3=\frac{7\pm\sqrt{5}}{2}$　$4x=\frac{1\pm\sqrt{5}}{2}$　$x=\frac{1\pm\sqrt{5}}{8}$

(2) まず，$(a-2b-1)(a-3b-1)=\{(a-1)-2b\}\{(a-1)-3b\}=(a-1)^2-5b(a-1)+6b^2$であるから，$(a-2b-1)(a-3b-1)-12b^2=(a-1)^2-5b(a-1)-6b^2=\{(a-1)+b\}\{(a-1)-6b\}=(a+b-1)(a-6b-1)$

やや難 (3) まず，$\frac{2\sqrt{5}}{\sqrt{5}-\sqrt{3}}-\frac{\sqrt{3}}{\sqrt{5}+\sqrt{3}}-6=\frac{2\sqrt{5}(\sqrt{5}+\sqrt{3})-\sqrt{3}(\sqrt{5}-\sqrt{3})}{(\sqrt{5}-\sqrt{3})(\sqrt{5}+\sqrt{3})}-6=\frac{13+\sqrt{15}}{2}-6=\frac{1+\sqrt{15}}{2}$である。ここで，分母分子に$\sqrt{3}$を掛けて$\frac{\sqrt{3}+3\sqrt{5}}{2\sqrt{3}}$とする。(与式)$=(\sqrt{3}+3\sqrt{5})\div\frac{\sqrt{3}+3\sqrt{5}}{2\sqrt{3}}=(\sqrt{3}+3\sqrt{5})\times\frac{2\sqrt{3}}{\sqrt{3}+3\sqrt{5}}=2\sqrt{3}$

(4) $n+7$が11の倍数より，$n+7=11k$(kは整数)と表せる。$n=11k-7$として，$k=1$，2，3，…を代入すると，$n=4$，15，26，37，48，59，…が得られる。同様にして，$n+11$が7の倍数より，$n+11=7\ell$(ℓは整数)と表せる。$n=7\ell-11$として，$\ell=2$，3，4，…を代入すると，$n=3$，10，17，24，31，38，45，52，59，…が得られる。以上より，最小となる正の整数nは59である。

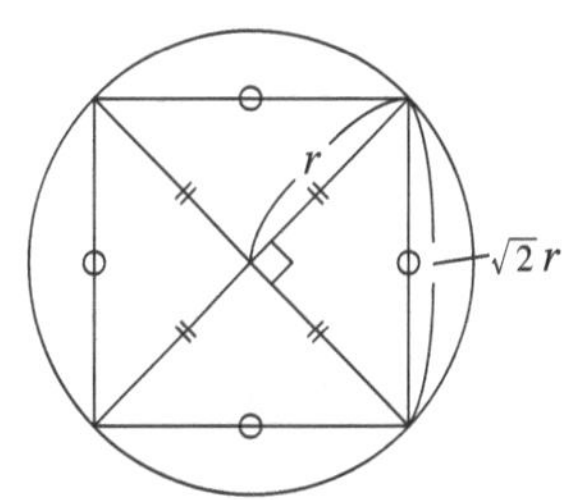

重要 (5) 半径rの半球の体積は，$\frac{1}{2}\times\frac{4}{3}\times\pi\times r^3=\frac{2}{3}\pi r^3$…①　半径$r$の円に内接する正方形は右図のようになり，面積は，$(\sqrt{2}r)^2$である。また，題意を満たす四角錐の高さは半球の半径rに等しい。

以上より，体積は，$\frac{1}{3}\times(\sqrt{2}r)^2\times r=\frac{2}{3}r^3$…②　　よって，①：②$=\frac{2}{3}\pi r^3:\frac{2}{3}r^3=\pi:1$

やや難　(6)　①…例えば，得点の低い方から25番目が3点で26番目が7点として，50人の点数が1点が12人，3点が13人，7点が12人，8点が12人，10点が1人となる場合を考える。平均値は4.82点となり，正しくない。②…第3四分位数は8点で得点の低い方から38番目である。7点以上の人数が13人以上いることがわかるから正しい。③…第2四分位数は5点，第1四分位数は3点であるから，その差は2点となり正しくない。④…第2四分位数は，得点の低い方から25番目と26番目の平均であるから，それぞれ5点と5点，4点と6点，3点と7点になる場合があり読み取れない。⑤…例えば，得点の低い方から25番目と26番目が5点として，50人の点数が1点が1人，3点が12人，5点が13人，8点が12人，10点が12人となる場合を考える。平均値は6.36点となり，正しい。

2　(図形と関数・グラフの融合問題)

重要　(1)　直線ABの傾き2であるから，直線の式は$y=2x+b$とおける。これが点B$(t,\ t^2)$を通るから，$t^2=2t+b$　　$b=t^2-2t$　　よって，$y=2x+t^2-2t$と表せる。点Aは放物線$y=x^2$と直線ABとの交点であるから，2式を連立して，$x^2=2x+t^2-2t$　　$x^2-2x-t(t-2)=0$　　$(x-t)\{x+(t-2)\}=0$　　$x=t$または$x=-(t-2)=2-t$　　よって，点Aのx座標は$2-t$　【参考】 放物線$y=ax^2$上の2点$(p,\ ap^2)$，$(q,\ aq^2)$を通る直線の傾きは，$a(p+q)$となる。これを用いて本問を解くと以下のようになる。点Aのx座標をpとおく。また，点Bのx座標はt，$a=1$，直線の傾き2であることから，$1\times(p+t)=2$が成り立ち，$p=2-t$となる。

(2)　A$(2-t,\ (2-t)^2)$，B$(t,\ t^2)$として，2点間距離の公式より，$\mathrm{AB}=\sqrt{\{t-(2-t)\}^2+\{t^2-(2-t)^2\}^2}$となり，根号内を展開，整理して，$\sqrt{20(t-1)^2}$となる。この値が$4\sqrt{5}$だから，$\sqrt{20(t-1)^2}=4\sqrt{5}$　両辺を2乗して，$20(t-1)^2=80$　　$(t-1)^2=4$　　$t-1=\pm2$　　$t=1\pm2$　　$t>0$より，$t=3$

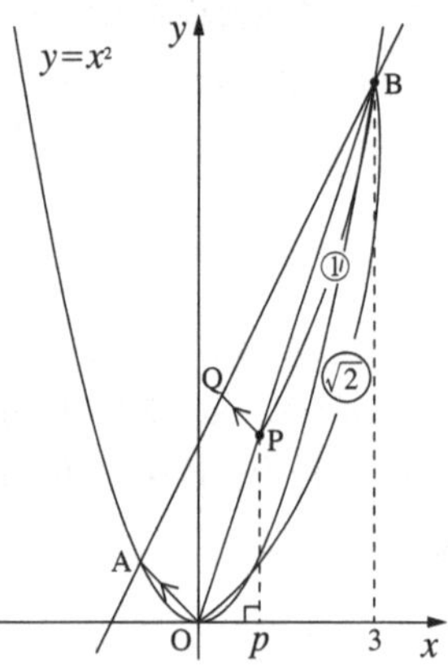

やや難　(3)　右図のように，直線ℓと直線OB，ABの交点をそれぞれP，Qとおく。PQ//OAより，△BPQ∽△BOAである。題意より，△BPQと△BOAの面積比が1：2であるから，BPとBOの線分比は$1:\sqrt{2}$となる。よって，点Pのx座標をpとおくと，$(3-p):3=1:\sqrt{2}$が成り立つ。$\sqrt{2}(3-p)=3$　　$3-p=\frac{3}{2}\sqrt{2}$　　$p=3-\frac{3}{2}\sqrt{2}=\frac{3}{2}(2-\sqrt{2})$

3　(平面図形一円と相似，三角形におけるオイラーの定理)

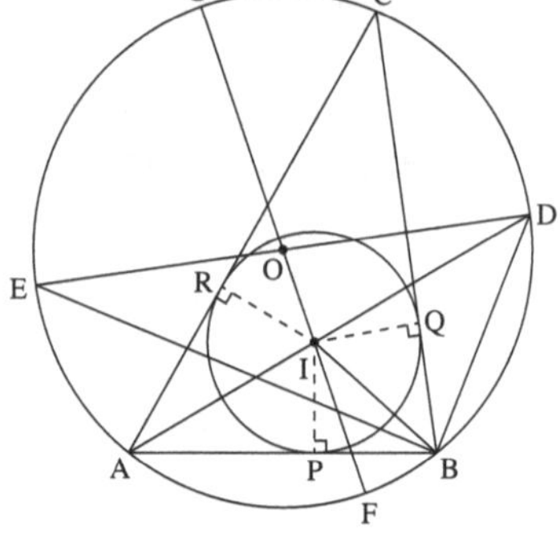

基本　(1)　IからAB，BC，CAに垂線IP，IQ，IRを引く。IP＝IQ＝IR＝rとおく。△IAB＋△IBC＋△ICA＝△ABCであるから，$\frac{r}{2}(15+21+24)=90\sqrt{3}$　　これを解いて，$r=3\sqrt{3}$

重要　(2)　DとB，BとIをそれぞれ結び，∠DBI＝∠DIBであることを示す。まず，△IBPと△IBQで，IP＝IQ(半径)，IBは共通，∠IPB＝∠IQB＝90°であるから，直角三角形の斜辺と他の1辺がそれぞれ等しいので，△IBP≡△IBQである。よって，∠IBP＝∠IBQ(＝$\angle a$とおく)…①　　同様にして，△IAP≡△IARである。これと，$\overset{\frown}{\mathrm{CD}}$の円周角から，∠IAP＝∠IAR＝∠DBC(＝$\angle b$とおく)…②　　①，②より，∠DBI＝∠IBQ＋∠DBC＝$\angle a+\angle b$…③　　また，三

角形の外角の定理から，∠DIB＝∠IBP＋∠IAP＝∠a＋∠b…④　③，④より，∠DBI＝∠DIB ゆえに，DB＝DI

やや難 (3)　直線DOと△ABCの外接円との交点をEとする。△EBDと△APIにおいて，∠EBD＝∠API＝90°…⑤　∠BED＝∠PAI($\overset{\frown}{BD}$に対する円周角)…⑥　⑤，⑥より，二組の角がそれぞれ等しいので，△EBD∽△APIである。よって，ED：AI＝DB：IPが成り立ち，AI×DB＝ED×IPと変形できる。ここで，EDは円Oの直径，IPは円Iの半径だから，求める値は$(2\times7\sqrt{3})\times3\sqrt{3}=126$

やや難 (4)　直線OIと△ABCの外接円との交点をF，Gとする。AとF，GとDを結ぶと，△AFI∽△GDI(二組の角がそれぞれ等しい)より，AI：GI＝FI：DIが成り立ち，AI×DI＝FI×GIと変形できる。これと(2)，(3)より，AI×DB＝AI×DI＝FI×GI＝(FO－OI)(GO＋OI)　ここで，FO，GOは円Oの半径だから，最後の式を和と差の積と見て，$(7\sqrt{3})^2-\text{OI}^2$とする。この値が126だから，$(7\sqrt{3})^2-\text{OI}^2=126$　$\text{OI}^2=(7\sqrt{3})^2-126=21$　OI＞0より，$\text{OI}=\sqrt{21}$

【参考】 以上の結果から，三角形の外接円の半径をR，内接円の半径をr，外接円の中心と内接円の中心の距離をdとすると，$d=\sqrt{\text{R}^2-2\text{R}r}$となることがわかる。
($d=\text{OI}=\sqrt{(7\sqrt{3})^2-2\times7\sqrt{3}\times3\sqrt{3}}=\sqrt{21}$)　この関係は，三角形におけるオイラーの定理と呼ばれている。

4 (確率─数の性質)

基本 (1)　さいころの目の出方の総数は$6^2=36$通りある。D(x)＝2のとき，すなわちxの正の約数の個数が2個であるのはx＝2，3，5のときである。1回目に出た目の数をa，2回目に出た目の数をbとすると，(a，b)＝(1，2)，(2，1)，(1，3)，(3，1)，(1，5)，(5，1)の6通りある。よって，求める確率は，$\frac{6}{36}=\frac{1}{6}$

(2)　D(x)＝3のとき，すなわちxの正の約数の個数が3個であるのはx＝4，9，25のときであり，(a，b)＝(1，4)，(2，2)，(4，1)，(3，3)，(5，5)の5通りある。よって，求める確率は，$\frac{5}{36}$

(3)　D(x)＝6のとき，すなわちxの正の約数の個数が6個であるのはx＝12，18，20のときであり，(a，b)＝(2，6)，(6，2)，(3，4)，(4，3)，(3，6)，(6，3)，(4，5)，(5，4)の8通りある。よって，求める確率は，$\frac{8}{36}=\frac{2}{9}$

★ワンポイントアドバイス★

中学数学のあらゆる分野からまんべんなく出題されている。基礎を固めたあとは，標準以上の参考書を用いて，過去問をよく研究しておこう。

＜英語解答＞

1　(1)　1　(2)　4　(3)　3　(4)　3　(5)　1

2　〔1〕　4　〔2〕　70000　〔3〕　rain　〔4〕　300　〔5〕　100

3　(1)　3　(2)　2　(3)　4　(4)　4　(5)　2　(6)　1

4　(1)　6　(2)　1　(3)　2　(4)　7

5　(1)　I caught a cold because I forgot to close the window last night.
(2)　I have been waiting for Tom for an hour but he has not come yet.

6　(1)　4　(2)　2　(3)　3　(4)　1　(5)　4

7　(1)　4　(2)　2　(3)　3　(4)　1　(5)　4

8　(1)　視聴者がブログを読んだりSNSを見たりして番組内の広告を見なくなる傾向を広告主が嫌がり，広告料を払わなくなるので，問題になりうる。　(2)　人々はオンラインの娯楽を無料で見ることができることにあまりにもなれてしまったので，そこに価値を見いださないのかもしれない。　(3)　テレビを家族や友人とともに見ることが，人間関係をより強く結びつけることにつながるから。

9　〔1〕　digital textbooks always need electricity, so if they are short of it, the students suddenly will not be able to use them.　〔2〕　the students cannot easily write down what they want to write or copy digital textbooks like paper textbooks. They are not handy.

○配点○

1～3，6　各2点×21　4，5　各4点×4(4(1)と(2)，(3)と(4)各完答)　7　各3点×5
8　各5点×3　9　各6点×2　計100点

＜英語解説＞

1・2　リスニング問題解説省略。

基本　3　(適語選択問題：接続詞，関係代名詞，代名詞，前置詞)

(1)　〈because of ＋名詞〉「～のおかげで」

(2)　人以外が主語の時には，exciting を用い，「それはとても興奮させるものだった」という意味になる。

(3)　I want to read は先行詞である the book を修飾する接触節で，目的格の関係代名詞 which が省略されている。

(4)　a little は不可算名詞に用いられ，ここでは time という不可算名詞を修飾している。

(5)　one ～, the other …「1つ(1人)は～もう1つ(1人)は…」

(6)　pay A for B「Bの代金としてAを支払う」

重要　4　(語句整序問題：不定詞，接続詞，間接疑問文)

I regret to (1)tell you that (2)she is (greatly disappointed.)　regret to do「残念ながら～する」

(I) don't care (3)about what people (4)think of me(.)　I don't care ～「～に興味(関心)がない，気にならない」　間接疑問文は〈疑問詞＋主語＋動詞〉の語順になる。

重要　5　(和文英訳問題：不定詞，熟語，現在完了)

(1)　forget to ～「～するのを忘れる」　catch a cold「風邪をひく」

(2)　〈have been ＋現在分詞＋ for ～〉「～の間ずっと…している」

6 **(長文読解問題：内容吟味，要旨把握)**

(1) (全訳) 私の父への贈り物を見つけるのは本当に難しい。彼はいつも何も欲しくないと言っている。結局，私はいつも彼につまらないもの，例えば靴下やスウェットシャツを贈ってしまう。しかし今年は，少し違ったものを贈るつもりだ。私は彼に体験ギフトカードを買うつもりで，それは本当に速いスポーツカーを1時間運転できるものだ。彼が気に入ってくれるといいのだが。それは安くなかった！

「以下の文のうち，正しいものはどれか」

1 「筆者の父は，トレーナーや靴下を望んでいた」
2 「筆者の父は多くのものを持ちたがっている」
3 「筆者は父親のためにスポーツカーを買うつもりである」
4 「筆者は父に与えたプレゼントに満足していない」

これまで父に与えた贈り物をつまらないものと述べ，そして今年は異なるアプローチを試みることが示されている。

(2) (全訳) アリゾナ大学のゲルバ博士は，100箇所以上の職場(弁護士事務所，コールセンター，会計事務所など)を調査し，キーボードに1平方インチあたり平均3,295個の微生物がいることを発見した。対照的に，トイレの座席のその数は通常約49個である。なぜか？食べ物がキーボードに落ち，バクテリアを繁殖させるからだ。ゲルバ博士はキーボードを「バクテリアの食堂」と呼んでいる。次の朝食の時に，「本当にデスクで食べなければいけないか」と自身に尋ねなさい。

「この文章に最も適したタイトルは何か」

1 「いくつかのキーボードはトイレの座席と同じくらい汚い」
2 「いくつかのキーボードはトイレの座席よりも汚い」
3 「いくつかのキーボードはトイレの座席ほど汚くない」
4 「トイレの座席はいくつかのキーボードよりもずっと汚い」

本文で，研究結果がキーボードの驚くべき汚れ具合を示していることから判断できる。

(3) (全訳) スリランカの象は，彼らが通常生活している地域が小さくなっているため，食べ物がない。19世紀の14000頭から2011年には6000頭に象の数は減少した。密猟者が違法に動物を殺すことも一つの理由だ。もう一つの理由は，動物たちの生息地が小さくなっていることだ。象は農場や人々の家に近づいてきている。ごみ捨て場でプラスチックの廃棄物を食べることさえある。中にはそれを食べ過ぎて死んでしまう動物もいる。

「この文章で landfills の意味に最も近いものは何か」

1 「野生の動物や植物が生息する場所」
2 「人間が住んでいた場所」
3 「人々が不要なものを捨てる場所」
4 「人々が必要なものを手に入れる場所」

象の生活圏が縮小しているためにプラスチックの廃棄物を食べてしまう状況が説明されていることから判断できる。

(4) (全訳) 毎年3月下旬に，人々や公共機関は不要な照明を現地時間午後8時半に60分間消すために集まる。彼らはこれを，気候変動と生物多様性の損失との戦いに対する支援を示すために行う。世界中の何百万人もの人々が参加し，政府や企業，公共機関もこれに加わる。照明を消すことで，使用されるエネルギー量の削減を測定し，人々が違いを生むことが可能であることを示している。

「この文章について正しいことは何か」

1 「数百万人の人々や政府が行動に加わっている」
2 「人々は夜に60分間すべての電気を消す」
3 「人々は気候危機や生物多様性の喪失を支援しようとしている」
4 「電気を消すことは我々が思っていたよりも役に立たない」
地球温暖化と生物多様性の損失に対する意識を高めるための行動について述べた文章で，多くの人々や機関が参加していることが示されている。

(5) （全訳） パンケーキデーは，実際には告解火曜日の別名であり，復活祭の40日前に行われ，四旬節の始まりを示す。他の国々では，この日はマルディグラや脂の火曜日と呼ばれ，四旬節のための40日間の宗教的断食を始める前に，人々が最後にいろいろな良いものを食べる時期だからだ。牛乳，卵，オイル，またはバターは今では特別とは思われないかもしれないが，数百年前には，それらは小麦粉と水の基本的なレシピをより濃厚なものに変える数少ない方法の一つだった。
「この文章について正しくないことは何か」
1 「脂の火曜日は告解火曜日とも呼ばれる」
2 「マルディグラはイースターサンデーの40日前である」
3 「牛乳，卵，バターはかつて特別なものだった」
4 「世界中の人々が四旬節中にパンケーキを食べる」
本文は特定の文化や地域の習慣について述べているものの，世界中の人々が四旬節中にパンケーキを食べるわけではない。

重要 **7 （長文読解問題・物語文：語句補充，要旨把握）**

（全訳） 私は，普通の中流階級のナイジェリアの家族から来ました。父は教授でした。母は管理職でした。だから私たちは，近くの村から来る住み込みの家事手伝いを雇っていました。私が8歳の年に，新しい手伝いの少年が来ました。彼の名前はフィデでした。母が私たちに彼について話した唯一のことは，彼の家族がとても貧しいということでした。母は彼の家族にヤムイモや米，私たちの古い服を送っていました。私が夕食を食べ終えない時，母は「食べなさい！フィデの家族のような人たちは何も食べてないのよ」と言うので，私はフィデの家族に同情しました。

ある土曜日，私たちは彼の村を訪れ，彼の母親が彼の兄が作った美しい模様の入った染めたヤシの葉で作られた籠を見せてくれました。(1)私はとても驚きました。私は彼らが何かを作ることができるとは思ってもみなかったのです。彼らについて聞かされたのは，彼らがどれほど貧しいかだけでした。そのため，私にとって彼らを貧困以外の何物とも見ることは不可能でした。その貧困が彼らについての私のシングルストーリーでした。

数年後，私がナイジェリアを離れてアメリカの大学に行った時に，このことについて考えました。私は19歳でした。(2)アメリカ人のルームメイトは私にショックを受けました。彼女は，私がどうしてそんなに上手に英語を話せるのか尋ね，ナイジェリアが英語を公用語としていると言った時に混乱しました。彼女は私の「部族の音楽」と呼ぶものを聞けるかどうか尋ね，私がマライア・キャリーのテープを見せた時，とてもがっかりしました。

彼女は私がストーブの使い方を知らないと疑いもしませんでした。

驚いたのは，彼女が私を見る前からすでに私を哀れんでいたことです。彼女が私に持っていた初期の態度は，悲しみや親切な心からの哀れみでした。私のルームメイトにとってのアフリカは，災害のシングルストーリーでした。このシングルストーリーでは，彼女とアフリカ人の間に共通点は何もなく，同情以上の感情もなく，人としての平等なつながりもありません。

アメリカに行く前，私は自分が(3)アフリカ人だとは思っていなかったと言わなければなりません。しかし，アメリカでは，アフリカについて話すといつでも人々が私に注目しました。ナミビアのような場所については何も知りませんでした。しかし，新たな個性を理解するようにしたし，多くの点で，私は今自分自身をアフリカ人と考えています。それでも，アフリカが国として言及されるといまだに腹が立ちます。最近の例は2日前の飛行機内での「インド，アフリカ，その他の国々での慈善活動」についてのアナウンスでした。アメリカで数年間アフリカ人として過ごした後，私はルームメイトの私への反応を理解し始めました。もしナイジェリアで育っておらず，アフリカについて知っていることが一般的なイメージから来るものだけだったら，アフリカを美しい風景，美しい動物，そして無意味な戦争をし，貧困やエイズで死んでいき，自分たちのために話すことができず，親切な白人の外国人に救われるのを待っている理解できない人々の場所だと考えていたでしょう。私は，子供の頃に(4)フィデの家族を見たのと同じ方法でアフリカ人を見ていたでしょう。

(1)　この後に「彼の家族の誰かが実際に何かを作ることができるとは思ってもみなかった」と述べられていることから判断できる。

(2)　ルームメイトがショックを受けたのは「彼女は，どこでそんなに上手に英語を話せるようになったのか尋ねた」とあることから判断できる。

(3)　本文で But in the U.S., whenever Africa came up, people turned to me. と述べられており，アメリカでアフリカ人としてのアイデンティティを認識するようになったことを示している。

(4)　もしナイジェリアで育っていなかったら，自分も子供の頃にフィデの家族に対して持っていた偏見と同じようにアフリカ人を見たかもしれないと述べている。

(5)　スピーチ全体を通じて，シングルストーリーによる危険や偏見について語られている。

8 **(長文読解問題・説明文：要旨把握，英文和訳)**

(全訳)　それほど昔のことではないが，ドラマやスポーツイベントを見たい場合は，自宅のテレビで観る必要があった。インターネット技術の進歩により，ますます多くの番組や映画がオンラインで利用可能になっている。放送会社はプライムタイムの番組を直接インターネット上で提供し，映画レンタル店はDVDコレクションをデジタルライブラリーに変更している。

これは少なくとも視聴者にとっては良い変化だろう。人々は自分が見たいものを正確に選び，いつどのように見るかを決めることができる。ハリスインタラクティブによる調査によると，アメリカ人の半数以上がテレビを「見ながら」インターネットを利用し，約40％が同時にブログを読んだり，ソーシャルネットワーキングサイトを利用したりしていると言う。しかし，この傾向はテレビ局にとって問題になり得る。広告主は視聴者からの反応を得られず，彼らのコマーシャルが見られない場合，お金を支払いたいとは思わない。

人々の習慣を変えるには時間がかかる。多くの人々がインターネットでテレビ番組を見ることに興味を持っているが，完全に切り替えることを望まない人もいる。そして，一部の人々は，特定の条件の下でのみ，切り替えるように説得させられるかもしれない。ハリスによると，ほぼ半数のテレビ視聴者はオンラインで同じ番組を無料で見ることができるならケーブルテレビを解約すると言う。しかしながら，オンライン視聴に少額の料金が必要だと言われたときにはその数は16％に落ちる。これは奇妙なことだ，なぜならほとんどの世帯の月額ケーブル料金はオンラインで同じ番組を見るのに支払う料金と同じかそれ以上だからだ。(2)人々はオンラインの娯楽を無料で見ることができることにあまりにも慣れてしまったので，そこに価値を見出さないのかもしれない。

オンラインの娯楽への関心が高まるにつれて，(3)人々は友人や家族とテレビ番組を見ることを，まだ重要であると思うかもしれない。かつてはテレビ視聴は，家族が共に過ごす時間を減らしてしまうと考えていたが，実際には毎晩数時間家族を親密にしていた。今や，オンラインで番組を見ることが人々をより孤立させるかもしれないと考えられている。誰が知っているのか。しかし，オンラインプログラミングが人気を博すにつれて，人々はそれを社会的な活動にする方法を見つけるだろう。

(1)　オンライン視聴のテレビ局への影響は，第2段落第4，5文に書かれている。テレビ局にとっては，視聴者がテレビを「見ながら」インターネットを利用しているため広告を見なくなり，広告主は広告料を支払いたいと思わないため広告収入が減少するという問題が生じているのである。

(2)　so ~ that …「とても～ので…」 become used to ~ing「～することに慣れる」

(3)　オンラインでの番組視聴が増えることで人々がより孤立する可能性があると考えられているので，テレビ視聴により家族や友人と共に過ごすことができるようになるのである。

やや難 9　(条件英作文)

(全訳)　【意見】

デジタル教科書は高校生の勉強に良いものだ。

私は，デジタル教科書が高校生の勉強に良いという意見に反対だ。なぜなら，デジタル教科書には2つの欠点があるからだ。

第一に[　1　]。

第二に[　2　]。

結論として，デジタル教科書は高校生にとって良いものではない。

この英作文を書くときのポイントは，以下の3点である。

1 「デジタル教科書のデメリットを見つける」 デジタル教科書が便利だが，困ることや難しいことは何かと考えて，2つのデメリットを見つける。例えば，インターネットがないと使えない，目が疲れやすいなど，デジタル教科書を使うときに直面する問題を考える。

2 「シンプルに説明する」 見つけたデメリットを，15語から25語で簡単に説明する。難しい単語を使わずに，誰にでもわかる言葉で書くことが大切である。

3 「なぜデジタル教科書が困るのか，最後にまとめる」 最後に，見つけたデメリットをもとに「デジタル教科書は高校生にとって良いものではない」という意見を短くまとめる。デジタル教科書が便利だが，こういう理由で困ることもある，ということを説明することで，意見がより強く伝わるようになる。

★ワンポイントアドバイス★

日本語記述，英作文など幅広くの出題内容となっている。長文読解に十分時間を確保するためにも，文法問題を素早く処理できるように数多くの問題を解くようにしたい。

＜理科解答＞

1　問1　a　ア，カ　　b　ア，キ　　c　ウ，エ　　D　$2H_2O_2 \rightarrow 2H_2O + O_2$
問2　あ　やす　　い　空気　　う　軽　　問3　ウ，エ，オ　　問4　0.089g/L
問5　あ　ウ　　い　イ　　う　ウ　　＊　気体Cが水に溶け

2　問1　ア，エ，オ　　問2　6.7(g)　　問3　$2Mg + O_2 \rightarrow 2MgO$

3　問1　A　－(極)　　(電流の向き)　イ　　問2　ア　　問3　(1)　ウ　　(2)　イ，オ
(3)　イ

4　問1　A　　問2　D　　問3　0.5

問4 （記号） オ

（理由） （レールから離れた後，最高点では）運動エネルギーが0にならないから。

問5

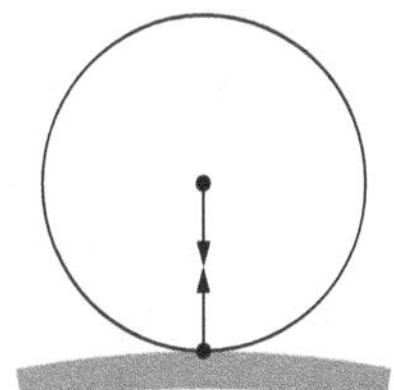

5 問1 （1） ウ （2） ア 問2 エ

問3 X_1 エ X_2 ウ 問4 ア 問5 25（%）

6 問1 A 992（hPa） C 1022（hPa） 問2 A＞D＞C＞B

問3 イ 問4 e エ f オ 問5 イ 問6 北緯35.7（度） 東経165（度）

問7 35.7 問8 ア

○配点○

1 問3・問4 各2点×2 他 各1点×7（問1a・b・c，問2，問5あ～う各完答）

2 各2点×3（問1完答） 3 問3（2） 2点（完答） 他 各1点×5

4 問4理由・問5 各2点×2 他 各1点×4 5 問2 1点 他 各2点×6

6 問3・問5・問7・問8 各2点×4 他 各1点×7（問2・問6各完答） 計60点

＜理科解説＞

1 （気体の発生とその性質―気体の判別）

重要 問1 気体の中で最も軽い気体Aは水素で，塩酸にマグネシウムを加えると発生する。また，刺激臭がする気体Cはアンモニアであり，水酸化ナトリウム水溶液に塩化アンモニウムを加えると発生する。さらに，助燃性がある気体Dは酸素であり，過酸化水素水に二酸化マンガンを加えると，過酸化水素が水と酸素に分解する。残った気体Bは二酸化炭素であり，塩酸に石灰石を加えると発生する。

基本 問2 アンモニアは水に溶けやすく，空気の約0.6倍の密度なので上方置換で集める。

基本 問3 石灰水に二酸化炭素を通すと炭酸カルシウムが生じて白く濁る。また，炭酸水は酸性なので，赤色リトマス紙やフェノールフタレイン溶液を入れても変化は起こらない。

問4 水素の密度は，2.00（g）÷22.4（L）＝0.0892…（g/L）より，0.089g/Lである。

重要 問5 スポイトから水を入れると，丸底フラスコ内のアンモニアが水に溶けるので，フラスコ内の気圧が下がり，容器に入っている水が大気圧に押されて丸底フラスコ内に噴水が生じる。

2 （化学変化と質量―化学変化と質量の比）

重要 問1 化学反応式における各物質の係数の比は各物質の粒子の数の比に等しいが，各物質の質量の比には等しくない。ただし，反応する物質や生成物の質量の間には，比例の関係がある。

問2 グラフの結果から，3gの単体Xから5gの酸化物が生じたことがわかる。したがって，3gの単体Xは，5（g）－3（g）＝2（g）の酸素と化合するので，10gの単体Xと化合する酸素は，$10(\mathrm{g})\times\frac{2(\mathrm{g})}{3(\mathrm{g})}=6.66\cdots(\mathrm{g})$より，6.7gである。

問3 表の原子の質量比から，Mg：O＝24：16＝3：2なので，単体Xはマグネシウムであることがわかる。

3 （磁界とその変化―クルックス管，クリップモーター）

基本 問1 クルックス管の右側のガラス壁が黄緑色に光り，十字型の影が見られたので，電子がAから放出されたことがわかる。したがって，Aが－極，Bが＋極であり，クルックス管には左向きに電流が流れ，電流は図2のイの向きに流れる。

基本 問2　図aのように，クルックス管の点線の部分には磁界の向きが手前側に向かっているので，フレミングの左手の法則によって，陰極線は上側に曲がる。

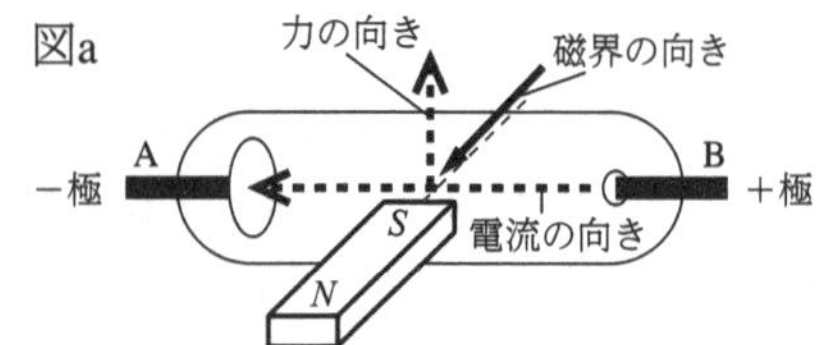

やや難 問3　図bのように，コイルのA点には左向きに，B点には右向きに電流が流れる。また，磁力線の向きは上向きなので，フレミングの左手の法則より，A点には奥向きの力，B点には手前向きの力を受ける。

ただし，このままコイルが半回転すると，コイルは反対向きの力を受けてしまうので，コイルが回転を続けるためには，コイルが半回転するごとに，コイルには電流が流れないように必要がある。

そのためには，コイルの片側のエナメル線の半分だけエナメルをはがし，反対側はすべてエナメルをはがすか，反対側と同じ側のエナメルをはがすようにする必要がある。

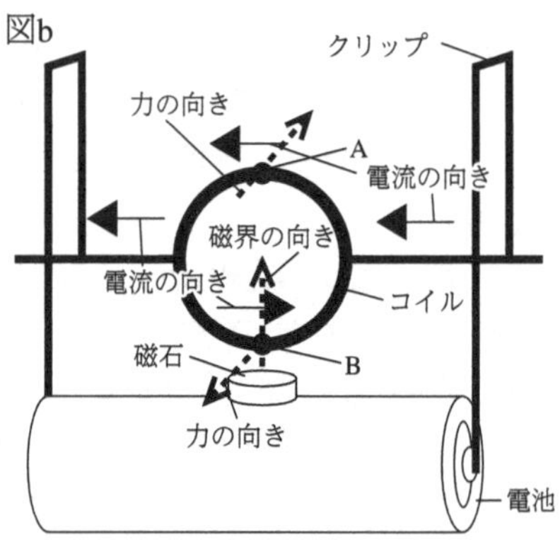

4 （運動とエネルギー―小球の運動）

基本 問1　位置エネルギーは高さに比例するので，小球がA点でもっている位置エネルギーが最も大きい。

基本 問2　高さが最も低いD点での運動エネルギーが最も大きく，小球は最も速い。

問3　小球がA点でもっていた位置エネルギーが減少して運動エネルギーに変わるので，小球の高さから運動エネルギーの大きさを考えると，B点の運動エネルギーは，60(cm)－20(cm)＝40(cm)分であり，C点の運動エネルギーは，60(cm)－40(cm)＝20(cm)分である。したがって，C点の運動エネルギーはB点の運動エネルギーの，$\frac{20(\text{cm})}{40(\text{cm})}=0.5$(倍)である。

やや難 問4　小球はD点を通過した後，60cmの高さまで上るまでに，小球はレールから離れる。そのとき，小球が運動エネルギーを持っている分だけ，高さは60cmよりも低くなる。

重要 問5　C点では，小球には鉛直下向きの重力と，レールから上向きの垂直抗力がはたらく。

5 （ヒトの体のしくみ―消化と遺伝）

基本 問1　(1)　だ液に含まれているアミラーゼは中性でよくはたらき，胃液に含まれているペプシンは酸性でよくはたらく。　(2)　アミラーゼはデンプンを消化し，ペプシンはタンパク質を消化し，リパーゼは脂肪を消化する。

基本 問2　酵素はヒトの体温付近で最もよくはたらく。

問3　X_1　アミラーゼははたらかないので，デンプンは分解されずにそのまま残る。したがって，マルトースの量もブドウ糖の量も変化しない。　X_2　デンプンがアミラーゼによって分解されてマルトースになるので，デンプンの量は減少するが，マルトースの量は増える。ただし，マルターゼははたらかないので，ブドウ糖の量は変わらない。

基本 問4　生物Xと生物X_1を交雑して得られた生物X_3はアミラーゼがはたらいたので，アミラーゼをつくる遺伝子は顕性遺伝子であることがわかる。

問5　顕性遺伝子をA，潜性遺伝子をaとすると，生物X_3の遺伝子の組み合わせはAaとなる。したがって，生物X_3どうしを交雑した場合，その子どもがもつ遺伝子の組み合わせの数の比は，AA：Aa：aa＝1：2：1となる。したがって，短命になる子どもの遺伝子であるaaになる確率は，$\frac{1}{4}\times100=25$(％)である。

6 （天気の変化，地球と太陽系，地層と岩石―天気図，太陽高度，地層の形成）

問1　A点　等圧線の間隔は4hPaなので，A点の気圧は，1000(hPa)－4(hPa)×2＝992(hPa)である。

C点　C点の気圧は，1020hPaと1024hPaの中間の1022hPaである。

問2　等圧線の間隔が狭い地点ほど風力が強い。

図c

高

C

問3　C点の西側には高気圧があるので，C点は図cのように，北西の風が吹く。

問4　e　地上付近では，低気圧の中心に向かって左回りに風が吹きこむ。また，低気圧の中心では上昇気流が生じる。　f　地上付近では，高気圧の中心から右回りに風が吹き出す。また，高気圧の中心では下降気流が生じる。

問5　船の南東に低気圧の中心があると，図dのように，船には北の風が吹く。

図d

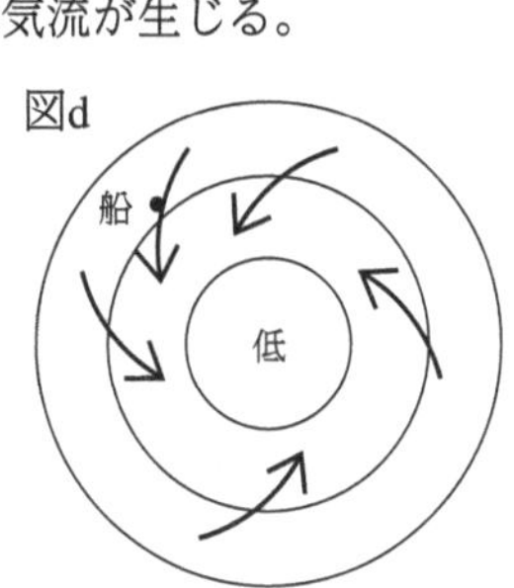

問6　緯度　秋分の日の太陽の南中高度が54.3°なので，この場所の緯度は，90°－54.3°＝35.7°である。

経度　午前10時は，日本時間との時差が2時間なので，15°×2＝30°東寄りであり，この場所の経度は，135°＋30°＝165°である。

問7　北極星が見える高さは，その地点の緯度に等しい。

問8　れきが堆積した時代は流量が速くなっている。

★ワンポイントアドバイス★

教科書に基づいた基本問題をしっかり練習しておこう。その上で，すべての分野で，さまざまな知識問題や計算問題に対応できるようにしておこう。

＜社会解答＞

1　問1　イ　問2　オ　問3　イ　問4　オ　問5　X　エビ　Y　マングローブ
問6　(例)　地点Bは台風による強風の影響が少なく，収穫量が安定するから。

2　問1　イ　問2　エ　問3　ウ　問4　エ

3　問1　(例)　特定の場所でしか産出しないものが，各地の遺跡から発掘されている。
問2　イ　問3　イ　問4　ア　問5　ウ　問6　ウ　問7　ウ　問8　エ
問9　ア

4　問1　紡績業　問2　ウ　問3　樺太・千島交換条約[千島・樺太交換条約]
問4　辛亥革命　問5　ウ　問6　湾岸戦争

5　問1　オ　問2　ウ　問3　エ　問4　ウ

6　問1　(1)　集団的自衛権　(2)　小選挙区比例代表並立　問2　エ　問3　石油危機
問4　(例)　プライバシーの権利の保護によって，表現・報道の自由が過剰に制限される可能性がある。

○配点○

1　問5　各1点×2　他　各2点×5　2　各2点×4　3　問1　1点　他　各2点×8
4　問2・問5　各2点×2　他　各1点×4　5　各2点×4　6　問2・問4　各2点×2
他　各1点×3　計60点

＜社会解説＞

1 （地理—東南アジアの宗教，貿易，産業などの問題）

重要 問1　東南アジア諸国のうち，インドネシアはイスラーム教，タイは仏教，フィリピンはキリスト教の信者の割合がそれぞれ大きい。よってアがインドネシア，ウがフィリピン，エがタイであり，残るイがシンガポールである。

問2　3つの自由貿易圏のうち，貿易額が最も多い①はEU(ヨーロッパ連合)，GDP(国内総生産)が最も大きい②はUSMCA(アメリカ・メキシコ・カナダ協定)，人口が最も多い一方，GDPや貿易額が最も少ない③がASEAN(東南アジア諸国連合)である。よって，オの組み合わせが正しい。

問3　ブラジルが世界全体の約3分の1の生産量を占め，その他ベトナムやコロンビアなど熱帯地域で盛んに生産されているのはコーヒーである。なお，カカオはアフリカのコートジボワールとガーナ，サトウキビはブラジル以外にインドや中国，テンサイはロシア，アメリカが生産上位の国である。ちなみに，テンサイはサトウキビと同じく砂糖の原料となる工芸作物である。

問4　インドネシアはパーム油や石炭など，工業原料の輸出が多いので③，タイは機械類のほか，自動車の生産と輸出が盛んなので①，フィリピンは機械類の輸出が特に多いうえ，バナナなどの農作物の輸出が多いので②となる。よって，オの組み合わせが正しい。

基本 問5　インドネシアやベトナムなどの沿岸部では，輸出用のエビの養殖場をつくるために，マングローブという熱帯林の伐採が進んでいることが問題となっている。

問6　地点A(ルソン島)と地点B(ミンダナオ島)は，気温や降水量の点ではほぼ同じ気候であるが，月ごとの最大風速に違いがあり，台風が接近しやすい地点Aでは最大風速が50mを超えることがある一方で，地点Bの最大風速は30m程度で，強風の影響が少ないと言える。このため，地点Bはバナナの収穫量が安定しているため，バナナ栽培の中心となっている。

2 （日本の地理—九州地方に関する地形や農業，工業などの問題）

基本 問1　九州南部には，シラスと呼ばれる火山灰が堆積し，土砂災害が発生しやすい。そこで，山の谷間に砂防ダムを建設し，下流部への土石流を防ぐ試みが行われている。よって，イが正しい。

問2　ピーマンは，茨城県，宮崎県，鹿児島県の順に生産量が多く(2021年)，年間を通して生産量が多い②が茨城県である。また，宮崎県は冬でも温暖な気候を生かし，促成栽培を行って冬に多く出荷するので①，露地栽培を行い，夏に出荷している③が岩手県である。よって，エが正しい。

基本 問3　原油はサウジアラビア，アラブ首長国連邦など中東(西アジア)からの輸入が多いので②，また，鉄鉱石の輸入はオーストラリア，ブラジル，カナダの順，液化天然ガスの輸入はオーストラリア，マレーシア，カタールの順である(2021年)。よってウの組み合わせが正しい。

重要 問4　IC工場は高速道路や空港の近くに立地している②，自動車工場は福岡県の沿岸部に多く立地しているので③，製鉄所は九州地方では福岡県の北九州市と大分県大分市にのみ立地しているので①となる。よって，エの組み合わせが正しい。

3 （日本と世界の歴史—交易に関する古代～近世の歴史）

重要 問1　長野県和田峠の黒曜石や，新潟県姫川のヒスイなど，特定の場所でしか産出しないものが日本各地の遺跡から発見されていることから，縄文時代の人々が交易を行っていたことがわかる。

問2　アの改新の詔は646年，イの白村江の戦いは663年，ウの国名が倭から日本へ改められたのは700年ごろ，エの遣隋使派遣は607年，オの天皇のあとつぎをめぐる戦いは672年の壬申の乱のことである。よって，古い順にエ→ア→イ→オ→ウとなり，3番目はイになる。

基本 問3　律令国家の税で，男性に課せられた調(特産物)や庸(布か労役)は，都まで運ぶ税なのでXは正しい。また，戸籍にもとづいて与えられたのは口分田なのでYは誤っている。なお，荘園は，743年に墾田永年私財法が出された以降に登場した，貴族や寺社の私有地のことである。

問4　日本最古の農書は，江戸時代の17世紀末に宮崎安貞が著した『農業全書』なので，アが誤っている。なお，二毛作や牛馬耕は鎌倉時代に西日本で始まり，室町時代には全国に広がった。

問5　定期市が開かれるようになると，各地を往来する商人や運送業者の馬借によって各地域のヨコの結びつきが強まることになった。その結果，畿内を中心に徳政を求める土一揆が頻発した。

重要　問6　アのルターによる宗教改革は1517年，イの日明貿易の開始は1404年，エのインカ帝国滅亡は1533年のことでそれぞれ15世紀から16世紀のことであるが，ウのピューリタン革命は1688年で17世紀の出来事なので誤りである。

問7　江戸時代，大坂(大阪)には諸藩の蔵屋敷が置かれ，経済の中心地として「天下の台所」と呼ばれた。よってウが正しい。なお，アについて，生糸や絹織物は初期の輸入品であり，輸出品は，初期は金・銀・銅，後期はいりこやふかひれなどの俵物だった。イについて，琉球との関係は薩摩藩が仲介した。エについて，蝦夷地との交易は日本海を通る西廻り航路で行われた。

問8　江戸幕府は，1858年にアメリカを含む5か国と修好通商条約を結び，貿易を始めた。当初の貿易相手国は主にイギリスだったので，エが誤っている。なお，アメリカは南北戦争(1861年～1865年)の影響で，貿易は盛んには行われなかった。

重要　問9　アの薩長同盟は1866年，イの桜田門外の変は1860年，ウの四か国連合艦隊による下関砲撃・占領事件は1864年，エの王政復古の大号令は1867年，オの生麦事件は1862年，薩英戦争は1863年のことである。よって，古い順にイ→オ→ウ→ア→エとなり，4番目はアになる。

4　(日本と世界の歴史―近現代)

問1　綿花を原料に，綿糸を生産する工程を紡績業という。なお，蚕のまゆから生糸を生産するのは製糸業という。

やや難　問2　ガンディーによる非暴力・不服従運動などの結果，第二次世界大戦後の1947年にインドとパキスタンが同時に成立した。よって，ウが正しい。なお，アについて，日本が南洋諸島の委任統治権を得たのは1919年のベルサイユ条約である。イについて，アジア・アフリカ会議の開催は1955年で，「アフリカの年」と呼ばれたのは1960年である。エについて，ベトナムを植民地支配していたのはアメリカでなくフランスである。

基本　問3　明治時代初期の1875年，日本はロシアと樺太・千島交換条約(千島・樺太交換条約)を締結し，ロシアに樺太(サハリン)の支配権を譲るかわりに占守島までの千島列島全域の支配権を得た。

基本　問4　1911年，孫文らにより辛亥革命が起こり，翌1912年に中華民国が建国された。

問5　アについて，1919年のベルサイユ条約で，ドイツは多額の賠償金を負わされ，その支払いのために新札を大量に発行した結果，国内では極端なインフレが発生した。イの第一回男子普通選挙は，1925年の普通選挙法制定後の1928年，ウの世界恐慌は1929年，エのリットン調査団派遣は1932年のことである。よって古い順にア→イ→ウ→エとなり，3番目はウである。

基本　問6　1990年，イラクがクウェートに侵攻すると，翌1991年にアメリカ軍を主体とする多国籍軍がイラクを攻撃した。この争いを湾岸戦争という。

5　(公民―円安のしくみと影響に関する経済の問題)

やや難　問1　公定歩合とは，中央銀行から市中銀行への貸し出し金利のことで，経済活動が停滞したときには公定歩合を引き下げて市中に流通する資金量を増加させ，経済活動が過熱したときには逆に公定歩合を引き上げる。かつてはこの公定歩合政策が金融政策の中心だったが，1990年代半ば以降は公開市場操作が金融政策の中心となった。公開市場操作は，国債の売買を通じて市中の通貨量を調整するが，2013年1月以降は，市中の通貨量を増加させるために日本銀行は市中銀行から国債を買い取っている。よって，この10年で日本銀行の保有する国債は増加している。

重要　問2　アメリカの金利が高くなると，投資家によりドル買いが盛んに行われる。つまり，需要量は増加するため需要曲線はD_2へ移動する。逆にドルの供給量は減少するため，供給曲線はS_1へ移動する。よって，ウの組み合わせが正しく，均衡価格は上昇することになる。

問3　法改正により農地貸借の規制が緩和されたことで，企業の農業への参入が可能になった。よって，エが正しい。なお，アについて，食品の流通経路を把握する取り組みはフードマイレージでなく，トレーサビリティである。イについて，6次産業とは，農産物の生産(1次)，加工品の製造(2次)，商品の販売(3次)を手掛けることである。ウについて，TPPなどEPA(経済連携協定)が締結されると，海外からの安価な農産物流入により輸入量が増え，その結果国内自給率は下がる。

問4　世帯Aの光熱・水道費は約21353円(309469円×0.069)，世帯Bの光熱・水道費は約19526円(224436円×0.087)なので，ウが正しい。なお，アについて，世帯Aは約30％(黒字の183213円)が貯蓄に回されているが，世帯Bでは支出に比べて収入が不足していて貯蓄ができていない。イについて，社会保険料や税金は非消費支出になるので，世帯Bより世帯Aの方が額は多い。エについて，食料の支出額は世帯Aの約78605円(309469円×0.254)が世帯Bの約65760円(224436円×0.293)より多いが，エンゲル係数(消費支出全体に占める食料費の割合)は世帯Bの方が高い。

6　**(公民―2024年の○年前の出来事に関する政治の問題)**

重要　問1　(1)　2014年の第二次安倍晋三内閣で，集団的自衛権の限定的行使が容認され，法整備が進められた。集団的自衛権とは，自国と密接な関係にある国が他国から攻撃された場合，自国が直接攻撃されていなくても攻撃してきた他国に反撃できる権利のことである。　(2)　1994年，細川護熙内閣のもとで公職選挙法が改正され，衆議院議員の選挙に小選挙区比例代表並立制が導入された。この制度は，1つの選挙区から1名を選出する小選挙区制と，政党に投票し，得票に応じて議席を配分する比例代表制を合わせたものである。なお，2024年現在，衆議院では小選挙区制で289名，比例代表制で176名を選出している。

問2　裁判員法は2004年に成立し，2009年から裁判員制度が実施されている。裁判員は，評議の内容について守秘義務があり，違反した場合は罰則が設けられている。よってエが正しい。なお，ア，イ，ウについて，裁判員制度は地方裁判所で行われる重大な刑事裁判の第一審のみで行われ，裁判員は職業裁判官とともに有罪か無罪かを判断するうえ，有罪の場合は量刑も決定する。また，裁判員の候補者は満18歳以上の有権者から選ばれるが，仕事や学業，病気の治療や家族の介護など，やむを得ない理由がある場合は辞退することが認められる。

基本　問3　1970年代前半，アラブ諸国が主導して石油の価格を大幅に引き上げたことで，世界各国の経済混乱を招いた出来事を石油危機[オイルショック]という。日本では，1950年代半ばから続いた高度経済成長が終了し，国際的には1975年からサミット(主要国首脳会議)が開かれるきっかけとなった。なお，石油危機は1979年のイラン革命によって再び発生した。

問4　原告側が主張した新しい人権は，私生活上の情報を公表されないプライバシーの権利である。この権利と衝突する被告側の権利は，表現の自由や報道の自由である。片方の権利が極端に保護されると，相反する権利が過剰に制限される可能性があり，議論が続いている。

★ワンポイントアドバイス★

3分野の中では，歴史分野が比較的手を出しやすい。公民では経済分野の理解を深めておきたい。地理では世界地理の学習を日本地理と同等の割合で行おう。資料の読み取り問題や記述問題など，時間がかかるものは後回しにするとよい。

<国語解答>

一　1　利他　2　弱冠　3　逐次　4　口伝　5　とうぎょ

二　1　イ・エ　2　エ　3　自分のコン　4　イ　5　(例)　自分と他者を尊重してコミュニケーションをとるとともに，自分のことを自分で判断できるようになることによって自らの人生に納得して向き合い長期的な成長を実現する(ことが可能になると考えている。)
6　(1)　ア　(2)　ウ

三　1　A　オ　B　ウ　2　(ⅰ)　イ　(ⅱ)　エ　3　ウ　4　(例)　普段仕事に厳しく仕事に無関係な話をしないアニさんの，自分を認めてくれたことを意味する言葉と，辞めて迷惑をかける身なのに心配してくれた気持ちが思いがけないもので嬉しく，感極まっている。　5　エ　6　ア

四　1　ほうじょう　2　a　イ　b　ウ　3　畜生の類　4　ウ　5　イ　6　エ
7　エ

○配点○
一　各2点×5　二　1　各3点×2　4　5点　5　9点　他　各4点×4　三　1　各2点×2
2(ⅰ)・5　各4点×2　4　9点　他　各5点×3　四　4・6　各3点×2　他　各2点×6
計100点

<国語解説>

一　(漢字の読み書き)

1　他人に利益となるように図ること。また，自分のことよりも他人の幸福を願うこと。　2　年が若いこと。　3　順を追って次々に物事がなされるさま。　4　言葉で伝えること。　5　全体をまとめて支配すること。また，思いどおりに扱うこと。

二　(論説文―内容吟味，文脈把握，脱文補充)

1　傍線部の後に，「社会としての変化をめざして働きかける大きなものもあれば，日常生活の中で感じるモヤモヤを解消しようと，望む変化に向けて誰かに対して働きかける個人的で小さなもの」と述べ，また保護者から学校への改善要望であったり，「『こうしてほしい』という日常会話として伝えることができていました」と，アドボガシーの性質について述べている。

2　空欄の前に，「大学を卒業したばかりの若さで，ボスである私にためらわずに意見を言うところ，また自分のために臆さずアドボガシーをすることです。(中略)などと相談に来ることもあります」とあることから，躊躇うことなく意見することに感心している様子が伺える。

3　傍線部の後に，監督の指示にただ従うスタイルの場合，「自分のコントロール下にない他人の判断が自分の状態，成績や評価などに影響した場合，その人への怒り，また『あのとき自分はこう思っていたのに』と消化しにくい思いが湧くこともありますし，自分には自分の世界をコントロールする力はないと無力感を抱いてしまうこともあります」と，そのデメリットについて説明している。

4　傍線部の前の「こういった」で始まる段落に，「意見を，抗議や文句の形ではなく，普通の会話の中で当たり前の相談事として持ちかけられる能力というのは，子どものころから自分の意見を主張し，それがリスペクトされる経験を積んだ結果，身につくのだろうなと感じています」とアドボガシーを子どもの頃から経験する重要性を述べつつも，筆者自身が患者になった際，「どこか患者側から医療者に対して意見してはならないような気がしてしまって，自分の身体の治療に関して未だにうまくアドボケートできないところがあります」と実情を述べている。

やや難 5 「自分の身体や意思は自分のもの」であると認識できれば，「相手の身体や意思は相手のもの」とリスペクトすることができ，相手へのリスペクトを伴ってコミュニケーションすることがアドボガシーの本質としている。またチームの例えを出し，それぞれ個人が「自分のもの」として結果を受け止めることができれば，「長期的にチームが前進するきっかけになる」と筆者は説明している。

6 (1) 【文章Ⅰ】では，筆者がマサチューセッツ総合病院の小児うつ病センター長としての経験を踏まえて，子どもへの接し方について考察している。【文章Ⅱ】では，筆者は日本の大学が小学校化していることに対して危惧を抱いている。 (2) 【文章Ⅰ】では，「私の息子たちには，どんな状況であっても自分のことは自分で判断し，それを主張し，自分のためにアドボガシーをしてもいいと感じてもらいたい」とする一方，【文章Ⅱ】では「しっかりとわが子を監視してくれ，その面倒を見てくれる大学になら，安心して子を預けられるという親の心理」とある。つまり，保護者がわが子に独立性を認めず，あくまでも親の監視下に置いた教育が，大学でも行われているということを示している。

三 （小説文―脱文・脱語補充，内容吟味，文脈把握，心情）

1 A 有名な大学に進学し，また有名な企業に就職する父や兄が「基本線」なので，休学をしている「俺」は「一時的なエラー」で，また父や兄のような生き方をすると思われている。 B 空欄の後に，「なんか怖い。なんかイヤ」とあることから，曖昧や不明確を意味する「漠然と」が適当。

2 (ⅰ) 「俺」がまた復学して，父や兄のような人生を歩むのが前提となって話が進んでいるので，「なんかぽかーんとする。え？って感じ」と自分のことを話しているとは思えない感情を抱いている。 (ⅱ) 家族からのプレッシャーに以前は「しんどい」と思っていたが，今は一人暮らしをしたことでその重圧から解放され，親の顔や家族間の会話を一歩引いてみることができるようになった。

3 バイト仲間のことに対して母から質問されても，ほとんど答えることができなかった。しかしそれぞれがどのような人物であるかは知っているため，自分（富山一志）はそれで構わないと思っている。

やや難 4 無口でもくもくと働くことを促すアニさんであったが，自分がアルバイトを辞めることを伝えると，「君の年だと色々なチャレンジができる。何度でもできる」「金が必要になったら，また，ここで働けばいい」と声をかけてくれ，自分（富山一志）を信頼し，気にかけてくれ，また心配してくれていたことに対して，心から感謝して言葉が出てこなかった様子が伺える。

5 「俺は，一人でもけっこう平気だ。（中略）孤独でもいいのにね。でも，本当に孤独を愛する人間なら，夜の闇から響いてくる明るい声に，こんなに心を揺さぶられるものかな」とあり，唐沢のことを知りたいという感情があるものの，一人でいるのも好きな「俺」は，別に聞かなくてもいいかなと感じている。

重要 6 「俺は，一人でもけっこう平気だ」と思う一方，コンビニで一緒に働くことをイヤとは思わない相手もいることから読み取る。

四 （古文―仮名遣い，語句の意味，口語訳，指示語の問題，内容吟味，文脈把握，大意，文学史）

〈口語訳〉 ところが，この尼に所用が出来て，しばらく寺に詣でることが出来なかったが，（その間に）その絵像が盗人に盗まれてしまった。尼はこれを悲しみ嘆き，あちらこちらと捜し歩いたが，見つけることが出来なかった。そのためなお嘆き悲しんで，また，信者の寄進を募って，放生を行おうと思って，摂津国の難波の浜に行った。川の辺りを行き来していると，市から帰って来る人が多い。見てみると，背に負う箱が樹の上に置いてある。持ち主は見えない。尼が耳をすますと，その箱の中で様々な生き物の声がしていた。「この箱は，畜生の類を入れているようだ」と思って，「ぜひこれを買って放ってやろう」と思い，しばらく留まって，箱の持ち主が帰って来るのを待っていた。しばらくすると，箱の持ち主が返ってきた。尼はその男に会って，「この箱の中で様々な生き物の声がしている。私は放生を行うために来ました。これを買いたいと思ってあなたを待っていました」と言った。箱の持ち主は，「この中には，生き物など入れていませんよ」と(答えた)。尼はそれでもなお熱心に買いたいと言うと，箱の持ち主は，「生き物ではない」と，譲らなかった。

そうしているうちに，市に来ている人たちが集まってきて，このことを聞いて，「さっさとその箱を開けて，本当はどうなのか見ればよい」と(言った)。すると，箱の持ち主はちょっとその辺りに行くようにして箱をそのままにして立ち去ってしまった。(集まっていた人たちが)捜しても行き先が分からなかった。「とっくに逃げてしまったらしい」と思われたので，そこで箱を開けて見ると，中には盗まれた絵像が入っていた。尼はこれを見て涙を流して喜び感激して，集まっている人たちに，「私は，前にこの仏の像を失くし，日夜捜し求めていましたが，今思いがけなくお会いすることが出来ました。嬉しい限りです」と(言った)。集まっていた人たちはこれを聞いて，尼を誉め尊び，箱の持ち主が逃げ出したことを，「当然だ」と思い，(逃げた男を)憎みそしった。尼はこのことを喜び，いっそう熱心に放生を行って帰った。(そして，絵像の)仏をもとの寺にお連れし，安置し奉った。

1　ア列音(-a)＋「う(ふ)」は，オ列長音(-ou)となるため，「は」は「ほ」に，「や」は「よ」と読む。

2　a 「あからさま」とは，ほんの少しの間，という意味。ちょっと，仮に，急に，たちまちという訳で用いる。　b 「はやく」はここでは副詞で，とっくに，以前，元来という訳で用いる。

3　箱の中から様々な生き物の声がしたので，「この箱は，畜生の類を入れているようだ」「ぜひこれ(畜生の類)を買って放ってやろう」と尼は考えたのである。

4　箱の中に生き物など入っていないという持ち主とのやり取りに対して，市に来ている人たちが集まってきて，このやり取りを聞いて，「さっさとその箱を開けて，本当はどうなのか見ればよい」と言ったのである。

5　箱の中から，盗まれた絵像を見つけた尼は，これをお寺へ連れて元の所へとご安置したのである。

6　放生を行おうと思っていた尼は，箱の中で様々な生き物の声がしたのを聞いたので，「ぜひこれを買って放ってやろう」と思い，箱の持ち主が帰って来るのを待った。

7　『今昔物語集』とは，平安時代末期に成立したと見られる説話集。また，『宇治拾遺物語』は，鎌倉時代前期成立と推定される日本の説話物語集。

★ワンポイントアドバイス★

自分の言葉で表現する練習をしておこう！選択肢の中から選ぶ問題でも，一度自分の言葉で解答してみよう。

大切なことはメモしておこう ネ！

T.G

2023年度

★★★★★★★★★★★★★★★★★★★★★★★

入　試　問　題

2023年度

昭和学院秀英高等学校入試問題

【数　学】（50分）　＜満点：100点＞

1　次の問いに答えよ。

(1)　$(2+\sqrt{3})(2-\sqrt{3})-4(2+\sqrt{3})^{10}(2-\sqrt{3})^{11}+(2+\sqrt{3})^{20}(2-\sqrt{3})^{22}$を計算せよ。

(2)　$a^2-4b^2+3ab-2bc+2ca$を因数分解せよ。

(3)　A，B，C，Dの4人が1回じゃんけんをするとき，あいこになる確率を求めよ。

(4)　1辺の長さが6の正四面体ABCDがある。3辺AB，AC，CDの中点をそれぞれE，F，Gとするとき，△EFGの面積を求めよ。

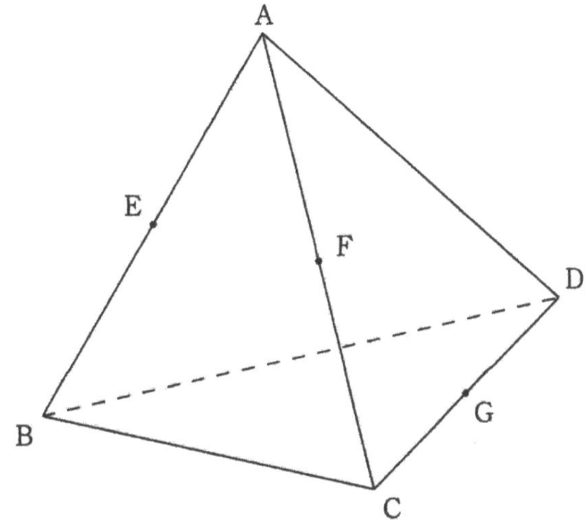

(5)　10個のデータ

$$3,\ 3,\ 4,\ 5,\ 7,\ 8,\ 9,\ 9,\ x,\ x+3$$

がある。ただし，xは自然数とする。このデータの中央値が6のとき，xの値をすべて求めよ。

2　放物線$y=\frac{1}{2}x^2$上に2点A，Bがある。点Aのx座標は-6であり，直線ABの切片は12である。Oを原点とするとき，次の問いに答えよ。　（図は次のページにあります。）

(1)　点Bの座標を求めよ。

(2)　△OABの面積を求めよ。

(3)　放物線$y=\frac{1}{2}x^2$上にOとは異なる点Pをとる。△OABの面積と△APBの面積が等しくなるような点Pの座標をすべて求めよ。

(4)　△OABを直線ABのまわりに1回転してできる立体の体積を求めよ。

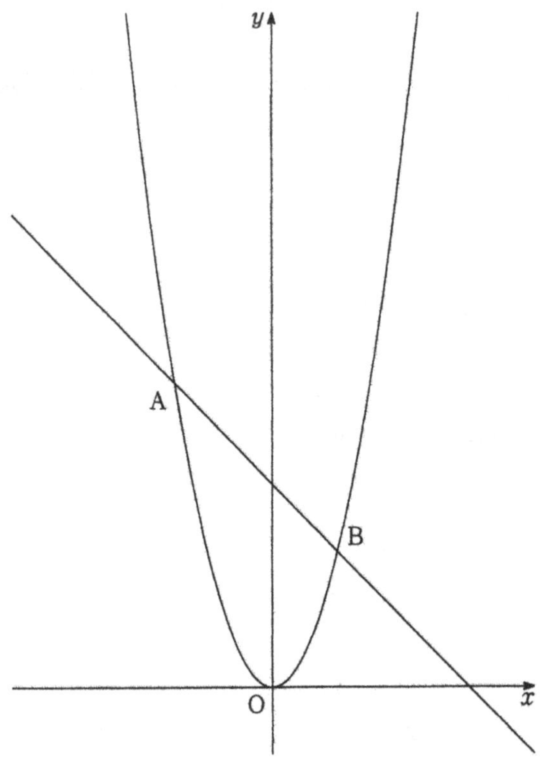

3　次の問いに答えよ。

(1)　$13^2=5^2+12^2$のように，13^2は2つの自然数の2乗の和で表される。これを利用して，13^2を3つの自然数の2乗の和で表せ。

(2)　$13^2+x^2=y^2$となる自然数の組（x，y）をすべて求めよ。

(3)　7225は4つの自然数の2乗の和で表すことができる。その例を挙げよ。

4　次のページの図のように円に内接する四角形ABCDがある。ACとBDの交点をEとし，直線AD上にBD // CFとなる点Fをとる。△ABCが正三角形で，AD＝10，BD＝25のとき，次の問いに答えよ。

(1)　∠DCFの大きさを求めよ。

(2)　AFの長さを求めよ。

(3)　DEの長さを求めよ。

(4)　ABの長さを求めよ。

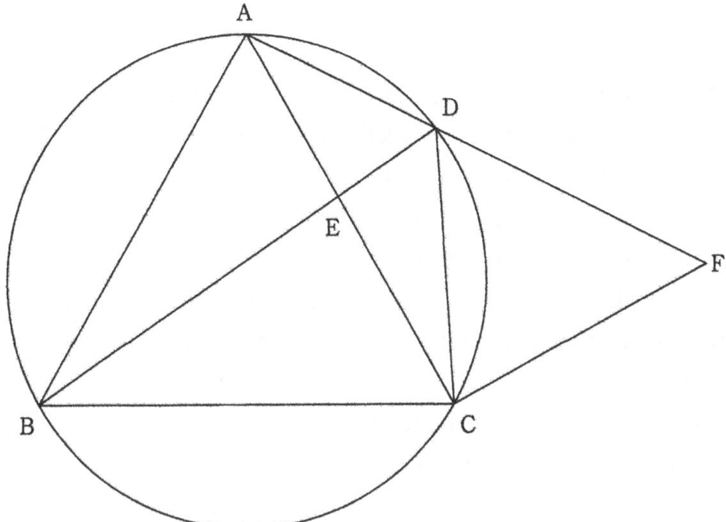
A
D
E
F
B
C

【英　語】（50分）　＜満点：100点＞

1　それぞれの問いについて，対話の場面が日本語で書かれています。John と Mary の対話を聞き，問いの答えとして最適なものを，４つの選択肢から１つ選び，マークシートの(1)～(5)にその数字をマークしなさい。対話は一度ずつ流れます。

(1)　昼休みにメニューを見ながら食堂で話しています。

Q：What will Mary have for lunch?

① A sandwich.　② Pasta with cream sauce.

③ Fried chicken and tomato.　④ Pasta with tomato sauce.

(2)　部活動について話しています。

Q：What will John and Mary do tomorrow?

① They will join the chorus club.

② They will listen to music by the brass band club.

③ They will play musical instruments.

④ They will buy some classical music online.

(3)　駅で話しています。

Q：What is one problem they have?

① The Central Theater is closed.

② She lost something on the train.

③ They won't be able to see the movie.

④ The South Theater is far from the station.

(4)　昨日の出来事について話しています。

Q：What is one thing that we learn from the conversation?

① John hasn't prepared a present for Emily.

② Mary enjoyed lunch with John.

③ Both Mary and John went to the party.

④ Mary will buy a pencil case as a present.

(5)　教室で話しています。

Q：What will John do next?

① Ask teachers to open the school library.　② Borrow a computer.

③ Go to the city library.　④ Call his mother.

〈リスニング　スクリプト〉

大問１　★John　☆Mary

(1)　昼休みにメニューを見ながら食堂で話しています。

☆What do you want to eat for lunch today, John?

★I will have today's special menu.　It is a sandwich with fried chicken!　It looks delicious.

☆It's a nice choice. Let me see...　I want to try some pasta today.　I don't like tomatoes, so I will choose that one.

★I like cream sauce too. I ate it last week and it was so good.

⑵ 部活動について話しています。

☆Do you have any plans to join club activities?

★Yes, I'm interested in music, so the chorus club or the brass band is good for me. How about you, Mary?

☆Umm, it's difficult to choose one club because there are many clubs in this school.

★You're right. So why don't you go to the brass-band concert tomorrow? It's a good chance to listen to their performance and it will help your decision.

⑶ 駅で話しています。

★Oh no! We missed the train. We cannot arrive at the Central Theater by 11 o'clock,

☆I guess we cannot see that movie then.

★How about the South Theater? Can we see the same movie around 12 o'clock?

☆No, we can see that only in the Central Theater. Let's do something different.

⑷ 昨日の出来事について話しています。

★You went to Emily's birthday party yesterday, right? How was that?

☆It was a lot of fun. I gave some presents to her and enjoyed dinner with her family.

★I couldn't go to the party so I will buy something for her. What did you buy as gifts?

☆I bought a pencil case and baked cookies. She really enjoyed them.

⑸ 教室で話しています。

★I checked the calendar just now. Our school library is closed today. I need some hooks to finish my report by tomorrow.

☆That's too bad. You should have borrowed them earlier.

★Yes, it's my fault. I didn't check the deadline. What should I do?

☆How about the city library? It's open seven days a week and has more books than the school library has.
You can use a computer there, so you'll complete your task.

★Great! Then, I'll call my mother and ask her to drive me there.

大問2

Today, we are discussing fast food. As you know, these days a balanced and heathy diet is being paid attention to. In line with this trend, McDonald's announced a plan. So now, let's listen to the news about the plan. An expert will mention one problem near the end. So, please think how we can solve it.

McDonald's is making Happy Meals healthier. By June, all Happy Meal menus in the U.S. will be 600 calories or less. That's an average reduction of 150 calories. Meals will have less sugar, fat, and salt, and no artificial colors and preservatives.

How will the menu become healthier? Cheeseburgers will be removed. Bottled water will be added. French fry portions will shrink. Some items, such as chocolate milk, will be reformulated.

Fast food is linked to health problems and weight gain. But one-third of kids in the U.S. eat it every day, according to the U.S. Centers for Disease Control and Prevention. McDonald's will still offer less-healthy items in Happy Meals. But the company says adding healthy options will help customers make better choices. In 2014, McDonald's quit serving soda with Happy Meals except by special request. By the end of last year, more than half of customers chose healthier drinks.

Jennifer Harris, a professor at the University of Connecticut, studies fast food. She thinks the changes are a good idea. But in an editorial for the Associated Press, Harris still expressed concerns. "Consider the environment inside a fast-food restaurant," she wrote. "The smell of French fries, the prominent soda fountain with the soda-brand logos, the images of ice cream and large burgers on posters and menu boards." In that setting, Harris says, it might be hard for kids and parents to make healthy choices.

2　授業を聞き，次の問いに答えなさい。状況，ワークシートを読む時間が与えられた後，音声が一度流れます。

Q：ワークシートの空欄〔1〕～〔5〕に入る適切な語句を，（　）内に指定された語数で記述用解答用紙の解答欄に記入しなさい。

> 状況
> あなたはアメリカの高校で，食に関する授業を，ワークシートにメモを取りながら受けています。

ワークシート

○ A New Happy Meal

✓ McDonald's new plan

・ the new Happy Meals・・・will be ＿〔1〕＿（1 語）

→ less sugar, fat, salt and no artificial colors and preservatives

✓ How will the menu be?

- burgers：No cheeseburgers
- French fries：____〔2〕____（1 語） portion
- drink: + water

  chocolate milk → new one

✓ Background：

- fast food → health problems and ____〔3〕____（2 語）
- 1/3 kids in the US

  ↓

  McDonald's statement：

  ____〔4〕____（3 語）・・・will help customers make better choices

  example：stop serving soda

✓ Some opinions by Professor Harris

- a good policy
- concerns about ____〔5〕____（3 語） a fast-food restaurant

  → a difficulty in achieving their goal

3　次の英文の空所を補うのに最適なものはどれか，マークシートの(6)～(10)にその数字をマークしなさい。

(6) David is so popular that he has a lot of friends (　　).
　① to play　② to play with　③ to play with them　④ to be played

(7) We came to the conclusion (　　) we are wrong.
　① when　② while　③ that　④ which

(8) We had to hurry up, because there was (　　) time left before the last bus.
　① little　② a little　③ few　④ a few

(9) I received an email (　　) that James had succeeded in finding a new job.
　① says　② said　③ has said　④ saying

(10) My grandmother, who died the other day, told me that she would leave me four rings.　One of them was discovered in her bedroom, but (　　) could not be found anywhere.
　① other　② the other　③ others　④ the others

4　次の日本語を表す英文を，それぞれ［　］内の語を並べかえて完成するとき，(11) ～ (14) に入れるのに最適な語はどれか，マークシートの(11)～(14)にその数字をマークしなさい。

隣家の騒音で私は一晩中眠れなかった。

The (11)( )( )( )( )( )( )(12)( ) all night.

[① the ② awake ③ me ④ next ⑤ from ⑥ kept ⑦ door ⑧ noise ⑨ house]

報道によると，たくさんの人々がその事故で負傷したそうだ。

( )( )(13)( )( )( )(14)( )( )the accident.

[① many ② injured ③ reported ④ were ⑤ that ⑥ is ⑦ people ⑧ it ⑨ in]

5 次のAとBの会話が成立するように，次の日本語を表す英文を，記述用解答用紙〔6〕～〔7〕に書きなさい。

〔6〕 A：Why didn't you answer?

B：The classroom was so noisy. 自分の名前が呼ばれるのが聞こえなかったんです。

〔7〕 A：Could you give me some good advice about getting good grades in Japanese?

B：できるだけたくさんの本を読むように努力しなさい。

6 次の⒂～⒆の英文を読んで，設問の答えとして最適なものを1つずつ選び，マークシートの⒂～⒆にその数字をマークしなさい。

⒂

The most popular mobile phone activity is taking pictures. Among all mobile phone users, 82% use their phone to take photos. There is little difference between males and females. For instance, 82% of men and 81% of women take pictures with their phones. Perhaps unsurprisingly, young adults are the most likely to take pictures. Ninety-four percent of those under 29 take pictures with their mobile phones, compared to just 44% of those aged 65 and over.

Q：Which statement is true?

① A lot of men use their mobile phones to take pictures, but not so many women take photos with their phones.

② People all over the world send and receive texts with their mobile phones more often than they used to.

③ People use their mobile phones to access the Internet and play online games more often than to take photos.

④ Young adults take photos with their mobile phones more than twice as often as people who are 65 and over do.

(16)

My instructor warned us about plagiarizing other writer's ideas. I know students get in trouble for plagiarizing, but what is plagiarism? Why is it so important in North America?
- Thiago

Dear Thiago,
When you copy someone's exact words or ideas, you are plagiarizing. In some countries, it is OK to do that. In North America, however, a person's words and ideas are like property. They belong to that person. You can use them, but you must always say where you found them and name the original writer.
Yours truly,
Professor Wright

Q : What does plagiarism mean?

① The practice of listening to another person's ideas and expressing your own opinions.
② The practice of thinking of something new after solving difficult questions.
③ The practice of using another person's ideas and pretending that they are your own.
④ The practice of writing an essay in order to improve or change it.

(17)

A study from Brown University found that 73% of college students ____________. There are many reasons for this. First, they have homework to do and exams to study for. They're also making new friends and want to spend time with them. In addition, many students have to work part-time jobs to help pay for college.

Q : Choose the best statement to fill in the blank in the text.

① do not avoid TV or mobile phone screens at night
② do not get enough sleep that they typically need
③ eat well and get a good amount of exercise
④ wake up at about the same time every morning

(18)

Perhaps the greatest disaster in the history of life on Earth is one that we almost never think about. Two billion years ago, the Earth had no oxygen, and all forms of life were too small for the human eye to see. Gradually, these living things began producing oxygen as a waste product, just as plants do now. However, at that time, for most life, oxygen was poisonous. As oxygen increased from 0% of the atmosphere two billion years ago, to the present 21%, animals or plants were forced to change. Naturally, many of them must have died in the poisonous atmosphere; however, some managed to change and survived.

Q : Choose the best statement to fill in the blank.

According to the passage, the greatest disaster ever for life is probably that _______.

① many animals or plants were able to make oxygen less poisonous
② oxygen levels in the air increased dramatically
③ oxygen has been poisonous for living things
④ very small living things began producing CO_2

(19)

Consider the world one hundred years ago. Your grandfathers and grandmothers were not even born. Then within two or three decades, all four of them were born. At their birth, the chances that they would become two couples and create your mother and father were incredibly small. Then your parents were born and somehow a generation later, they met. In other words, of the infinitely large number of ways that DNA can make a life, somehow the miracle happened and you were born.

Q : Choose the best statement to fill in the blank.

The main point of this passage is that _______.

① it is important to respect your parents
② it is miracle that you were born
③ there are a lot of ways that DNA can make a life
④ your parents might not have been married

7　以下の文章を読んで，設問に答えなさい。

I grew up near a hospital where babies were delivered. When I was a young girl, I would always pass by this hospital on my way to school. Every day, I would see married couples as they walked to the hospital entrance. The pattern was always the same: a husband helping his pregnant wife walk from their car to the hospital emergency entrance doors.

[22] But I thought it was very kind of a man to help a woman walk with such a heavy burden. Later, as a teenager, I understood more. And I began to watch the expressions on their faces. I saw hope mixed with worry, joy mixed with (20-a), uncertainty mixed with (20-b). As I watched these couples walk into the hospital every day, I began to have complicated feelings of my own: "[23]"

One day, as I watched one of these couples, I was drawn to the particularly strong, kind and handsome man as he held his wife's arm. Like most of the women about to give birth, his wife walked with difficulty as he held her, supporting her weight. He was very patient, and seemed to wish that there was more he could do to help. At that moment, I made a wish: "Please let me experience love like that someday." This was my wish, and it really came true — but ⑵⑴<u>not in the way I expected.</u>

About ten years later, I found myself living in a house near the same hospital with my loving husband, Mike. After three years of marriage, we were about to have our first child. [24]

I told Mike not to worry too much. But he became very nervous as he waited for the moment when he would drive me to the hospital. He began working at home so he could be with, me 24 hours a day.

One day, Mike was working at his computer in our living room, while I talked on the phone in the kitchen. Mike and I both knew that our life-changing moment could come at any time. [25]

"Oh!... Oh!" I said, a little too loudly.

I know it was too loud because I heard Mike jump up from his desk. Hearing my voice, he ran to me at top speed. He was in such a rush that he hooked his little toe on the corner of our coffee table. He struck it with such force that he broke his toe. When he reached me, he was hopping and pointing to his broken little toe, which pointed out to the side in a strange way.

"Oh, my!" I said. "That looks terrible! Let's get you to the hospital right away."

I drove him to the hospital, and helped him walk, slowly and in great pain, to the emergency entrance. As we walked together, I noticed a group of children as they walked to school. One young girl stopped to look at us—a pregnant woman helping her handsome husband walk to the emergency entrance.

The girl reminded me of myself so much that I had to smile.

"(26)," I said to her. She returned my smile with a thoughtful grin before turning to run and catch up with her friends.

問1 文脈に合うように，英文中の空所 (20-a)，(20-b) に補うものとして最適な組み合わせを１つ選び，<u>マークシート</u>の⑳にその数字をマークしなさい。

① (20-a)：tiredness (20-b)：happiness
② (20-a)：happiness (20-b)：tiredness
③ (20-a)：happiness (20-b)：certainty
④ (20-a)：tiredness (20-b)：sadness

問2 下線部⑵⑴とはどのようなことかを正しく説明しているものを１つ選び，<u>マークシート</u>の⑵⑴にその数字をマークしなさい。

① 思わぬ立場で病院に行くことになったから。
② 自分の希望する人と結婚できなかったから。
③ 予想したより早くに出産することになったから。

④ 期待した場所とは違う場所に住むことになったから。

問３ 文脈に合うように，英文中の空所 [22] ～ [25] に補うものとして最適なものを１つずつ選び，マークシートの(22)～(25)にその数字をマークしなさい。

① Would I ever meet a man and get married? Could I be a good mommy?

② The doctor told us our baby might arrive any day.

③ As a small child, I never understood why they came to the hospital in pairs.

④ I was speaking to a girlfriend about recipes, when she said something that surprised me.

問４ 文脈に合うように，英文中の空所 (26) に補うものとして最適なものを１つ選び，マークシートの(26)にその数字をマークしなさい。

① Personality is more important than looks

② How rude of you to stare at people so much

③ Be careful what you wish for

④ I'm tired of my husband. He's not helpful

問５ 本文の内容に合うものを１つ選び，マークシートの(27)にその数字をマークしなさい。

① The author saw her husband help his wife walk from their car to the hospital emergency entrance doors when she was little.

② Mike, the author's husband, changed his working style because he was worried about his pregnant wife.

③ The author said "Oh!" because she realized that she was about to have a baby so Mike drove his wife to the hospital.

④ Mike broke his toe in his room while he was working at his desk, and he didn't know what was going on with his wife.

8 以下の文章は豊かさと貧しさについて書かれたものである。文章を読んで設問に答えなさい。

"Rich," "wealthy," "well-to-do"—whatever you call it, most of us want to be it, and there's nothing necessarily wrong with that. Having large amounts of money in the bank removes a lot of worries, such as what you'll do when you're too old to work and don't have a regular income. Or maybe we should say that it removes one set of worries and creates a different set. For example, when you have plenty of money and valuable things, you have to protect yourself from thieves, but not when you're poor; you can't lose something that you don't have.

"Ah, but everybody has worries," you say to yourself, "and I would like to have the worries of a rich person better than those of a poor person." If a rich person decides he wants to be poor, he can simply give everything away, but if a poor person decides he wants to be rich, he can't solve that problem quite so easily.

What does "poor" really mean? We often hear people talking about the percentage of the world's population that lives on less than US$1 per day. Actually, that amount used to be the World Bank's "international poverty line," but since 2005 it has been using US$1.25 as the cut-off point. Exchange rates move up and down, but consider that amount to be equal to ¥100-¥150; no matter what the exact number is, it wouldn't buy you much more than a snack at the local convenience store, so of course it wouldn't buy three healthy meals. Using (A)<u>this measure of poverty,</u> we find that a great number of poor people can be found in Africa, followed by India and then southeast Asia.

But is poverty really a question of how much money you have? The United Nations Development Program (UNDP) has developed a fascinating way of measuring what it calls "multi-dimensional poverty," and money (or the lack of it) is only one of several parts of which it is made. A good explanation of their system would be too long to give here, but the important point is that it looks at a lot of indicators in three categories: Health, Education, and Standard of Living. These include whether a family's home has electricity, whether all school-age children in the family go to school, and whether the members of the family can eat good food. If a family is found to be lacking in a third or more of the different indicators, it is classified as "poor." When nations are ranked using the UNDP's measure of multi-dimensional poverty, there are a few surprises: (B)<u>some countries are not as poor as the World Bank's money-only rankings would suggest, and others are much poorer.</u>

問１　第１段落と第２段落を要約すると次のようになる。下線部に日本語を入れ，要約を完成させなさい。ただし，解答は記述用解答用紙〔８〕に書きなさい。

＜要約＞

誰もが金持ちになりたいと思っている。金持ちであれば，＿＿＿＿＿＿＿＿＿＿＿＿
しかし，貧乏である場合には，その心配の必要がない。金持ちは貧乏になりたければ，財産を手放せばよい。貧乏人が金持ちになりたくても簡単にはなれない。

問２　下線部(A)this measure of povertyの内容を，記述用解答用紙〔９〕に，日本語で答えなさい。

問３　下線部(B)を和訳し，記述用解答用紙〔10〕に答えなさい。

9　以下の主張について，賛成の立場から，その理由を１つ，またその具体例をそれぞれ１つずつ，空所にあてはまるように記述用解答用紙〔11〕～〔13〕に英語で書きなさい。ただし，各空所には10語以上20語以下の英語をそれぞれ書くこと。なお，英文の数は問わない。

Students should spend one day in a week without smartphones.

I agree with the statement that students should spend one day in a week without smartphones. I have two reasons.

First, they can spend the day on other activities. For example, (11).

Second, (12). For example, (13).

For these reasons, students should avoid using smartphones one day in a week.

【理　科】（40分）　＜満点：60点＞

1　以下の各問いに答えよ。

Ⅰ　理科の授業で，鉄と硫黄を混合して加熱する実験を行うため，事前に鉄と硫黄についてそれぞれ調べた。

問1　鉄は「鉄鉱石」とよばれる鉄の酸化物を含む鉱石を還元して得られていることがわかった。

⑴　上記と同じように，主たる反応が酸化反応や還元反応である日常生活での事例について，適切なものを次のア～オよりすべて選び，記号で答えよ。

ア．朝に淹(い)れた緑茶が数時間後には少し茶色くなっていた。

イ．バーベキューを行うときに備長炭を燃やした。

ウ．胃の調子が悪いので，胃腸薬を飲むと症状が和らいだ。

エ．コップに水を入れるとコップの表面に水滴が生じた。

オ．屋外に駐輪していた自転車のチェーンが錆(さ)びついていた。

⑵　鉄のイオンにはFe^{2+}とFe^{3+}があることが知られている。そのため，鉄の酸化物である酸化鉄も複数存在する。考えられる酸化鉄の化学式を２つ書け。

問2　硫黄は温泉地で見ることができ，「湯の花」の成分の一つであることがわかった。硫黄成分が多く含まれている温泉では，源泉から湧き出てきた<u>湯中の硫化水素が空気中の酸素と反応すると，お湯に不溶な固体と水が生成する</u>。この固体が沈殿したものは「湯の花」に含まれる。湯畑が有名な草津温泉の「湯の花」の主成分は硫黄である。

⑴　文章中の下線部の化学反応式を書け。

⑵　湯畑は，長い木樋(もくひ)を通して源泉を外気に触れさせて湯温を調節する施設である。湯畑のおかげで，水を加えるなどして源泉を薄めることなくお湯の温度を下げることができる。源泉から１分間に4000Ｌの湯が湧くとするとき，源泉を56℃から48℃まで下げるときに放出した熱量は１秒間に湧いた湯量では何kJか。

ただし，源泉の密度を1.0ｇ/㎤，比熱（１ｇの物質を１℃上昇させるときに必要な熱量）を4.2Ｊ/（ｇ・℃）とする。

⑶　次の文章の空欄（あ），（い）に当てはまる適切な語句を次の【選択肢】群よりそれぞれ選び，記号で答えよ。

草津温泉から流れ出る温泉は（　あ　）ため，魚が生息できなかったり農業に支障が出たりする。そのため（　い　）を加えて化学的処理を行ってから川に流している。

【（あ）の選択肢】

ア．透明度がかなり低い

イ．透明度がかなり高い

ウ．pHがかなり小さい

エ．pHがかなり大きい

【（い）の選択肢】

ア．炭酸水　　イ．備長炭　　ウ．海水　　エ．石灰

Ⅱ　鉄と硫黄を混合して加熱すると，どのような変化が起こるか確認する実験を以下の操作で行った。

〔実験操作〕

ⅰ　鉄粉3.5gと硫黄2.0gを量りとり，十分に混ぜ合わせた。(以下，混合物Xとする)

ⅱ　混合物Xを加熱し，赤熱が始まったら加熱を止め，しばらくすると物質Yのみが得られた。

ⅲ　混合物Xと物質Yの性質を調べるため，それぞれに磁石を近づけたり塩酸を加えたりした。

問3　この実験を行うときに適切でない行動を次の**ア～オ**よりすべて選び，記号で答えよ。

ア．試薬を量りとるとき，計量して取りすぎた試薬は元の試薬瓶に戻す。

イ．ガスバーナーに火をつけるとき，マッチの炎をガスバーナーの口に近づけ，ガス調節ねじを開き，点火する。

ウ．反応を見やすくするため，ガスバーナーの炎の色は赤色のまま加熱する。

エ．目を保護するため，実験中は保護めがねをかける。

オ．室温管理が重要になるので，窓を閉め切って実験を行う。

問4　次の文の空欄（う）に当てはまる適切な語句を10字以内で答えよ。

実験操作ⅱで赤熱が始まると加熱を止めても反応が進行するのは（　う　）からである。

問5　混合物Xと物質Yについて，磁石を近づけたときの様子と，塩酸を加えたときに，主に生じる気体の性質として，当てはまる適切なものを次の**ア～ク**よりそれぞれ選び，記号で答えよ。

	磁石を近づける	塩酸を加えたとき生じた気体
ア	引き合った	無色無臭
イ	引き合った	無色腐卵臭
ウ	引き合った	有色無臭
エ	引き合った	有色腐卵臭
オ	引き合わなかった	無色無臭
カ	引き合わなかった	無色腐卵臭
キ	引き合わなかった	有色無臭
ク	引き合わなかった	有色腐卵臭

問6　実験操作ⅰで加えた硫黄の質量を次の⑴，⑵に変えたとき得られる物質Yの質量は何gになるか。

⑴　1.6g

⑵　2.4g

2　100gの物体にはたらく重力の大きさを1N，水の密度を1.0g/㎤として，以下の各問いに答えよ。　(図1は次のページにあります。)

中空の円筒の下に重さを無視できる軽くて薄い，水の染みこまない材質の円板をあてて，手で押さえながら円筒の下方部分だけを水中に沈めた。その後，押さえていた手を離すと，円板にかかる水圧により，円板は円筒から離れることはなかった。(図1)

中空の円筒の壁は薄く，円筒の直径と円板の直径は等しいものとする。

問1　円筒を水中に5㎝沈めたとき，円板にはたらく水圧は何N/m^2か。

次に，おもりに軽い糸を取り付けて円板の上に静かに載せた。その後，糸を離しても円板は円筒から離れなかった。(図２)

その後，円筒をゆっくりと引き上げていくと，円板が円筒から離れた。

問２　おもりの質量を60ｇ，円板の面積を30㎠とすると，円板が円筒から離れたときの円板の水深は何㎝か。

問３　問２で，円板が円筒から離れたときの深さの水圧は何Paか。

問４　問２のおもりの質量を1.5倍，円筒の直径は変えずに円板の直径を1.5倍にすると，円板が円筒から離れるときの円板の水深は何㎝になるか。

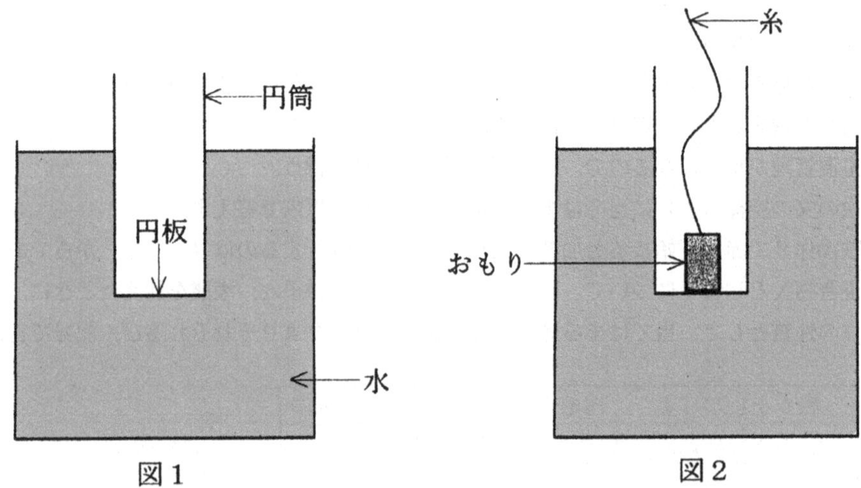

3　１㎏の物体にはたらく重力の大きさを10Nとして，以下の各問いに答えよ。なお，動滑車は１㎏とする。　(図１～図３は次のページにあります。)

図１のように，定滑車１個，動滑車１個と重さを無視できる軽い紐(ひも)を用いて7.4㎏のおもりを支える。

問１　紐のAの部分を引いて，おもりを支えるのに必要な力の大きさは何Nか。

図２のように，定滑車１個，動滑車２個と軽い紐を用いて7.4㎏のおもりを支える。

問２　紐のBの部分を引いて，おもりを支えるのに必要な力の大きさは何Nか。

問３　問２の場合，おもりを２㎝上昇させるためには，紐のBの部分を何㎝引けばよいか。

図３のように定滑車１個，動滑車５個と軽い紐を用いて7.4㎏のおもりを支える。

問４　紐のCの部分を引いて，おもりを支えるのに必要な力の大きさは何Nか。

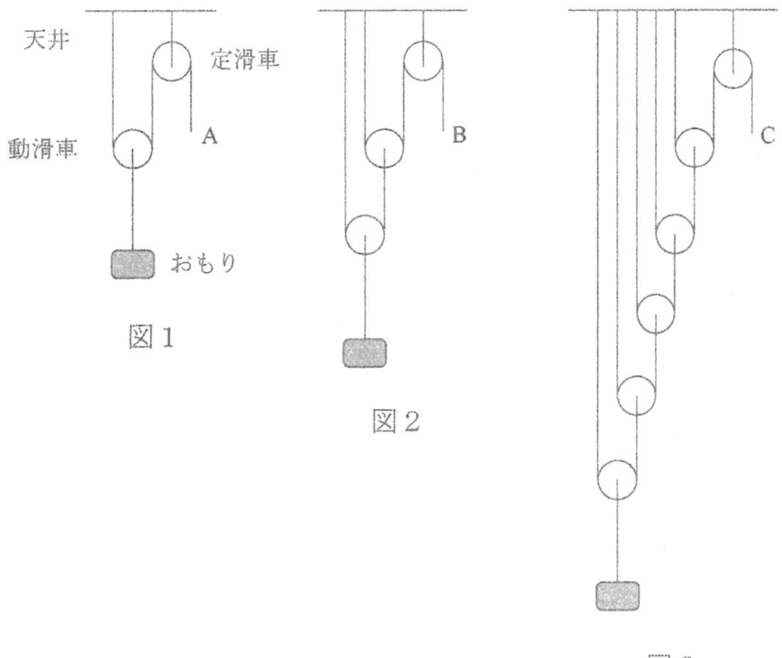

図1　図2　図3

4　次の文章を読み，以下の各問いに答えよ。

遺伝のしくみは，オーストリアのメンデルが1865年に発表した「植物雑種の研究」によって，明らかにされた。メンデルは研究材料としてエンドウを用いて，エンドウの７つの対立形質に着目した。純系の顕性形質の個体と純系の潜性形質の個体を親（Ｐ）として交雑し，得られた子（雑種第一代：F_1）どうしをさらに交配し，孫（雑種第二代：F_2）を得た。

下の図１は，染色体とその染色体にある遺伝子を模式的にあらわしたものである。ただし，Ａとａは種子の形を決定する遺伝子で，Ａを顕性（丸）遺伝子，ａを潜性（しわ）遺伝子とする。

図１

図２（次のページ）は，図１をもとにして遺伝についての考え方をまとめたものである。

P 親	遺伝子型	AA　　×　　aa
	生殖細胞	A　　　　　a

⇩

F$_1$ 子（雑種第一代）	遺伝子型	（あ）　×　（あ）
	生殖細胞	（い）

⇩

F$_2$ 孫（雑種第二代）	遺伝子型	（う）
	表現型と分離比	（え）

図２

問１　図２において，F$_1$の遺伝子型（あ），F$_1$の生殖細胞（い），F$_2$の遺伝子型（う）およびF$_2$の表現型と分離比（え）に当てはまる適切なものを次の【選択肢】群よりそれぞれ選び，記号で答えよ。なお，同じ記号を何度選んでもよい。

【(あ) と (い) の選択肢】

ア．A　**イ**．a　**ウ**．AA　**エ**．aa　**オ**．Aa

カ．Aまたはa　**キ**．AAまたはaa　**ク**．AAまたはAa

【(う) の選択肢】

ア．AAまたはaa　**イ**．AAまたはAa

ウ．aaまたはAa　**エ**．AAまたはaaまたはAa

【(え) の選択肢】

ア．丸：しわ＝0：1　**イ**．丸：しわ＝1：1　**ウ**．丸：しわ＝1：0

エ．丸：しわ＝2：1　**オ**．丸：しわ＝3：1　**カ**．丸：しわ＝3：2

生物の多くは，染色体を複数もち，また，多くの遺伝子をもっている。同時に２組の染色体に着目して，図３のようにまとめた。

ただし，種子の形と色に着目し，Aが顕性（丸）遺伝子，aが潜性（しわ）遺伝子，Bが顕性（黄色）遺伝子，bが潜性（緑色）遺伝子とする。

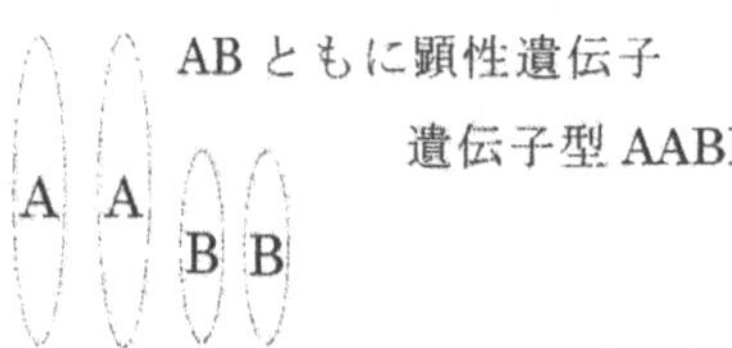

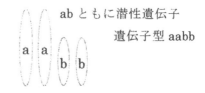

ab ともに潜性遺伝子

遺伝子型 aabb

a a b b

図３

図３をもとに，Pのもつ遺伝子型をAABBとaabbとして交雑し，F$_1$を得て，F$_1$どうしを交配してF$_2$を得た場合，F$_2$の表現型の分離比がどのようになるか，次のページの図４のように考えた。

Pで，生殖細胞が形成されるときは，減数分裂をして，形と色の両方の遺伝子を持つ生殖細胞をつくる。F$_1$はPの生殖細胞が結合してでき，その子が成長して子孫を残せる状態になると生殖細胞を作るために減数分裂をする。

P	遺伝子型	AABB　×　aabb
	生殖細胞	（ お ）　（ か ）

⇩

F_1	遺伝子型	（ き ）　×　（ き ）
	生殖細胞	（ く ）

⇩

F_2	表現型と分離比	（ け ）

図４

問２　図４の空欄（お）～（け）に当てはまる適切なものを次の【選択肢】群よりそれぞれ選び，記号で答えよ。なお，同じ記号を何度選んでもよい。

【(お) と (か) 選択肢】

ア．AとB　**イ**．aとb　**ウ**．AB　**エ**．ab

【(き) と (く) 選択肢】

ア．ABとab

イ．aBとAb

ウ．ABまたはAbまたはaBまたはab

エ．AABB

オ．aabb

カ．AaBb

【(け) の選択肢】

ア．丸・黄色：しわ・緑色＝１：１

イ．丸・黄色：しわ・緑色＝３：１

ウ．丸・黄色：丸・緑色：しわ・黄色：しわ・緑色＝３：３：１：１

エ．丸・黄色：丸・緑色：しわ・黄色：しわ・緑色＝９：３：３：１

ある被子植物のやくや胚珠(はいしゅ)の中にある細胞の減数分裂後のようすを図５にまとめた。ただし，おしべとめしべについて，問題に関係ないものは省略した。なお，図５（次のページ）中の核分裂とは，体細胞分裂と同じで，分裂の前後で染色体の数および遺伝子は変わらない分裂である。

・めしべ　減数分裂後の細胞は核分裂をし，複数の核を作りその内の１つは卵細胞の核となる。２つは，中央細胞という細胞の核となる。

・おしべ　減数分裂後の細胞は，精細胞のもとになる細胞となる。
受粉後，花粉は花粉管を伸ばす。精細胞のもとになる細胞は，花粉管の中を移動中，分裂をして２つの精細胞となる。

・受　精　２つの精細胞は，それぞれ卵細胞と中央細胞に受精する。このように，同時に２ヵ所に受精することを重複受精という。

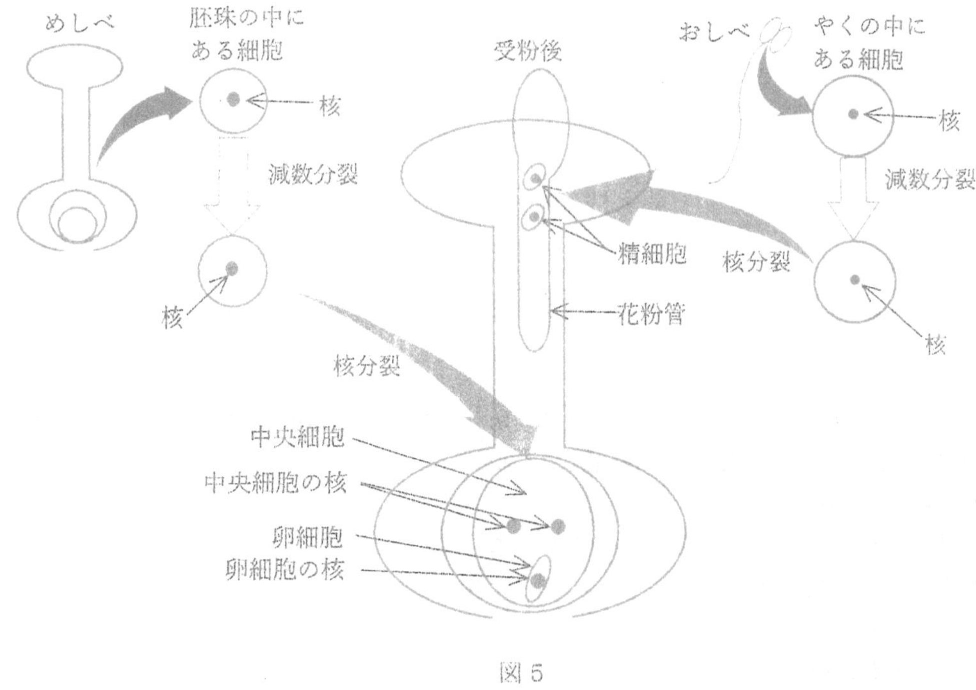

図5

問3　次の文章の空欄（こ）～（て）に当てはまる適切なものを，次の【選択肢】群よりそれぞれ選び，記号で答えよ。なお，同じ記号を何度選んでもよい。

中央細胞にある2つの核の遺伝子は（　こ　）である。また，胚乳(はいにゅう)は，中央細胞と精細胞が受精して形成される。受精後には，果実は（　さ　），種皮は（　し　），胚は（　す　），胚乳は（　せ　）をそれぞれ持つといえる。例えば，めしべの遺伝子型をAA，おしべの遺伝子型をaaとした場合，中央細胞の遺伝子型は（　そ　）となる。受精後には，果実の遺伝子型は（　た　），種皮の遺伝子型は（　ち　），胚の遺伝子型は（　つ　），胚乳の遺伝子型は（　て　）となる。

【(こ)】の選択肢

ア．一方が卵細胞にある遺伝子，もう一方が精細胞にある遺伝子と同じ遺伝子
イ．両方とも卵細胞にある遺伝子と同じ遺伝子
ウ．両方とも精細胞にある遺伝子と同じ遺伝子

【(さ)～(せ)の選択肢】

ア．めしべと同じ遺伝子
イ．おしべと同じ遺伝子
ウ．種子として新たに組み合わされた遺伝子

【(そ)～(て)の選択肢】

ア．A　　イ．a
ウ．AA　　エ．aa
オ．Aa　　カ．AAA
キ．AAa　　ク．Aaa
ケ．aaa

5 次の文章を読み，以下の各問いに答えよ。

南半球のある地点Pにおいて，水平な場所に置いた図1のような透明半球を用い，ペン先の影がOの位置に重なるように印を付けて太陽の位置の記録を行った。Oは透明半球の中心，Tはその真上の点を意味している。

日本の夏至と冬至の日に，地点Pでそれぞれ観測を行ったところ，夏至の日にはBの方角のS_1の位置で，冬至の日にはDの方角のS_2の位置で太陽の高度はそれぞれ最大となり，弧S_1Tと弧S_2Tの長さの比が2：1であった。なお，地軸は公転面の垂線に対して23.4°傾斜しているものとする。

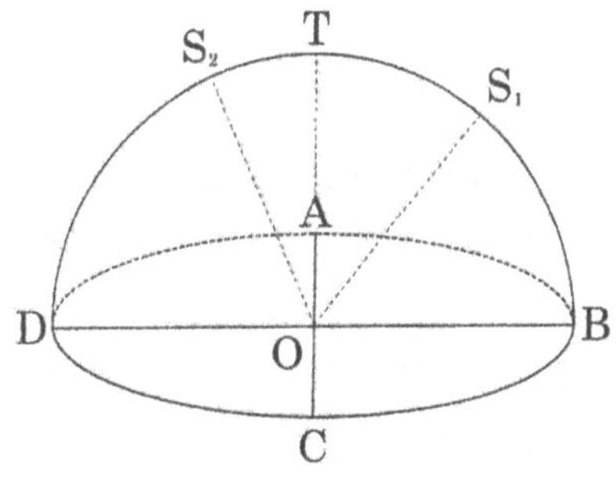

図 1

問1　図1の∠S_1OS_2は何度か。

問2　地点Pの緯度は何度か。

問3　A，B，C，Dの方角をそれぞれ答えよ。

問4　1年を通して観測すると，地点Pのように太陽の高度が最大となる方角が変化する地域は，少なくとも何度より低緯度の地域か。

問5　地点Pでは秋分の日から何日後にTの位置に太陽が昇るか。太陽の高度は1日あたり0.26°ずつ変化するものとして，近いものを次のア～オよりすべて選び，記号で答えよ。

ア．30日後　**イ**．45日後　**ウ**．90日後　**エ**．150日後　**オ**．210日後

問6　地点Pにおいて太陽がTの位置に昇る日に，地球のある地域で白夜（1日中太陽が沈まない現象）が起こる。この日，白夜が起こる地域を緯度を用いて答えよ。

【社　会】（40分）　＜満点：60点＞

【注意】 全ての問題について，特に指定のない限り，漢字で答えるべきところは漢字で答えなさい。

1　世界の自然災害と地球温暖化について述べた次の文章を読み，以下の問いに答えなさい。

異常な自然現象がもたらす人や社会活動への被害は「ア自然災害」と呼ばれる。近年，水害や干ばつの被害が拡大し，キューバなど西インド諸島周辺では（　a　）と呼ばれる熱帯低気圧が発達し，高潮による浸水被害の報告が増えている。日本のイ大都市でも集中豪雨が頻発し，都市型水害が深刻化している。

自然災害では地球温暖化との関係が指摘されている。2015年，京都議定書に代わる，温室効果ガス削減に向けた新たな国際枠組みとして（　b　）が採択され，以降，世界共通の長期目標として，産業革命前からの地球の平均気温上昇を2℃より低く抑えるとともに，1.5℃に抑える努力を追求することが示された。参加国は5年ごとに排出削減目標を提示し，ウ再生可能エネルギーの導入など脱炭素化に向けた取り組みを進めている。

国や地方自治体では防災・減災に対する取り組みも進められている。防潮堤や砂防ダムなどの防災施設を設け災害自体を抑制するハード対策ばかりでなく，災害発生時の被害を最小限に回避・軽減するためのエソフト対策も注目されている。

問1　文章中の（a）・（b）にあてはまる最も適当な語句を答えなさい。

問2　下線部アに関連して，次の図1は自然災害発生数＊の上位10カ国を示したものであり，①～④は火山活動，干ばつ，洪水，地震のいずれかです。洪水を示すものを①～④のうちから1つ選び，マークシートの(1)にその数字をマークしなさい。

＊「10人以上の死者」「100人以上の被害者」「国家非常事態宣言の発出または国際支援の要求」のいずれかの条件を満たす災害について，1900～2020年の発生数。

①

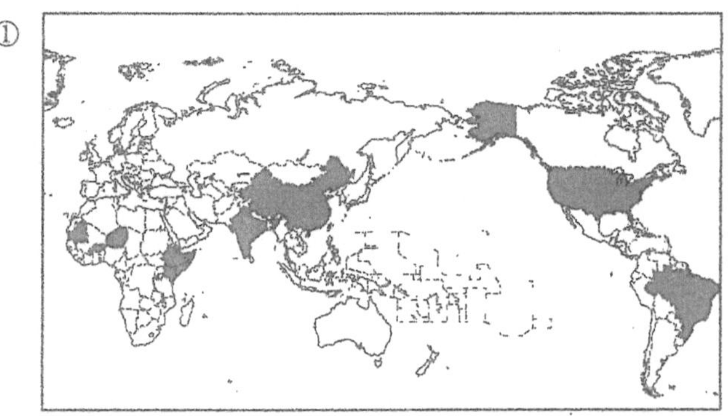

②

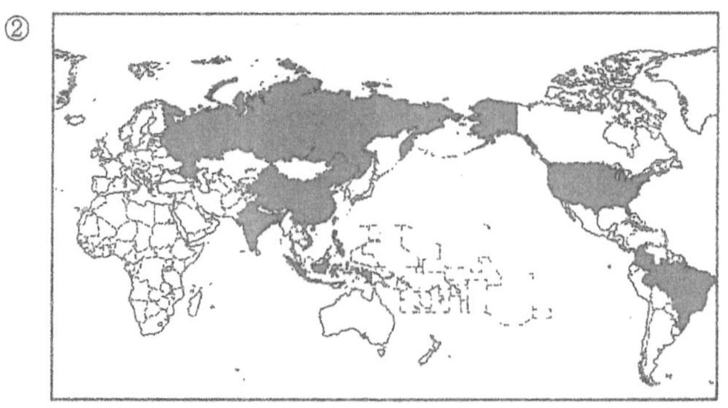

③

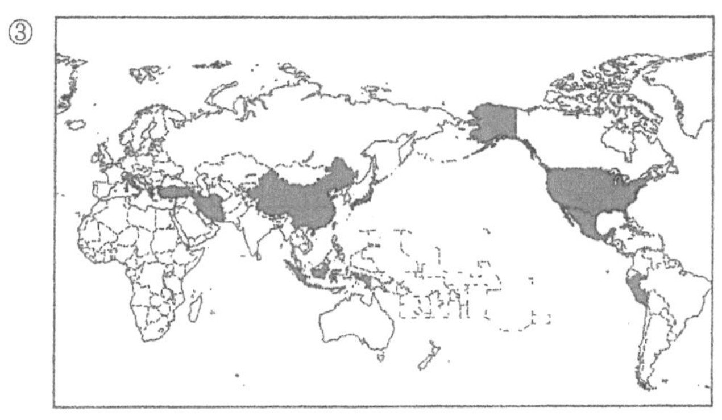

④

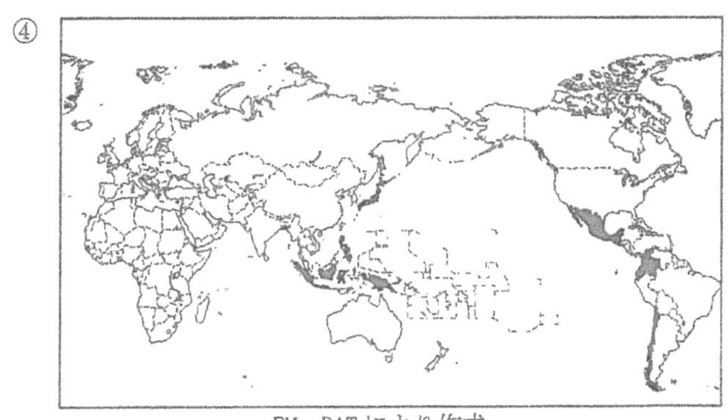

EM-DATにより作成。

図　1

問３　下線部イに関連して，大都市では都市周辺と比較し気温上昇が著しいです。次の表１は，横浜，名古屋，福岡の３つの大都市における熱帯夜・真夏日・猛暑日の増加のペースを示します。この表から考えられる，大都市の気温上昇を示す最も適当な方法を下の①～④のうちから１つ選び，マークシートの⑵にその数字をマークしなさい。

表　1

	熱帯夜（日）	真夏日（日）	猛暑日（日）
横浜	3.1	2.2	0.3
名古屋	3.8	1.3	1.0
福岡	4.7	1.2	1.1

1927年～2021年の間に、10年間で平均何日増加しているかを表す。
気候変動監視レポート2021により作成。

①　日最高気温が高くなったことを示す　　②　日最低気温が高くなったことを示す
③　月平均気温が高くなったことを示す　　④　年平均気温が高くなったことを示す

問４　下線部ウに関連して，次のページの図２中に示すハワイ島（北緯20度，西経155度付近に位置）では地域の特徴をいかし，再生可能エネルギーの導入が進められてきました。次のページの図３はハワイ島における使用時間帯ごとの電気料金の推移を示したものです。これによると，オンピークやオフピークより真昼の電気料金が安くなっていることが読み取れます。この理由について30字以内で説明しなさい。

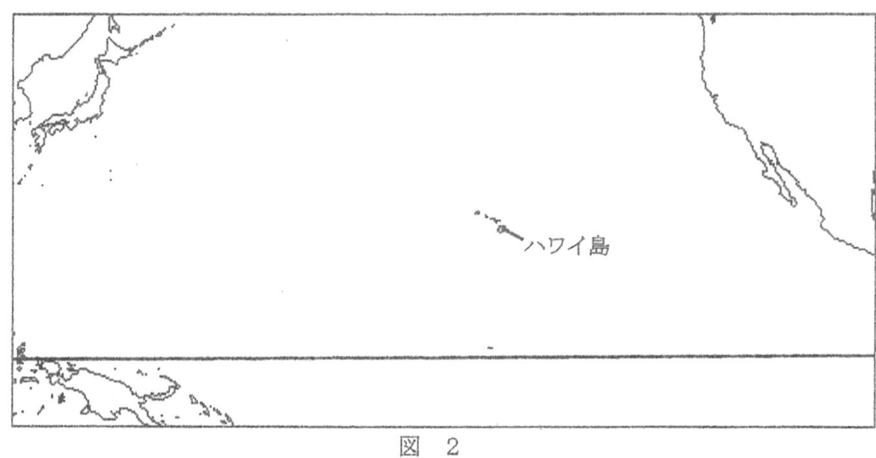

図　2

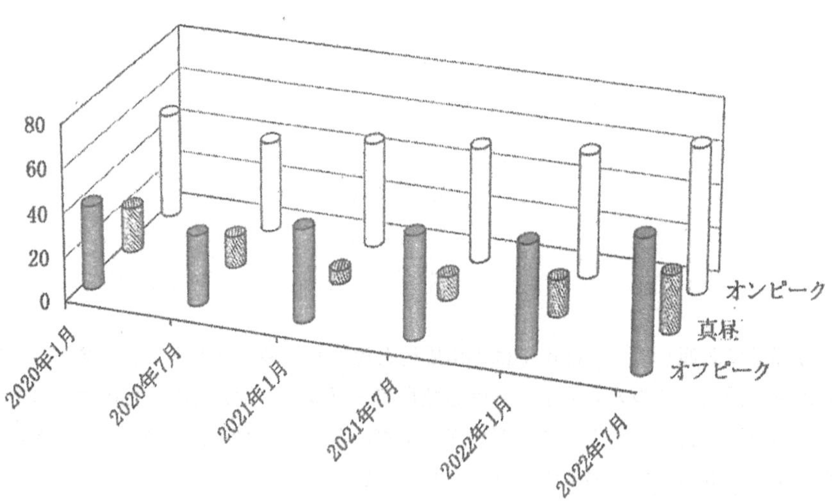

1キロワットの電力を1時間消費した際の金額を示す。単位はセント（1ドルの100分の1）。「オフピーク」は午後10時～午前9時、「真昼」は午前9時～午後5時、「オンピーク」は午後5時～午後10時。Hawaiian Electric Company の資料により作成。

図　3

問5　下線部エに関連して，ソフト対策には具体的にどのようなものがあるか，10字以内で答えなさい。

2　オーストラリアに関する以下の問いに答えなさい。

問1　次のページの図1はオーストラリアの州区分（準州を含む），次のページの表1はこれらの諸州の人口密度，小麦生産量，牛の頭数，石炭産出量を示したものです。A～Cとア～ウとの正しい組合せを次のページの①～⑥のうちから1つ選び，マークシートの⑶にその数字をマークしなさい。

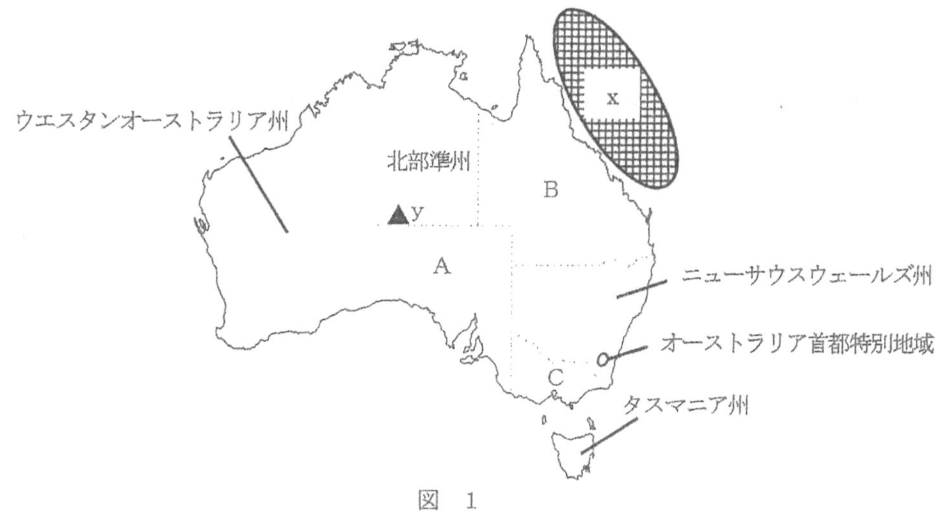

図　1

表　1

	人口密度（人／km²）	小麦生産量（万t）	牛の頭数（万頭）	石炭産出量（千t）
ア	28.8	371	351（58.2）	―
ニューサウスウェールズ州	10.1	177	386（93.4）	199,657
タスマニア州	8.3	4	78（61.9）	360
イ	3.0	42	1,050（98.9）	245,055
ウ	1.8	269	102（88.7）	―
ウエスタンオーストラリア州	1.1	584	203（94.6）	6,196
北部準州	0.2	―	180（100.0）	―
全　体	3.3	1,448	2,350（90.0）	451,268

統計年次 2019～2020 年の推定値、人口密度は 2021 年。牛の頭数の（　）内は肉牛の占める割合（%）。
「―」は「統計なし」を示し、ゼロに等しい。Australian Bureau of Statistics により作成。

	①	②	③	④	⑤	⑥
A	ア	ア	イ	イ	ウ	ウ
B	イ	ウ	ア	ウ	ア	イ
C	ウ	イ	ウ	ア	イ	ア

問２　表１中のウエスタンオーストラリア州の人口密度は，アやニューサウスウェールズ州と比較して低い。この理由について30字以内で説明しなさい。

問３　図１中の海域ｘと地点ｙに関する次の文章中の（１）・（２）にあてはまる最も適当な語句をそれぞれ１つずつ答えなさい。

ｘ・ｙともにユネスコの世界遺産に登録されており，年間で多くの観光客が訪れる。年間を通じて海水温が高いｘには，いくつもの（　１　）が分布する。ｙでは大平原に「ウルル」と称される巨大な一枚岩が見られる。先住民（　２　）はこの岩を聖地としており，2019年には登山が恒久的に禁止された。

問４　次の図２はオーストラリアの貿易額の推移を示したものであり，図中のＤ・Ｅは輸出額と輸入額，カ・キは中国と日本のいずれかです。輸出額と中国との正しい組合せを下の①～④のうちから１つ選び，マークシートの⑷にその数字をマークしなさい。

D

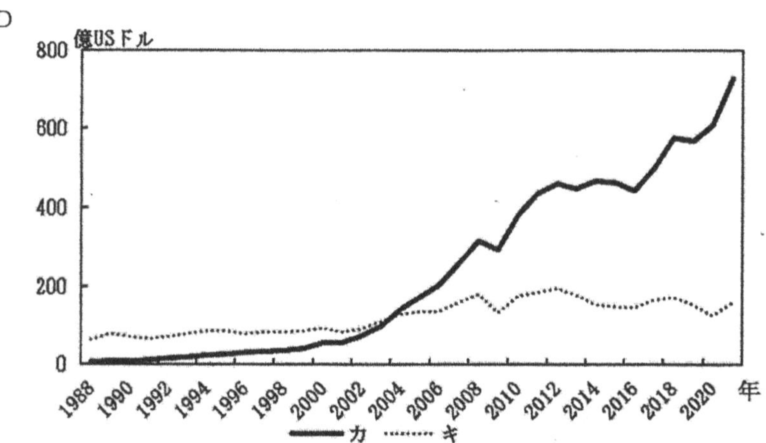

E

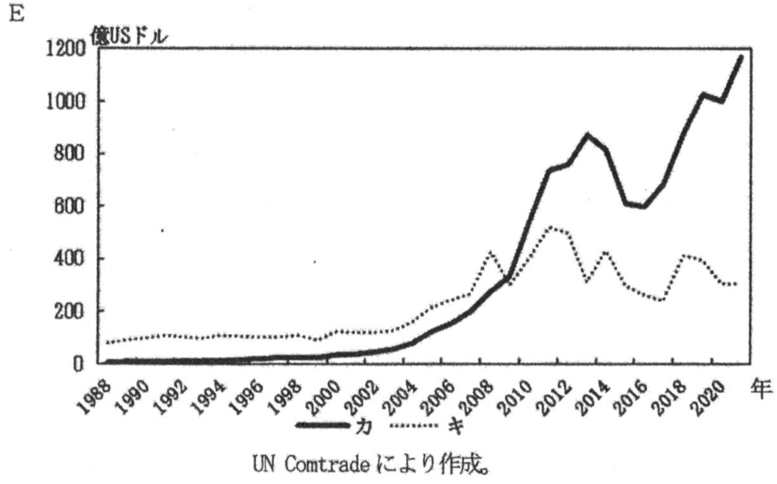

UN Comtradeにより作成。

図　2

	①	②	③	④
輸出額	D	D	E	E
中国	カ	キ	カ	キ

問５　オーストラリアはブラジルと並ぶ南半球の主要国です。両国の共通点について述べた次の①～④の文のうちから最も適当なものを１つ選び，マークシートの⑸にその数字をマークしなさい。

①　英語が公用語である。

②　国土面積の大きさで５位以内に入る。

③　首都が人口最大ではない。

④　ＴＰＰ11に含まれる。

3 日本で仏教は信仰面の他にも様々な影響を社会に与えてきました。それについて述べた次の文章を読み，以下の問いに答えなさい。

『日本書紀』などによると，仏教は6世紀に（　ア　）の王から正式に伝えられたとされる。推古天皇の時代の指導者は一族の信仰の中心として氏寺を築き，飛鳥寺は（　イ　）氏によって建立された。当時派遣された遣隋使には仏教を学ぶ留学僧も同行し，その一人は大化の改新で国博士をつとめた。またこの時期に渡来した僧は多くの文物を伝え，（ア）の僧は暦法をもたらした。

奈良時代にも政府は仏教を重んじた。聖武天皇はa鎮護国家の考え方に基づいて，740年に藤原広嗣が大宰府で起こした反乱などにより社会は混乱し，それを収める目的で，大仏を造立する命令を発した。大寺院は政府の保護を受けながら，その収入源として自ら荘園を経営した。彼らはその維持を図って，国司や武士に対抗するための武力である僧兵を組織した。

鎌倉時代に親鸞は念仏を唱えることを説いて（　ウ　）を開いた。（ウ）は一向宗ともよばれ，室町時代には東海・北陸地方の惣村に広まった。この教えの下に団結した農民は一向一揆を形成し，（　エ　）国では1488年から約1世紀にわたって自治が行われた。室町時代に足利義満は明との間に国交を開いて貿易を始めたが，そこから得た利益も用いて彼は豪華な山荘を築き，この山荘はのちに（　オ　）という寺院となった。明に渡った禅僧はそこで学んだ水墨画や建築・庭園の様式を日本に広く伝え，中でも（　カ　）は水墨画を大成した。

問1　以下の地図は6世紀の朝鮮半島の情勢を示したものです。文章中の（　ア　）にあてはまる場所と国名の正しい組合せとして適当なものを次の①～⑨より1つ選び，マークシートの⑹にその数字をマークしなさい。

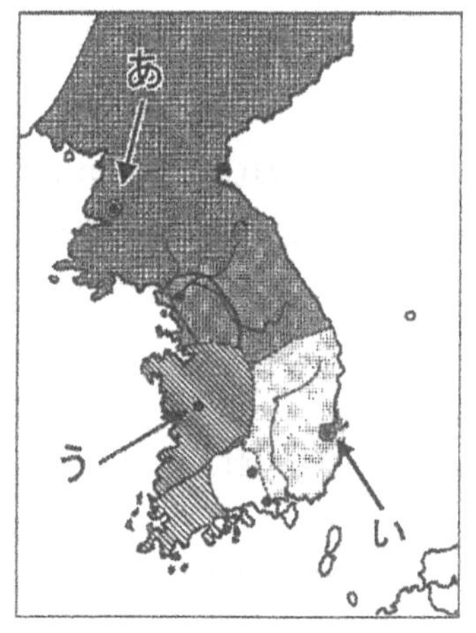

①　あ－百済	②　い－百済	③　う－百済
④　あ－新羅	⑤　い－新羅	⑥　う－新羅
⑦　あ－高句麗	⑧　い－高句麗	⑨　う－高句麗

出典：山川『詳説日本史』より引用。一部改変。

問2　（イ）にあてはまる，仏教導入を積極的に進め推古天皇とも協力した氏の名を書きなさい。

問3　下線部aの鎮護国家の考え方を説明した文として最も適当なものを次の①～④より1つ選び，マークシートの⑺にその数字をマークしなさい。

①　寺院によって民衆の日常生活を管理させようとする考え方。

②　仏教の力によって国の平安を実現させようとする考え方。

③　阿弥陀仏にすがって来世には極楽へいこうとする考え方。

④　祈とうによって今の世での利益を実現させようとする考え方。

問4　（ウ）にあてはまる宗派名を書きなさい。

問５　（エ）にあてはまる国での一揆の説明として最も適当なものをあとの①～④より１つ選び，マークシートの⑻にその数字をマークしなさい。

①　この一揆では武士と農民が協力して守護大名の畠山氏の軍勢を追い出し，自治を行った。

②　この一揆を後に鎮圧した戦国大名の朝倉氏は分国法を定め，一乗谷に城下町を築いた。

③　この一揆を後に鎮圧した織田信長は，ここに安土城を築いて全国統一の拠点とした

④　この一揆では百姓が取り立てた人物が守護となり，百姓が支配している国のようになった。

問６　（オ）にあてはまる寺院の説明として最も適当なものを次の①～④より１つ選び，マークシートの⑼にその数字をマークしなさい。

①　この寺院には中国の様式を取り入れた南大門が築かれ，金剛力士像が置かれた。

②　この寺院には寝殿造と禅宗様の様式を合わせた建物が築かれた。

③　この寺院には今日につながる書院造を備えた東求堂が建てられた。

④　この寺院には地元から産出した金を使用した金色堂が建てられた。

問７　（カ）にあてはまる人物の名を書きなさい。

4　次の史料は，建武の新政の時期の世相をえがいた「二条河原落書」の一部を現代語に訳したものです。これを読み，以下の問いに答えなさい。

「このごろ都ではやっているものは，夜うちや強盗，天皇のにせの命令，逮捕された人や緊急事態を知らせる早馬，何もないのに騒動が起こること。生首があったり，かってに僧になったりもどったり，急に大名になったり逆に路頭に迷ったり，土地や恩賞ほしさにうそのいくさを言い出す者や，文書を入れた細つづらを持って土地をはなれて訴訟にくる者もいる。」

（『建武年間記』より，一部要約）

問１　当時の天皇の名を書きなさい。

問２　上の史料から，当時の社会に大きな混乱が起こっていたことが読み取れます。その中には，路頭に迷ったり，やってもいない合戦を訴えたり，文書を持って京に訴訟に来る者が現れたことがありました。この３つの事態を生んだ理由を，史料の内容をもとにして説明しなさい。

5　以下の問いに答えなさい。

問１　武力よりも学問や礼節を重んじることを政治の方針とし，元禄小判を発行して財政収入を増やそうとした将軍の名を書きなさい。

問２　薩摩藩の出身で，岩倉使節団の一員として欧米を視察し，西南戦争で西郷隆盛と戦った人物の名を書きなさい。

問３　第一次世界大戦の時期に中国へ「二十一か条の要求」を出した際の外務大臣で，1925年に治安維持法と普通選挙法を制定した際の首相だった人物の名を書きなさい。

6　次のページの①～④は，18世紀末から19世紀にかけて世界で起こった出来事に関する画像です。この４枚の画像を古い順に並べ替えた際に，２番目になるものを，次のページの①～④より１つ選び，マークシートの⑽にその数字をマークしなさい。

① イギリスの軍艦により炎上する船

② 式典に参加する皇帝と宰相ビスマルク

③ 牢獄を襲撃する市民

④ 横浜で外国船を出迎える幕府の役人

7 以下の会話文は，2022年の９月１日に先生と生徒が交わした会話の一部です。秀太さんと先生の会話文を読み，以下の問いに答えなさい。

先生：行動制限のない夏休みは３年ぶりということで，感染症対策の上で出かけた人も多かったのではないでしょうか。秀太さんはどこかに行きましたか？

秀太：僕は友達とディズニーランドに行きました。a 来年が開園40周年ということで，園内のリニューアルを期待しています。いつかはアメリカのディズニーランドも行ってみたいと思っています。先生は夏休みにどこかに行きましたか？

先生：修学旅行の下見もかねて，京都に祇園祭の山鉾巡行(やまぼこじゅんこう)を見に行きました。2022年は山鉾巡行と神輿渡御(みこしとぎょ)が３年ぶりに開催されたんですよ。山鉾の様子は安土・桃山時代に描かれた『洛中洛外図屏風』にも登場します。

秀太：へえ。祇園祭はいつ頃始まったお祭りなんですか？

先生：疫病の流行を鎮めるために b ９世紀に朝廷が行った御霊会(ごりょうえ)が始まりだとされています。15世紀には30年あまり中断していた時期もありましたが，以降は京都に住む人々の手によって現在まで受け継がれている由緒ある祭りなんですよ。

秀太：15世紀ということは，［　　　　　　　　］ことで祭りが中断していたんですか？

先生：その通り。面白いエピソードですよね。興味があったらぜひ調べてみてください。

問１　下線部ａに関連して，ディズニーランド開園以降に世界で起こった出来事として**誤りのもの**

を，次の①～④より１つ選び，マークシートの⑾にその数字をマークしなさい。

① ソ連の最高指導者となったゴルバチョフが，ペレストロイカとよばれる経済活動の自由化や情報公開などの改革を始めた。

② マーストリヒト条約が結ばれ，翌年ヨーロッパでＥＵ（ヨーロッパ連合）が成立した。

③ イラク軍のクウェート侵攻をきっかけに，アメリカ軍を主体とする多国籍軍がイラクを攻撃した。

④ 世界不況のような重要な国際問題を話し合うために，第１回先進国首脳会議（サミット）が開催された。

問２ 下線部ｂに関連して，御霊会が始まった９世紀に起こった出来事として最も適当なものを，次の①～⑤より１つ選び，マークシートの⑿にその数字をマークしなさい。

① ３代の天皇の外戚となった藤原頼通が，摂政・関白として権力をふるった。

② 菅原道真が遣唐使の停止を訴え，桓武天皇が訴えを受けいれ遣唐使が停止された。

③ 関東では平将門らが，九州・四国では藤原純友らが朝廷に反乱を起こした。

④ 中国で新たな仏教の教えを学んだ最澄が，帰国後に天台宗を開いた。

⑤ 白河上皇の院政のもと，平治の乱を受けて平清盛が権力を握った。

問３ 会話文中の □ にあてはまる秀太さんの考察として最も適当なものを，次の①～④より１つ選び，マークシートの⒀にその数字をマークしなさい。

① 織田信長により室町幕府が滅ぼされてしまった

② 応仁の乱で京都の町中が戦場になってしまった

③ 南北朝の動乱で朝廷が二つに分かれてしまった

④ 江戸幕府によりぜいたくが禁止されてしまった

８ 以下の問いに答えなさい。

問１ 民主政治について，次の歴史的文書の名称を下の①～④より１つ選び，マークシートの⒁にその数字をマークしなさい。

> 第１条 人は，自由かつ権利において平等なものとして出生し，かつ生存する。
> 第３条 あらゆる主権の原理は，本質的に国民に存する。
> 第16条 権利の保障が確保されず，権力の分立が規定されないすべての社会は，憲法をもつものでない。

① 権利章典　② アメリカ独立宣言　③ フランス人権宣言　④ ワイマール憲法

問２ 次の比例代表選挙の結果に基づいて，ドント式と呼ばれる計算方式を用い，選挙区（ブロック）に与えられた７議席の配分を行うこととします。各政党への議席配分を正しく示しているものをあとの①～④より１つ選び，マークシートの⒂にその数字をマークしなさい。

> **比例代表選挙の結果**
> Ｘ党：得票数3000票　Ｙ党：得票数1200票　Ｚ党：得票数2000票

① Ｘ党－３議席　Ｙ党－１議席　Ｚ党－３議席

② Ｘ党－３議席　Ｙ党－２議席　Ｚ党－２議席

③　X党－4議席　Y党－1議席　Z党－2議席

④　X党－4議席　Y党－2議席　Z党－1議席

問3　租税について，国税かつ間接税に該当する租税として正しい組合せを下の①～⑤より1つ選び，マークシートの⒃にその数字をマークしなさい。

①　事業税と関税　②　関税と酒税　③　酒税と相続税　④　相続税と法人税

⑤　法人税と事業税

問4　金融について，次の文章は日本国内で実施する金融政策と，外国為替相場の傾向に関する説明文です。文章中の（X）～（Z）にあてはまる語句の最も適当な組合せを下の①～⑧より1つ選び，マークシートの⒄にその数字をマークしなさい。

> 金融政策の一環として，日本銀行が行う買いオペレーションは，市中に出回る通貨量を（　X　）させる。理論上，通貨量が（X）すると（　Y　）が発生し，円相場は一般的に（　Z　）傾向となる。

①　（X）増大　（Y）インフレーション　（Z）円高

②　（X）増大　（Y）インフレーション　（Z）円安

③　（X）増大　（Y）デフレーション　（Z）円高

④　（X）増大　（Y）デフレーション　（Z）円安

⑤　（X）減少　（Y）インフレーション　（Z）円高

⑥　（X）減少　（Y）インフレーション　（Z）円安

⑦　（X）減少　（Y）デフレーション　（Z）円高

⑧　（X）減少　（Y）デフレーション　（Z）円安

9　2022年の時事的動向を示した次の表を見て，以下の問いに答えなさい。

3月	a イギリスで，議会任期固定法が廃止された
4月	b 日本で，成人（成年）年齢が18歳に引き下げられた
5月	c 最高裁判所が，11例目の法令違憲判決を下した

問1　下線部aに関連して，イギリスでは，2011年に成立した議会任期固定法により，首相の議会下院の解散権行使に制約がかかっていました。この法律の廃止により，日本の首相と同じように，解散のタイミングを首相自身が決定できるようになりました。あとの文章は，日本の首相の解散権行使に関するものです。文章中の（A）～（C）にあてはまる語句を答えなさい。ただし，（C）は西暦で答えなさい。

> 議会の信任に基づいて内閣が成立し，内閣が議会に対して連帯して責任を負うしくみを（　A　）という。したがって，議会（国会）の信任を失えば内閣は存続できず，衆議院で内閣不信任決議案が可決された場合，首相（内閣）は総辞職か衆論院解散かの選択を迫られる。また，信任を失わずとも首相（内閣）は衆議院を解散することができる。その根拠となっているのが，憲法第7条に記載のある，内閣の助言と承認に基づき天皇が行う形式的儀礼行

為，すなわち（　Ｂ　）である。

歴史を振り返ってみると，近年，内閣不信任決議案が可決された例はなく，いわゆる55年体制が崩壊した（　Ｃ　）年までさかのぼることになる。内閣不信任決議案可決に伴う「69条解散」総選挙だけでなく，「任期満了」総選挙も長らく行われておらず，日本においては，首相が国内外の情勢などを考慮しながら「７条解散」に踏み切ることが一般的になっている。

問２　下線部ｂに関連して，成人（成年）年齢引き下げまでの流れをまとめたフローチャートを作成しました。フローチャート内の（D）にあてはまる語句を答えなさい。

2014年　改正国民投票法成立・施行	⇨	2015年　改正（　Ｄ　）成立	⇨	2018年　改正民法成立
改正法施行から４年後（2018 年）に投票年齢を「18歳以上」に引き下げ		2016年の施行と同時に、選挙権年齢を「18歳以上」に引き下げ		2022年４月の施行と同時に、成人年齢を「18歳以上」に引き下げ

問３　下線部ｃに関連して，最高裁判所は，海外に居住する日本人のある権利の制限に対して違憲判決を下しました。その権利は，衆議院議員総選挙の際に行われる次の図１の［Ｅ］において行使されます。［Ｅ］にあてはまる語句を答えなさい。

図　1

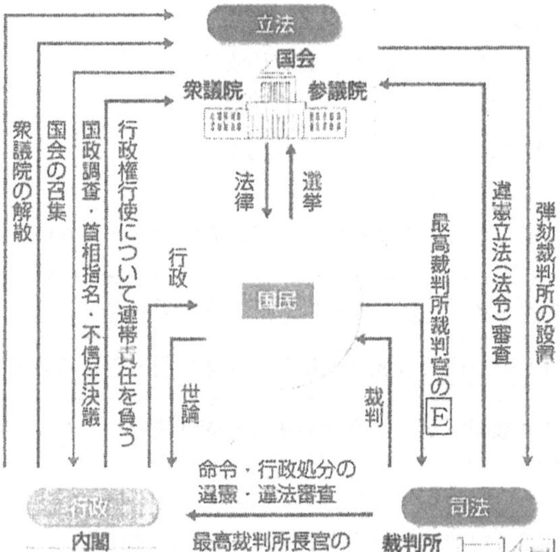

出典：『詳説政治・経済』図版より引用。

問４　下線部ｃに関連して，11例目の法令違憲判決という事実からもわかるとおり，日本の裁判所は一般的に違憲立法審査権の行使に慎重（消極的）だといわれています。「違憲立法審査権の行使に慎重であること」を肯定する根拠となる考え方を，図１が示す「日本の統治機構と国民の関係」の観点から，30字以内で考え記述しなさい。

エ　A 詩はもろこしの言葉　B 詩
　　C 歌はこの国の言葉

4 傍線部④「そのおぼえ」とあるが、ここでの意味として、最も適当なものを次のア～カから選び、記号で答えなさい。

ア 作り方がわかることへの自信
イ よみ手たちからの評判
ウ 作り手への技量に対する信望
エ 作ったことがあるという記憶
オ よみ手たちの思い
カ 作り手への理解

5 傍線部⑤「いづれかたやすき事ならむや」とあるが、どういうことを言おうとしているか。最も適当なものを次のア～オから選び、記号で答えなさい。

ア どちらも難しい事ではありません。
イ どちらが難しい事なのでしょうか。
ウ どちらも簡単なことではありません。
エ どちらが簡単なことなのでしょうか。
オ いずれにせよ、事はわかりやすいのです。

6 本文の出典作品である『たはれ草』の文章は、詩や歌を学ぶことについて述べているが、学ぶこと自体について、次のような漢文がある。傍線部の正しい返り点の付け方について、書き下し文を参考にして、次のア～エの中から選び、記号で答えなさい。

学ブトハ者、所以修性也。

（学びとは人が生まれつき持つ本質を高める方法である。）

書き下し文＝学(まな)ぶとは、性(せい)を修(をさ)むる所以(ゆえん)なり。

ア 所二-以修レ性也。　イ 所-以二修レ性一也。
ウ 所三以二修性一也。　エ 所-以レ修レ性也。

闇から抜け出すための勇気が出てきて、宮司に対して感謝の気持ちを抱いている。

ウ 「魔」はそれだけでは毒だが、生きるための意義をさずけたり生活の質を高めたりする面もあると知り、罪の意識にとらわれていた希美は、前向きに生きる気持ちを取りもどして、宮司に対して感謝の気持ちを抱いている。

エ 「魔」は誰にでもとりつく可能性のある恐ろしいものだと知り、そうと知らずに長年「魔」の世界に閉じこもっていた希美は、「魔」との戦い方が分かった気がして、宮司に対して感謝の気持ちを抱いている。

オ 人間は、弱さを自覚することによってかえって、強くもなれると知り、「魔」に囲まれ取り込まれることを恐れていた希美は、前向きに生きる尊さを信じられるようになって、宮司に対して感謝の気持ちを抱いている。

四 次の文章を読んで、後の問いに答えなさい。

もろこしの①詩、この国の②歌、③深奥なる事かはりはあるまじ。詩は作りよけれど、歌は詠みがたし※といへる人あり。これはさる事あるべし。［ A ］なれば、かく詠みては［ B ］にはあらぬといふ事、※詠める者も、また見る者も④そのおぼえあれど、［ C ］なれば、そこそこに作りても大方（おほかた）聞こゆるほどなれば、その身もよしと思ひ、見る人も妙なりとほめはやすより、歌は詠みがたし、詩は作りやすきといふなり。もしもろこし人、この国の歌詠む事あらば、歌は詠みやすけれど、詩は作りがたしといふべし。詩は作りやすきといへるは、詩を知らぬ人の言葉、歌は詠みやすきといへるは、歌を知らぬ人の言葉なるべし。⑤いづれかたやすき事ならむや。文作る事も、亦（また）これに同じ。

（雨森芳洲（あめのもりほうしゅう）『たはれ草（ぐさ）』より）

※ ～といへる人あり…～と言う人がいた。

※ 詠める者…詠む人。

1 傍線部①「詩」、傍線部②「歌」とは何か。それぞれを漢字2字で書きなさい。

2 傍線部③「深奥なる事かはりはあるまじ」とあるが、どういうことを表しているか。最も適当なものを次のア～オから選び、記号で答えなさい。

ア 詩や歌の奥深さはそれぞれの言葉で変わるはずだ。
イ 詩や歌の内容の奥深さは、どちらも同じであるはずだ。
ウ 奥深いとは何かは、詩や歌の作り方からはわからないはずだ。
エ 詩や歌の意図や深みは、作者にしかわからないにちがいない。
オ 詩や歌で内容の奥深さはどうかと張り合うことがあるかもしれない。

3 空欄［A］～［C］に入るべき語（語句）の組み合わせとして、最も適当なものを次のア～エから選び、記号で答えなさい。

ア A 歌はこの国の言葉　B 詩
　C 詩はもろこしの言葉
イ A 詩はもろこしの言葉　B 歌
　C 歌はこの国の言葉
ウ A 歌はこの国の言葉　B 歌
　C 詩はもろこしの言葉

ア　希美は自分を弱いと思っていたが、人間はもともと弱く生まれついているもので、善いこととか悪いこととかを考える前に弱いことを自覚しないから、自分の行いがずるく情けなく見えるのだと気づいた。

イ　自分の言動の善悪を考える前に、人間がもともと弱い存在だと認識する必要があることを宮司に諭され、悪いことをしたという罪の意識に長い間苛（さいな）まれてきた希美の気持ちに変化の兆（きざ）しが現れた。

ウ　自分の弱さを自覚している時点で神職としての充分な資格があると言う宮司のことばに励まされて、罪深い自分でも救われる日が訪れ世の中に貢献できると知って、小さな光が見えたような気がした。

エ　十か月間自分の部屋から出ることのなかった希美のことを、まるで母の胎内に戻ったようだとたとえた宮司の発言に希美ははぐらかされた気持ちになったが、人間はもともと弱いという宮司の考えには納得できた。

オ　人間はもともと弱いという今まで思いもよらなかった宮司の考えに希美ははっとさせられて、長い間抱いていた罪の意識から解放されるのではないかと思うと、まぎれもない真実の光を見た気持ちになった。

7　傍線部③「医学の話のようになったが、かえってわかりやすかった」とあるが、その内容として適当なものを次の**ア**～**カ**から二つ選び、記号で答えなさい。

ア　たちの悪い「魔」は人間が弱っているときにねらいをすましたように取りつき、我々の思いも寄らぬ悪さをして病を引き起こす原因になる。

イ　魔がさすということばがあるとおり、人間の心が弱っているときは蚊が刺すくらいのさりげないものでさえ、マラリアのような大病を引き起こす。

ウ　健康なときにはウイルスに感染しにくいが、体が弱っているときは病気にかかりやすいように、「魔」も人間の周りにたくさんひそんでいて我々の弱さにつけ込んで取りつく。

エ　腸内細菌に支えられて我々の健康は維持されているように、人間は「魔」に支えられて健康な生活を営むことができ、どのように「魔」と付き合っていけるかが重要である。

オ　体内に悪いものが入ってきたときに腸内細菌が他の悪い菌から我々を守ってくれるのと同じように、人間は誰もが「魔」を持っていて、それは必要不可欠なものである。

カ　冷静な判断を失い取り返しのつかない悪いことをしてしまうのは、「魔」に弱った心をねらわれて操られた結果だが、それに気づいたときにはもう遅く後悔だけが残る。

8　傍線部④「希美はその背中に深いお辞儀をした。頭をしばらく上げられなかった」とあるが、このときの希美の心情として最も適当なものを次の**ア**～**オ**から選び、記号で答えなさい。

ア　人間は弱いものだが、内にある「魔」を認めれば、逆に強く生きることができると知り、過去の悩みを処理できずにいた希美は、心の闇に真実の光がともった気がして、宮司に対して感謝の気持ちを抱いている。

イ　人間は本来は強いのだから、ひるまなければ「魔」に対して立ち向かえるはずだと知り、自分のずるさに絶望していた希美は、心のた。

「そうだ。今日は元気が出るものを、妻に作ってもらいましょう。スパイスたっぷりのカレーなんかいいかもしれませんね」

と、つけ加え歩き去った。

④希美はその背中に深いお辞儀をした。頭をしばらく上げられなかった。

（まはら三桃『ひかり生まれるところ』より）

※　波多江…希美が勤める神社の神職の男性。希美の先輩にあたる。

※　正野池くん…希美の同級生。正野池くんと希美は、それぞれクラスの学級委員を務めている。希美は、木原みさきの机の中にハエ入りのビニール袋を入れたところを、正野池くんに見られてしまっていた。

※　祝詞…神を祭り祈る時、神主が神前で申し述べる古い文体の文章。

※　今夜から全職員泊まりこみになりますが、…希美が働く神社で、翌日から行われる大規模な神事のため、職員は前日の夜から神社に泊まりこむことになっている。

1　波線部Ⅰ「ものがたい」・Ⅱ「くだけだ語尾」のこの場合の意味として最も適当なものを次の**ア**～**オ**から選び、それぞれ記号で答えなさい。

Ⅰ　ものがたい

ア　義理がたく融通の利かない　　**イ**　要領よくずる賢い

ウ　かしこまって慎み深い　　**エ**　実直で律義である

オ　人との関係をおろそかにしない

Ⅱ　くだけた語尾

ア　緊張感がまるでない言葉の終わりの部分

イ　笑っているような言葉の終わりの部分

ウ　堅くるしい感じがとれた言葉の終わり方

エ　思わず吹き出しそうな言葉の終わり方

オ　型にとらわれない自由な言葉の終わり方

2　空欄 a ・ b に入る語の組み合わせとして最も適当なものを次の**ア**～**オ**から選び、記号で答えなさい。

ア　a　大事　b　退治　　**イ**　a　退治　b　対峙

ウ　a　対峙　b　対自　　**エ**　a　根絶　b　対決

オ　a　絶滅　b　対抗

3　空欄（A）・（B）に入る語の組み合わせとして最も適当なものを次の**ア**～**オ**から選び、記号で答えなさい。

ア　A　どきどき　B　ありあり

イ　A　おどおど　B　えんえん

ウ　A　おずおず　B　きょろきょろ

エ　A　そわそわ　B　じろじろ

オ　A　びくびく　B　ちらちら

4　次の〔　〕内の文が入る最も適当な場所について、本文中の ア ～ エ から選び、記号で答えなさい。

〔**夕暮れの教室が胸に迫ってきて、希美はくちびるをかみしめる。**〕

5　傍線部①「声を震わせる希美に、宮司はすっと焦点を外すように言った」とあるが、「焦点を外す」とは、この場合どのようなことを意味するのか。展開を踏まえて90字以内で具体的に説明しなさい。

6　傍線部②「宮司の言葉に希美は目を細めた」とあるが、このときの希美の説明として、最も適当なものを次のページの**ア**～**オ**から選び、記号で答えなさい。

書きこんで、送信ボタンをおした。パソコンが呼吸を止めたのは、その直後だった。

そのとたん、希美を猛烈な後悔が襲った。もう削除できない。

冷静な判断を失っていたとはいえ、実名を書きこんでしまったのだ。

これから起こることは大方予想がついた。下腹に氷が張りついたようになった。

送信されていませんように。

わずかな可能性に全力で祈ったが、やはり空しい願いだった。

次の日、（　A　）しながら登校すると、当然のことながら職員室へ呼ばれた。クラスのみんなが（　B　）と自分に視線を送ってくるような気がした。

もうみんな知っている。正野池くんが、自分のしたことを言ったのかもしれない。言ったに違いない。

いたたまれなくなって、希美は職員室に行く前に、学校を飛び出し家へ戻ったのだった。以後、外へ出なかった。

担任やクラスメートは何度か家まで来てくれたが、すべてに目を閉ざし、耳をふさいでいた。自分のしたことから逃げていた。十か月も。

エ

「大丈夫ですよ、奥山さん」

宮司の言い方は、激励にしては平坦だった。けれどもそれは、※祝詞を読み上げるときの、張りのある声だ。すっと心に入ってくる。希美は頭を垂れた。

「人間は弱いばかりでもない。強さだってちゃんと持っています。あなたにも強い思いがある。それを伝えられるときが必ず来ます」

……、必ず。

目の前にすっと明かりがさした。思い出すたびに、暗闇にふさがれていた場所にぽっと、小さな光がともった。まぎれのない真実の光を、希美が見たような気がしたとき、

「光はね、闇の中で生まれるのです」

すべてを了解しているような深い目が、そこにあった。

「……、はい」

希美は深くうなずいた。今自分は、まぎれもなくそこにいる。自分が見つけた光の中にいる。

「私だって、この年になるまでにたくさんの失敗をしてきました。魔が差した、では言い訳できないような醜態をさらしたこともあります。ここだけの話ですがね。ふふっ」

Ⅱくだけた語尾に顔を上げると、宮司はにっこりと笑っていた。その笑顔は、少し俗っぽい感じで、なんともチャーミングだった。つられて希美もくちびるをゆるめる。

「さて、※今夜から全職員泊まりこみになりますが、なるべく今日はゆっくりしてください。とはいえ、我が家ではそうもいかないでしょうが」

毎年、宿直室には男性職員が泊まり、女性職員は、敷地内にある宮司の自宅にお世話になることになっていた。

「いいえ。どうぞよろしくお願いします」

文字通り招き入れてくれるような声に、希美はすでにゆっくりした気分になっていた。

すると宮司は思いついたように顔を上げ、またいたずらっぽく笑っ

ような気がしたのだ。木もれ日が揺れるようなやわらかい声で、宮司は続ける。

「まず自分の弱さを自覚している時点で、奥山さんは神職としての充分な資格があると思いますよ」

「……、ありがとうございます」

希美はうなだれるようにうなずいた。

［イ］

「〝叩き出し〟の儀式はね」

宮司はご神木に手を置いた。

「本当は、そんな人間の中の弱さのための儀式だと思うのです。わかりやすいように、私たちを苦しめた『魔』を［a］する物語にしていますが、本当は、私たちの中にある弱さと［b］する儀式なのです。同じたいじでも意味がことなる」

「［a］と［b］」

希美は同音の単語の意味を思い起こした。悪いものをうちはらうこと、と、相対して向きあうこと。

「では、魔、というのは、本当はないのですか?」

希美は宮司を見つめた。※波多江と同じように、魔の存在そのものを、宮司は認めていないのだろうか。

希美の問いに、宮司は静かに首をふった。

「いいえ、魔はいます。それもそこらじゅうに」

自分の周囲にぐるりと目をやった。

「そこらじゅうに?」

「ええ。ウイルスといっしょです。空気中にはいろんな種類のウイルスがうようよしているでしょう。健康なときには感染しにくいけれども、弱っているときには、病気になりやすい。魔も同じようなものです。我々の周りに無数にいる。しかも、もともと、我々だって魔を持っている。いずれの人もです」

救いを求めるように見つめた目を、宮司はじっと見据えた。

「腸内細菌と同じですよ。ある程度持っておかないと、もっと悪いものが入ってきたときに戦えないでしょう」

③<u>医学の話のようになったが、かえってわかりやすかった。</u>

「汚い魔が体の中にあったって、バランスが取れていればいいんです。極端に言えばね。厄介なのは、人の心が弱っているときです。質の悪い魔は、そこをねらいすましたように、すっと取りつく。本人にもわからない間にね。魔が差す、という言葉はじつによく言い得ていると思いますよ。まさに蚊にでも刺されたくらいの、さりげなさなのですから」

希美は泣きたいような気持ちになった。あのときの自分も、魔に操られていたのだろうか。弱っていた心をねらわれたのだろうか。

［ウ］

「でも私は、謝罪をしていません。胸のうちで自分がやってしまったことをくりかえすばかりで、誰にもあやまっていません」

引きこもることになったもう一つの出来事は、パソコンだ。

あの日。※正野池くんに見とがめられた日。帰宅した希美はパソコンを立ち上げた。すぐさま中学校のホームページにつなぎ、メールボックスを開けた。キーボードを激しくたたいた。

〝告白します。二年三組にはいじめがあります。木原みさきさんと奥山希美がいじめられている。〟

何学的な形態の合理性についての筆者の主張を強調している。

オ　Ⓓでは、Ⓐと異なる視点で丸いかたちに注目し、ボールのかたちに凝縮された人間の技術の精度の高さを賞賛している。

6　傍線部③「今日、僕らはボールを丸くつくり得ているだろうか」とあるが、「ボールを丸くつく」る、とはどういうことか。90字以内で説明しなさい。

三　次の文章を読んで、後の問いに答えなさい。

> 中学生のころ不登校で引きこもっていた奥山希美（のぞみ）は、祖母に神社へ連れ出されたことがきっかけで立ち直り、大学卒業後に神社の神職となった。ある日偶然神社を訪れた、かつての同級生木原（きはら）みさきと希美は再会した。木原は希美とともにいじめの標的となっていた生徒である。次の文章は、希美が宮司に対して、抱えていた自分の過去を打ち明ける場面である。

「ずるいんです。神職の資格なんかないんです」

絞り出すように希美は言った。

中学校二年生のあの時期、いじめの標的になった希美は、なんとか回避したかった。思いついたことは、いじめを分散させることだった。もっとみさきがやられれば、自分への攻撃が減るのではないかと思った。自己中心的で浅はかな動機だ。

だからあの日、ハエ入りのビニール袋をみさきの机の中に入れようとした。

［ア］

そんな自分に、神に仕える資格などない。①声を震わせる希美に、宮司はすっと焦点を外すように言った。

「Ⅰものがたいあなたのことだから、真面目に引きこもったのでしょうね」

砂でも払い落とすような軽い声に、希美はこくんとうなずいた。

「はい。十か月間、家から一歩も出ませんでした」

十一月の半ばに部屋の扉を閉めてから、祖母に連れ出される翌年の九月半ばまで。季節は大方ひとめぐりするところだった。外へ出たときには、足がふらついた。筋肉はすっかりそげ落ちていたのだ。

それに日差しもまぶしかった。ほとんど昼夜逆転の生活をしていた希美にとって、自然光の刺激が思いかけず強かった。

ともかくとても駅までも歩けそうになかったので、一週間ほどお参りを延ばしてもらい、自宅で筋トレをしたほどだ。生活の習慣も朝型に変えた。

「十か月とは、まるでもう一度お母さんの胎内に戻ったようでしたね。よい修行をしました。資格は充分ですよ」

宮司は笑った。なんとなくはぐらかされたような気になって希美も力なく笑うと、今度は引きしまった声で、包みこむように言った。

「あなたは自分を弱いと言いましたが、人間は、もともと弱く生まれついているものですよ」

希美は顔を上げる。

「それは当たり前のことなのです。人間は弱い。善いとか悪いとかの前に、弱いのです。それがずるくあらわれることもあるし、情けなく見えることもある」

②宮司の言葉に希美は目を細めた。宮司の口元に、小さな光が見えた

薬缶のデザインが（　　　　　　）から。

3　傍線部②「人間は、世界を四角くデザインしてきた」とあるが、それはなぜか。その理由の説明として最も適当なものを次の**ア**～**オ**から選び、記号で答えなさい。

ア　四角は人工的な幾何学形態であり自然の中にほとんど存在しないため、人間が直線や直角を組み合わせれば様々に応用することが簡単なかたちだったから。

イ　四角は直線や直角を使えば簡単に生み出すことが可能な幾何学形態であり、ものや環境を開発できる人間の力の大きさをあらわす特別なかたちだったから。

ウ　四角は自然の中にはほとんど存在しない不安定な幾何学形態であり、直線や直角を組み合わせて人間が作らなければ存在できない希少なかたちだったから。

エ　四角は不安定で自然の中には存在することが難しい幾何学形態ではあるものの、人間にとって身の回りの様々なものに利用された身近なかたちだったから。

オ　四角は直線や直角を組み合わせると簡単に生み出せる幾何学形態であって、人間がそれを使ってものや環境に働きかけるためには便利なかたちだったから。

4　この文章を読んだある生徒が「丸いボールだけの説明で、楕円形のラグビーボールについて説明していないから、筆者の意見に納得できない」と主張しました。その主張に対する反論を考えた際、文章の趣旨に沿っていない発言を次の**ア**～**オ**から一つ選び、記号で答えなさい。

ア　楕円形のボールだと、まん丸なボールよりも不規則な方向に弾むんだよね。それがラグビーというスポーツ独自の面白みにもつながっているんだと思うな。

イ　丸いボールと同じように、楕円形でも投げ方次第では回転をコントロールできるんだ。練習すれば、パスだって投げ分けられるように上達できるはずだよ。

ウ　昔のラグビーは豚の膀胱を膨らませて作った、細長くて丸っぽいかたちのボールを使っていたんだって。今のボールが楕円形なのもその名残なんだろうね。

エ　ラグビーはボールを前に投げられないから、選手がボールを抱えて前進することが多い競技なんだ。まん丸な形のボールだと抱えにくいし、落としやすいよ。

オ　アメリカンフットボールのボールは少し小さい楕円形だ。ボールを片手で扱うことも多いし、ラグビーと違って前に投げられるルールに合うよう工夫されたんだろうな。

5　A～Dの各段落が、本文構成上果たす役割の説明として最も適当なものを次の**ア**～**オ**から選び、記号で答えなさい。

ア　Aでは、四角と対照的な円のかたちのものを列挙することで、筆者の主張に対して予想される反論に一定の理解を示している。

イ　Bでは、身近なものにみられる円や四角に注目して、もののかたちそのものが社会に与える影響を分析している。

ウ　AもBも、実際に使用されるものの例を挙げ、実用性が生活を規定していくという筆者の説の正当性を主張している。

エ　Cでは、円や四角以外のかたちを分析して、これまでと同様に幾できる。柳宗理の薬缶もそのひとつだが、よくできたデザインは精度のいいボールのようなものである。精度の高いボールが宇宙の原理を表象するように、優れたデザインは人の行為の普遍性を表象している。デザインが単なるスタイリングではないと言われるゆえんは、球が丸くないと球技が上達しないのと同様、デザインが人の行為の本質に寄り添っていないと、暮らしも文化も熟成していかないからである。これを悟ったデザイナーたちは、精巧な球を作るように、かたちを見出そうと努力するようになる。住居を住むための機械と評した建築家のル＝コルビュジエも、イタリアをデザイン王国に導くことに寄与したプロダクトデザイナー、アッキレ・カステリオーニも、ドイツの工業デザインの知的な極まりをひととき世に知らしめたディエター・ラムスも、日本の柳宗理も、めざしたものは同じ、暮らしを啓発する、もののかたちの探求である。

柳宗理の父、柳宗悦（むねよし）は日本の民芸運動の創始者であった。民芸とは、用具のかたちの根拠を長い暮らしの積み重ねのなかに求める考え方である。石灰質を含んだ水滴の、遠大なるしたたりの堆積が鍾乳洞を生むように、暮らしの営みの反復がかたちを育む。川の水流に運ばれ研磨されてできた石ころのように、人の用が暮らしの道具に［　Ⅲ　］をもたらすという着想である。その視点には深く共感できる。

しかし、水流に身を任せて何百年も僕らは待つわけにはいかない。技術革命は速度と変化を同時に突きつけてくる。そこに必要なものは理性と合理性をたずさえて自分たちが生きる未来環境を計画していく意志だ。つまり、こころざしを持ってかたちをつくり環境をなすこと。近代社会の成立とともに人々はそのような着想を生み出した。それがデザインである。それは富の蓄積へと繋がる発想ではない。経済の勃興をめざすだけでは得られない豊かさをつくること――この着想を、僕らは何度でもかみしめ直せばいい。

③<u>今日、僕らはボールを丸くつくり得ているだろうか。</u>ずんぐりと鈍い柳宗理の薬缶を見ながら、そんな思いを反芻している。

（原研哉『日本のデザイン』より）

※ 柳宗理…日本の工業製品デザイナー。
※ スタイリング…ものの内部構造を変えないで、外見だけを変えること。
※ 造化の妙…自然の美しさ。
※ 演繹…意義を推し拡げて説明すること。

1　空欄Ⅰ～Ⅲにあてはまる語句として最も適当なものを次の**ア**～**オ**から選び、それぞれ記号で答えなさい。

Ⅰ　**ア**　気づくということ　**イ**　楽しむということ
　　ウ　計画するということ　**エ**　使うということ
　　オ　疑うということ

Ⅱ　**ア**　神秘的　**イ**　古典的
　　ウ　作為的　**エ**　画期的
　　オ　個性的

Ⅲ　**ア**　かたちの未来　**イ**　かたちの歴史
　　ウ　かたちの自由　**エ**　かたちの必然
　　オ　かたちの流行

2　傍線部①「薬缶はやっぱりこれに限る、と思わせる説得力」とあるが、「説得力」をなぜ感じるのか。その答えである次の文の（　）内に当てはまる言葉を**[D]の「ボールは丸い。」よりも後ろの本文中から15字**で抜き出しなさい。

長に四角がある。つまり四角とは、人間にとって、手をのばせばそこにある最も身近な最適性能あるいは幾何学原理だったのである。だから最先端のパソコンも携帯も、そのフォルムは［　Ⅱ　］なのだ。そういえば、スタンリー＝キューブリックの映画《二〇〇一年宇宙の旅》（一九六八年）に出てくる叡智のシンボル「モノリス」は、黒くて四角い板のようなものであった。

A　円もまた、人間が好きな形の一つである。古代神具の鏡も、貨幣も、ボタンも、マンホールの蓋も、茶椀もCDも正円である。初期の石器の中央に正円が完璧にくり抜かれているのを見て驚いたことがあるが、硬い石をドリルのように回転させて、より柔らかい石をくり抜くと、ほぼ完璧な正円の穴を得ることができる。これもまた、回転という運動に即応して人の二本の手が、頭脳による推理や※演繹より先に、正円を探り当てていたかもしれない。いずれにしても、簡潔な幾何学形態は、人間と世界の関係のなかに合理性に立脚した知恵の集積を築いていく基本となっている。人間は、四角に導かれて環境を四角くデザインしてきた。そしてそれに劣らず円形にも触発されて、日用品に少なからず円を適用してきたのである。

B　マンホールの蓋は、四角ではなく丸である。もしマンホールの蓋が、四角だったら、蓋はマンホールの穴のなかに落ちてしまう。だから、マンホールの蓋は丸くなくてはいけない。同じ意味で紙は四角くなくてはならない。丸いと無駄が発生する。紙は縦横のプロポーションが1対$\sqrt{2}$の比率に設定されていて、何度折っても縦と横の比率は同じになるように意図されている。

C　鉛筆の断面は六角形であるが、これにも勿論理由がある。断面が丸いと、鉛筆は机の上を転がりやすく、机の上から床に落下しやすい。硬い床に落下すると、柔らかい炭素の芯は簡単に折れてしまう。この不都合を避けるなら、おのずと鉛筆の断面は転がりにくい形を模索することになる。しかし転がりにくいからといって、断面が三角や四角だと持った時に指が痛い。したがって、転がりにくく程よい握り心地で、左右対称で生産性のいい六角形に落ちついたという次第である。

D　ボールは丸い。野球のボールもテニスのボールもサッカーボールも丸い。ボールが丸い理由くらいすぐ分かると思われるかもしれないが、最初から丸いボールがあったわけではない。精度の高い球体を作る技術は、石器に丸い穴をあけるのとはわけが違う。だから初期のボールは精度の高い球体ではなく、比較的丸いという程度のものだったはずだ。しかし比較的丸いという程度のボールでは球技は楽しめない。スポーツ人類学の専門家によると、近代科学の発達と球技の発達は並行して進んできたという。つまり球体の運動は物理法則の明快な表象であり、人間は、知るに至った自然の秩序や法則を、球体運動のコントロール、つまり球技をすることで再確認してきたというわけである。それを行うには完全な球体に近いボールが必要でありそれを生み出す技術精度が向上するにしたがって、球技の技能も高度化してきたというわけである。

ボールが丸くないと、球技の上達は起こりえない。同じ動作に対するボールのリアクションが一定でないとテニスもサッカーも上達は望めない。それが一定であるなら、訓練によって球技の上達は着実に起こり、ピッチャーはフォークボールを投げられるようになり、曲芸師は大玉の上に載って歩くことができるようになる。

球と球技の関係は、ものと暮らしの関係にも移行させて考えることが

【国　語】（五〇分）〈満点：一〇〇点〉

【注意】＊字数制限のある場合は、句読点・記号なども字数に含めます。
＊設問の関係上、原文を一部省略しています。

一　次の1～5の傍線部のカタカナは漢字に直し、漢字は読みをひらがなで答えなさい。

1　大会の運営を外部の業者に**イショク**する。
2　あの人の怒り方は**ジョウキ**を逸している。
3　社会活動を通して年長の**チキ**を得た。
4　伝説の名選手に**比肩**する素晴らしい活躍だ。
5　皇帝が功労者を諸侯として**封**じる。

二　次の文章を読んで、後の問いに答えなさい。

※柳宗理のデザインした日用品が静かに注目されている。たとえば薬缶。何の変哲もない普通の薬缶である。しかし実に堂々として、①薬缶はやっぱりこれに限る、と思わせる説得力に満ちている。

デザインとは※スタイリングではない。ものの形を計画的、意識的に作る行為は確かにデザインだが、それだけではない。デザインとは生み出すだけの思想ではなく、ものを介して暮らしや環境の本質を考える生活の思想でもある。したがって、作ると同様に、［　Ⅰ　］のなかにもデザインの本意がある。

僕らの身の周りにあるものはすべてデザインされている。コップも、蛍光灯も、ボールペンも、携帯電話も、床材のユニットも、シャワーヘッドの穴の配列も、インスタントラーメンの麺の縮れ具合も、計画されて作られているという意味ではすべてがデザインされていると言っていい。人間が生きて環境をなす。そこに織り込まれた膨大な知恵の堆積のひとつひとつに覚醒していくプロセスにデザインの醍醐味がある。普段は意識されない環境のなかに、それを意識する糸口が見つかっただけで、世界は新鮮に見えてくる。

②人間は、世界を四角くデザインしてきた。有機的な大地を四角く区画し、四角い街路を設けて、そこに四角いビルを無数に建ててきた。四角い自動ドアからビルに入り、四角いエレベーターに乗って昇降する。四角い廊下を直角に曲がって、四角いドアをあけると四角い部屋が現れる。そこには四角い家具、四角い窓が配されている。テーブルもキャビネットもテレビも、それを操作するリモコンも四角い。四角いデスクの上で四角いパソコンの四角いキーを打ち、四角い画面に文字を出力する。その便箋を入れる封筒も四角く、そこに貼る切手も四角い。そこに押される消印は時に丸いけれども。

なぜ人類は環境を四角くデザインしたのだろうか。見渡してみると、自然のなかには四角はほとんどない。四という数理が自然のなかになくはないはずだが、四角は非常に不安定なので、具体的に発現することが少ないそうだ。ごくまれに、完璧な立方体の鉱物の結晶など見ることがあるが、この※造化の妙はむしろ人工的に見える。

おそらくは、直線と直角の発見、そしてその応用が、四角い形をこれほど多様に人間にもたらした原因だと思われる。直線や直角は、二本の手を用いれば、比較的簡単に具体化することができる。たとえばバナナのような大きな葉を二つに折ると、その折れ筋は直線になる。その折れ筋をそろえるようにもう一回折ると、直角が得られるのである。その延

大切なことはメモしておこうネ！

2023年度

解　答　と　解　説

《2023年度の配点は解答欄に掲載してあります。》

＜数学解答＞ 《学校からの正答の発表はありません。》

1 (1) 0　(2) $(a-b)(a+4b+2c)$　(3) $\frac{13}{27}$　(4) $\frac{9}{2}$　(5) 4, 5

2 (1) (4, 8)　(2) 60　(3) (−2, 2), (−8, 32), (6, 18)　(4) $240\sqrt{2}\pi$

3 (1) $3^2+4^2+12^2$　(2) (84, 85)

(3) (例) $3^2+4^2+12^2+84^2$ [$4^2+8^2+16^2+83^2$, $15^2+30^2+50^2+60^2$]

4 (1) 60°　(2) 25　(3) 6　(4) $5\sqrt{19}$

○推定配点○

1 各6点×5　2 (1)・(2) 各6点×2　他 各7点×2　3 各6点×3

4 (1)・(2) 各7点×2　他 各6点×2　計100点

＜数学解説＞

1 (平方根の計算，因数分解，確率，空間図形，中央値)

(1) $(2+\sqrt{3})^{10}(2-\sqrt{3})^{11}=(2+\sqrt{3})^{10}(2-\sqrt{3})^{10}(2-\sqrt{3})^1=\{(2+\sqrt{3})(2-\sqrt{3})\}^{10}(2-\sqrt{3})^1=1^{10}\times(2-\sqrt{3})^1=2-\sqrt{3}$　$(2+\sqrt{3})^{20}(2-\sqrt{3})^{22}=\{(2+\sqrt{3})^{10}(2-\sqrt{3})^{11}\}^2=(2-\sqrt{3})^2=7-4\sqrt{3}$ よって，問題の式にあてはめると，$(2+\sqrt{3})(2-\sqrt{3})-4(2-\sqrt{3})+(7-4\sqrt{3})=1-8+4\sqrt{3}+7-4\sqrt{3}=0$

(2) $a^2-4b^2+3ab-2bc+2ca=(a^2+3ab-4b^2)+(2ca-2bc)=(a-b)(a+4b)+2c(a-b)=(a-b)(a+4b+2c)$

(3) 4人の手の出し方の総数は，3×3×3×3＝81(通り)ある。あいこになるとき，4人全員が同じ手を出す場合が3通りある。また，例えば，A，Bの2人が同じ手を出し，C，Dがそれぞれ異なる手を出すとき，(A，B，C，D)＝(グー，グー，チョキ，パー)，(グー，グー，パー，チョキ)，(チョキ，チョキ，グー，パー)，(チョキ，チョキ，パー，グー)，(パー，パー，グー，チョキ)，(パー，パー，チョキ，グー)の6通りあり，4人から同じ手を出す2人の選び方が6通りあるから，6×6＝36(通り)ある。よって，求める確率は，$\frac{3+36}{81}=\frac{13}{27}$

(4) 辺BDの中点をHとする。正四面体の各面の正三角形において中点連結定理より，EF＝FG＝GH＝HE＝3　また，△ECDと△FBDは合同な二等辺三角形だから，高さが等しくEG＝FH よって，四角形EFGHは4つの辺の長さがすべて等しく，2本の対角線の長さが等しいので正方形となる。△EFGの面積は正方形EFGHの面積の半分だから，△EFG＝$\text{EF}^2\times\frac{1}{2}=3^2\times\frac{1}{2}=\frac{9}{2}$

(5) 中央値が6のとき，10個のデータの5番目が5，6番目が7となる。これを満たす自然数xの値は，$x=4$, 5

2 (図形と関数・グラフの融合問題)

(1) 点Aの座標はA(−6, 18)　直線ABの切片は12であるから，直線ABの式を$y=ax+12$として

点Aの座標を代入すると，$18=-6a+12$　$a=-1$　よって，直線ABの式は$y=-x+12$
点Bは直線ABと放物線$y=\frac{1}{2}x^2$の交点だから，2式を連立して，$\frac{1}{2}x^2=-x+12$　$x^2+2x-24=0$　$(x+6)(x-4)=0$　点Bのx座標は4　よって，点Bの座標はB(4，8)

(2)　2点A，Bのx座標の差は$\{4-(-6)\}=10$　直線ABのy切片は12　よって，$\triangle OAB=\frac{1}{2}\times10\times12=60$

(3)　点Pは放物線$y=\frac{1}{2}x^2$と，直線ABに平行な直線$y=-x$および$y=-x+24$との交点(原点Oを除く)である。$y=\frac{1}{2}x^2$と$y=-x$を連立して，$\frac{1}{2}x^2=-x$　$\frac{1}{2}x^2+x=0$　$\frac{1}{2}x(x+2)=0$　点Pのx座標は-2　よって，P$(-2,\ 2)$　$y=\frac{1}{2}x^2$と$y=-x+24$を連立して，$\frac{1}{2}x^2=-x+24$　$x^2+2x-48=0$　$(x+8)(x-6)=0$　点Pのx座標は-8，6　よって，P$(-8,\ 32)$，P$(6,\ 18)$

(4)　直線ABとx軸，y軸との交点をそれぞれC，Dとすると，$\triangle OCD$は$1:1:\sqrt{2}$の直角三角形である。よって，原点Oから直線ABに垂線OHを引くと，$OH=12\times\frac{1}{\sqrt{2}}=6\sqrt{2}$　2点A，Bの距離は$AB=\sqrt{\{4-(-6)\}^2+(8-18)^2}=\sqrt{10^2+(-10)^2}=\sqrt{200}=10\sqrt{2}$　したがって，求める立体の体積は$\frac{1}{3}\times\pi\times OH^2\times AB=\frac{1}{3}\times\pi\times(6\sqrt{2})^2\times10\sqrt{2}=240\sqrt{2}\pi$

3　(数の性質)

(1)　$5^2=3^2+4^2$であるから，$13^2=5^2+12^2=3^3+4^2+12^2$

(2)　$13^2+x^2=y^2$　$y^2-x^2=13^2$　$(y+x)(y-x)=13^2$　$y+x>y-x>0$より，$y+x=169$…①　$y-x=1$…②　①，②を連立して解くと，$(x,\ y)=(84,\ 85)$

(3)　$7225=5^2\times17^2=(5\times17)^2=85^2$　(1)，(2)から，$7225=85^2=13^2+84^2=3^2+4^2+12^2+84^2$

4　(平面図形ー円の性質，正三角形，相似，回転合同)

(1)　$\triangle ABC$は正三角形だから$\angle BAC=60°$　$\overset{\frown}{BC}$に対する円周角より，$\angle BAC=\angle BDC$　BD//CFより，錯角が等しいので，$\angle BDC=\angle DCF$　よって，$\angle DCF=60°$

(2)　$\overset{\frown}{AB}$に対する円周角より，$\angle ACB=\angle ADB=60°$　3点A，D，Fは同一直線上にあるから，$\angle CDF=180°-(\angle ADB+\angle BDC)=180°-(60°+60°)=60°$　よって，$\triangle CDF$は3つの角が60°なので正三角形である。$\triangle ACF$と$\triangle BCD$において，AC＝BC…①，CF＝CD…②，$\angle ACF=\angle ACD+60°$と$\angle BCD=\angle ACD+60°$より，$\angle ACF=\angle BCD$…③　①②③より，2組の辺とその間の角がそれぞれ等しいので，$\triangle ACF\equiv\triangle BCD$　したがって，AF＝BD＝25

(3)　$\triangle ACF$で，ED//CFより，DE：FC＝AD：AFが成り立つ。ここで，FC＝DF＝AF－AD＝25－10＝15　よって，DE：15＝10：25　したがって，DE＝6

(4)　線分DBは$\angle ADC$の二等分線である。角の二等分線の定理から，AE：EC＝AD：DC＝10：15＝2：3　$x>0$としてAE＝$2x$，EC＝$3x$とおく。$\triangle ABE\backsim\triangle DCE$より，AB：DC＝BE：CE　ここで，BE＝BD－DE＝25－6＝19であるから，$5x:15=19:3x$　$15x^2=15\times19$　$x^2=19$　$x>0$より，$x=\sqrt{19}$　したがって，$AB=5x=5\sqrt{19}$

★ワンポイントアドバイス★

中学数学のあらゆる分野からまんべんなく出題されている。基礎を固めたあとは，標準以上の参考書を用いて，過去問をよく研究しておこう。

<英語解答> 《学校からの正答の発表はありません。》

1　(1)　②　(2)　②　(3)　③　(4)　①　(5)　④
2　〔1〕 healthier　〔2〕 smaller　〔3〕 weight gain　〔4〕 Adding healthy options
〔5〕 the environment inside
3　(6)　②　(7)　③　(8)　①　(9)　④　(10)　④
4　(11)　⑧　(12)　③　(13)　③　(14)　④
5　〔6〕 I couldn't hear my name called.
〔7〕 Try [Make an effort] to read as many books as possible [you can].
6　(15)　④　(16)　③　(17)　②　(18)　②　(19)　②
7　(20)　①　(21)　①　(22)　③　(23)　①　(24)　②　(25)　④　(26)　③
(27)　②
8　〔8〕 たくさんお金を銀行に預けておけば老後の心配などなくなるが，一方で泥棒から財宝を盗まれるという別の心配が生まれる。　〔9〕 1日あたり，1.25ドルの収入で生活する貧困ライン　〔10〕 世界銀行のお金のみのランキングが示すものほど貧困ではない国もあれば，はるかに貧困な国もある。
9　〔11〕 they can talk with their friends face to face more if they do not use their smartphones　〔12〕 they will notice that it is easier to study without smartphones
〔13〕 they will not get calls or text messages from their friends when they are studying

○推定配点○
1　各2点×5　2　各2点×5　3　各2点×5　4　各2点×2((11)・(12)，(13)・(14)各完答)
5　各3点×2　6　各2点×5　7　各3点×5((22)～(25)完答)　8　各5点×3
9　〔12〕 10点　他　各5点×2　計100点

<英語解説>

1・2　リスニング問題解説省略。

基本 3　(適語選択問題：不定詞，接続詞，分詞，代名詞)
(6)　「一緒に遊ぶ友だち」は a friend to play with のように〈to ＋原形＋前置詞〉の形になる。
(7)　come to the conclusion that ～「～という結論に達する」
(8)　〈a little ＋不可算名詞〉「～は少しある」
(9)　saying that ～ は an email を修飾する分詞の形容詞的用法である。
(10)　one ～, the others …「1つは～で残りは…」

基本 4　(語句整序問題：接続詞，受動態)
(The) (11)<u>noise</u> from the house next door kept (12)<u>me</u> awake (all night.)　the house next door「隣家」〈keep A＋B〉「AをずっとB(の状態)にしておく」
It is (13)<u>reported</u> that many people (14)<u>were</u> injured in (the accident.)　it は that 以下の形式主語である。　be injured「けがをしている」

5　(和文英訳問題：知覚動詞，不定詞，比較)
〔6〕 〈hear ＋A＋過去分詞〉「Aが…されるのが聞こえる」
〔7〕 「努力する」 try to ～ / make an effort to ～
「できるだけ～」 as ～ as possible[主語＋ can]

基本 6 **（長文読解問題：内容吟味，要旨把握）**

(15) (大意) 最も人気のある携帯電話での活動は写真を撮ることだ。携帯電話使用者の82%が携帯電話で写真を撮る。男性と女性の間に違いはない。男性の82%と女性の81%が携帯電話で写真を撮る。当然のことながら，若い人が写真を撮る可能性が最も高い。29歳未満の人の94%が携帯電話で写真を撮っているのに対し，65歳以上ではわずか44%だ。

① 「多くの男性が携帯電話で写真を撮るが，女性はそれほど多くない」 男性と女性の違いはほとんどないので不適切。 ② 「世界中の人々が以前よりも頻繁に携帯電話で文章を送受信している」 携帯電話で文章を送受信する記述はないため不適切。 ③ 「写真を撮るよりも携帯電話でインターネットにアクセスし，オンラインゲームをプレイする」 インターネットでオンラインゲームをプレイする記述はないため不適切。 ④ 「若い人は，65歳以上の人の2倍以上の頻度で携帯電話で写真を撮る」 最終文参照。29歳未満は94%で65歳以上は44%なので適切。

(16) (大意)

私の指導者は，他の作家の考えを盗用することについて私たちに警告した。学生が盗作で困るのは知っているが，盗作とは何だろう？なぜそれが北米でそれほど重要なのか？
－チアゴ

チアゴへ
誰かの言葉や考えをコピーすると，あなたは盗用している。一部の国は，それを行っても問題はない。しかし，北米では，人の言葉や考えは財産のようなものだ。それはその人のものだ。あなたはそれらを使うことができるが，あなたがそれらを見つけた場所を示し，元の作家に名前を付けなければならない。
ライト教授

plagiarism は教授の返信の第1文で「誰かの言葉や考えをコピーしたときに you are plagiarizing」とあるので，「盗用」であると判断できる。

(17) (大意) ブラウン大学の調査では，大学生の73%は＿＿＿＿。これには多くの理由がある。まず，するべき宿題と勉強しなければならない試験がある。彼らは友達を作り，一緒に過ごしたいと思っている。さらに，多くの学生は大学の授業料のためにアルバイトをしなければならない。大学生は勉強をしなければならず，友だちとの時間も持ちたいと思っている。また，アルバイトもしなければならないため，「十分な睡眠時間が取れない」と判断できる。

(18) (大意) 地球上の生命の歴史において最も大きな災害は，私たちがほとんど思いつかないものであるかもしれない。20億年前，地球には酸素がなく，生命の形態はすべて人の目に見えないほど小さかった。これらの生き物は，現在植物が行っているように，酸素を作り始めた。しかし当時，ほとんどの生物にとって，酸素は有害だった。大気中の酸素が20億年前の0%から現在の21%まで増えるにつれて，動物や植物は変化を強いられた。それらの多くは有害な大気の中で死滅したが，一部は変化を遂げて生き延びた。

「この文章によると，生命にとって今までで最大の災害は＿＿＿ことかもしれない」 最後の2文に，もともとなかった酸素が増えるにつれて，多くの動植物が死滅したと述べられている。

(19) (大意) 100年前の世界を考えてみてほしい。祖父母は生まれていない。その後，2，30年の間に彼ら4人が生まれた。彼らが2組のカップルになり，あなたの母と父を生む確率は信じられないほど小さかった。その後，あなたの両親が生まれ，一世代後に彼らは出会った。DNAが1つの生命をつくる数限りない道筋の中で，奇跡が起こり，そしてあなたが生まれたのだ。

「この文章の要点は＿＿＿ということである」 2組の祖父母が出会って，さらに両親が生まれて，彼らが出会ってあなたが生まれる確率は非常に低いと述べられている。

重要 **7 （長文読解問題・物語文：語句補充，要旨把握，文補充，内容吟味）**

（全訳） 私は赤ちゃんを出産する病院の近くで育った。幼い頃，学校に行く途中でこの病院の前を通りかかった。毎日，病院の入り口まで歩いている夫婦を見かけた。パターンは常に同じだった：妻が車から病院の非常口のドアまで歩くのを手伝う夫。

(22)子どもとしてなぜ彼らがペアで病院に来たのか理解できなかった。でも，女性を手伝うのはとても優しい男性だと思った。その後，ティーンエイジャーとして私はもっと理解した。そして，私は彼らの顔の表情を見始めた。希望と心配が混ざり合い，喜びと(20-a)倦怠感が混ざり合い，不確実性と(20-b)幸福が混ざり合っているのを見た。このようなカップルが病院に足を踏み入れるのを見ているうちに，私は自分自身の複雑な気持ちを持ち始めた。「(23)私は良いママになることができるのか？」

ある日，このようなカップルの一組を見ていると，妻の腕を握っている強くて親切でハンサムな男性に惹かれた。出産しようとしているほとんどの女性のように，妻は，夫が彼女を支え，彼女をつかみながら困難に歩いた。彼はとても忍耐強く，もっと助けることができることを望んでいるようだった。その瞬間「いつかそんな愛を体験させてください」と願い事をした。これは私の願いであり，それは本当に実現したが，(21)私が期待する方法ではなかった。

それから約10年後，私は夫のマイクと，同じ病院の近くの家に住んでいた。結婚して3年後，私たちは最初の子どもをもうけようとしていた。(24)医者は私たちの赤ちゃんがいつでも産まれるかもしれないと私たちに言った。

私はマイクにあまり心配しないように言った。しかし，彼は私を病院に連れて行くときを待っている間，非常に緊張していた。彼は24時間私と一緒にいることができるように家で働き始めた。

ある日，マイクが居間でコンピューターで仕事をしている間，私は台所で電話をしていた。マイクも私も，人生を変える瞬間がいつでも来る可能性があることを知っていた。(25)女友達にレシピについて話していたとき，彼女は私を驚かせるようなことを言った。

「あ！ああ！」私は少し大声で言った。

マイクが机から飛び上がるのを聞いたので，大きすぎたことはわかっている。私の声を聞いて，彼は最高速度で私に駆け寄った。彼はとても急いでいたので，私たちのコーヒーテーブルの隅につま先を引っ掛けた。彼はつま先を折るほどの力でそれにぶつけた。彼が私のところに来たとき，彼は飛び跳ねて，奇妙な方法で横を向いた彼の折れたつま先を指さしていた。

「あら！」と言った。「それはひどいね！すぐに病院に連れて行くよ」

私は彼を病院に連れて行き，彼がゆっくりと，そしてひどい痛みで，非常口まで歩くのを手伝った。一緒に歩いていると，学校に向かって歩いている子どもたちのグループに気づいた。一人の若い女の子が立ち止まって私たちを見た―ハンサムな夫が非常口まで歩くのを手伝っている妊婦。

女の子は私に自分自身を思い出させたので，私は微笑まなければならなかった。

「(26)あなたが望むものに注意してね」と彼女に言った。彼女は思慮深い笑顔で私の笑顔を返してから，走って友達に追いつくために向きを変えた。

問1 直前の hope mixed with worry から相反するものが混ざり合っていることがわかる。

問2 第10段落第1文参照。夫が病院の非常口まで歩くのを手伝うことで，考えていた立場とは反対になってしまったのである。

問3 (22) この後で「ティーンエイジャーとして」とあるので,「子どもとして」とある文が適切。(23) 直前で「自分自身の複雑な気持ち」とあるので,自分に関する内容が書かれている文が適切。(24)「最初の子どもをもうけようとしていた」ので,「いつでも産まれるかもしれない」が適切。(25) この後で大きな声を上げていることから,女友達が驚かせるようなことを行ったのだと判断できる。

問4 自分が少女の頃に抱いた願いは思わぬ形で実現したので,そのことについて少女に注意をしているのである。

問5 ①「著者は,小さい頃,妻が車から病院の非常口まで歩くのを手伝う夫を見た」 著者は幼いときだけではなく,10代になっても見続けていたので不適切。 ②「著者の夫であるマイクは,妊娠中の妻を心配していたため,働き方を変えた」 第5段落最終文参照。24時間いっしょにいられるように家で働き始めたので適切。 ③「著者は,彼女が赤ちゃんを産もうとしていることに気づいて『ああ!』と言ったので,マイクは妻を病院に連れて行った」 第6,7段落参照。著者が声をあげたのは女友達が驚かせることを言ったからなので不適切。 ④「マイクは自分の机で仕事をしている間に自分の部屋でつま先を骨折し,妻に何が起こっているのかわからなかった」 第6段落参照。マイクは居間で仕事をしている間につま先を骨折したので不適切。

重要 **8 (長文読解問題・説明文:要旨把握,指示語,英文和訳)**

(全訳)「豊かさ」,「裕福」,「金持ち」など,それを何と呼んでも,私たちのほとんどはそれになりたいと思っていて,それは必ずしも悪いことではない。銀行に多額のお金があると,年を取りすぎて働けず,定期的な収入がないときに何をするかなど多くの心配がなくなる。あるいは,ある心配の方向を取り除き,別の方向が生み出されると言うべきかもしれない。たとえば,たくさんのお金と貴重品を持っているときは,泥棒から身を守る必要があるが,貧しいときはそうではない。持っていないものを失うことはできない。

「ああ,でも誰もが心配している。そして貧しい人の心配よりも金持ちの心配事の方がいい」と心の中で思う。金持ちが貧乏になりたいと決心した場合,彼は単にすべてを手放すことができるが,貧しい人が金持ちになりたいと決心した場合,その問題を簡単に解決することはできない。

「貧しい」とはどういう意味か?世界の人口に占める1日あたりの1ドル未満で生活している割合についてよく話す。実際,その金額はかつて世界銀行の「国際貧困ライン」だったが,2005年以降,境界線として1.25ドルを使用している。為替レートは上下するが,その金額は100円~150円と考えてほしい。正確な数字が何であれ,地元のコンビニエンスストアのおやつ以上のものは買わないので,もちろん3食健康的な食事を買うことはない。(A)この貧困の尺度を使用すると,アフリカで非常に多くの貧しい人々が見られ,次にインド,そして東南アジアが続くことがわかる。

しかし,貧困は本当にどれだけのお金を持っているかという問題か?国連開発計画(UNDP)は,「多次元の貧困」を測定する魅力的な方法を開発し,お金(またはそれの欠如)は貧困を構成するいくつかの部分のうちの1つにすぎない。システムの良い説明はここでするには長すぎるが,重要な点はそれが健康,教育,そして生活水準の3つのカテゴリーで多くの指標を見ているということだ。これらには,家に電気があるかどうか,すべての学齢期の子供が学校に通っているかどうか,家族がおいしい食べ物を食べることができるかどうかが含まれる。さまざまな指標の3分の1以上で欠けていることが判明した場合,「貧しい」として分類される。UNDPの多次元の貧困の尺度を使用して国をランク付けすると,いくつかの驚きがある:(B)世界銀行のお金のみのランキングが示すほど貧しくない国もあれば,はるかに貧しい国もある。

問1 金持ちの内容は,第1段落に書かれている。多額のお金があると,収入がないときの心配がなくなるが,泥棒から身を守る必要があるという,別の方向の心配が生じる。

問2　貧困であるかどうかの尺度は，1日あたり1.25ドルを境界線としている。

問3　〈some ～, others …〉「～もあれば…もある」

やや難 9　**(条件英作文)**

(全訳)　学生はスマートフォンなしで1週間を過ごすべきだ。

私は，学生がスマートフォンなしで週に1日過ごすべきであるという声明に同意する。私には2つの理由がある。

まず，彼らは他の活動に1日を費やすことができる。例えば(　11　)。

第二に，(　12　)。例えば(　13　)。

(11)　「他の活動に1日を費やす」具体例をあげる。「友達と直接会って話す」「友達とスポーツをして楽しむ」などを挙げたい。

(12)　1つ目が「他の活動に1日を費やす」であったので，「スマートフォンがない方がいい」という内容にしたい。「勉強がしやすい」「勉強に集中できる」などが適切である。

(13)　(12)で書いたものを具体的に書こう。「スマートフォンで友達と連絡を取る必要がない」「スマートフォンでゲームをする時間が必要ない」などが適切である。

★ワンポイントアドバイス★

問題数が多く，また配点が高くなっている。過去問や類似の出題がある問題集を用いて，出題形式に慣れるようにしたい。

<理科解答>　《学校からの正答の発表はありません。》

1　問1　(1)　ア・イ・オ　(2)　Fe_2O_3・Fe_3O_4・FeO　より2つ

問2　(1)　$2H_2S+O_2 \rightarrow 2S+2H_2O$　(2)　2240kJ　(3)　あ　ウ　い　エ

問3　ア・ウ・オ　問4　化学反応で熱が生じる

問5　(混合物X)　ア　(物質Y)　カ　問6　(1)　4.4g　(2)　5.5g

2　問1　500N/m^2　問2　2cm　問3　200Pa　問4　3cm

3　問1　42N　問2　26N　問3　8cm　問4　12N

4　問1　あ　オ　い　カ　う　エ　え　オ　問2　お　ウ　か　エ　き　カ　く　ウ　け　エ　問3　こ　イ　さ　ア　し　ア　す　ウ　せ　ウ　そ　ウ　た　ウ　ち　ウ　つ　オ　て　キ

5　問1　46.8度　問2　南緯7.8度　問3　A　西　B　北　C　東　D　南

問4　23.4度　問5　ア・エ　問6　南緯90度～南緯82.2度まで

○推定配点○

1　問1・問2(3)・問3・問5　各1点×7(問1(1)・問2(3)・問3各完答)

他　各2点×5(問2(1)完答)　2　各2点×4　3　各2点×4　4　問1　2点(完答)

他　各1点×13(問2おか・きく各完答)　5　各2点×6(問3・問5・問6各完答)　計60点

＜理科解説＞

重要 1 （物質とその変化・化学反応と質量）

問1 (1) ア・イ・オは酸化反応である。ウは中和反応，エは露点によるものである。

基本 (2) 酸化鉄は，Fe_2O_3・Fe_3O_4・FeOの3つが考えられる。

問2 (1) $2H_2S+O_2 \rightarrow 2S+2H_2O$である。

やや難 (2) 1Lは1000cm³なので，4000Lは4000000cm³となり，その重さは4000000gである。源泉は56(℃)－48(℃)＝8(℃)下がったので，このとき放出した熱量は1秒間で，4.2J/(g・℃)×4000000(g)×8(℃)÷60(秒)＝2240000J＝2240kJとなる。

(3) 草津温泉から流れ出る温泉は強い酸性(pHがかなり小さい)ため，石灰を加えて中和させ，川に流している。

問3 計量しすぎた試薬は元の試薬瓶に戻さないので，アは間違いである。ガスバーナーの炎は青色にして加熱するので，ウは間違いである。室内は換気をよくする必要があるので，オは間違いである。

問4 化学反応で熱が生じるため加熱を止めても反応は進行する。

問5 混合物Xは磁石にくっつき，塩酸を加えると水素が発生する。混合物Y(硫化鉄)は磁石にくっつかず，塩酸を加えると無色で腐卵臭のする硫化水素が発生する。

基本 問6 鉄粉3.5gと硫黄2.0gが反応すると，硫化鉄は5.5g得られるので，その質量比は鉄粉：硫黄：硫化鉄＝7：4：11となる。

(1) 鉄粉3.5gと硫黄1.6gを加えると，鉄粉の量が多いため，硫黄1.6gがすべて反応し硫化鉄が得られる。よって，得られる硫化鉄は4：11＝1.6(g)：x(g)より，4.4gである。

(2) 鉄粉3.5gと硫黄2.4gを加えると，硫黄の量が多いため，鉄粉3.5gがすべて反応し硫化鉄が得られる。よって，得られる硫化鉄は7：11＝3.5(g)：x(g)より，5.5gである。

2 （力・圧力）

基本 問1 水圧は水深に比例する。水深1cmでの水圧は100N/m²なので，水深5cmでの水圧は500N/m²となる。

基本 問2・問3 円板にはたらく圧力の大きさは，0.6(N)÷0.003(m²)＝200(Pa(N/m²))なので，水深2cmのときに円板が円筒から離れる。

やや難 問4 おもりの質量を1.5倍にし，円筒の直径は変わっていないので，円板にはたらく圧力の大きさも1.5倍になる。よって，円板にはたらく圧力の大きさは200(Pa)×1.5＝300(Pa)となり，水深3cmのところで円板が円筒から離れるとわかる。

3 （力）

基本 問1 おもりと動滑車をにはたらく重力の大きさは84Nである。力は図1のようにはたらくのでAの部分を42Nで支えればよい。

基本 問2 力は図2のようにはたらくのでBの部分を26Nで支えればよい。

重要 問3 動滑車が2つあるので，おもりを2cm上昇させるのに，ひもを2(cm)×2×2＝8(cm)ひく必要がある。

基本 問4　力は図3のようにはたらくのでCの部分を12Nで支えればよい。

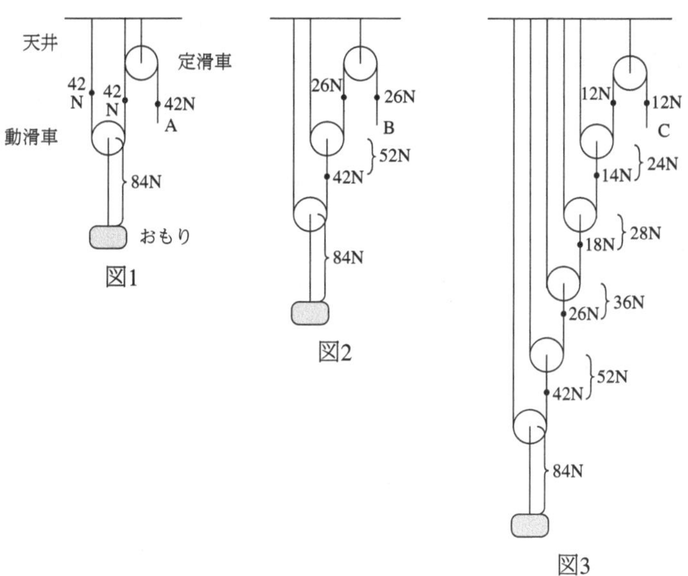

図1　図2　図3

4　(生殖と遺伝)

重要 問1　PがAA×aaなので，F_1の遺伝子型はAa(あ)となる。そのため，F_1の生殖細胞はAまたはaとなり(い)，F_2の遺伝子型は右表1のように，AA，Aa，aa(う)の3種類となり，その表現型と分離比は，丸：しわ＝3：1となる。

表1

	A	a
A	AA	Aa
a	Aa	aa

やや難 問2　AABBの遺伝子型の生殖細胞はAB(お)，aabbの遺伝子型の生殖細胞はab(か)となるため，F_1の遺伝子型はAaBbとなり，F_1の生殖細胞はABかAbかaBかab(く)となる。よって，F_2の表現型と分離比は表2より，丸・黄：丸・緑：しわ・黄：しわ・緑＝9：3：3：1(け)となる。

表2

	AB	Ab	aB	ab
AB	AABB(丸・黄)	AABb(丸・黄)	AaBB(丸・黄)	AaBb(丸・黄)
Ab	AABb(丸・黄)	AAbb(丸・緑)	AaBb(丸・黄)	Aabb(丸・緑)
aB	AaBB(丸・黄)	AaBb(丸・黄)	aaBB(しわ・黄)	aaBb(しわ・黄)
ab	AaBb(丸・黄)	Aabb(丸・緑)	aaBb(しわ・黄)	Aabb(しわ・緑)

やや難 問3　中央細胞にある2つの核の遺伝子は両方とも卵細胞にある遺伝子と同じ遺伝子(こ)である。受精後，果実と種皮はめしべと同じ遺伝子を持ち(さし)，胚と胚乳は種子として新たに組み合わされた遺伝子を持つ(すせ)。めしべの遺伝子型をAA，おしべの遺伝子型をaaとした場合，中央細胞の遺伝子型はAA(そ)となり，受精後には，果実と種子の遺伝子型はAA(たち)となり，胚の遺伝子型は卵細胞(A)と精細胞(a)が受精してできるのでAa(つ)，胚乳の遺伝子型は，中央細胞(AA)と精細胞(a)が受精してできるのでAAaとなる(て)。

やや難 5　(地球と太陽系)

問1　南半球で太陽が最も高くなったときの高度は，夏至の日が90(度)－その土地の南緯－23.4(度)で求められ，冬至の日は90(度)－その土地の南緯＋23.4(度)で求められる。よって，$\angle S_1OS_2$は23.4(度)＋23.4(度)＝46.8(度)となる。

問2　弧S_1T：弧S_2T＝2：1なので，弧S_1Tは31.2度，弧S_2Tは15.6度となる。夏至の日の北中高度は90

(度)－31.2(度)＝58.8(度)なので，夏至の日の公式に当てはめると，90(度)－その土地の南緯－23.4(度)＝58.8(度)より，南緯7.8度となる。

図1

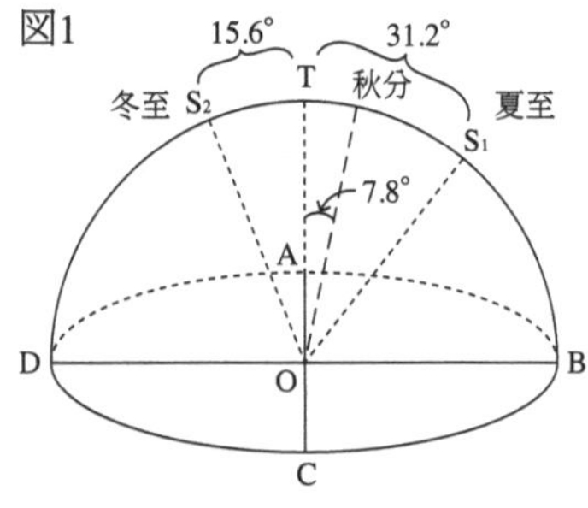

問3　南半球では夏至の日に太陽は北中するので，Bが北，Dが南，Aが西，Cが東となる

問4　1年を通して観測したとき，太陽の高度が最大となる方角が変化する地域は北回帰線(北緯23.4度)と南回帰線(南緯23.4度)の間である。

問5　南緯7.8度の地点Pの秋分の日に太陽が最も高くなる場所は，図1の位置となる。よって，地点Pでは秋分の日から7.8(度)÷0.26(度/日)＝30(日後)と，(7.8(度)＋15.6(度)×2)÷0.26(度/日)＝150(日後)に太陽はTの位置に昇る。

問6　地点Pにおいて太陽がTの位置に昇るのは，図2のようになったときである。よって，白夜が起こる地域は南緯90度～南緯90(度)－南緯7.8(度)＝南緯82.2(度)の範囲である。

図2

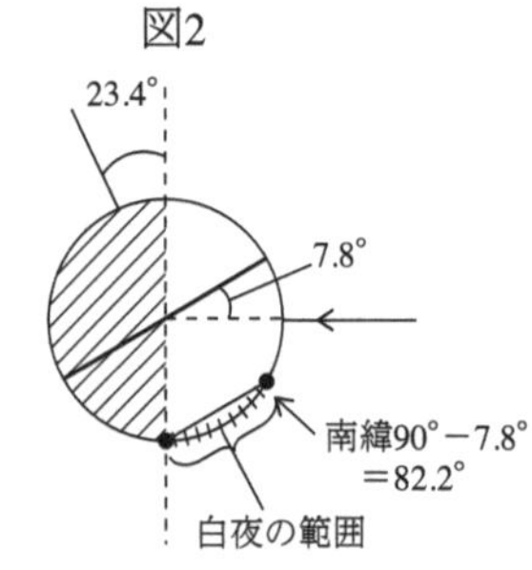

★ワンポイントアドバイス★

問題の意味を理解できる読解力を身につけよう。

＜社会解答＞ 《学校からの正答の発表はありません。》

1　問1　a　ハリケーン　b　パリ協定　問2　②　問3　②　問4　(例)　日照時間が長い時間帯であり，太陽光発電が利用しやすいため。　問5　(例)　防災訓練の実施。

2　問1　⑥　問2　(例)　州の面積が広大なわりに，乾燥帯が大半を占め人口が少ないため。　問3　1　さんご礁　2　アボリジニ[アボリジナル]　問4　③　問5　③

3　問1　③　問2　蘇我(氏)　問3　②　問4　浄土真宗　問5　④　問6　②　問7　雪舟

4　問1　後醍醐天皇　問2　(例)　建武の新政では，土地への権利や恩賞が認められなかったから。

5　問1　徳川綱吉　問2　大久保利通　問3　加藤高明　6　①

7　問1　④　問2　④　問3　②　8　問1　③　問2　③　問3　②　問4　②

9　問1　A　議院内閣制　B　国事行為　C　1993　問2　公職選挙法　問3　国民審査　問4　(例)　国民を代表する国会の意思を最大限尊重する必要があるから。

○推定配点○

1　問1・問5　各1点×3　他　各2点×3　2　問2　3点　問3　各1点×2　他　各2点×3
3　問2・問4・問7　各1点×3　他　各2点×4　4　問1　1点　問2　2点　5　各1点×3
6　2点　7　各2点×3　8　各2点×4　9　問4　2点　他　各1点×5　計60点

＜社会解説＞

1 （地理―世界の自然災害と地球温暖化）

基本 問1　a　熱帯低気圧は発生する場所で呼び名が変わる。太平洋の経度180度以西などではタイフーン，インド洋などではサイクロン，太平洋の経度180度以東やカリブ海などではハリケーンとなる。　b　パリ協定は2015年の気候変動枠組条約締約国会議パリ会議[COP21]で採択された。締約国全ての国が削減目標を5年ごとに提出・更新する義務がある。

問2　洪水は世界各地の川や低地で多く発生する。①はアフリカ大陸で発生していることから干ばつ，③は環太平洋造山帯，アルプス・ヒマラヤ造山帯で発生していることから地震，④は環太平洋造山帯での発生から火山活動を示している。

やや難 問3　表1では熱帯夜の増加ペースが顕著であるとわかる。熱帯夜は一日の最低気温が25度を下回らない日のことなので，日最低気温が高くなったことを示せばよい。

問4　ハワイ島は北緯20度にあるため，太陽エネルギーを多く受ける。また，真昼の電気料金が低いことから，ハワイで利用しやすい再生可能エネルギーは太陽光発電ということになる。

問5　防災設備を設置するなどのハード対策に対し，ソフト対策は個人の行動や心構えなどの対策である。防災訓練の実施やハザードマップの確認などを書くとよい。

2 （地理―諸地域の特色　オーストラリア）

やや難 問1　オーストラリア大陸の3分の2は乾燥帯で，草原や砂漠が広がっているため人口は温帯の南東部に集中している。Aはウエスタンオーストラリア州と気候や農業が似ているので人口密度が特に低いウ，Bは人口密度がやや低い，牧牛が盛んなことからイ，Cは面積が小さい割に人口が集中しているため，人口密度が最も高いアと判断できる。

重要 問2　人口密度は人口÷面積で計算するが，ウエスタンオーストラリア州は面積が広大かつ乾燥帯のため，人口は少ない。この3点を含めた記述をすればよい。

問3　xは熱帯に位置していて海水温も高いため，さんごが多く生息している。この地域はグレートバリアリーフという名前で世界自然遺産に登録されている。yは世界複合遺産に登録されているウルル(旧：エアーズロック)という巨大な一枚岩で，オーストラリアの先住民族であるアボリジニ[アボリジナル]の聖地として現在は登山が禁止されている。

問4　オーストラリアは豊富な鉱産資源の輸出国であるため，特に近年は貿易黒字の状態が続いている。よって図Eが輸出額となる。また，かつては中国よりも日本との貿易が盛んだったが，2000年代からは経済発展の著しい中国が輸出入ともに最大の相手国となった。よってカが中国である。

重要 問5　オーストラリアの首都はキャンベラだが，最大の都市シドニーやメルボルン，ブリスベンなどよりも人口は少ない。ブラジルの首都はブラジリアだが，人口はサンパウロ，リオデジャネイロに続いて3位である。

3 （日本の歴史―仏教に関連する問題）

基本 問1　仏教は6世紀に地図中うの百済から正式に伝わったとされる。あは高句麗，いは新羅で，676年に新羅によって朝鮮半島は統一された。

基本 問2　蘇我氏は仏教導入に積極的な氏族で，仏教導入に反対する物部氏と対立し，後に滅ぼした。蘇我馬子は推古天皇や厩戸皇子[聖徳太子]と協力し，政治を進めた。飛鳥寺は蘇我氏の氏寺。

基本 問3　聖武天皇は仏教を厚く信仰し，伝染病やききん，政治の乱れなどを仏教の力で鎮めようと都には東大寺や大仏，国ごとに国分寺・国分尼寺の設置をするよう命じた。

基本 問4　鎌倉時代に親鸞は法然が開いた浄土宗を継承し，新たに浄土真宗を開いた。悪人こそが悟りを得るにふさわしいという悪人正機説を説き，教えが簡単で実行しやすいことから武士や農民を中心に信者を増やした。また，浄土真宗の別名を一向宗ともいう。

問5　1488年に起きた加賀の一向一揆は浄土真宗の信者たちが守護の富樫政親を攻め，以後約100年間の自治を行った。①は1485年の山城の国一揆のこと。②の朝倉氏の城下町である一乗谷は越前国，③の織田信長が築いた安土城は近江国の琵琶湖のほとりにある。

問6　(オ)に入るのは鹿苑寺である。金閣は3層からなる建物で，下の2層は寝殿造，最上層は禅宗様が取り入れられた，北山文化の代表的な建築物である。①は東大寺，③は慈照寺銀閣，④は中尊寺に関する内容。

基本　問7　雪舟は明に渡って水墨画を学び，帰国後に水墨画を大成した。代表作は『秋冬山水図』など。

4　(日本の歴史―建武の新政と社会の混乱)

基本　問1　後醍醐天皇は足利尊氏や楠木正成，新田義貞らの助力を得て1333年に鎌倉幕府を滅ぼし，建武の新政を行ったが公家を優遇したため武士の不満を招き，1336年に吉野へ逃れた。1392年に足利義満が統一するまでの以後約60年間を南北朝時代という。

やや難　問2　建武の新政では従来の武士の慣習が軽視され，土地への権利や新たな恩賞が認められることがなかった。そのため，それを求める武士によって混乱が生じ，都の治安は乱れた。

5　(日本の歴史―歴史上の人物)

基本　問1　江戸幕府の5代将軍徳川綱吉は儒学を開いた孔子をまつる湯島聖堂を建てたり生類憐みの令を出したりしたことで知られる。長崎貿易により金・銀が国内から流出したため，金の含有率を減らした元禄小判を発行したが，物価が上昇して経済の混乱を招いた。

基本　問2　大久保利通は薩摩藩出身の武士で，のちに明治維新の中心となった。1871年に出発した岩倉使節団に同行し，帰国後はさらに国内でさまざまな政治改革を進めるが，1877年の西南戦争ではかつての同志であった西郷隆盛と戦うことになった。

重要　問3　1915年の二十一か条の要求は大隈重信内閣の時に中華民国へ出されたもの。1925年の加藤高明内閣の際，満25歳以上の男子すべてに選挙権を与える普通選挙法と，共産主義などを取り締まる治安維持法が制定された。

6　(日本と世界の歴史―画像の並べ替え)

①は1840～1842年のアヘン戦争，②は1871年のプロイセンによるドイツの統一，③は1789年のフランス革命，④は1854年の日米和親条約の画像。よって③→①→④→②の順となる。

7　(日本と世界の歴史―古代～現代)

問1　下線部aは1983年のことになる。1983年以降のことではないのは④の第1回サミットで1975年のこと。1973年の第一次石油危機を受けて行われ，毎年開催されている。なお，①のペレストロイカは1980年代後半のソ連の指導者ゴルバチョフによる改革のこと，②のマーストリヒト条約締結とEU[ヨーロッパ連合]発足は1993年，③のイラクによるクウェート侵攻は1990年，湾岸戦争は1991年のこと。

重要　問2　9世紀は801～900年。最澄は804年に唐に留学し，帰国後に天台宗を広めたので④が正しい。なお，①の藤原頼通は11世紀半ば，②の遣唐使廃止は894年だが桓武天皇は794年に平安京に遷都した人物なので合わない。③の平将門の乱は935年，藤原純友の乱は939年。⑤の白河上皇の院政は1086年，平治の乱は1156年のできごと。

基本　問3　9世紀から京都で始まった祇園祭は15世紀に中断されたが，これは1467年から約11年間続いた応仁の乱の影響である。よって②が正しい。なお，①は1573年，③は1336～1392年，④は18世紀前半～19世紀前半のこと。

8　(公民―政治のしくみや経済など)

問1　フランス人権宣言は1789年に起きたフランス革命の際に出され，基本的人権を規定し，各国の憲法に影響を与えた。なお，①は1689年，②は1776年，④は1919年に出されたもの。

基本 問2 比例代表制は，得票に応じてそれぞれの政党に議席を配分する制度で，死票が少なくなる一方で多党制になりやすいという特徴がある。ドント式は，各政党の得票数を1，2，3の整数で割り，数字の大きな順に各政党に議席を割りふっていく。X党の得票を整数で割ると，3000，1500，1000，750…となり，同様にY党は1200，600，400…，Z党は2000，1000，666.6…となる。よってX党は4議席，Y党は1議席，Z党は2議席獲得することになる。

基本 問3 税金のうち，間接税は納税者と担税者が異なる税金のことで，間接国税としては消費税，関税，揮発油税，酒税などがある。なお，事業税は直接地方税，相続税と法人税は直接国税である。

重要 問4 日本銀行が行う金融政策には公開市場操作[オペレーション]があり，買いオペレーションとは一般銀行から国債などを買い取り，その代金を支払うことで市中に出回る通貨量を増やそうとすることで不景気の際に行われる。理論上では，通貨量が増えるとその分通貨の価値が下がり，物価が上がるインフレーションが発生する。また，円の価値が下がるので，為替相場においては外国の通貨と相対して円は安くなる。

9 （公民―三権分立や議院内閣制，選挙権など）

基本 問1 A 内閣は国会の信任に基づいて成立し，連帯して責任を負う仕組みのことを議院内閣制といい，日本やイギリスなどで導入されている。 B 内閣の助言と承認に基づいて天皇が行う行為のことを国事行為と言い，国事行為の責任は内閣が担う。 C 55年体制とは，1955年に自由民主党[自民党]が政権を担当し続けたことを言う。1993年に細川護熙を首相とする非自民連立内閣が成立した時に55年体制は崩壊した。その後自民党が政権復帰をしたものの2009年に民主党などによる政権交代が起こった。政権を奪還した2012年以降，2023年4月までは再び自民党が政権を担当している。

基本 問2 2014年の改正国民投票法により，国民投票に参加できる年齢が2018年以降は満18歳以上となり，その後2015年の改正公職選挙法では選挙権年齢が満18歳以上に引き下げられた(2016年施行)。2018年には民法が改正され，2022年4月からは成人年齢が満18歳からとなった。公職選挙法は選挙権，被選挙権年齢や選挙の流れ，選挙運動の禁止事項など，選挙全般に関する法律。

基本 問3 三権分立のうち，主権者である国民が司法権を担当する裁判所に対して行うのは最高裁判所裁判官に対する国民審査で，満18歳以上の選挙権を持つ国民が行う。実施するのは最高裁の裁判官が任命されてから最初の衆議院議員総選挙の時と，その後10年経過後の次の総選挙の時であるが，国民の関心は低く，2023年4月現在罷免された裁判官はいない。

やや難 問4 三権分立のうち，裁判所が国会に対して行使するのは違憲立法[法令]審査権で，国会が議決した法律が憲法に違反していないかどうかを判断することができる。しかし，主権である国民の選挙によって選ばれた国会議員によって構成されている国会が三権の中では特に重要な地位にあるため，裁判所は違憲立法審査権の行使に慎重になるべきだ，という考えもある。

★ワンポイントアドバイス★

どの分野も知識で解ける問題を先に解こう。記述や資料の読み取りなど，時間がかかる問題についてはいったん飛ばして後で時間をかけて取り組むとよい。

＜国語解答＞ 《学校からの正答の発表はありません。》

一　1　委嘱　　2　常軌　　3　知己　　4　ひけん　　5　ほう

二　1　Ⅰ　ア　　Ⅱ　イ　　Ⅲ　エ　　2　人の行為の普遍性を表象している　　3　オ
4　ウ　　5　エ　　6 （例） 人間の球技の進歩を促した丸さの精度が高いボールのような，経済発展だけでは得られない暮らしや文化の豊かさをもたらす，人の行為の本質に寄り添ったかたちや環境をデザインすること。

三　1　Ⅰ　エ　　Ⅱ　ウ　　2　イ　　3　オ　　4　ウ　　5 （例） 希美が，いじめを回避するために級友にひどいことをしようとしたのが自己中心的でずるいと言ったのに，それが原因で希美が十ヶ月引きこもったのは真面目だと，宮司が論点をずらしたこと。　　6　イ
7　ウ・オ　　8　ア

四　1　①　漢詩　　②　和歌　　2　イ　　3　ウ　　4　ア　　5　ウ　　6　ア

○推定配点○
一　各2点×5　　二　1　各3点×3　　5　4点　　6　10点　　他　各5点×3
三　4・7　各3点×3　　5　8点　　6・8　各5点×2　　他　各2点×4　　四　2・4・5　各3点×3
他　各2点×4　　計100点

＜国語解説＞

一 （漢字の読み書き）

1 「委嘱」とは，特定の仕事や研究を部外の人に頼み任せること。　2 「常軌を逸する」とは，常識から外れている，普通ではないという意味。「常軌」は普通のやり方，通常の方法のこと。

3 「知己」とは，自分のことをよく理解してくれる親友や，知人を表す。　4 「比肩」とは，肩を並べること，同等であること。「匹敵」と同義語である。　5 「封ずる」とは，「ほうずる」と読む場合は，取り立てるという意味。「ふうずる」と読む場合は，出入口などを閉じて塞ぐ，自由な発言や行動ができないようにする，神仏の通力などによって閉じ込めること。よって，ここでは「ほうずる」と読むのが適当。

二 （論説文―脱文・脱語補充，文脈把握，内容吟味，段落構成）

1　Ⅰ　空欄の前に，「ものの形を計画的，意識的に作る行為は確かにデザインだが，それだけではない。デザインとは生み出すだけの思想ではなく，ものを介して暮らしや環境の本質を考える生活の思想でもある。」とある。「暮らしや環境の本質を考え」，適性に「気づく」時に，初めてデザインは生み出されるとしている。　Ⅱ　パソコンや携帯は，四角いものを基本としている。それは人間にとって元来より身近にあった最適性能なものであった。　Ⅲ　空欄の前に，「川の水流に運ばれ研磨されてできた石ころ」を喩えに出しているように，人間の暮らしに沿った形へと変化するのは当然であったと主張する。

2 「球と球技の関係は」から始まる段落に，「柳宗理の薬缶もそのひとつだが，よくできたデザインは精度のいいボールのようなものである。精度の高いボールが宇宙の原理を表象するように，優れたデザインは人の行為の普遍性を表象している。」と薬缶のデザインの適性について述べている。

3　人間が四角を生み出したのは，直線を折って直角，直角の延長に四角というように，「最も身近な最適性能あるいは幾何学原理だった」からである。またその最適性能は「計画されて作られている」ものであり，「すべてがデザインされている」ものでもあったのである。

4　Dの中に，「人間は，知るに至った自然の秩序や法則を，球体運動のコントロール，つまり球技

をすることで再確認してきた」とある。よって，球技をすることではない，ラグビーボールの球状について述べているウが誤り。

5 Ⓒでは，鉛筆が六角形である理由は，「転がりにくく程よい握り心地で，左右対称で生産性のいい」ということを挙げ，その所以を示している。

重要 6 ボールの丸さは，最初からあったわけではなく，球技の発達を求めるに従って，完全な球体に近いボールが必要になり，それを作ることも求められた。つまり，デザインも勝手に一人歩きするものではなく，「人の行為の本質に寄り添って」いるものである。人の暮らし文化であるからこそ，その豊かさを求めるためには，適性の合ったデザインを作ることと両輪となるものであるとしている。

三 （小説文―語句の意味，脱文・脱語補充，内容吟味，心情）

1 Ⅰ「ものがたい」とは，物事に慎み深く律義，実直で義理堅いこと。 Ⅱ「くだけた」とは，形式ばった堅苦しい感じがとれた形。また「語尾」とは言葉の最後を示す。

2 空欄の後に，「希美は同音の単語の意味を思い起こした。」とあることから，エ・オは不適当。叩き出しの儀式とは，自分の弱気な心，苦労や悩みを外へ出す儀式である。

3 A 学校でいじめられていた奥山希美は，学校にそのことを知らせることで，沈静化を図ったが，メールを送った途端に「猛烈な後悔」に襲われてしまった。実名を書き込めば，後日，学校による事実調査が行われ，根掘り葉掘りと聞かれることになり，いじめが露呈することで，自分がますますいじめられるかもしれないと思ったからである。よって次の日，学校に行くことを怖がったので，「おどおど」「おずおず」「びくびく」が適当。 B 奥山希美が職員室に呼ばれたことで，クラスメートが何事かと希美を「じろじろ」「ちらちら」と見たのである。以上から，どちらにもあてはまるのはオとなる。

4 〔 〕内にある「くちびるをかみしめる」というのは，我慢，辛抱，何かに耐えていること。宮司の話に対して，深く理解し，中学生の時に自分がした行為を思い出し，泣き出しそうなのを耐えているウが適当。

重要 5 「焦点を外す」とは，ここでは話の内容をずらすという意味。いじめの標的になっていた希美は，自分への攻撃を減らしたいという自己中心的な考えのもと，木原みさきの机の中にハエ入りのビニール袋を入れようとしたという告白を宮司に行った。しかし宮司はその内容については触れず，その後どれぐらいの期間，家に引きこもったのかという話にずらし，同級生に行おうとした希美の行為については言及しなかったという流れを読み取る。

6 「目を細める」とは，目の開き方を小さくする，嬉しさで笑みを浮かべるということ。ここでは後者の意味となる。自分は弱いと言った奥山希美に対して，「人間は，もともと弱く生まれついている」「人間は弱い。善いとか悪いとかの前に，弱いのです。それがずるくあらわれることもあるし，情けなく見えることもある」と宮司は言ったので，希美は自分の考えを肯定され，心情としてプラスの方向に動いている。

7 宮司の発言の中に，「健康なときには感染しにくいけれども，弱っているときには，病気になりやすい。魔も同じようなものです。我々の周りに無数にいる。」と魔とウイルスは同様なものであることを指摘している。また，「もともと，我々だって魔を持っている。いずれの人もです」「腸内細菌と同じですよ。ある程度持っておかないと，もっと悪いものが入ってきたときに戦えない」と，人間の中には必ず魔があり，腸内細菌と同様，ある程度，持っておく必要があるとしている。

8 傍線部の前に，宮司は「人間は弱いばかりでもない。強さだってちゃんと持っています」「光はね，闇の中で生まれる」と述べている。人間は魔を持っているからこそ，強さを備えているのだとする宮司の言葉に対して，希美は過去に行った過ちを自身が認めることによって，強く生きていくことができるのだと考え，それを教えてくれた宮司へ感謝を表している。

四 （古文—語句の意味，内容吟味，脱文・脱語補充，口語訳，漢文）

〈口語訳〉 中国の漢詩，この国の和歌は，奥深さにおいてどちらも同じであるはずだ。漢詩は作るのが簡単だけれど，和歌は詠むのが難しいという人がいる。これはもっともな理由があるに違いない。和歌はこの国の言語なので，このように詠んだのでは和歌ではないということは，詠んだ本人も，また見る者もその確信があるけれど，漢詩は中国の言語なので，適当に作ってもおよそ(そのように)聞こえるので，その作者自身も上手いと思い，見る人も上手だと褒めそやすために，和歌は詠むのが難しく，漢詩は作るのがやさしいというのである。もし中国の人が，この国の和歌を詠むことがあったら，和歌は詠むのがやさしいけれど，漢詩は作るのが難しいというだろう。漢詩は作るのがやさしいというのは，漢詩をよく知らない人の言葉，和歌を詠むのはやさしいというのは，和歌をよく知らない人の言葉であるに違いない。どちらがやさしいことであろうか(どちらも簡単なことではない)。漢文を書くことも，また漢詩と同じである。

1 ① 「もろこしの詩」とあることから，「中国の詩」つまり「漢詩」を表す。 ② 「この国の歌」とあることから，「日本の歌」つまり「和歌」を表す。

2 「かはり」を漢字で表すと，「変わり」となる。「まじ」はここでは打消推量(～はずがない，～ないだろう)という意味。よって，「奥深さにおいて変わることがないはずだ(同じであるはずだ)」という訳となる。

3 空欄の直前にある，文の意味を捉える。「漢詩は作るのが簡単だけれど，和歌は詠むのが難しいという人がいる」という主張に，筆者も同意し，和歌はこの国の言語なので，詠んだ本人も，見た人も優劣をつけやすいが，漢詩は中国の言語なので，適当に作っても何となく良いように聞こえるものだとしている。

4 「おぼえ」とは，評判，寵愛，感覚，記憶，自信などの意味がある。和歌に対しては精通している者が多いので，詠んだ人は当然，見る人も和歌として成立しているかどうかを見極める自信があると述べている。

5 「いづれか」はどちらが，どれがという意味。また「たやすき」は，ク活用形容詞「たやすし」の連体形。漢字で表すと，「容易き」となる。「や」は，ここでは反語を表す係助詞。よって，「どちらがやさしいことであろうか(どちらも簡単なことではない)。」となる。

6 「性」を訓んだ後に，「修むる」と「修」を訓んでいるので，「修」と「性」の間にレ点が入る。また，「修」を訓んだ後，二字上の「所」を訓んでいることから，「修」の下は一レ点となり，「所」の下に二点が入る。

★ワンポイントアドバイス★

自分の言葉で表現する練習をしておこう！ 選択肢の中から選ぶ問題でも，一度自分の言葉で解答してみよう。

2022年度

★★★★★★★★★★★★★★★★★★★★★★★★

入　試　問　題

2022年度

昭和学院秀英高等学校入試問題

【数　学】（50分）　<満点：100点>

1　次の問いに答えよ。

(1)　$ax^2-(a^2+a-2)x-2(a+1)$ を因数分解せよ。

(2)　$(\sqrt{5}+2)^{2022}(\sqrt{5}-2)^{2020}+(\sqrt{5}+2)^{2020}(\sqrt{5}-2)^{2022}$ を計算せよ。

(3)　8人の生徒が10点満点のテストを受験した。その得点は

x，2，4，8，3，3，7，7

であった。この得点の平均値と中央値が一致したとき，点数 x を求めよ。

(4)　1個のサイコロを2回投げて，出た目の和を a とする。このとき，a と $4a+105$ が1以外の公約数をもたないときの確率を求めよ。

(5)　下図のように1辺の長さが2の立方体ABCD－EFGHに内接する球がある。この球を3点A，C，Fを通る平面で切ってできる切り口の円の面積を求めよ。

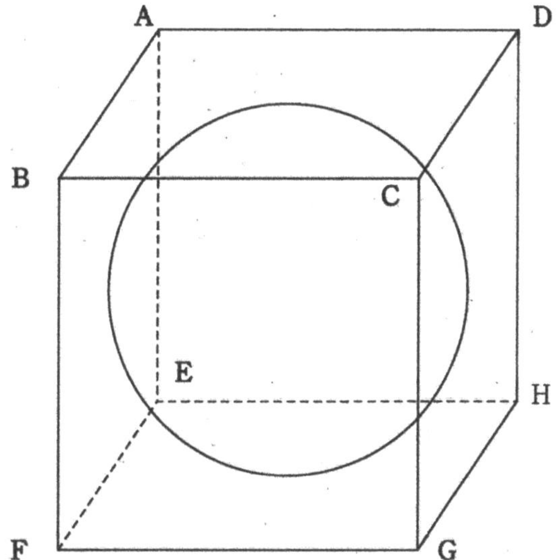

2　横並びになっている6つの椅子に何人かの人を座らせるとき，

(A)　どの2人も隣り合う椅子に座ってはいけない

(B)　2人までは隣り合う椅子に座っても良いが，どの3人も連続する3つの椅子に座ってはいけない

というルールを考える。以下の問いに答えよ。

(1)　(A)のルールのもとで，2人の座り方は何通りあるか。

(2)　(A)のルールのもとで，3人の座り方は何通りあるか。

(3)　(B)のルールのもとで，3人の座り方は何通りあるか。

(4)　(B)のルールのもとで，4人の座り方は何通りあるか。

3 放物線 $y = x^2$ 上に4点A，B，C，Dがあり，点A，C，Dの x 座標はそれぞれ -2，2，3で，AD // BCであるとする。また，直線CDと x 軸の交点をEとする。

このとき次の問いに答えよ。

(1) 点Bの座標を求めよ。

(2) 線分CE上に点Pがあり，△ACPの面積が△ABCの面積と等しいとき，点Pの座標を求めよ。

(3) 線分DE上に点Qがあり，△ADQの面積が四角形ABCDの面積の半分であるとき，点Qの座標を求めよ。

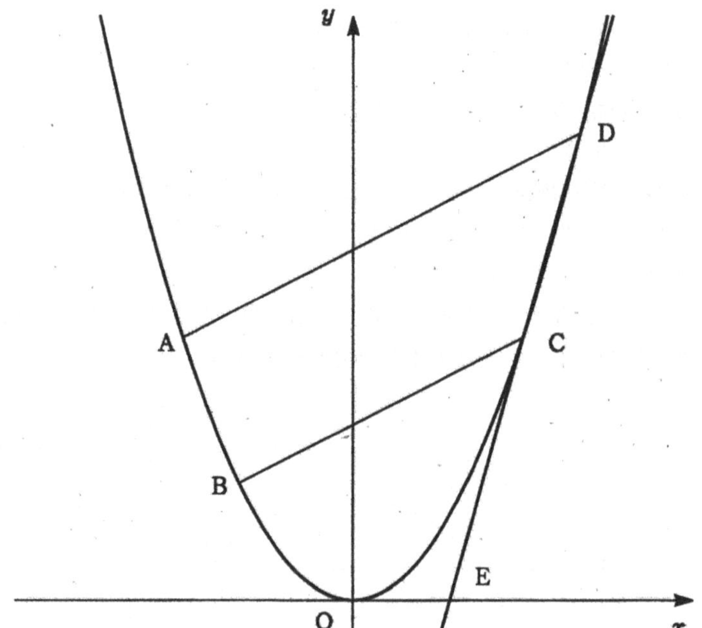

4 右図のように△ABCにおいて，各頂点A，B，Cから各対辺に垂線AD，BE，CFを引き，3垂線の交点をHとする。
$BC = 2\sqrt{21}$，$BE = 9$，$CF = 6$ のとき次の値を求めよ。

(1) BH

(2) AB

(3) AD

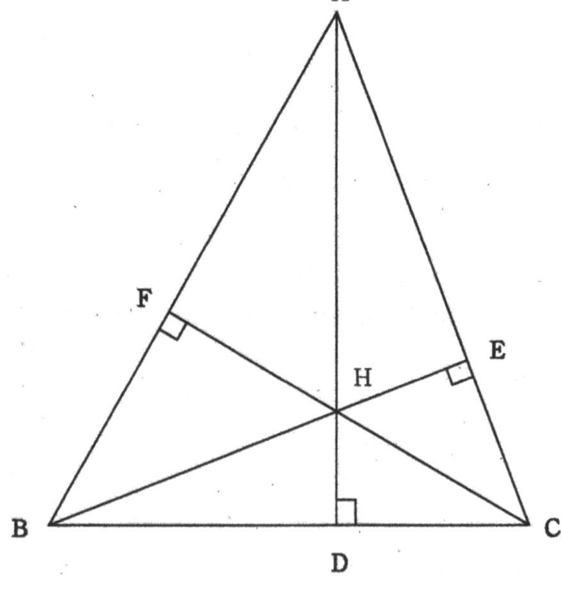

【英　語】（50分）　＜満点：100点＞

1　それぞれの問いについて，対話の場面が日本語で書かれています。John と Mary の対話を聞き，それぞれの問いの答えとして最適なものを，4つの選択肢から1つ選び，マークシートの(1)～(5)にその数字をマークしなさい。対話は一度ずつ流れます。

(1)　週末の出来事について話しています。

Q：Why did John have a problem in the shopping mall?

① He could not go fishing in the shopping mall.
② There were several shops which had the same kinds of goods.
③ He bought new shoes but he already had the same ones.
④ The shopping center had few shops where he could enjoy opening sales.

(2)　休日の午後，ある場所で話しています。

Q：Where does this conversation take place?

① A library.
② A theater.
③ Mary's house.
④ An amusement park.

(3)　学級活動の時間に，ある事柄について話しています。

Q：What are they doing now?

① They are making a plan for a field trip.
② They are drawing a map of their town.
③ They are going to Ms. Green's office.
④ They are studying a history of a museum.

(4)　学校の授業について話をしています。

Q：Why does Mary have trouble in her science class?

① Her science teacher doesn't use the textbook.
② There are not enough tools for experiments in the Physics room.
③ Mary hasn't seen any experiments in the science class.
④ It is difficult for Mary to make videos in class.

(5)　落とし物を探そうとしています。

Q：What will Mary do next?

① She will go to the teacher's office.
② She will start to walk around her school.
③ She will take her key from her pocket.
④ She will search her bag for her key.

2　授業を聴き，次の問いに答えなさい。状況，ワークシートを読む時間が与えられた後，音声が一度流れます。

Q：ワークシートの空欄〔1〕～〔5〕に入る適切な語句を，（　）内に指定された語数で記述用解答用紙の解答欄に記入しなさい。

状況
あなたはアメリカの高校で，汚染問題に関する授業を，ワークシートにメモを取りながら受けています。

ワークシート

○ Causes of Marine Pollution
・ floating plastic debris
・ 〔1〕（1語）caused by humans

✓ Why is it a problem to sea animals?
Natural sound enables them to find their way around and 〔2〕（4語）.
↑
〔1〕 from human activities prevent（sea animals from doing them.）
↓
Their habitats become 〔3〕（1語）.

✓ Solutions presented by researchers：
・ wind-powered ships, quieter propellers, and floating wind turbines
・ regulations

Cars and Trucks	Ships
We have.	〔4〕（3語）.

← Why?!

Assignment:
Think about 〔5〕（4語）in the sea by the next class.

※リスニングテストの放送台本は非公表です。

3 次の英文の空所を補うのに最適なものはどれか，マークシートの(6)～(10)にその数字をマークしなさい。

(6) Some people often leave their cars with the engines (　　) when they go shopping for some minutes.
① run　② to run　③ ran　④ running

(7) Lucy spends (　　) on traveling as you.
① as many money　② many as money
③ as much money　④ much as money

(8) A：Did Anna say (　　) she was late this morning?
B：Yes. She said there was a lot more traffic than usual.
① where　② why　③ which　④ what

(9) A：Would you like tea or coffee?
B：(　　) will be fine.
① Each　② Any　③ Either　④ All

(10) A：Tom, what do you (　　) our new English teacher?
B：I enjoyed her first class. She seems like a really good teacher.
① know　② know about　③ think　④ think of

4 次の日本語を表す英文を，それぞれ［ ］内の語を並べかえて完成するとき，(11) ～ (14) に入れるのに最適な語はどれか，マークシートの(11)～(14)にその数字をマークしなさい。

先生が出したある質問に答えるのは難しかった。

I(　)(　11　)(　)(　)(　)(　)(　12　)(　) by the teacher.

[① a　② it　③ given　④ difficult　⑤ answer　⑥ found
⑦ question　⑧ to]

トムはとてもおもしろい話をしたので，私たちは皆笑った。

Tom (　)(　)(　)(　13　)(　)(　)(　14　)(　)(　) laughed.

[① story　② all　③ told　④ funny　⑤ that　⑥ a　⑦ we
⑧ such　⑨ us]

5 次のAとBの会話が成立するように，次の日本語を表す英文を（ ）内の語を必ず使用して，記述用解答用紙〔6〕～〔7〕に書きなさい。ただし，（ ）内の語が動詞の場合は必要に応じて変化させるものとする。

〔6〕 A：What an elegant castle it is! The people who built it must have worked hard!
B：それを建てるのに20年かかったんだ。(it, them)

〔7〕 A：Didn't you break your watch yesterday?
B：あの店で直してもらった。(I, repair)

6 次の(15)～(19)の英文を読んで，設問の答えとして最適なものを①～④の中から1つずつ選び，マークシートの(15)～(19)にその数字をマークしなさい。

(15)

It's a system of government in which every citizen in the country can vote to elect its government officials and common people can become country leaders through elections. Norway, Canada, Germany, and the U.S. are the examples of countries that have such political system.

Q：Which word does the passage introduce?
① democracy　② diet　③ minister　④ socialism

(16)
What makes British teenagers really happy? Lots of friends on social media? The latest smartphone? Well, actually no. A new survey shows that it's the simplest things in life that are the most important for today's teenagers. So what did the survey find? Well, believe it or not, having their own bedroom makes teenagers happier than having lots of money to spend on clothes. They don't want the most expensive tech devices because a happy family life is more important to them. In fact, money isn't very important in their lives at all.
Q : What is the most important for today's teenagers?
① A happy family life is. ② Money is.
③ Social media is. ④ The most expensive tech device is.

(17)
New York City is on the east coast of the United States, in the state of New York. It is the biggest city in the state – in fact, with over 8 million people it is the biggest city in the United States – but it is not the state capital. That is Albany, 156 miles (231 kilometers) north of New York. The city and the rest of the state are like two different worlds. The state has green hills, farms, and mountains. Forests are more than half of the state. New York State is the largest on the east coast, but fewer than 11 million people live there outside of the city.
Q : Which statement is true?
① Albany, which lies to the east of New York City, is the state capital.
② New York City has green hills, farms, and mountains.
③ New York City is not in the state of New York.
④ No other city in the United State is larger than New York.

(18)
In 1866, the first rugby match in Japan on record was played in Yokohama. The players were British sailors. Japanese people watched, but they didn't play. It is said that rugby officially began in Japan in 1899 through Edward Bramwell Clarke and his friend Ginnosuke Tanaka. When they were studying at Cambridge University, they enjoyed playing the game. After university, Clarke came to Keio University as an English lecturer in 1899. Tanaka turned out to be a businessman. They introduced the game to the students at Keio University. From the 1920s, rugby started gaining popularity. Around 1,500 club teams were born.
Q : Choose the best title.
① The Friendship between Clarke and Tanaka
② The Origin of Rugby
③ The Reason Rugby Became Popular
④ The Start of Rugby in Japan

(19)
To those who have a strong desire to be successful, rich and powerful but get no satisfaction from the gifts of life and the beauty of the world, life would be a cause of suffering, and they will have neither the profit nor the beauty of the world.

Q : What does the writer want to say?

① If you have a strong hope to be successful, you can enjoy your life.
② If you want more food, money, power than you need, you' ll never be rich.
③ You should be satisfied with what you get in your life and notice the beauty around you.
④ Life is always going to be hard and everyone will be faced with great suffering.

7　以下の文章を読んで，設問に答えなさい。

When Mr. Hiram B. Otis, an American officer, bought Canterville Chase, everyone told him that he was doing a very foolish thing. They knew that there was a ghost in the house. Even Lord Canterville himself told the fact to Mr. Otis when they discussed the house.

"(20)," said Lord Canterville. "My grandaunt, the Dowager Duchess of Bolton, saw two skeleton hands on her shoulders when she was dressing for dinner. She couldn't recover from the shock. Several members of my family saw the Ghost. My wife often got very little sleep at night because of the mysterious noises that came from the corridor and the library."

"Lord Canterville," answered Mr. Otis, "I will buy the house with the furniture and the Ghost. I have come from a modern country, and we have everything that money can buy in America, but not a ghost. If there really is a ghost in Europe, we will catch it and exhibit it in our museum in America."

"(21)," said Lord Canterville, smiling, "though you may not believe in it. It has been well known for three centuries, since 1584 in fact, and always appears before the death of any member of our family."

"Well, the family doctor also appears before the death of any member of our family, Lord Canterville. There is no such thing as a ghost, even in old British houses."

"If you don't mind, then it is all right," answered Lord Canterville, "but please remember (22)."

Mr. Otis bought the house, and at the end of the season he and his family went down to Canterville Chase. Mrs. Otis was a very beautiful middle-aged woman. She was healthy and strong, and in many respects, quite English. Her elder son, Washington, was a fair-haired, rather good-looking young man. Miss Virginia E.

Otis was a lovely little girl of fifteen with large blue eyes. She rode horses well and had once won a race on her pony. Seeing her win the race, the young Duke of Cheshire proposed to her on the spot, though he was sent back to Eton that very night. After Virginia came the twins. They were delightful boys.

As Canterville Chase is seven miles from Ascot, the nearest train station, Mr. Otis had asked for a coach to meet them. They started on their drive in high spirits. It was a lovely July evening. The air smelled nice and the birds were singing sweetly. However, as they entered the avenue of Canterville Chase, the sky suddenly became covered with clouds, big black birds passed silently over their heads, and before they reached the house, big drops of rain began to fall.

After unloading the luggage the coach returned to Ascot. An old woman, who was dressed in black silk, with a white cap and apron, was waiting for them at the steps. This was Mrs. Umney, the housekeeper. She had been in the position before Mr. Otis bought the house. She said in an old-fashioned manner, "Welcome to Canterville Chase." They followed her into the library. Tea was ready for them on the table.

問1　文脈に合うように，英文中の空欄（20）～（22）に補うものとして最適なものを1つずつ選び，マークシートの⒇～(22)にその数字をマークしなさい。

① I am afraid that the Ghost exists
② I did tell you about the Ghost
③ We don't want to live in the house ourselves

問2　次のうち，登場人物の描写として本文の内容に当てはまらないものを1つ選び，マークシートの(23)にその数字をマークしなさい。

① Mr. Otis bought Canterville Chase because he was not only rich but also interested in the ghost.
② Mrs. Otis had something in common with people who were from England.
③ The young Duke of Cheshire went back to Eton before he met Virginia.
④ Virginia was a teenager and good at riding horses.

問3　以下の質問に対する答えとして最適なものを1つ選び，マークシートの(24)にその数字をマークしなさい。

How many people are there in Canterville Chase at the end of this story?

① 6　② 7　③ 8　④ 9

問4　本文の内容に合うものを2つ選び，マークシートの(25)にその数字を両方マークしなさい。

① In America, people can have a house with a ghost without money.
② Two skeleton hands on the shoulders of the Dowager Duchess of Bolton shocked Lord Canterville.
③ People believed that there has been a ghost in Canterville Chase for three hundred years.
④ Mr. Otis thought that the ghost in Canterville Chase was the family doctor of

Lord Canterville.

⑤ Miss Otis couldn't marry the Duke of Cheshire because Mr. Otis didn't want them to.

⑥ The trip to Canterville Chase was nice at first, but it got dark and began to rain when the Otis' entered the avenue of Canterville Chase.

8 以下の文章は紅茶について書かれたものである。文章を読んで設問に答えなさい。

Everybody knows that tea is the national drink of Britain. No other drink in Britain comes close to tea in popularity, not even coffee or beer. Of course, tea is popular all over the world, but the country consumes much more. In fact, the British drink nearly four cups per person per day, or more than 160 million cups every day throughout the nation. By contrast, Japan, another famous tea-drinking nation, only manages to drink half as much as Britain. And, as you may know, tea is native to China. Then, how did an Asian drink become the national drink of Britain? And how did Britain become the world's largest consumer of tea?

Surprisingly, the British started drinking tea quite late. Tea was first brought to Europe in the early 17th century by Dutch and Portuguese traders who bought tea leaves along with spices and silks when they did business in China. Tea was not very successful in Britain at first. The most popular non-alcoholic drink at the time was coffee, and although tea was offered for sale in some coffee shops from the early 1650s, it didn't sell very well. All that changed in 1662, when the British king in those days married a woman from Portugal. His new wife loved drinking tea. Soon the king started to drink tea as well, and from that point on, tea was the fashionable drink in Britain.

The brewers (the people who made beer), however, didn't like tea. In the 17th century, most people didn't have access to safe drinking water. This meant that they either had to boil their water, or drink something else. Most people drank beer because the alcohol killed many of the bacteria in the water. When tea became fashionable, people began to drink less beer. So the brewers put pressure on the government to reduce the amount of tea on sale. The government did (A) <u>this</u> by raising the tax on tea and, by 1706 it had risen to 119 percent.

Tea was very expensive, so in many houses, the tea leaves were kept in a locked caddy, a special box to store tea leaves, with only one key, which was held by the lady of the house. Meanwhile, as tea became popular with women, some of the coffee shops opened tea gardens to provide a nice place for them to drink tea. Another effect of the high price of tea was that people were often sold something that looked like tea, but wasn't. One common fake substance sold as tea was dried sheep dung.

(B) <u>However, in 1784, the government finally decided to lower the tax on tea so</u>

that nearly anyone could afford to drink it. Then, there remained just one problem: China was the only source of tea, and China didn't sell enough of it. In the early 19th century, some employees of the East India Company stole some tea seeds and took them to India to try and grow tea there. These seeds eventually became Darjeeling tea. In 1820, tea plants were found growing in the wild in Assam in India, and Britain's supply of tea was finally assured.

問1　第1段落と第2段落を要約すると次のようになる。下線部に句読点を含めて60字以上80字以内の日本語を入れ，要約を完成させなさい。ただし，解答は記述用解答用紙〔8〕に，日本語1文でまとめて書きなさい。

<要約>

イギリスではコーヒーやビールよりも紅茶のほうが多く消費されている。お茶自体は中国が起源であるにもかかわらず，なぜコーヒーなどを押さえて紅茶が国民的な飲み物として定着し，世界1位の消費大国になったのか，その答えは17世紀にさかのぼる。＿＿＿＿＿＿＿＿＿＿＿＿＿＿＿＿＿＿＿＿＿＿＿＿＿＿＿＿＿＿そして，それから庶民が飲み始めたのである。

<下書き用>

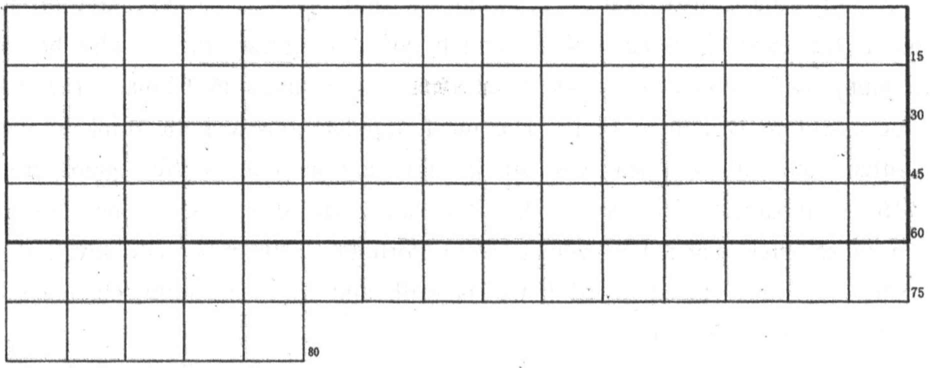

問2　下線部(A) this の内容を，記述用解答用紙〔9〕に，句読点を含めて10字以上20字以内の日本語で答えなさい。

<下書き用>

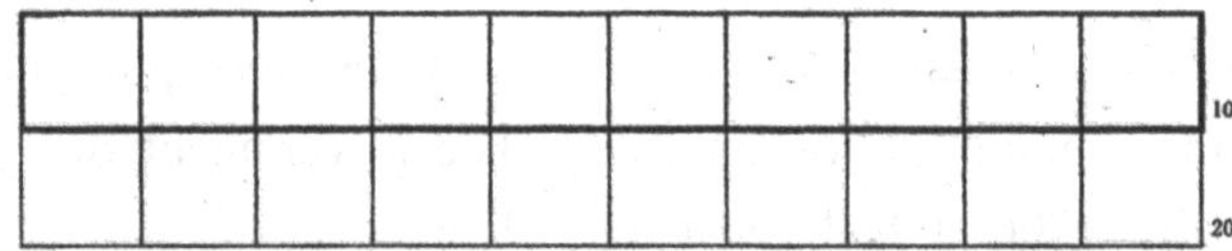

問3　下線部(B)を和訳し，記述用解答用紙〔10〕に答えなさい。

9　以下の論点について，自分が賛成であるか反対であるかを明らかにし，その根拠を具体的な例をあげるなどして50～70語の英語で述べなさい。解答は，記述用解答用紙に与えられた書き出しのいずれかを選択し，□に✓を入れ，それに続く部分から書き始めなさい。

High school students should experience a part-time job.

（記入例）

__I__ __can't__ __go__ , __sorry__ . __We__

【理　科】（40分）　＜満点：60点＞

1　次の文章を読み，以下の各問いに答えよ。

焼き菓子などをつくるときに用いるベーキングパウダーの成分表を見てみると，炭酸水素ナトリウムが含まれていた。炭酸水素ナトリウムは，熱分解して二酸化炭素が発生することで焼き菓子などの生地を膨らませる役割を果たしている。この原理の詳細について考える。

問1　二酸化炭素を発生させるために，ある物質Aと炭酸カルシウムを反応させた。物質Aを化学式で表し，この反応を化学反応式で答えよ。

問2　色とにおいの両方の特徴が，二酸化炭素と同じである気体を次の**ア～カ**からすべて選び，記号で答えよ。

ア．水素　**イ**．酸素　**ウ**．塩素　**エ**．メタン　**オ**．アンモニア　**カ**．硫化水素

問3　二酸化炭素の発生は石灰水で確認することができる。石灰水とは水酸化カルシウムの飽和水溶液である。今ここに，石灰水30ｇがある。この中には何mgの水酸化カルシウムが溶けているか。小数第一位を四捨五入し，整数で答えよ。ただし，水酸化カルシウムは同じ温度条件のとき，水100ｇに対し0.17ｇ溶けるものとする。

問4　炭酸水素ナトリウムを太めの試験管に入れて加熱した。加熱前の炭酸水素ナトリウムが入った試験管の質量をw_1とし，加熱後の生成物が入った試験管の質量をw_2とする。さらに，加熱によって発生した二酸化炭素の質量をw_3とする。発生した二酸化炭素が全て試験管の外に出たとしても（$w_1 - w_2$）＞w_3となる。このような結果になる理由を30字以内で書け。

問5　炭酸水素ナトリウムが熱分解するときの化学反応式を答えよ。

問6　次の文章の[ア]～[コ]に適切な数字１字を入れて文章を完成させよ。ただし，水素，炭素，酸素，ナトリウムの各原子１個の質量比は１：12：16：23とする。またに気体の体積はすべて25℃，1013hPaの圧力下の値とする。

化学反応とは物質の構成粒子の組み合わせが変わり，他の物質へと変化することである。したがって，反応の前後では原子の種類と数は変わらないので，総質量も変わることはない。例えば，炭素12ｇが完全燃焼して二酸化炭素を発生するとき，必要な酸素は[ア][イ]ｇで，発生する二酸化炭素は[ウ][エ]ｇである。

炭酸水素ナトリウム8.4ｇが熱分解して，反応が完全に進行したとき，発生する二酸化炭素は[オ].[カ]ｇである。二酸化炭素1.0Ｌが1.8ｇであるとすると，今回発生した二酸化炭素は[キ].[ク]Ｌ（小数第二位を四捨五入せよ）であることが分かる。これらのことより，炭酸水素ナトリウムの密度を2.5ｇ/cm³とするとき，発生した二酸化炭素の体積は最初の炭酸水素ナトリウム8.4ｇの体積と比較すると，約[ケ][コ][0]倍（一の位を四捨五入せよ）大きくなる。

以上のことより，炭酸水素ナトリウムは，熱分解による二酸化炭素の発生によって焼き菓子などの生地を膨らませる役割を果たしていることがわかる。

2 以下の各問いに答えよ。

〔1〕 電気抵抗A，B，Cを図1のように接続した。

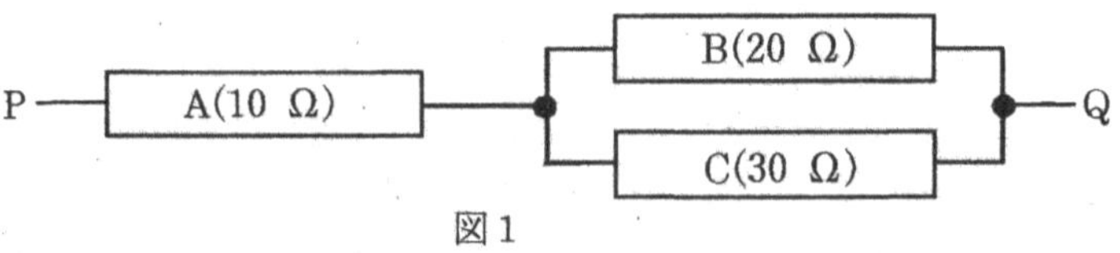

図1

問1 PQ間の合成抵抗の大きさは何Ωか。

問2 抵抗Aを流れる電流が0.5Aのとき，抵抗Bを流れる電流 I_1，および，抵抗Cを流れる電流 I_2 はそれぞれ何Aか求めよ。

問3 PQを電源に接続したとき，A，B，Cの消費電力の比は次のようになった。空欄a，bにあてはまる数値を答えよ。

A：B：C＝100：（　a　）：（　b　）

〔2〕 重さW[N] の物体を水平な天井の2点B，Cから2本の糸で図2のようにつり下げた。点Oは物体上の糸を付けた点である。糸OCの張力（糸が物体を引く力）をp，糸OBの張力をqとする。破線OAは鉛直方向を，破線XYは水平方向を示す。なお，解答については，根号はそのまま残し，整数以外は分数で答えよ。

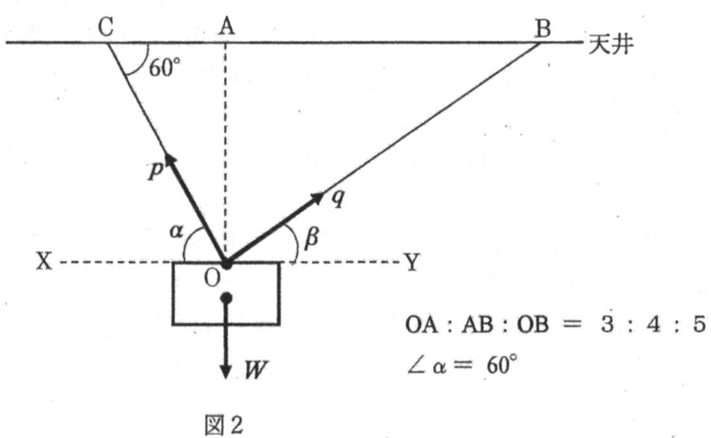

図2

問1 次の(i)，(ii)は，図2のときの水平方向と鉛直方向の力のつり合いの式を表している。空欄c～eにあてはまる数値を答えよ。

(i) 水平方向の分力はつり合っているので，以下の式が成り立つ。

$p\times\frac{1}{2}=q\times$（　c　）

(ii) 鉛直方向の分力はつり合っているので，以下の式が成り立つ。

$p\times$（　d　）$+q\times$（　e　）$=W$

問2 次のページの図3のように，糸OBの一方の端Bを指で持って$\angle\alpha=60°$を保ったまま$\angle\beta$を変えた（このとき，p，qの値は変化する）。糸OBの張力qが最小になるとき，空欄f，gにあてはまる数値を答えよ。

$p=W\times$（　f　）　$q=$W×（　g　）

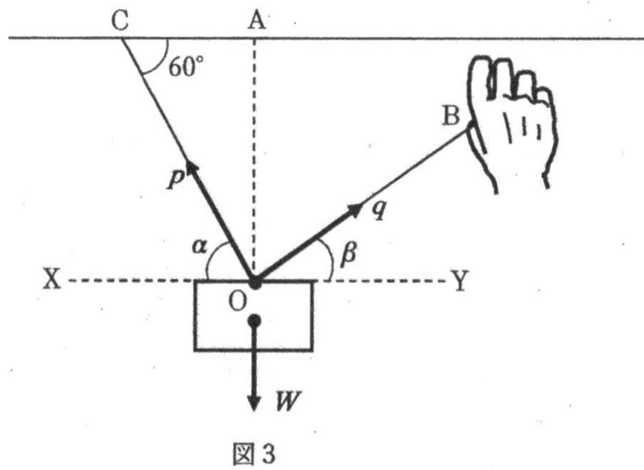

図3

〔3〕 図4のように傾斜角が一定の斜面を下りる力学台車の速さ v と時間 t を測定した。傾斜角を3通り変えて実験したところ，図5のようなグラフになった。

問1 **ア**～**ウ**について，速さの変化する割合が大きい順に記号で答えよ。

問2 **ア**～**ウ**について，$t=0 \sim t_1$ までに斜面を下りた距離が大きい順に記号で答えよ。

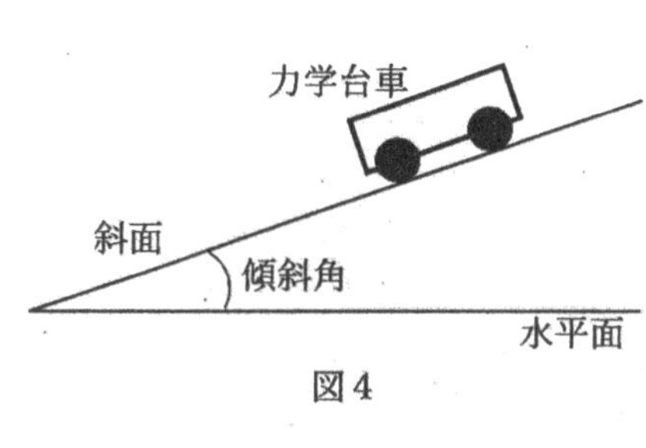

図4

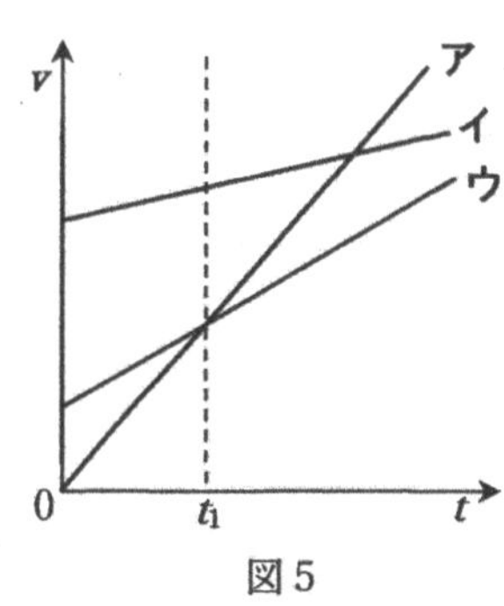

図5

3 次の文章を読み，以下の各問いに答えよ。

イカ，アサリとイワシの観察を通して，動物のからだのつくりについて考察した。

図1はイカ（スルメイカ）の外形を真上から見た図である。また，次のページの図2は図1の状態のまま正中線に沿って切り開いた内部の様子を示したものである。

問1 イカについて，正しいものを次の**ア**～**エ**からすべて選び，記号で答えよ。

ア．8本の足と2本の触腕を使って泳ぐ方向を決める。

イ．素早く移動する場合，図1の矢印の方向に進む。

ウ．図1は，イカを背側から見たものである。

エ．イカの眼には，水晶体があり，物体を識別することができる。

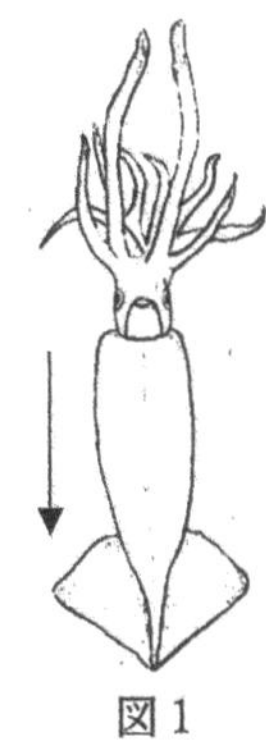
図1

問2　図2のB～Eの部分の名称を，次の**ア**～**キ**からそれぞれ選び，記号で答えよ。

ア．すみぶくろ　　**イ**．食道
ウ．直腸　　**エ**．肝臓
オ．えら　　**カ**．神経
キ．血管

問3　インクをイカの口から注入した。インクは，図2のAの管を矢印①，②のどちらの方向に移動したか。番号で答えよ。

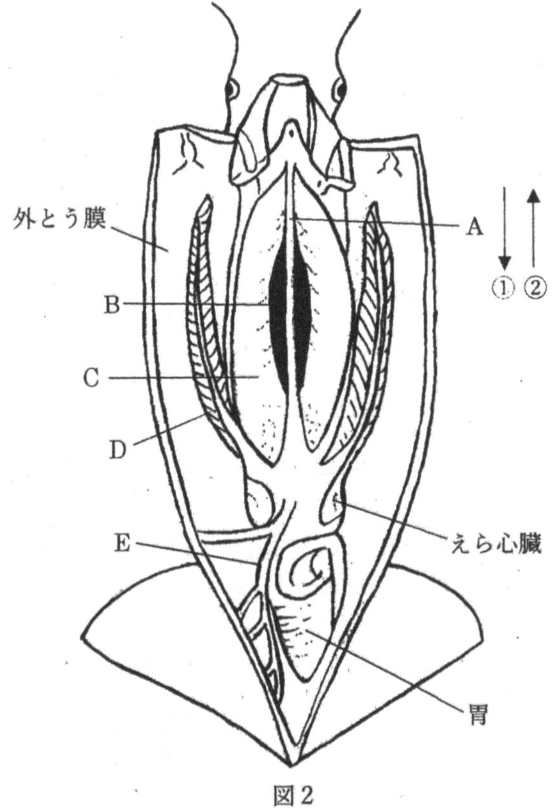

図2

問4　動物の血液について，次の文章の空欄a～dにあてはまる語句を答えよ。

脊椎動物の赤血球には，（　a　）という色素が含まれている。（　a　）には（　b　）イオンが含まれているため，酸素と結合すると鮮やかな（　c　）色を示す。イカを解剖しても脊椎動物のような（　c　）色の血液は見られない。イカの血管内に過酸化水素水を入れると，イカの血液に含まれる銅イオンが反応し，（　d　）色を示す。このことから，イカの血液には脊椎動物とは異なる物質が含まれていることがわかる。

問5　イカを解剖していくと，内部から細長く透明な，薄いプラスチックのようなものが出てきた。これは，もともとイカの祖先が持っていたある部分が変化したものである。何が変化したものか，次の**ア**～**エ**から選び，記号で答えよ。

ア．軟骨　　**イ**．筋肉　　**ウ**．貝殻　　**エ**．皮ふ

問6　図3はアサリの内部の様子を表している。外とう膜はどの部分か。F～Iから選び，記号で答えよ。

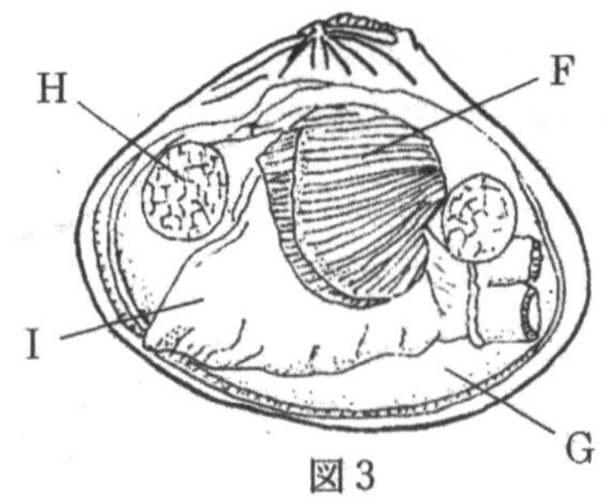

図3

問 7　イカやアサリなどの軟体動物の内臓は外とう膜に覆われている。それに対し，脊椎動物の内臓は筋肉に覆われている。図 4 はマイワシの外部スケッチである。図 5 はマイワシの胴部を図 4 の点線で切った場合の断面である。この断面に見られる筋肉の模様はどのようになっているか。解答欄の図に描け。ただし，図 5 は内臓を取り除いてある。

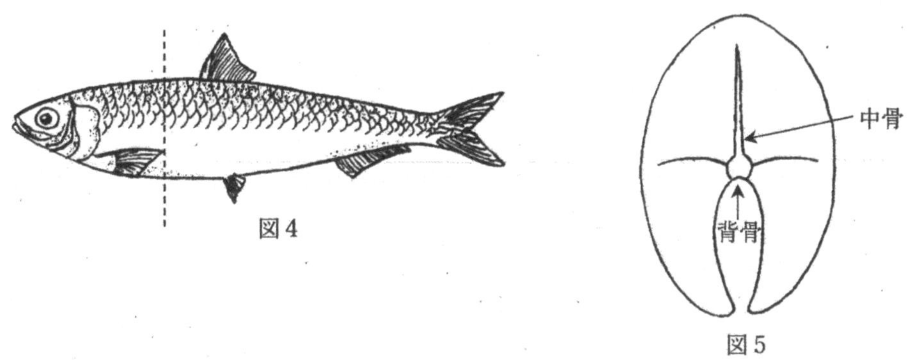

図 4　　図 5

4　次の文章を読み，以下の各問いに答えよ。

複数の成分の混合物は，成分ごとに融解や凝固のしやすさが異なる。

岩石における融解しにくく凝固しやすい成分は，主にかんらん石などの有色鉱物になる。そのため，温度の高いマグマからなる火成岩は黒っぽい色になり，温度が低いマグマからなる火成岩は白っぽい色になる。

マグマの種類は，マグマが急冷されてできた火山岩の名称に「質」を付けて，○○岩質という名称で 3 つに分類されている。表 1 はマグマの種類（分類）と鉱物（結晶）ができる温度の範囲と火成岩に含まれる割合を表したものである。次のページの表 2 は起源の異なる火山灰を顕微鏡で観察し，そこに含まれる鉱物の組成［%］を調べた結果である。

表 1

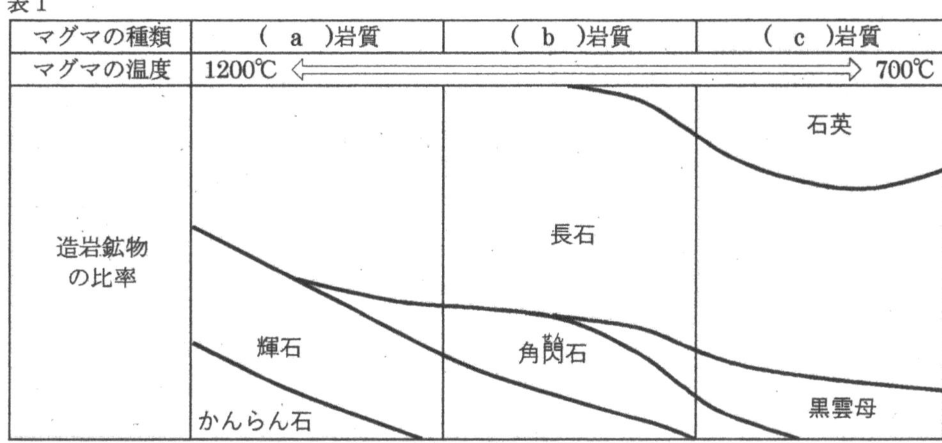

マグマの種類
（ a ）岩質
（ b ）岩質
（ c ）岩質
マグマの温度
1200℃
700℃
造岩鉱物の比率
石英
長石
輝石
角閃石
黒雲母
かんらん石

表2　単位［%］

	かんらん石	輝石	角閃石	黒雲母	長石	石英
A	6	30	2	0	62	0
B	0	0	7	13	66	14
C	0	8	14	1	73	4
D	15	25	0	0	60	0
E	0	3	15	4	68	10
F	0	0	0	5	78	17
G	0	18	18	0	64	0

問1　前のページの表1の空欄a～cにはそれぞれ火山岩の名称が入る。a～cに入る岩石の名称をそれぞれ答えよ。

問2　表1のaを起源とする火山灰を表2のA～Gからすべて選び，記号で答えよ。bとcについても同様に答えよ。

問3　表1，表2を参考に次の各問いに答えよ。

(1)　表2の中で4番目に温度の高いマグマを起源とする火山灰をA～Gから選び，記号で答えよ。

(2)　C，D，Fの火山灰をもたらしたマグマがつくる火山体の形状として考えられるものを次の**ア～ウ**からそれぞれ選び，記号で答えよ。

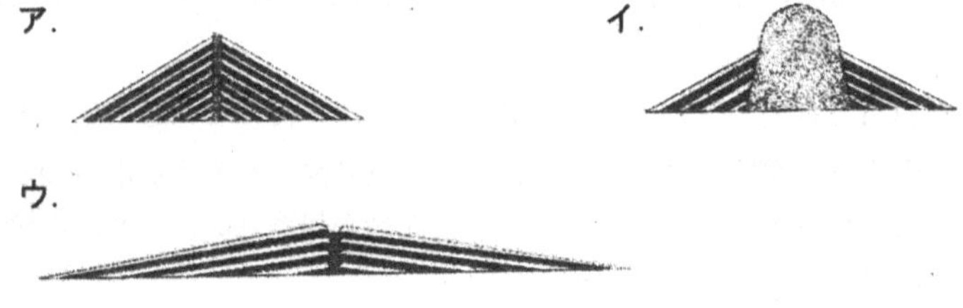

問4　表2のGの火山灰をもたらしたマグマによって形成された火成岩の組織を観察してみたところ，図1のようであった。

(1)　この火成岩の組織の名称を答えよ。

(2)　この火成岩の名称を答えよ。

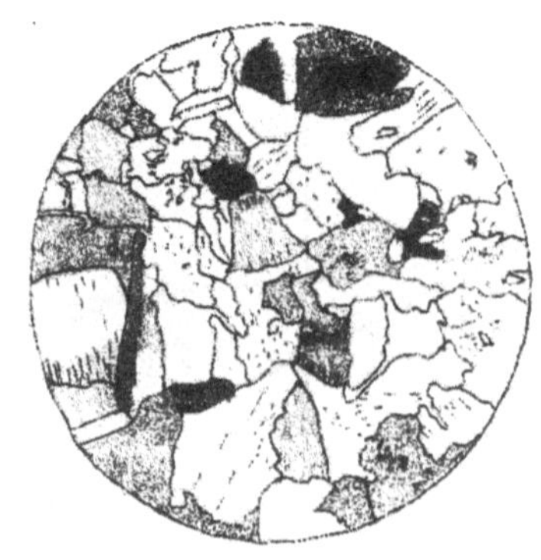

図1

【社　会】(40分)　＜満点：60点＞

【注意】 全ての問題について，特に指定のない限り，漢字で答えるべきところは漢字で答えなさい。

1　西アジア・中央アジアを中心とする次の図1を見て，以下の設問に答えなさい。

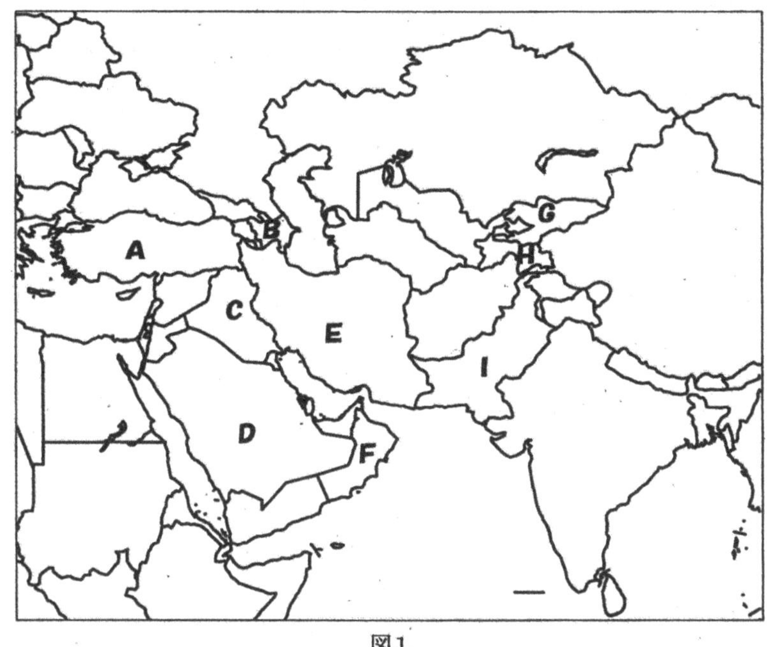

図1

問1　次の写真1は，図1中のD国でみられる円形農場の空中写真です。以下の設問に答えなさい。

［ i ］ この農場でおこなわれている灌漑の方式を何と呼ぶか答えなさい。

［ ii ］ D国では，上記の円形農場などにより野菜や穀物の生産量を増加させてきましたが，近年，小麦の国内生産を停止し，全量を輸入に切りかえました。このような政策の転換がおこなわれた目的として考えられることを20字以内で答えなさい。

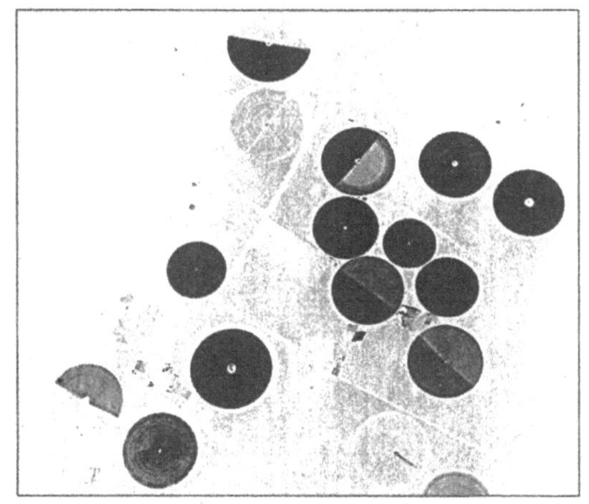

写真1　　Google Earthにより作成

問２　前のページの図１中のＦ国の人口は約450万人（2020年）であり，男女・年齢別の人口は以下の図２に示したとおりです。Ｆ国において外国人の受け入れは1970年代以降に少しずつみられるようになりましたが，近年は特に顕著で，現在では全人口の約45％をインド系や東アフリカ系などの外国人が占めています。なぜこれほど多くの外国人がＦ国に住むようになったのでしょうか。この理由として考えられることを，図２から読み取れる主な移住者の性質にふれながら，下記の語句を用い60字以内で説明しなさい。語句は繰り返し用いてもよいですが，使用した箇所には下線を引きなさい。

【 建設 】

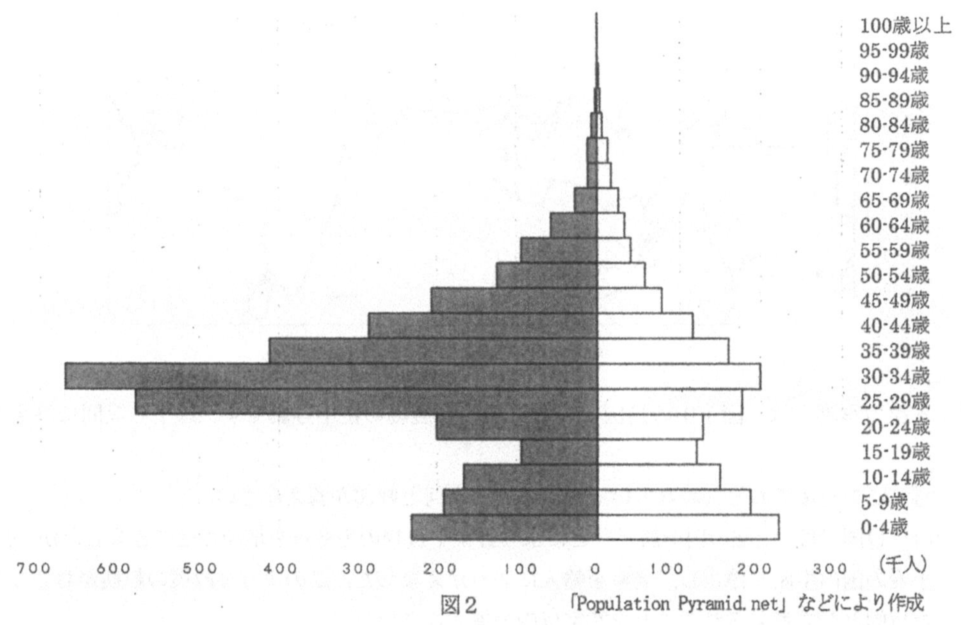

図２　「Population Pyramid.net」などにより作成

問３　次の表１は，図１中のＡ国，Ｂ国，Ｉ国の貿易額および主な輸出入品と貿易相手国（2019年）を示しています。Ａ，Ｂ，Ｉとア～ウの正しい組み合わせを次ページの①～⑥より１つ選び，マークシートの(1)にその数字をマークしなさい。

表１　（百万ドル）（上…輸出／下…輸入）

	輸出入額	主要輸出入品の輸出・輸入額に占める割合（%）	金額による主要輸出・輸入相手国の割合（%）
ア	19,471	原油 75.4　天然ガス 12.1　野菜と果実 3.2	イタリア 28.7　C国 14.6　イスラエル 6.8
	13,667	機械類 19.8　金（非貨幣用）15.5　自動車 6.5	ロシア 16.8　C国 12.1　中国 10.5
イ	23,730	繊維と織物 32.4　衣類 26.7　米 9.6	アメリカ 17.0　中国 8.6　イギリス 7.1
	50,067	機械類 18.0　石油製品 10.7　原油 7.8	中国 24.8　アラブ首長国連邦 12.6　アメリカ 5.2
ウ	171,677	機械類 15.2　自動車 14.3　衣類 9.1	ドイツ 9.2　イギリス 6.2　C国 5.7
	202,638	機械類 18.0　金（非貨幣用）5.4　鉄鋼 4.8	ロシア 11.0　ドイツ 9.2　中国 9.1

『データブック・オブ・ザ・ワールド2021』により作成

	①	②	③	④	⑤	⑥
A	ア	ア	イ	イ	ウ	ウ
B	イ	ウ	ア	ウ	ア	イ
I	ウ	イ	ウ	ア	イ	ア

問４　前のページの図１中のＡ～Ｉの国々で共通して最も多くの人々に信仰されている宗教の名称を答えなさい。

問５　図１中のＧ国とＨ国は，表２にみるように電力のほとんどを水力発電に頼る国です。また，両国は電力を周辺諸国に輸出する一方で，電力を輸入していることもわかります。図３と表２を参考に，両国で水力発電が主となること，また，ともに電力の輸出・輸入をおこなっていることについて，その社会的・自然的理由を下記の語句を用い90字以内で説明しなさい。語句は繰り返し用いてもよいですが，使用した箇所には下線を引きなさい。【氷雪】

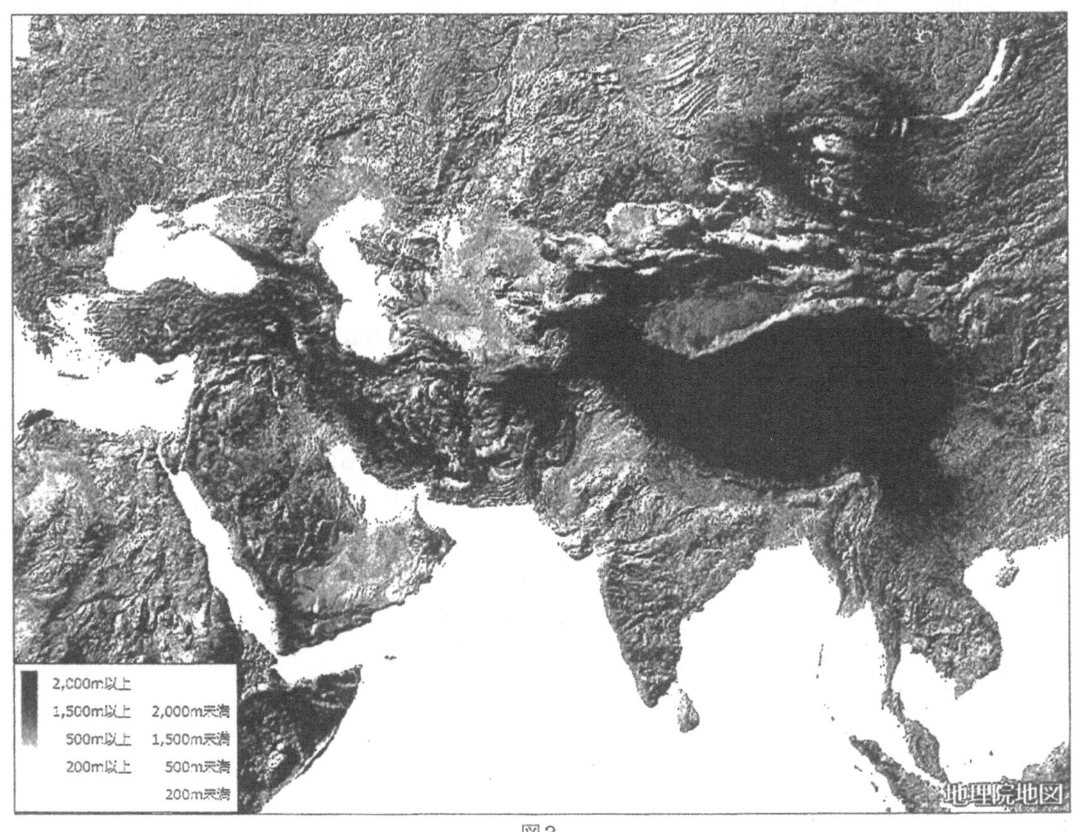

図３

表２

	人口 (2017年)	電力構成比 (2018年 %)	電力輸出額 (2015年　1万ＵＳ＄)	電力輸入額 (2015年　1万ＵＳ＄)
G国	619万人	水力92.6　火力7.4	2,252	3,450
H国	864万人	水力93.5　火力6.5	800	3,577

資料：ＧＬＯＢＡＬ　ＮＯＴＥ　出典：ＵＮＣＴＡＤより作成

2 次の文章を読み，以下の設問に答えなさい。

近年，集中豪雨にともなう a 土砂災害や洪水などの自然災害が多発するようになったと言われています。そもそも日本の国土は，地形や気象の面で極めて厳しい条件下にあります。人口は b 沿岸部の沖積平野に集中しますが，国土の約（　X　）割を山地・丘陵地が占めています。そのため日本の河川は世界の主要河川と比べ急勾配であり，降水は山から海へと一気に流れます。台風や季節風，前線の影響などにより，降水が一時期に偏ることも河川の氾濫や土砂災害の発生に大きく関わっています。自然災害は c 人為的な側面により拡大することもあります。

私たちは，日本の自然がもたらす恩恵を最大限に生かしつつ，負の側面を可能な限り減少させ，安全な生活の基盤をつくりあげる必要があります。そのためには，天候など自然のメカニズムの究明や災害の予測精度の向上などに加え，災害に強い国土やインフラの整備に引き続き努めなければなりません。

2016年に「気候変動抑制に関する多国間の協定」が発効しました。d 二酸化炭素を含む温室効果ガスの削減に向けて，各国，そして一人ひとりの行動の変容が急務です。

2021年8月，「e 気候変動に関する政府間パネル（IPCC）」の第6次評価報告書の概要が公表されました。報告書の中では，「人間の影響が大気，海洋及び陸域を温暖化させてきたことには疑う余地がない」こと，そして「f 人為起源の気候変動は，世界中の全ての地域で多くの気象及び気候の極端現象に既に影響を及ぼしている」とされました。とくに極端な高温に関しては，世界中ほぼすべての地域で頻度が増加しており，また人間の関与の確信度が高いとされています。今回の報告書でも，向こう数十年の間に二酸化炭素及びその他の温室効果ガスの排出が大幅に減少しない限り，21世紀中に地球の気温上昇の幅は1.5℃から2℃を超えるとされます。また北極圏では世界平均の約2倍の速度で気温が上昇するとされています。

問1　下線部aに関連して，図1は日本の土砂災害の近年の発生件数を，次のページの図2は日本全国の1時間降水50㎜以上の年間発生回数の経年変化を示したものです。2つの図を説明した次ページのア，イの文の正誤の正しい組み合わせを，あとの①～④より1つ選び，マークシートの(2)にその数字をマークしなさい。

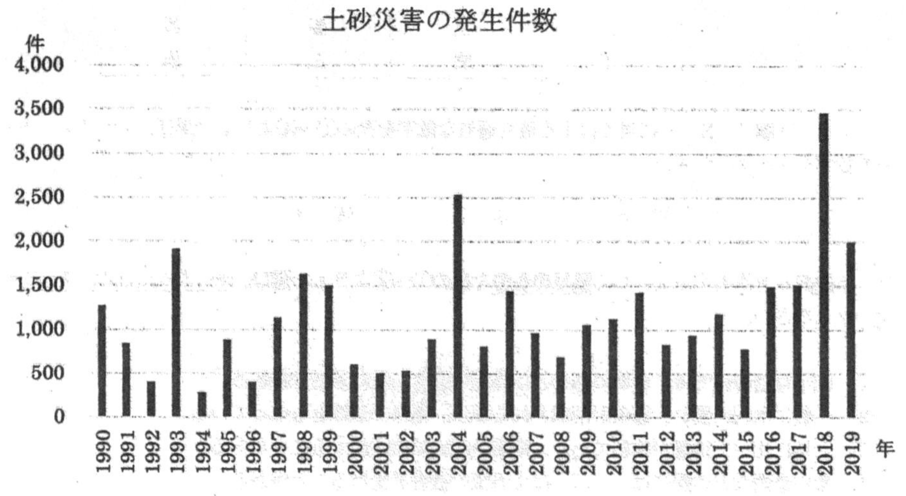

図1

『国土交通白書2020』より作成

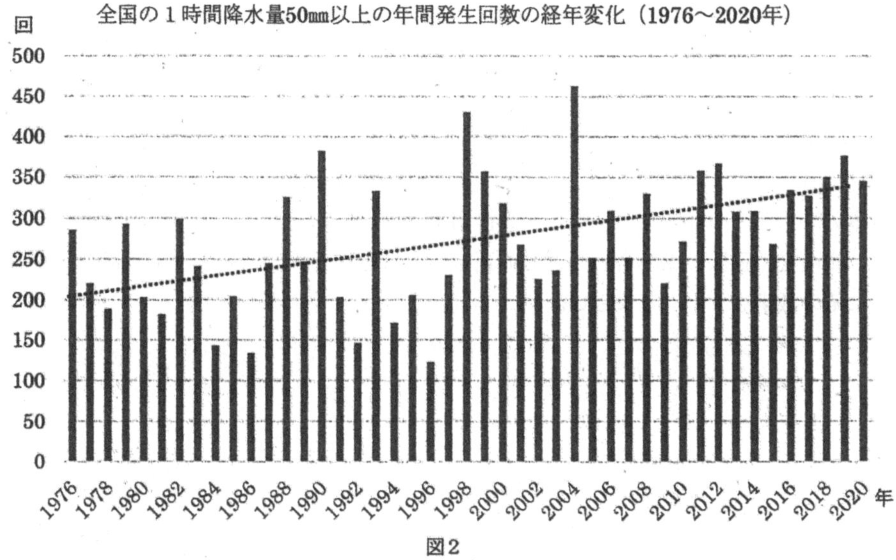

図２

図中の点線は、図中の期間の平均的な変化傾向を示す。　　気象庁ＨＰより作成

ア．前のページの図１より，2009年以前の20年間の土砂災害の平均発生件数に比べて，直近の10年間の土砂災害の平均発生件数の方が多いことがわかる。

イ．図２に示された期間において，１時間降水量50㎜以上の年間発生回数は平均的に増加している傾向が読み取れるが，さらに長期にわたる増減の傾向については，この図からは増加しているとも減少しているともいえない。

	①	②	③	④
ア	正	正	誤	誤
イ	正	誤	正	誤

問２　文中の空欄（Ｘ）に当てはまる最も適当な数字を次の①～④より１つ選び，マークシートの(3)にその数字をマークしなさい。

①　3　　②　5　　③　7　　④　9

問３　下線部ｂを説明する文として**誤りのもの**を次の①～④より１つ選び，マークシートの(4)にその数字をマークしなさい。

①　低平な沿岸部では，台風の際などに高潮の被害を受けることがある。

②　一般に水利に優れ，都市が形成されるほか，稲作の適地ともなっている。

③　台地に比べて地盤が軟弱であり，地震の際には液状化することもある。

④　集中豪雨などの際には，しばしば土石流の被害を受けることがある。

問４　下線部ｃに関連して，**災害拡大の原因となりうるものを○，そうでないものを×として，**次のア～ウの文について○×の正しい組み合わせを，次のページの①～⑧より１つ選び，マークシートの(5)にその数字をマークしなさい。

ア　山地・丘陵地を切り崩し，裸地となった斜面に太陽光パネルを敷き詰めた。

イ　河口及び海岸沿いの低地に埋め立て地を造成し，大規模な住宅地を建設した。

ウ　古くからの住宅密集地で，住民の立ち退きが進み，道路の拡幅工事がおこなわれた。

	①	②	③	④	⑤	⑥	⑦	⑧
ア	○	○	○	○	×	×	×	×
イ	○	○	×	×	○	○	×	×
ウ	○	×	○	×	○	×	○	×

問５　下線部ｄに関連して，日本の2019年度の二酸化炭素排出量は約11億794万トンです。次の図３は日本の2019年度の部門別の二酸化炭素排出量について示したものです。図３について述べた次のア，イの文の正誤の組み合わせとして正しいものをあとの①～④より１つ選び，マークシートの(6)にその数字をマークしなさい。

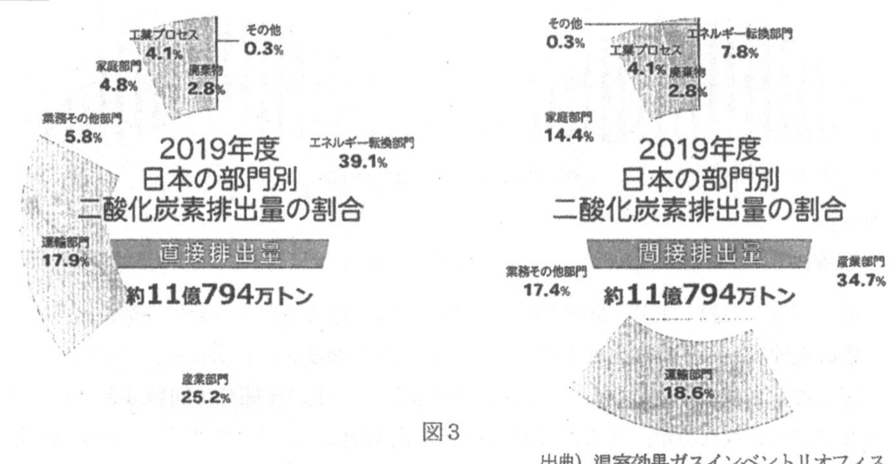

図３

出典）温室効果ガスインベントリオフィス
全国地球温暖化防止活動推進センターウェブサイトより

＊排出量の単位は[百万トン-二酸化炭素(CO_2)換算]
「直接排出量」では、発電にともなう排出量をエネルギー転換部門からの排出として計算しています。
「間接排出量」では、発電にともなう排出量を電力消費量に応じて最終需要部門に配分した後の値です。
＊業務その他部門とは、学校やオフィスなどのことです。
＊四捨五入のため、合計が100%にならない場合があります。

ア　運輸部門における二酸化炭素排出量のほとんどは，エンジンなどの内燃機関で化石燃料を燃やすことで発生していると考えられる。

イ　家庭や学校・オフィスなどで省エネや節電の努力を突き詰めても，二酸化炭素排出量全体の10.6%を超える削減を期待することはできない。

	①	②	③	④
ア	正	正	誤	誤
イ	正	誤	正	誤

問６　下線部ｅに関連して，次のページの図４は，次のページの図５中のＸ・Ｙの線上の地点Ａ～Ｄにおける１月と７月の平均気温および降水量を示したものであり，図４中のア～エは，図５中のＸの１月，Ｘの７月，Ｙの１月，Ｙの７月のいずれかです。Ｘの１月とＹの１月に該当する番号をそれぞれ，24ページの①～④より一つずつ選び，Ｘの１月をマークシートの(7)に，Ｙの１月をマークシートの(8)に，その数字をマークしなさい。

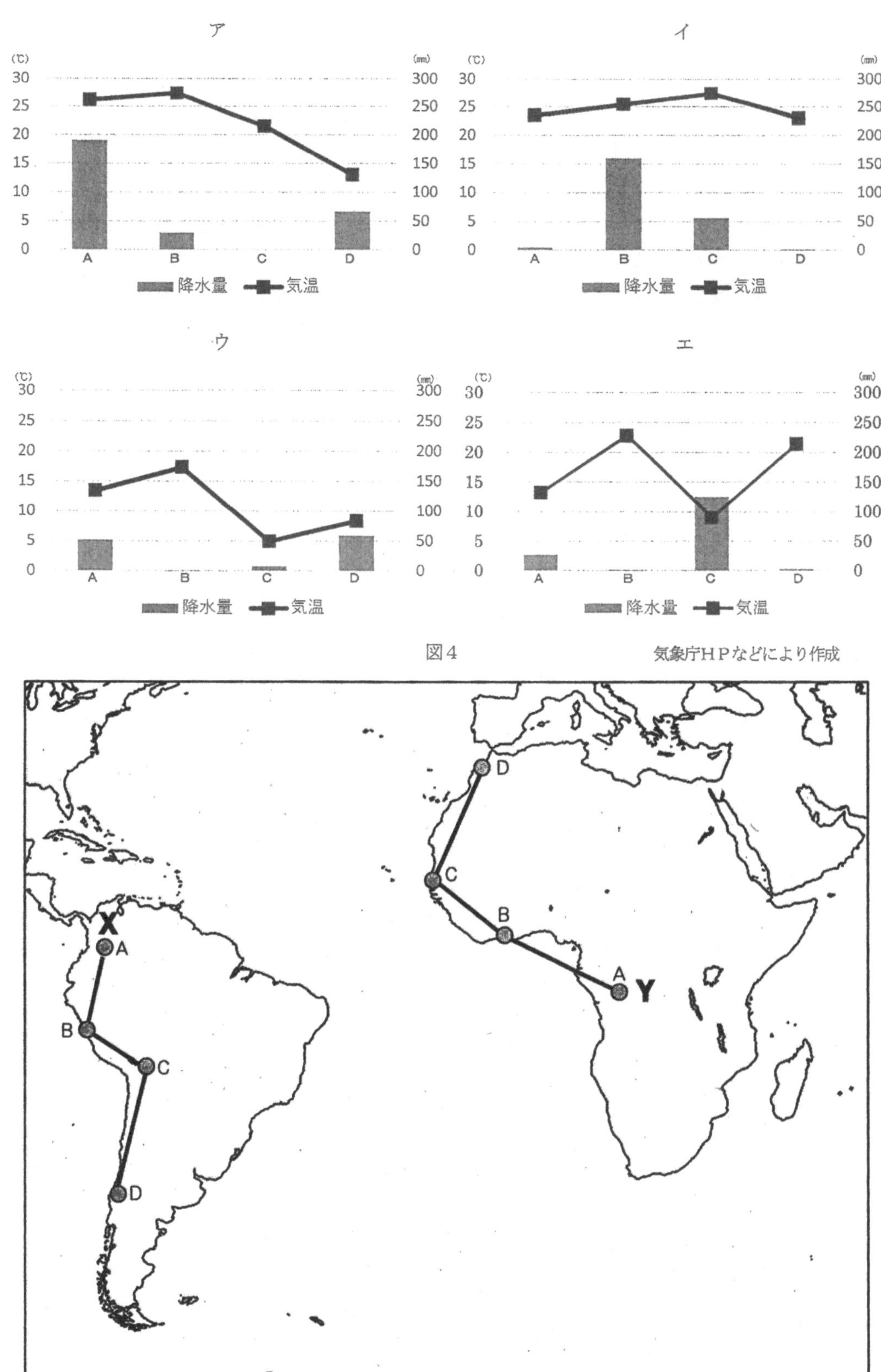

図４　気象庁ＨＰなどにより作成

図5

	①	②	③	④
Xの1月	ア	イ	ウ	エ

	①	②	③	④
Yの1月	ア	イ	ウ	エ

問7　下線部fに関連して，二酸化炭素の排出を抑制するための一つの方法として，植物由来のバイオ燃料の使用が拡大しています。バイオ燃料は，植物が生育するときに吸収する二酸化炭素と，燃料を燃焼させた際に排出される二酸化炭素が相殺され，大気中への二酸化炭素の新たな排出は実質ゼロであると考えられていますが，このような考え方を何と呼びますか。カタカナ10字で答えなさい。

3　古代から近世までの歴史をテーマごとに分けた，以下の設問に答えなさい。

問1　「経済」に関する設問［1］～［3］に答えなさい。

［1］　文章A・Bを読み，その正誤の組み合わせとして適当なものを，次の①～④より1つ選び，マークシートの(9)にその数字をマークしなさい。

A：足利義満は明に正式な朝貢船を派遣し，明の皇帝より日本国王の称号を授かった。

B：戦国大名はイギリスやフランスの商人を保護し，彼ら南蛮人との交易で鉄砲や生糸を入手した。

	①	②	③	④
A	正	正	誤	誤
B	正	誤	正	誤

［2］　下の資料は711年10月23日に出されたとされる法令の要旨をわかりやすく現代語でまとめたものです。資料の趣旨を把握し，法令を出した目的と法令が出された時の天皇の組み合わせとして適当なものを，次の①～⑥より1つ選び，マークシートの(10)にその数字をマークしなさい。

資料　貨幣を用いるのは，それを使って品物を交換するためである。しかし，現状多くの人々は物々交換の習わしに従うばかりで，貨幣の役割を理解していない。わずかに売り買いをしているものもいるが，銭をためているものはいない。そこで，たくわえた銭の多さに応じて位階を授けることとする。

	①	②	③	④	⑤	⑥
目的	税収の増加	税収の増加	税収の増加	貨幣の普及	貨幣の普及	貨幣の普及
天皇	元明天皇	聖武天皇	天武天皇	元明天皇	聖武天皇	天武天皇

［3］　文章A・Bを読み，その正誤の組み合わせとして適当なものを，次のページの①～④より1つ選び，マークシートの(11)にその数字をマークしなさい。

A：蝦夷地では農耕が定着せず，鎌倉時代に入っても狩猟・採集に基づいた生活が行われた。

B：薩摩藩の支配が始まると琉球王国は朝貢をやめ，日中を往来する民間商人の寄港地として栄えた。

	①	②	③	④
A	正	正	誤	誤
B	正	誤	正	誤

問2　「宗教」に関する設問［1］・［2］に答えなさい。

［1］　三大宗教に関して述べた文章として適当なものを，次の①～④より1つ選び，マークシートの⑿にその数字をマークしなさい。

① インドで生まれた仏教はスリランカ，東南アジアを経由し，東シナ海経由で日本へ伝わった。

② キリスト教はローマの地で生まれたイエスを創始者とし，最初の新約聖書はラテン語で書かれた。

③ イスラームの預言者ムハンマドは偶像崇拝を固く禁じ，自らの顔を絵に描くことも許さなかった。

④ 仏教・キリスト教・イスラームは一神教であり，信仰対象である神は同一の存在と考えられている。

［2］　キリスト教に関連した出来事a～cを時代の古い順に並べたものとして適当なものを，次の①～⑥より1つ選び，マークシートの⒀にその数字をマークしなさい。

a：宗教改革の開始　　b：十字軍遠征の開始　　c：ザビエルによる日本での布教開始

① a→b→c　② a→c→b　③ b→a→c　④ b→c→a

⑤ c→a→b　⑥ c→b→a

問3　「農業」に関して述べた文章a～cを読み，それを時代の古い順に並べたものとして適当なものを，次の①～⑥より1つ選び，マークシートの⒁にその数字をマークしなさい。

a：畿内や西日本一帯で麦を裏作とする二毛作が普及していった。

b：農書の普及が進み，唐箕や千歯こきといった新しい農具も広まった。

c：公地公民制を前提とする班田収授が始まった。

① a→b→c　② a→c→b　③ b→a→c　④ b→c→a　⑤ c→a→b

⑥ c→b→a

問4　「文化」に関する設問［1］・［2］に答えなさい。

［1］　文章A・Bを読み，その正誤の組み合わせとして適当なものを，次の①～④より1つ選び，マークシートの⒂にその数字をマークしなさい。

A：メソポタミア文明ではユーフラテス川の氾濫を正確に予測するため太陽暦が発達した。

B：インダス文明では鉄器が用いられ，上下水道を備えた都市が計画的につくられた。

	①	②	③	④
A	正	正	誤	誤
B	正	誤	正	誤

［2］　寺院a～cが開かれた時代の古い順に並べたものとして適当なものを，次の①～⑥より1つ選び，マークシートの⒃にその数字をマークしなさい。

a：唐招提寺　　b：円覚寺　　c：延暦寺

① a→b→c　② a→c→b　③ b→a→c　④ b→c→a

⑤ c→a→b　⑥ c→b→a

問5　「戦い」に関する設問［1］・［2］に答えなさい。

［1］　内乱に関して述べた文章として適当なものを，次のページの①～④より1つ選び，マーク

シートの⒄にその数字をマークしなさい。

① 6世紀末のヤマト政権では蘇我氏と物部氏が争い，勝利した物部氏が推古天皇を擁立した。

② 7世紀後半に天智天皇のあとつぎを巡って起こった壬申の乱では，天智天皇の弟が勝利した。

③ 14世紀前半に後醍醐天皇が京都から北の吉野に逃れ，自らの正統性を主張し朝廷が分裂した。

④ 15世紀後半に将軍足利義政のあとつぎを巡る争いが発生，戦乱の舞台となった鎌倉は荒廃した。

［2］ 下の年表に「高麗が建国された」という項目を書き加える場合，その位置として適当なものを，次の①～⑤より1つ選び，マークシートの⒅にその数字をマークしなさい。

①
白村江の戦いで日本が大敗した
②
元軍が北九州に2度にわたって襲来した
③
日本人を主体とする倭寇が中国や朝鮮半島を襲った
④
豊臣秀吉が2度に渡って朝鮮半島を侵略した
⑤

問6 「法」に関する設問［1］・［2］に答えなさい。

［1］ 下の資料は公事方御定書の一部をわかりやすく現代語でまとめたものです。資料を参考にしながら，江戸時代中期について述べた文章A・Bを読み，正誤の組み合わせとして適当なものを，あとの①～④より1つ選び，マークシートの⒆にその数字をマークしなさい。

資料 20条 関所を通らずに山を越えたり，密かに関所を通ったりした者は，その場ではりつけにする。

28条 領主に対して一揆を起こし，集団になって村から逃げ出したときは，指導者は死刑，名主は追放とする。

A：幕府は江戸に至る街道の通行を自由化し，人や物を一極集中させて効率よく経済を発展させた。

B：あらかじめ事例ごとの判断基準を定めておくことで，裁判件数の増加に対応しようとしていた。

	①	②	③	④
A	正	正	誤	誤
B	正	誤	正	誤

［2］ 下の資料は御成敗式目の一部をわかりやすく現代語でまとめたものです。この法が必要とされた背景を念頭に，文中の空欄（X）に入る適当な語句を，漢字2字で答えなさい。

資料 一，女性が養子をむかえることは，（ X ）では許されないが，頼朝公の時代から今日まで，子のいない女性が土地を養子にゆずることは，武家社会のしきたりとして数え切れないほどである。

4　近代日本の政治に関する次の文章を読み，以下の設問に答えなさい。

「私も大正の初め頃から熱心に普選制（普通選挙制）の実施を主張した一人だ。そして普選制の功徳の一つとして金を使わなくなるだろうことを挙げた。……そして金が姿を消すとこれに代わり選挙闘争の武器として登場するのは，言論と人格との外(ほか)にはないと説いたのであった。……しかしそれは制度を改めただけで実現せられる事柄ではなかったのだ。今日となっては選挙界から金が姿を消せばその跡に直ちに人格と言論とが登場するとの見解をも取消す必要を認めて居るが，普選制になって金の跋扈(ばっこ)が減ったかと詰問されると一言もない。……今日の選挙界で一番つよく物言うものは金力と権力である。選挙は人民の意向を訪ねるのだという，理想としては彼らの自由な判断を求めたいのである。……それを金と権とでふみにじるのだから堪(たま)らない。しかし，これは政治的に言えばふみにじる者が悪いのではない。ふみにじられる者が悪いのだ。……一言にして言えば罪は選挙民にある。問題の根本的解決は選挙民の道徳的覚醒を措(お)いて外にない」

この文章は，吉野作造が『中央公論』1932年6月号に発表した論文を読みやすく直したものである。

吉野作造といえば，大正デモクラシーを思想的に主導した人物だ。彼は1916年に論文「憲政の本義を説いて其有終の美を済すの途を論ず」を発表し，デモクラシーを（　20　）と訳すことを提唱して，普通選挙と政党政治の実現を目標に掲げたことで知られる。

幕末以来，日本には a 欧米の政治思想が広まり，政治や国家体制の改革が目指された。五箇条の御誓文にもその第一条に「広ク会議ヲ興シ万機公論ニ決スヘシ」とある。しかし，実際には明治時代の政治は薩摩・長州といった倒幕の中心となった諸藩の出身者が主導していたため，国民の広範な政治参加を目指す b 自由民権運動が起こった。政府は新聞紙条例などを発して運動の抑制をはかったが，批判の高まりや政府内部の対立を受けて，憲法制定の基本方針を定め，国会開設を約束することとなった。1889年に発布された大日本帝国憲法は，君主権の強い（　21　）の憲法を参考にしており，主権は天皇にあった。一方で，二院制の議会が設けられたものの，日本国憲法の議院内閣制とは異なり，政府の各国務大臣は議会ではなく天皇に対して責任を負うこととされた。このような制約により政党政治の実現には時間がかかったが，法律や予算の成立には議会の承認が必要であったことから，次第に議会で多数を占める政党が政治的影響力を強めていった。

日露戦争後，政府は，減税による負担軽減を求める商工業者と，軍備拡大を求める軍部との間で困難な立場に立たされた。1912年に陸軍の圧力で西園寺内閣が倒れ，陸軍出身の（　22　）が首相になると，尾崎行雄や（　23　）を中心に第一次護憲運動が盛り上がった。一般民衆を巻き込んだ全国的な反政府運動に発展し，50日あまりで（22）の内閣は総辞職した。

吉野作造の（20）の提唱は，このように国民の政治意識が高まる中で，天皇主権の大日本帝国憲法でもデモクラシーが可能であることを主張した。また，c 第一次世界大戦などの国際情勢も大正デモクラシーを後押しした。1918年には，華族にも藩閥にも属さない原敬が首相となり，立憲政友会が閣僚の大半を占める初めての本格的な政党内閣が組織された。当時，国民の主な関心は普通選挙の実現にあった。1890年におこなわれた第1回衆議院議員総選挙では，直接国税（　24　）円以上を納める25歳以上の男子にのみ選挙権が認められたため，有権者は総人口の1.1%に過ぎず，順次このような制限選挙の撤廃が目指されたのである。しかし，原敬は普通選挙制の導入には慎重であり，選挙権の納税資格を3円以上に引き下げるにとどまった。

第一次大戦後の戦後恐慌や関東大震災によって経済の低迷が続く中，各地では労働争議などの社会運動が相次ぎ，広く国民の意向を取り入れた政治が強く求められるようになった。加藤高明や（23）らが率いる護憲三派は第二次護憲運動を起こし，選挙で勝利して，護憲三派の連立による加藤高明内閣を組織した。以後，8年間にわたって政党内閣が続き，二大政党が交替で内閣を組織する慣例は「憲政の（　25　）」とよばれた。1925年には男子普通選挙が実現し，有権者は総人口の20.8%にまで増えた。しかし，女性参政権は認められず，d平塚らいてうらによる女性運動が続いた。

冒頭で引用した吉野作造の文章には，このようにして実現した普通選挙制と政党政治への失望が読み取れる。「今日の選挙界で一番つよく物言うものは金力と権力である」と述べているのは，e政党政治家たちが財界との結びつきを強めていたことへの批判である。政党内閣は次第に国民からの支持を失い，軍縮や国際協調外交に不満をもつ軍部・右翼勢力からの攻撃を受けることとなった。この文章が発表されたころ，首相の（23）が海軍青年将校によって暗殺され，戦前の政党内閣は終わり，日本は軍国主義の時代へと移っていった。

f「政治と金」の問題は戦後もしばしば取り上げられ，今日でも政局を揺るがしている。「制度を改めただけで実現せられる事柄ではなかった」「問題の根本的解決は選挙民の道徳的覚醒を措いて外にない」とする吉野作造の考えは，現代の我々にとっても耳を傾けるべきものであろう。

問1　文中の空欄（20）～（25）に入る適当な語句を，それぞれ①～④より1つずつ選び，マークシートの⑳～㉕に，その数字をマークしなさい。

(20)：①民主主義　②国民主義　③民本主義　④自由主義
(21)：①ドイツ　②フランス　③イギリス　④アメリカ
(22)：①黒田清隆　②桂太郎　③山県有朋　④井上馨
(23)：①陸奥宗光　②板垣退助　③犬養毅　④高橋是清
(24)：①20　②15　③10　④5
(25)：①象徴　②常道　③本筋　④本義

問2　下線部aに関連して，近代日本に影響を与えた欧米の政治や思想の説明として適当なものを，次の①～④より1つ選び，マークシートの㉖にその数字をマークしなさい。

①　モンテスキューは『社会契約論』を著して人民主権を主張し，人権宣言などフランス革命に影響を与えた。

②　ロックは，人々は自由や財産所有などの権利をもち，政府がこれらの権利を侵害する場合には新しい政府に変更できるとする権利を認めた。

③　アメリカ合衆国憲法では「すべての人間は平等」として，建国と同時に黒人奴隷制を廃止した。

④　名誉革命により，フランスでは国王が法と議会を尊重し，国民の権利を守る立憲君主政が確立された。

問3　下線部cについて，大正デモクラシーに影響を与えた世界の動きの説明として適当なものを，あとの①～④より1つ選び，マークシートの㉗にその数字をマークしなさい。

①　第一次世界大戦に際して総力戦体制をとった国の一つであるイギリスでは，国民に戦争協力を求めたため，戦後は女性に参政権を認めるなど民主化が進んだ。

②　第一次世界大戦末期にロシアでは革命が起こって皇帝が退位し，社会権などを認める，最も民主的といわれたワイマール憲法が制定された。

③ 中国では五・四運動が起こったため，東アジアで最初の共和国である中華民国が成立した。

④ 第一次世界大戦後，敗戦国はアメリカなどの戦勝国の占領統治を受け，戦争犯罪の処罰や政治の民主化改革が進められた。

問4 下線部eについて，財界では1920年代後半の金融恐慌によって財閥の力が強まり，政党政治家と結びついて政治に影響力をもつようになりました。この時期に財閥が力を強めた理由を50字以内で説明しなさい。

問5 下線部fについて，戦後の日本を揺るがした汚職事件として田中角栄元首相らが逮捕されたロッキード事件が挙げられます。田中角栄内閣の政策として適当なものを，次の①～④より1つ選び，マークシートの(28)にその数字をマークしなさい。

① 日中共同声明の発表　② 日米安全保障条約の改定

③ 日中平和友好条約の締結　④ 日ソ共同宣言の発表

問6 下線部b・dに関連して，それぞれ以下の設問に答えなさい。

b：板垣退助や植木枝盛らが高知県で組織し，自由民権運動の中心を担った政治団体を答えなさい。

d：女性解放運動の指導者の一人である平塚らいてうが発行した雑誌を答えなさい。

5 次の文章を読み，以下の設問に答えなさい。

日本国憲法改正のテーマは，第9条に関する条文以外にも多岐にわたる。憲法制定時には想定されなかったが，時代の変化とともに議論されるようになった「新しい人権」の明記がその一つである。例えば，国民が権力に妨げられずに情報を知る権利が挙げられる。「知る権利」は，元来，アメリカのジャーナリストが政府の情報操作を批判したことに始まるため，a憲法第21条がその根拠とされてきた。現在では，国民が行政内容に関する情報を入手する権利という意味にも使用されるようになっている。また，ネット社会の進展で，個人情報保護などに関する「プライバシーの権利」の取り扱いも注目される。地球温暖化など地球規模での環境問題が深刻となるなかで，b憲法第13条などを根拠とする「環境権」の明記を主張する声もある。

政治部門におけるテーマとしては，憲法裁判所の設置を掲げる意見がある。現行憲法では，通常の裁判所から独立して設置される（　A　）は認められておらず，具体的な事件と関係なく法律そのものの合憲性を裁判所が審査するとはできない。現行憲法の違憲審査制の下では，最高裁判所の「（　B　）」としての積極的な役割が期待できないことから，憲法裁判所の設置によって違憲立法審査権を強化すべきであるという主張がなされている。

さらに，内閣総理大臣による解散権の制約を掲げる意見もある。衆議院解散の大半はc憲法第7条の規定に基づく解散であるため，これを解散権の濫用（らんよう）だとする主張である。これに対し，d内閣総理大臣を直接選挙で選ぶ首相公選制の導入を主張する声もある。

国会に関しては，二院制を維持すべきか一院制を採用すべきかという議論もなされている。衆参両院に2007年に設置され，憲法改正原案などについて話し合う（　C　）においては，e二院制を維持すべきとの意見が多くあったが，二院制を前提としても，各議院の議員のf選挙制度に違いを持たせ，異なる代表機能を発揮させるべきだとする意見も出されている。

問1 文中の空欄（A）～（C）に入る適当な語句を答えなさい。

問2 下線部a～cに関連して，それぞれにあたる条文として最も適当なものを，あとの①～⑦より１つずつ選び，ａ（憲法第21条）をマークシートの(29)に，ｂ（憲法第13条）をマークシートの(30)に，ｃ（憲法第７条）をマークシートの(31)にその数字をマークしなさい。ただし，条文は一部省略しているところがあります。

① すべて国民は，法の下に平等であつて，人種，信条，性別，社会的身分又は門地により，政治的，経済的又は社会的関係において，差別されない。

② 内閣は，衆議院で不信任の決議案を可決し，又は信任の決議案を否決したときは，10日以内に衆議院が解散されない限り，総辞職をしなければならない。

③ 生命，自由及び幸福追求に対する国民の権利については，公共の福祉に反しない限り，立法その他の国政の上で，最大の尊重を必要とする。

④ 天皇は，内閣の助言と承認により，国民のために，左の国事に関する行為を行ふ。

⑤ 勤労者の団結する権利及び団体交渉その他の団体行動をする権利は，これを保障する。

⑥ すべて国民は，健康で文化的な最低限度の生活を営む権利を有する。

⑦ 集会，結社及び言論，出版その他一切の表現の自由は，これを保障する。

問３ 下線部ｄに関連して，アメリカの大統領は日本の内閣総理大臣のように議会で選出されるのではなく，大統領選挙によって国民に選ばれています。アメリカ大統領の権限として最も適当なものを，次の①～④より１つ選び，マークシートの(32)にその数字をマークしなさい。

① 大統領は，議会の法案を拒否する権限を持っている。

② 大統領は，議会へ法案を提出する権限を持っている。

③ 大統領は，議会を解散する権限を持っている。

④ 大統領は，議会に議席を持っている。

問４ 下線部ｅに関連して，二院制を維持すべきとの意見の論拠として誤りのものを，次の①～④より１つ選び，マークシートの(33)にその数字をマークしなさい。

① 有権者の多様な意思を反映することができるから

② 国家として迅速な意思決定をすることができるから

③ 法律案などを慎重に審議することができるから

④ 一方の議院が他方の議院の行き過ぎを抑制することができるから

問５ 下線部ｆに関連して，次の表から選挙結果は民意を反映するのかを検証することにしました。次の表は，ア～オの有権者が，「社会福祉」「景気対策」「外交・防衛」の３つの政策に対して，Ｘ党とＹ党のいずれの政党を支持しているかを示しています。例えば，有権者アは，社会福祉ではＸ党，景気対策ではＹ党，外交・防衛ではＸ党の政策を支持しています。この場合，３つの政策を総合的に判断して有権者アは，投票の際はＸ党に投票することとします。この表から読み取れることとして最も適当なものを，あとの①～④より１つ選び，マークシートの(34)にその数字をマークしなさい。

	個別の政策			投票
	社会福祉	景気対策	外交・防衛	
有権者ア	Ｘ党	Ｙ党	Ｘ党	Ｘ党
有権者イ	Ｙ党	Ｙ党	Ｙ党	Ｙ党
有権者ウ	Ｙ党	Ｘ党	Ｘ党	Ｘ党
有権者エ	Ｘ党	Ｘ党	Ｙ党	Ｘ党
有権者オ	Ｙ党	Ｙ党	Ｙ党	Ｙ党

① 個別の政策の結果を見ると，社会福祉と景気対策についてはＹ党の支持の方が多く，投票を行うと，Ｙ党に支持が集まることになり，選挙結果は民意を反映したものになると言うことができる。

② 個別の政策の結果を見ると，すべてＸ党の支持の方が多く，投票を行うと，Ｘ党に支持が集まることになり，選挙結果は民意を反映したものになると言うことができる。

③ 個別の政策の結果を見ると，すべてＹ党の支持の方が多いが，投票を行うと，Ｘ党に支持が集まることになり，選挙結果は必ずしも民意を反映したものにはならないと言うことができる。

④ 個別の政策の結果を見ると，景気対策と外交・防衛についてはＸ党の支持の方が多いが，投票を行うと，Ｙ党に支持が集まることになり，選挙結果は必ずしも民意を反映したものにはならないと言うことができる。

6 次の文章を読み，以下の設問に答えなさい。

新型コロナウイルスの感染拡大は，世界経済に大きな打撃を与えた。各国の2020年４月から６月期の a国内総生産（GDP）は，軒並み過去最大の落ち込みとなった。

政府は2020年４月，新型コロナウイルスの感染拡大に伴う緊急経済対策を決定し，全国民に一律10万円の「特別定額給付金」や売り上げが減った企業への給付，観光・外食産業などを支援するGo Toキャンペーンの費用を補正予算に盛り込んだ。さらに，12月には，Go Toキャンペーンや医療機関への支援のほか，「b2050年に温室効果ガス排出実質ゼロ」の目標を達成するための基金創設などを盛り込んだ第３次補正予算を決定した。

これにより，当初予算では102兆6580億円だった2020年度の c一般会計の歳出総額は，175兆6878億円に膨らんだ。予算財源の多くは d新規国債発行に頼っており，2020年度の新規国債発行額は112兆円5539億円となった。

問１ 下線部ａに関連して，次のＸ～Ｚのうち，国内総生産（GDP）に含まれるものの組み合わせとして最も適当なものを下の①～⑦より１つ選び，マークシートの㉟にその数字をマークしなさい。

Ｘ 外国からの観光客が日本の旅館に支払った代金

Ｙ 公害により病気を患った人が日本の病院に支払った代金

Ｚ 日本人の野球選手が海外で稼いだ給料

① Ｘ ② Ｙ ③ Ｚ ④ ＸとＹ ⑤ ＸとＺ ⑥ ＹとＺ ⑦ ＸとＹとＺ

問２ 下線部ｂに関連して，2020年以降の温室効果ガス排出削減の新たな目標を定めたパリ協定についての記述として適当なものをあとの①～④より１つ選び，マークシートの㊱にその数字をマークしなさい。

① 温室効果ガスの削減目標が課せられたのは先進国のみで，発展途上国には目標が課せられていない。

② 温室効果ガス削減目標達成のために，先進国間で相互に排出量を取引する制度が初めて取り入れられた。

③ 発展途上国を含むすべての締約国に，削減目標を達成できなかった場合の罰則規定が設けられた。

④ 発展途上国を含むすべての締約国が，温室効果ガスの削減目標を自主的に定め，提出することが定められた。

問3 下線部cに関連して，次のグラフは一般会計における歳出内訳を示したものです。社会の授業において，生徒たちはグラフ中のA～Eには何があてはまるかをそれぞれ考えました。生徒たちが考えた，歳出の内訳についての説明として最も適当なものを，あとの①～④より1つ選び，マークシートの㊲にその数字をマークしなさい。

一般会計　歳出の内訳

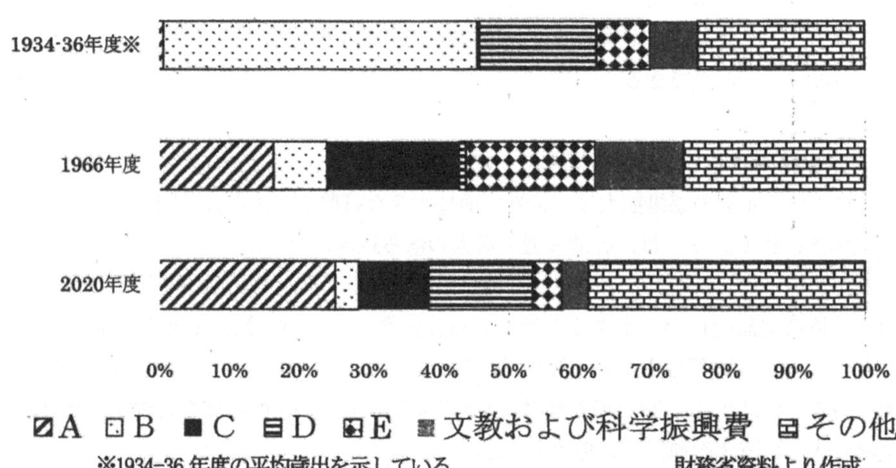

※1934-36 年度の平均歳出を示している。　　財務省資料より作成

① 国債費は，戦前の割合が少なく，戦後は増加し，高度経済成長期以降も大幅に増加するのでAにあてはまる。

② 公共事業関係費は，戦前の割合が高く，戦後は減少し，高度経済成長期以降も一貫して減少するのでBにあてはまる。

③ 地方財政費は，戦前の割合が極端に少なく，戦後は増加するが，現在にかけて減少するのでCにあてはまる。

④ 社会保障費は，戦前の割合が高く，戦後は極端に減少するが，現在にかけて増加するのでDにあてはまる。

問4 下線部dに関連して，次のページのグラフは新規国債発行額と一般会計歳出の推移を示したものです。このグラフから，1990年度からの数年間は特例国債が発行されていないことが読み取れます。これには，1980年代後半の日本経済の状況が大きく影響していますが，当時の日本経済の特徴に触れたうえで，1990年度から特例国債の新規発行がなくなった理由を説明しなさい。

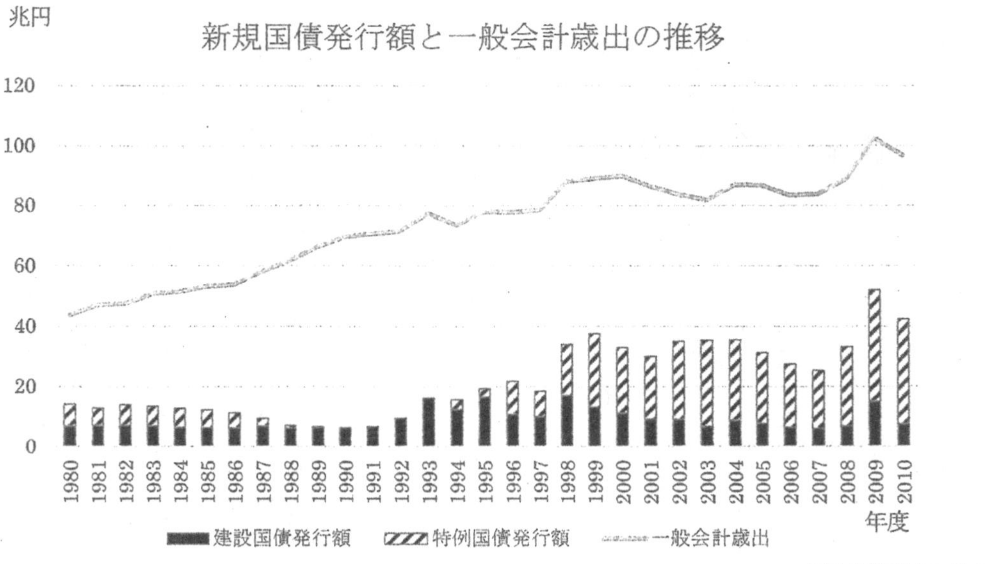
兆円
新規国債発行額と一般会計歳出の推移
120
100
80
60
40
20
0
1980
1981
1982
1983
1984
1985
1986
1987
1988
1989
1990
1991
1992
1993
1994
1995
1996
1997
1998
1999
2000
2001
2002
2003
2004
2005
2006
2007
2008
2009
2010
年度
建設国債発行額
特例国債発行額
一般会計歳出

財務省資料より作成

＊ここもとのあさき事……身近なつまらない事。
＊御前……帝の前。　＊供御……ごちそう。
＊所課いかめしくせられたりけるとぞ……盛大にごちそうなさったということだ。

1　二重傍線部「まうけらるべし」を現代仮名遣いのひらがなに改めなさい。

2　傍線部①「答へ申さざらんや」③「あきらめ申さん」の解釈として、最も適切なものを次の**ア**～**オ**の中からそれぞれ選び、記号で答えなさい。

①「答へ申さざらんや」
ア　お答えいただきたい　　**イ**　お答えくださいませ
ウ　お答え申し上げません　　**エ**　お答えいたしましょう
オ　お答えしたではないか

③「あきらめ申さん」
ア　弱音は申し上げません　　**イ**　明らかにいたしましょう
ウ　我慢はいたしません　　**エ**　文句は申し上げません
オ　終わりにいたしましょう

3　傍線部②「おぼつかなき事」とは具体的には何を指すか。該当する部分の最初と最後の3字を抜き出しなさい。

4　空欄**A**・**B**にはそれぞれ登場人物を表す語が入る。その組み合わせとして最も適切なものを次の**ア**～**カ**の中から選び、記号で答えなさい。

ア　**A**　具氏　　**B**　大納言入道
イ　**A**　女房など　　**B**　大納言入道
ウ　**A**　大納言入道　　**B**　具氏
エ　**A**　女房など　　**B**　具氏
オ　**A**　具氏　　**B**　御前
カ　**A**　大納言入道　　**B**　御前

5　傍線部④「本より深き道は知り侍らず」とはどういうことか。最も適切なものを次の**ア**～**オ**の中から選び、記号で答えなさい。

ア　もともとどんな困難も克服する方法はないということ。
イ　もともと何事においても好奇心を持たないということ。
ウ　もともと道徳的な考え方には共感できないということ。
エ　もともときちんとした学問は学んでいないということ。
オ　もともと答えにたどり着く過程は知らないということ。

6　空欄**C**には共通する5字の言葉が入る。その言葉を本文中から抜き出しなさい。

つも、喜一がロケットを盗んだのは信雄のためだったと知り、驚くと同時に言いようのない罪悪感を覚えて激しく動揺したから。

オ　信雄は、喜一が信雄のためにロケットを盗んだと知って喜一の友情の強さに驚嘆したが、盗みの原因となった自分も盗みに荷担したように感じられ、気持ちを整理することができなかったから。

7　この文章の内容と表現に関する説明として最も適切なものを次の**ア**〜**オ**の中から選び、記号で答えなさい。

ア　「銀子ちゃんは行けへんのん?」「うん、うち行けへん」といった方言を使うことによって、登場人物である子どもたちの無邪気さと幼さを印象づけると同時に、その土地で育った子どもたちの情感をわかりやすく表している。

イ　情景描写に「お囃子の音」「スルメを焼く匂い」「白い光を発しているカーバイド」など聴覚・嗅覚・視覚表現を繰り返し用いることで、「祭り」という非日常的な空間に心ひかれる子どもの普遍的な心理を緻密に描き出している。

ウ　時間の推移を暗示する描写や、心理描写をつとめて抑えた短い会話を通して、連れだって「祭り」にやってきた子どもたちの微細に揺れ動く心情と「祭り」に興じる市井の人々の賑わいを、余情に満ちた文体で描き出している。

エ　「ロケット」を売る露店の男の所作や表情が詳細に描かれることで、それを見聞きしている子どもたちの驚きが印象づけられ、おもちゃの「ロケット」が子どもたちにとってどれだけ重要なものであるかが強調されている。

オ　「人波に乗って二人は境内に流されていった」「人波をかきわけかきわけ、信雄はむきになって歩いた」という「人波」の中にいる子どもたちのありさまを描くことで、子どもたちの心情の変化を印象的に表現している。

三　次の文章を読んで、後の問いに答えなさい。

資季(すけすゑ)大納言入道とかや聞こえける人、具氏(ともうじ)宰相中将に逢ひて、「*わぬしの問はれんほどのこと、何事なりとも①答へ申さざらんや」と、いはれければ、具氏、「いかが侍らん」と申されけるを、「*さらばあらがひ給へ」といはれて、「*はかばかしき事は、片端も学び知り侍らねば、尋ね申すまでもなし、何となきそぞろごとの中に、②おぼつかなき事をこそ問ひ奉らめ」と申されけり。「まして*ここもとのあさき事は、何事なりとも③あきらめ申さん」といはれければ、近習の人々、女房なども、「興あるあらがひなり。同じくは、*御前にて争はるべし。負けたらん人、*供御(くご)をまうけらるべし」と定めて、御前にて召し合はせられたりけるに、［A］、「幼くより聞き習ひ侍れど、その心知らぬこと侍り。『むまのきつりやう、きつにのをか、なかくぼれいりくれんとう』と申す事は、いかなる心にか侍らん。承らん」と申されけるに、［B］、はたとつまりて、「これは［C］なれば、言ふにも足らず」といはれけるを、「④本より深き道は知り侍らず。［C］を尋ね奉らんと定め申しつ」と申されければ、大納言入道、負けになりて、*所課(しょか)いかめしくせられたりけるとぞ。

(『徒然草』より)

*わぬし……あなた、貴公。
*さらばあらがひ給へ……それならば私と言い争いなさい。
*はかばかしき事……きちんとした事。

ている。

ウ　喜一は、信雄と二人で手に入れたいと思っていたロケットのことを忘れたのではなく、露店の食べ物を少しだけ食べたいと思っているにすぎないのに、信雄が自分の思いを理解せず怒ることに不満を感じている。

エ　喜一は、ロケットを手に入れたがっている信雄の気持ちを理解しようとしている一方で、珍しい食べ物を食べてみたいという自分の思いを信雄が頑として認めようとしないために、いらだちを募らせている。

オ　喜一は、二人のお金を合わせれば、おもちゃのロケットと露店の食べ物をどちらも買えるはずなのに、信雄が自分の考えを理解しようとしないだけでなく、自分のことを責め立ててくることに憤りを覚えている。

4　傍線部②「喜一は小走りで先へ先へと進んでいく」とあるが、この理由を説明したものとして最も適切なものを次の**ア**～**オ**の中から選び、記号で答えなさい。

ア　強がっていたものの、いざ一人になると見ず知らずの環境に恐怖を覚えて信雄を追いかけたが、いくら追いかけても信雄が見つからず、次第に焦る気持ちが強まったから。

イ　ふてくされているうちに信雄と離ればなれになってしまったことに気づいて不安を感じ、少しでも早く信雄を見つけ出して行動を共にしなければならないと考えたから。

ウ　信雄の考えには納得できない部分もあったが、大切なお金を落としてしまったことは自分の失敗だったと気づき、早く信雄を見つけて自分の過ちを謝りたいと考えたから。

エ　ポケットに入れていたお金を全て落としてしまったことに気づき、信雄に申し訳なく思うと同時に、落としたお金を早く見つけなければならないと思い、焦っているから。

オ　信雄の分も含めて、晋平からもらったお金が全てなくなっていることに気づき、お金を落としてしまったことを早く信雄に伝えなければならないと思い、慌てているから。

5　傍線部③「信雄と喜一は顔を見合わせて笑った」・傍線部④「二人はまた顔を見合わせた」とあるが、このとき「信雄」と「喜一」の二人はどのような思いで「顔を見合わせ」ているか。二人の心情の変化がわかるようにして、80字以内で説明しなさい。

6　傍線部⑤「彼は心とはまったく裏腹な言葉で喜一をなじっていた」とあるが、この理由を説明したものとして最も適切なものを次の**ア**～**オ**の中から選び、記号で答えなさい。

ア　信雄は、喜一が、お金を落として信雄を落胆させたという失敗をつぐなうためにロケットを盗んできたことを知り、不正な方法で失敗を挽回しようとする喜一に対して不快な思いを感じたから。

イ　信雄は、自分たちを理不尽に怒鳴りつけた香具師を出し抜いたことには喜びを感じている一方で、他人のものを盗むことに全く抵抗感を示していない喜一の態度には反発する思いを抱いたから。

ウ　信雄は、念願のロケットを手に入れられたことを喜びつつも、盗みを働いた喜一には悪びれる様子が一切なかったため、自分の言葉で喜一に罪の重さを理解させなければならないと考えたから。

エ　信雄は、喜一が横柄な香具師に一泡吹かせたことを愉快に思いつ声がうしろで聞こえた。

「ごめんな、ごめんな。もう盗んだりせえへん。のぶちゃん、僕もうこれから絶対物盗ったりせえへん。そやから、そんなこと言わんとってな、もうそんなこと言わんとってな」

振り払っても振り払っても、喜一は泣きながら信雄にまとわりついて離れなかった。二人は縺（もつ）れ合いながら、少しずつ祭りの賑（にぎ）わいから離れていった。

夜はかなり更けていた。

（宮本輝『泥の河』より）

＊天神祭り……大阪天満宮の祭り。東京の神田祭、京都の祇園祭と並ぶ日本三大祭の一つ。

＊浄正橋……大阪市の橋の一つ。現在は跡碑だけが残る。

＊銀子ちゃん……「喜一」の姉。「喜一」とともに「信雄」の家で遊んでいた。

＊仕舞屋……商売をしない住宅だけの町家。

＊天満宮……大阪天満宮のこと。菅原道真をまつっている。

＊カーバイド……ここでは照明のこと。

＊だんじり……祭りの際に引いたり担いだりする車。

＊酩酊……ひどく酒に酔うこと。

＊廻り灯籠……枠の内側に貼った切り絵の影が回りながら枠の外側に映るようにした灯籠。

＊八十両……江戸時代の貨幣単位「両」を用いて、八十銭をふざけて言った言葉。「銭」は円の百分の一の単位。

＊香具師……縁日や祭礼などで、見世物を興行したり商品を売ったりする人。

1　空欄**X**・**Y**にはどのような語を入れればよいか。最も適切なものを次の**ア**～**オ**の中からそれぞれ選び、記号で答えなさい。

X　**ア**　柔らかい　**イ**　軽やかな　**ウ**　小さな
　エ　冷たい　**オ**　美しい

Y　**ア**　そろりと　**イ**　まんまと　**ウ**　さっさと
　エ　どうどうと　**オ**　たんたんと

2　二重傍線部**A**「尻目に」・**B**「固唾を呑んで」の本文中の意味として最も適切なものを次の**ア**～**オ**の中からそれぞれ選び、記号で答えなさい。

A　尻目に
ア　遠目に見て　**イ**　無視して　**ウ**　馬鹿にして
エ　気にしながら　**オ**　振り返りながら

B　固唾を呑んで
ア　じっと息をころして　**イ**　どうなるかと期待して
ウ　さっと身をひそめて　**エ**　危険な様子におびえて
オ　そっと気持ちを落ち着けて

3　傍線部①「口をとがらせて、喜一は腟の虫さされのあとを強く掻きむしった」とあるが、このときの「喜一」の心情を説明したものとして最も適切なものを次の**ア**～**オ**の中から選び、記号で答えなさい。

ア　喜一は、見慣れない食べ物を少しで良いから食べてみたいという軽い気持ちだったにもかかわらず、信雄には、喜一がロケットのことを全く考えていないととらえられ、考えの行き違いに悲しくなっている。

イ　喜一は、珍しい食べ物を少しだけでも食べてみたいという誘惑に駆られたことで、ロケットを手に入れるという信雄との約束を忘れてしまっていたことに気づき、自分勝手な思いに決まり悪さを感じ

はちまき姿の男は茣蓙に座ったまま喜一の手からロケットを受け取り、

「サンキュー、サンキュー、ご苦労さん」

と潰れた声で言った。

③信雄と喜一は顔を見合わせて笑った。

「それ、なんぼ?」

「たった＊八十両、どや安いやろ」

④二人はまた顔を見合わせた。二つも買えたうえに、焼きイカが食べられたではないか。

「さあ、もういっぺんやって見せたるさかい、買うていけ!」

危ないぞォ、月まで飛んで行くロケットじゃあと叫びながら、男は短い導火線に火をつけた。信雄も喜一も慌てて二、三歩とびのくと、B固唾を呑んで導火線を見つめた。大きな破裂音とともに、ロケットは斜めに飛びあがり、銀杏の木に当たって賽銭箱の中に落ちた。慌てて追いかけて行く男の姿が、見物人の笑いをかった。信雄も笑った。笑いながら喜一の顔を見た。なぜかあらぬ方に視線を注いでいる喜一の目が、細くすぼんでいた。

「ちぇっ、あんなとこに落ちてしもたら、もう取られへんがな」

走り戻って来て、男は茣蓙の上にあぐらをかき、八ッ当たりぎみに怒鳴った。

「こら甲斐性なし!　こんなおもちゃの一つや二つ、よう買わんのかい。ひやかしだけの奴はどこぞに行きさらせ」

「のぶちゃん、帰ろ」

喜一が信雄の肩をつつき、早足にだんじりの横をすり抜けて行った。

「早よ行こ、早よ行こ」

喜一は笑って叫んだ。人の波はさらに増して、神社の入口で渦を巻いている。

人混みを避けて露路の奥に駈け入ると、喜一は服をたくしあげた。おもちゃのロケットがズボンと体の間に挟み込まれていた。

「それ、どないしたん?」

「おっさんがロケット拾いに行きよった時、盗ったんや。これ、のぶちゃんにやるわ」

信雄は驚いて喜一の傍から離れた。

「盗ったん?」

得意そうに頷いている喜一に向かって、信雄は思わず呼んだ。

「そんなんいらん。そんなことするのん、泥棒や」

信雄の顔を、喜一は不思議そうに覗き込んだ。

「いらんのん?」

「いらん」

口汚く怒鳴っていた＊香具師から、[Y]ロケットを盗んできたことは、信雄にも少し痛快なことであった。だが⑤彼は心とはまったく裏腹な言葉で喜一をなじっていた。喜一の手からロケットを奪い、足元に投げつけた。そして小走りで人混みの中にわけいっていた。喜一はロケットを拾い、追いすがって来て、また言った。

「ほんまにいらんのん?」

自分でもはっとする程激しい言葉が、信雄の口をついてでた。

「泥棒、泥棒、泥棒」

人波をかきわけかきわけ、信雄はむきになって歩いた。喜一の悲痛な引っぱって誘うのだった。

「きっちゃん、ロケット欲しいことないんか?」

喜一の手を振りほどくと、信雄は怒ったように言った。

「ロケットも欲しいけど、僕、いろんなもん食べてみたいわ」

①口をとがらせて、喜一は脛の虫さされのあとを強く掻きむしった。

いつのまにか空はすっかり暗くなり、商店街に吊るされたちょうちんにも裸電球にも灯が入って、急激に増してきた人の群れがその下で押し合いへし合いしている。

すねたふりをして一歩も動こうとしない喜一をA尻目に、信雄は一人境内に向かって歩きだした。歩き始めると、人波に押されて立ち停ることもできなくなってしまった。喜一の顔が遠ざかり見えなくなった。

信雄は慌てて引き返そうとした。色とりどりの浴衣や団扇や、汗や化粧の匂いが、大きな流れとなって信雄を押し返す。やっとの思いで元の場所に戻って来たが、喜一の姿はなかった。信雄はぴょんぴょん跳びあがってまわりを見渡した。いつのまにすれちがったのか、人波にもまれている喜一の顔が、神社の入口の所で見え隠れしていた。

「きっちゃん、きっちゃん」

信雄の声は、子供たちの喚声や祭り囃子に消されてしまった。②喜一は小走りで先へ先へと進んでいく。相当狼狽して信雄を捜しているふうであった。信雄は大人たちの膝元をかきわけ、必死で走った。何人かの足を踏み、ときどき怒声を浴びて突き飛ばされたりした。境内の手前にある風鈴屋の前でやっと喜一に追いついた。赤や青の短冊が一斉に震え始め、それと一緒に、何やら胸の底に突き立ってくるような X 風鈴の音に包み込まれた。信雄は喜一の肩を摑んだ。喜一は泣いていた。

泣きながら何かわめいていた。

「えっ、なに? どないしたん?」

よく聞きとれなかったので、信雄は喜一の口元に耳を寄せた。

「お金あらへん。お金、落とした」

風鈴屋の屋台からこぼれ散る夥しい短冊の影が、喜一の歪んだ顔に映っていた。

信雄と喜一はもう一度商店街の端まで行き、地面を睨みながらじぐざぐに歩いた。再び風鈴屋の前に戻って来たが、落とした硬貨は一枚も見つからなかった。喜一のズボンのポケットは、両方とも穴があいていた。

信雄が何を話しかけても、喜一は黙りこくったままだった。人波に乗って二人は境内に流されていった。

一台の*だんじりが置かれ、その中で数人の男がお囃子を奏でていた。同じ旋律の執拗な繰り返しに*酩酊した男たちは、裸の体から粘つくような汗を絞り出している。数珠繋ぎに吊るされた裸電球が、だんじりのまわりでびりびり震えていた。

信雄は石段に腰をおろし、ちょうど目の前に佇んで誰かを待っているらしい浴衣姿の少女を見つめた。その少女の持つ*廻り灯籠の中で、黒い屋形舟が廻っている。

鋭い破裂音が聞こえ、それと一緒に硝煙の匂いがたちこめた。信雄と喜一の前にプラスチック製の小さなロケットが落ちてきた。境内の奥に、とりわけ子供たちの集まっている露店があり、おもちゃのロケットが莫蓙に並べられていた。喜一が足元のロケットをすばやく拾いあげ、信雄の手を引いてその露店の所まで走った。

二　次の文章を読んで、後の問いに答えなさい。

大阪に住む八歳の「信雄」は、信雄の家の近くを流れる川に浮かぶ船で暮らしている少年「喜一」と仲良くなった。信雄と喜一は、信雄の父「晋平」とともに「＊天神祭り」へ行こうとしていたが、信雄の母の「貞子」がぜんそくの発作をおこしたため、貞子を看病する晋平は家に残り、二人だけで天神祭りへ行くこととなった。

連れて行ってやるつもりだったが、貞子があんな調子なのでと晋平は言った。信雄と喜一は仕方なく自分たちだけで、近くにある＊浄正橋の天神さんに行くことにした。

「あんまり遅うまで遊んでたらあかんでェ」

晋平は信雄と喜一の手に、数枚の硬貨を握らせた。

「＊銀子ちゃんは行けへんのん?」

信雄が二階に声をかけると、

「うん、うち行けへん」

しばらくして銀子の言葉が返ってきた。

二人は夕暮の道を駈けだした。

近くといっても、信雄の家から浄正橋までは歩いて三十分近くもかかる距離であった。堂島川のほとりを上っていき、堂島大橋を渡って北へ歩いて行くうちに、お囃子の音が大きく聞こえてきた。

大通りを曲がり、＊仕舞屋が軒を連ねる筋に入ると、陽の沈むのを待ちあぐねた子供たちが、道にうずくまってもう花火に火をつけている。酒臭いはっぴ姿の男が、同じ柄のはっぴを着た幼な子を肩に乗せて、ぶらりぶらりと神社に向かっている。そのあとを喜一と並んで歩きながら、にわかに大きくうねりだした祭り囃子に耳を傾けていると、信雄はなにやら急に心細くなってきた。

「僕、お金持って遊びに行くのん、初めてや」

ときどき立ち停まると、喜一はそのたびに掌を開いて、晋平からもらった硬貨の数を確かめた。信雄は自分の金をそっくり喜一の掌に移した。

「僕のんと合わしたら、何でも買えるで」

「そやなあ、あれ買えるかも知れへんなあ」

信雄も喜一も、火薬を詰めて飛ばすロケットのおもちゃが欲しかったのである。恵比寿神社の縁日でも売っていたから、きっと今夜も売っている筈であった。

＊天満宮のような巨大な祭りではなかったが、それでも商店街のはずれから境内への道まで露店がひしめきあっている。人通りも多くなり、スルメを焼く匂いと、露店の茣蓙の上で白い光を発している＊カーバイドの悪臭が、暗くなり始めた道にたちこめて、信雄も喜一もだんだん祭り気分にうかれていった。

喜一は硬貨をポケットにしまい、信雄の手を握った。

「はぐれたらあかんで」

人混みを縫いながら、二人は露店を一軒一軒見て歩いた。

水飴屋の前に立ったとき、

「一杯だけ買うて、半分ずつ飲めへんか?」

と喜一が誘った。ロケットを買ってからにしようという信雄の言葉でしぶしぶその場を離れたが、こんどは焼きイカ屋の前でも同じことをせびった。飲み物や食べ物を売る店の前に来ると、喜一は必ず信雄の肘を

ウ　その土地の気候や風土に適応し、集団の存続のために優れた指導者を選出したことで、他地域との交流においても優位に立つことに繋がり、豊かな地域性を育むようになったということ。

エ　その土地の気候や風土への適応と、集団の強大化を目的とした他地域との交流によって、自分の地域の中であらゆる資源を自給できるほどの豊かさを獲得できるようになったということ。

オ　その土地の気候や風土への適応と、豊かさを求めておこなった他の地域との交流が、自らの地域の地理的特性の認識や、個性の表面化に繋がり、集団を存続させる力となったということ。

4　傍線部②「旧石器時代以来の人間のさまざまな活動の中で形作られたもの」に**含まれないもの**を、次の本文中の語句**ア**～**カ**の中からすべて選び、記号で答えなさい。

ア　律令制　**イ**　荏胡麻　**ウ**　土地の特性　**エ**　二毛作

オ　建築材　**カ**　石材産地

5　傍線部③「国家の歴史を知るには、外交や中央と地方との関係だけでなく、調整される側であるそれぞれの地域の集団の動向に注目する必要がある」とあるが、国家と地域の共通点は何だと筆者は考えているか。本文中の語句を用いて10字以内で簡潔に答えなさい。

6　傍線部④「人間の鎖」は何をたとえた表現か。最も適切なものを次の**ア**～**オ**の中から選び、記号で答えなさい。

ア　年功序列による階級制度　**イ**　他地域の人間との衝突

ウ　地域固有の身分制度　**エ**　縁故に基づく組織体制

オ　地域の閉鎖的な人間関係

7　傍線部⑤「境界は時代による政治形態の違いにより、顕在化したり潜在化したりしてきた」とあるが、「境界」が「潜在化」したとはどういうことか。最も適切なものを次の**ア**～**オ**の中から選び、記号で答えなさい。

ア　国家の支配力が強まることで、地域が国からの自立のために産業を発展させ、個性を強化するということ。

イ　国家が優れた指導者に先導されていくことで、各地域が画一化され地域の特性が弱まっていくということ。

ウ　国家が強大な力により全国的にシステムを機能させることで、地域の境界の存在が希薄化するということ。

エ　国家が中央集権を確立させることで、地域が国の規制に従い互いの境界を巡って争わなくなるということ。

オ　国家の調整機能が弱体化することで、地域の技術や産業が発展し、急激な経済的成長を遂げるということ。

8　傍線部⑥「豊かな自然環境に恵まれた日本列島に認められる境界、すなわち地域の枠組みは長年にわたって無意識のうちに受け継がれてきたものであり、そこには、それぞれの地域固有の豊かな歴史・文化がある」とあるが、筆者は「地域固有の豊かな歴史・文化」に注目することにどのような意義を見出しているか。文章【Ⅱ】をふまえて、意義を述べた次の説明文を完成させなさい。ただし75字以内で答えること。

地域の生活文化の多元性・多様性に目を向け、境界の歴史について知ることで、［75字以内］**意義。**

文章【Ⅱ】「地域史の重要性」

一国の歴史の骨格を、政治の中心に焦点を当てて説明することは一見、妥当に思える。しかし、この国の成り立ちは、日本列島の中央政権による社会や経済発展の歴史という視点では語り尽くせない多様性と深みをもっている。なにしろ、列島の各地には、現生人類がはじめて到来した旧石器時代より、土地土地の気候や風土に適応した個性豊かな生活文化が花開いてきたのだから。そうした生活文化は、やがて広域を統治する政治権力が成立してからも、基本的には変わらなかったはずである。地域の人びとにとって、為政者たちによる統治政策はもちろん重要であっただろうが、彼らの生活文化の内容を決めたのは多くの場合、為政者ではない。地域固有の文化とは、地域の人びとが自らを取り巻く自然とうまくつき合いながら、ひたむきに生きる中で紡ぎあげられてきたものなのである。日本の歴史は、列島の各地の生活文化の多様性や多元性の起原を追究することから、みつめなおす必要がある。

ひるがえって私たちの社会の現状をみれば、経済的発展による生活水準の向上に加え、情報化社会の到来により、地域の個性は似通った価値観によって均質化されようとしている。経済的に安定した人びとの多くが希求する現代的生活は、典型的で没個性的である。利便性の高い都市部への人の流入は止まらず、農山漁村など小規模な地域社会は活力を失って、徐々に解体を余儀なくされる。地域社会の解体は、地域文化の担い手不足に直結し、地域の記憶は少しずつ失われようとしている。

今こそ、多様な地域の歴史を深層からみなおし、この国の文化の多元性と多様性に光を当てる作業が必要である。それは、進歩史観・中心史観といった先験的で偏った価値観から脱却し、*等閑視（とうかんし）されてきた地域の魅力を評価すること、地域への誇りを蘇らせることに、やがてつながっていくと考えるからである。

*等閑視……ないがしろにすること。

1　二重傍線部A～Eについて、漢字をひらがなに、カタカナを漢字に直しなさい。

2　次の段落が入る場所として最も適切なものを、本文【a】～【e】から選びなさい。

> 飛騨国は森林資源に恵まれた国であったが、そこに住む人びとは長年にわたる木との関わりから、優れた木材加工技術と運搬技術を手に入れ、それが奈良時代になると飛騨工という特殊な建築・木工集団を生み出し、その伝統は今なお生き続けている。志摩や能登の人びとは、海民文化を長きにわたって保ち続け、律令制下においてもその伝統は途絶えることはなかった。

3　傍線部①「環境に適応するために生まれた生活文化の一部は、こうして集団を生かすための生業の一部となった」とあるが、どういうことか。最も適切なものを次の**ア**～**オ**の中から選び、記号で答えなさい。

ア　その土地の気候や風土に適応し、自らの地域の特性を理解したことで、他地域とより活発に交流することとなり、その集団が社会全体において存在感を発揮するようになったということ。

イ　その土地の気候や風土への適応と、自国を発展させるために行った地域同士の交流によって、各地域が自らの地域の特色を理解するようになり、互いに助け合うようになったということ。

る。国家の施策とは、いわば利害調整のための手段であり、③国家の歴史を知るには、外交や中央と地方との関係だけでなく、調整される側であるそれぞれの地域の集団の動向に注目する必要がある。つまり、それまでの地域社会のありかた、地域の歴史を知ることが、日本史を知る上で重要な意味をもつのである。列島最初の国家を築いた＊倭王権は、東アジアでの関係から中国の律令制というルールを取り入れ、日本に律令国家という中央集権を生じさせた。国家が担う地域間の利害調整は、律令制というルールに則って行われ、社会は画一化へと向かう一方、境界は律令制度により固定化されるに至った。しかし、律令制というルール自体にDムジュンが生じ形骸化すると、中央の有力者を頂点とする④「人間の鎖」が実質的な調整機能を担うようになる。以後、鎌倉幕府、室町幕府などといった武士政権が新たなルールのもと、それを受け継ぐようになる。ただ、政権が緊張感を失ったり、システムやルールが働かなくなって衰えるような事態にEオチイると、再び、「人間の鎖」が権力の内側に現れ、境界の争奪戦が繰り広げられる。そして、国家の調整機能が衰え不安定な社会になると、集団は力をつけるために自らの地域の特性を生かし、新たな産業を生み出したり、伝統的な産業や技術を向上させたりするなど積極的に自立のための取り組みを行うようになる。たとえば、源平の争乱など社会が不安定になる平安時代の後半以降には、西日本を中心に二毛作が行われるようになり、＊荏胡麻などの商品作物の生産も活発化するなど生産力の向上が図られている。また、このころからは商品経済が活発化するようで、＊珠洲焼や＊東播系須恵器など地域の枠を越え広域に流通する焼き物も現れる。これらのことは、それぞれの地域の集団が地域の自然環境や伝統的な技術を生かして経済力を強化したことを示していると考えられる。集団は外に向かうとき、まず内をみなおし、内の力を最大限に発揮するため、地域の個性を強化する。その結果、地域固有の姿が浮かび上がり、境界も明確化するのである。

【 e 】

ここまでみてきたように、⑤境界は時代による政治形態の違いにより、顕在化したり潜在化したりしてきたが、確実に踏襲されてきた。国家が誕生へと向かい、地域への支配力を強めると、地域集団の個性は潜在化する反面、国家が支配単位を設定することで境界は政治的に明確化される。逆に国家の地域への支配力が弱まると地域集団の個性が顕在化し、境界をめぐる争いが起こる。こうした繰り返しの中でも、旧石器時代から形作られてきた境界は基本的には踏襲されてきた。それは旧石器時代から現代につながる境界が、日本列島の風土に適応した人間の営みの歴史によって成立したからである。⑥豊かな自然環境に恵まれた日本列島に認められる境界、すなわち地域の枠組みは長年にわたって無意識のうちに受け継がれてきたものであり、そこには、それぞれの地域固有の豊かな歴史・文化がある。

＊倭王権……四世紀から七世紀半ば頃までの大和（奈良県）を中心とする畿内政治勢力の連合体。ヤマト政権。

＊荏胡麻……シソ科の一年草。東南アジアの原産。

＊珠洲焼……十二世紀後半から十五世紀末にかけて珠洲市を中心に能登半島の先一帯で生産された、中世の日本を代表する陶器の一つ。

＊東播系須恵器……古代末から中世前期にかけて東播磨南部（現在の明石市から神戸市西部付近）で生産された陶器の総称。

【国　語】（五〇分）〈満点：一〇〇点〉

【注意】字数制限のある場合は、句読点・記号なども字数に含めます。
　設問の関係上、原文を一部省略しています。

一　次の文章【Ⅰ】・【Ⅱ】は、それぞれ『境界の日本史　地域性の違いはどう生まれたか』（森先一貴　近江俊秀）の、「人と境界」・「地域史の重要性」の一節である。これを読んで、後の問いに答えなさい。

文章【Ⅰ】「人と境界」

日本列島の豊かな自然環境は、個性豊かな地域文化を生み出した。それは、気候や環境に適応し、それと共存するための人間の知恵の結晶ともいえるものであった。そして人びとの活発な交流により、地域の個性と地域の価値がみいだされた。海辺に住む人は海の幸を欲する山の民と出会い、山の民は建築材や燃料を欲する海の民と出会った。人びとは交流を繰り返しながら、次第に大きな集団を作り上げていくが、そうした中で相反する二つの考えが生じる。

一つは、自らが所属する集団を他の集団から守るため、また他の集団よりも優位に立つために集団としての結束力とそれを率いる強いリーダーを求めるという、集団としての自立性、排他性である。弥生時代から認められる戦争は、そうした部分が顕在化したものであり、古代における行政区画の固定化と民の土地への固定化はそうした集団のもつ排他的な意識の延長上にある。

もう一つは、豊かさをめざした活発な交流である。生活に必要なさまざまな道具をすべて自給することは、困難であった。石器一つを取ってみても、使用目的に最もみあった性質をもつ石材を産出する土地は限られていた。石材産地付近に住む人びとにとって、石材は大事な資源であり、それを多量に確保し他地域の集団と交換することにより自分たちが必要なものを得ることができた。【　a　】

交流とは、自らの住む土地の特性を理解し、他の集団が求めるものがなにかを知ることにもつながった。そして、特定の資源の確保や特定の生業への専従または、地理的な条件を生かした交流の担い手としての役割の発見など、地域の自然環境や地理的な特質を認識することにより、そこに住む集団の個性が強まり顕在化していった。①環境に適応するために生まれた生活文化の一部は、こうして集団を生かすための生業の一部となった。【　b　】

このように集団と集団との交流の活発化は社会を均質化させるものではなく、地域文化を際立たせるという側面をもっていたのである。律令国家が定め、現在の行政界のもとにもなった境界は、必ずしも政治的事情のみによって新たに定められたものではなく、②旧石器時代以来の人間のさまざまな活動の中で形作られたものをA踏襲し設定されたのであった。【　c　】

集団同士の交流と対立とがBジンイ的な境界を生み出し、さらに交流により生まれた広域に及ぶ社会ネットワークの中で、突出した力をもつリーダー的な集団がシステムやルールをC頒布することによって国家が誕生し、その調整機能により境界が固定化されていった。しかし、国家という存在そのものが外国とのあいだに境界を設定することにより成り立つ、政治的な領域で重層的な領域の一つにすぎず、その成立や展開も一つの境界の歴史にすぎないという見方もできる。【　d　】

また国家に求められるのは内外の諸勢力間の利害調整を行うことであ

2022年度

解　答　と　解　説

《2022年度の配点は解答欄に掲載してあります。》

＜数学解答＞

1　(1)　$(ax+2)(x-a-1)$　(2)　18　(3)　6，10　(4)　$\dfrac{11}{36}$　(5)　$\dfrac{2}{3}\pi$

2　(1)　20通り　(2)　24通り　(3)　96通り　(4)　144通り

3　(1)　B$(-1,\ 1)$　(2)　P$\left(\dfrac{7}{5},\ 1\right)$　(3)　Q$\left(\dfrac{11}{5},\ 5\right)$

4　(1)　8　(2)　$6\sqrt{3}$　(3)　$\dfrac{18\sqrt{7}}{7}$

○配点○

1　各7点×5　2　各7点×4　3　各7点×3　4　(1)　6点　(2)・(3)　各5点×2

計100点

＜数学解説＞

1　(因数分解，平方根，資料の整理，確率，空間図形)

(1)　$ax^2-(a^2+a-2)x-2(a+1)=(ax+2)\{x-(a+1)\}=(ax+2)(x-a-1)$

(2)　$(\sqrt{5}+2)^{2022}(\sqrt{5}-2)^{2020}+(\sqrt{5}+2)^{2020}(\sqrt{5}-2)^{2022}=(\sqrt{5}+2)^2(\sqrt{5}+2)^{2020}(\sqrt{5}-2)^{2020}+(\sqrt{5}-2)^2(\sqrt{5}+2)^{2020}(\sqrt{5}-2)^{2020}=\{(\sqrt{5}+2)(\sqrt{5}-2)\}^{2020}\{(\sqrt{5}+2)^2+(\sqrt{5}-2)^2\}=(5-4)^{2020}(5+4\sqrt{5}+4+5-4\sqrt{5}+4)=1\times18=18$

(3)　平均値は，$(x+2+4+8+3+3+7+7)\div8=\dfrac{x+34}{8}$　$0\leqq x\leqq10$より，$4.25\leqq\dfrac{x+34}{8}\leqq5.5$　$x\leqq4$のとき，中央値は4以下で，不適。$x=5$のとき，平均値は$\dfrac{39}{8}=4.875$，中央値は$\dfrac{4+5}{2}=4.5$で不適。$x=6$のとき，平均値は$\dfrac{40}{8}=5$，中央値は$\dfrac{4+6}{2}=5$で一致する。$x\geqq7$のとき，中央値は$\dfrac{4+7}{2}=5.5$だから，$x=10$のとき，平均値は$\dfrac{44}{8}=5.5$で一致する。

(4)　サイコロの目の出方の総数は，$6\times6=36$(通り)　$2\leqq a\leqq12$であり，aと$4a+105=4a+3\times5\times7$が1以外の公約数をもたないのは，$a=2$，4，8，11のときである。このような目の数の組み合わせはそれぞれ，1，3，5，2通りあるから，求める確率は，$\dfrac{1+3+5+2}{36}=\dfrac{11}{36}$

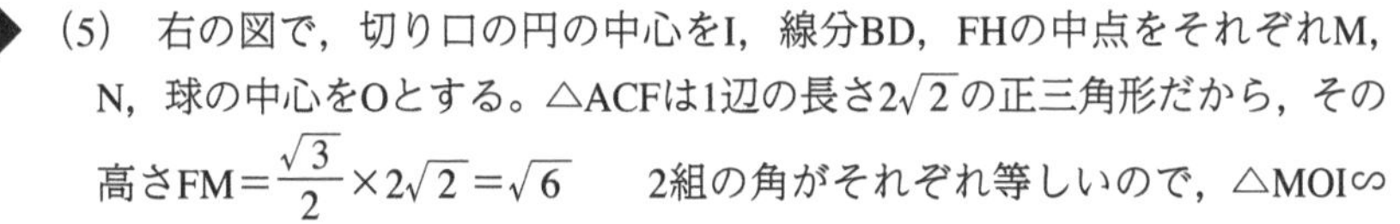

重要　(5)　右の図で，切り口の円の中心をI，線分BD，FHの中点をそれぞれM，N，球の中心をOとする。△ACFは1辺の長さ$2\sqrt{2}$の正三角形だから，その高さFM$=\dfrac{\sqrt{3}}{2}\times2\sqrt{2}=\sqrt{6}$　2組の角がそれぞれ等しいので，△MOI∽△MFN

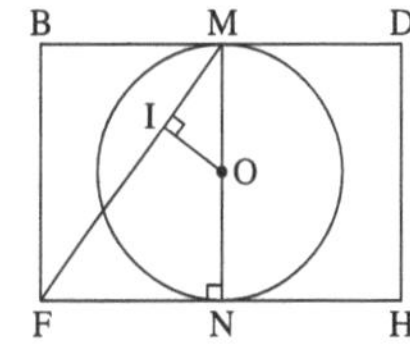

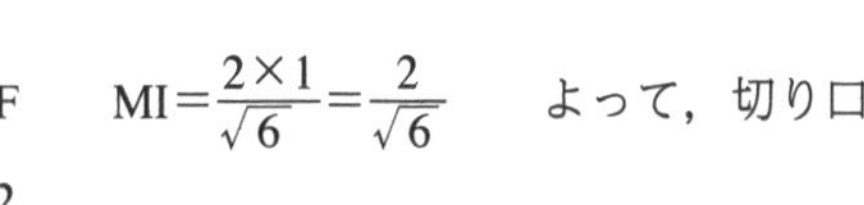

MI：MN＝MO：MF　MI$=\dfrac{2\times1}{\sqrt{6}}=\dfrac{2}{\sqrt{6}}$　よって，切り口の円の面積は，$\pi\times\left(\dfrac{2}{\sqrt{6}}\right)^2=\dfrac{2}{3}\pi$

2 （場合の数）

重要 (1)　6つの椅子に1～6の番号をつける。6つの椅子から2つの椅子を選んで2人が座る方法は，$6\times5=30$(通り)　このうち，隣り合う2つの椅子の番号の選び方は，1と2，2と3，3と4，4と5，5と6の5通りあり，それぞれ2通りずつの座り方があるので，求める座り方は，$30-5\times2=20$(通り)

重要 (2)　題意を満たす椅子の番号の選び方は，(1，3，5)，(1，3，6)，(1，4，6)，(2，4，6)の4通りあり，それぞれ$3\times2\times1=6$(通り)ずつの座り方があるので，求める座り方は，$4\times6=24$(通り)

(3)　(2)の座り方のほかに，題意を満たす椅子の番号の選び方は，(1，2，4)，(1，2，5)，(1，2，6)，(2，3，5)，(2，3，6)，(1，3，4)，(3，4，6)，(1，4，5)，(2，4，5)，(1，5，6)，(2，5，6)，(3，5，6)の12通りあり，それぞれ$3\times2\times1=6$(通り)ずつあるから，求める座り方は，$24+12\times6=96$(通り)

(4)　題意を満たす椅子の番号の選び方は，(1，2，4，5)，(1，2，4，6)，(1，2，5，6)，(2，3，5，6)，(1，3，4，6)，(1，3，5，6)の6通りあり，それぞれ$4\times3\times2\times1=24$(通り)ずつの座り方があるので，求める座り方は，$6\times24=144$(通り)

3 （図形と関数・グラフの融合問題）

基本 (1)　$y=x^2$に$x=-2$，2，3をそれぞれ代入して，$y=4$，4，9　よって，A$(-2, 4)$，C$(2, 4)$，D$(3, 9)$　AD//BCより，直線ADの傾きは，$\frac{9-4}{3-(-2)}=1$だから，直線BCの式を$y=x+b$とすると，点Cを通るから，$4=2+b$　$b=2$　よって，$y=x+2$　$y=x^2$と$y=x+2$からyを消去して，$x^2=x+2$　$x^2-x-2=0$　$(x+1)(x-2)=0$　$x=-1$，2　$y=x^2$に$x=-1$を代入して，$y=1$　よって，B$(-1, 1)$

重要 (2)　直線CDの式を$y=mx+n$とすると，2点C，Dを通るから，$4=2m+n$，$9=3m+n$　この連立方程式を解いて，$m=5$，$n=-6$　よって，$y=5x-6$　線分ACはx軸に平行だから，△ACP＝△ABCのとき，点Pのy座標は点Bのy座標に等しい。$y=5x-6$に$y=1$を代入して，$1=5x-6$　$x=\frac{7}{5}$　よって，P$\left(\frac{7}{5}, 1\right)$

(3)　AC$=2-(-2)=4$より，△ABC$=\frac{1}{2}\times4\times(4-1)=6$　△ACD$=\frac{1}{2}\times4\times(9-4)=10$　よって，四角形ABCDの面積は$6+10=16$より，△ADQ$=\frac{1}{2}\times16=8$　ここで，△ADQ＝△ACD－△ACQより，△ACQ$=10-8=2$　点Qのx座標をtとすると，y座標は$5t-6$と表せるから，△ACQ$=\frac{1}{2}\times4\times(5t-6-4)=10t-20$　よって，$10t-20=2$　$t=\frac{11}{5}$　$5t-6=5\times\frac{11}{5}-6=5$　したがって，Q$\left(\frac{11}{5}, 5\right)$

重要 4 （平面図形の計量）

(1)　△CEHと△BFHにおいて，∠CEH＝∠BFH＝90°　対頂角だから，∠CHE＝∠BHF　2組の角がそれぞれ等しいので，△CEH∽△BFH　CE$=\sqrt{(2\sqrt{21})^2-9^2}=\sqrt{3}$，BF$=\sqrt{(2\sqrt{21})^2-6^2}=4\sqrt{3}$より，相似比は1：4　CH$=x$とすると，BH$=4x$　よって，EH：FH$=(9-4x):(6-x)=1:4$　$6-x=4(9-4x)$　$15x=30$　$x=2$　したがって，BH$=4\times2=8$

(2)　△BFHにおいて，BH：HF：FB$=8:(6-2):4\sqrt{3}=2:1:\sqrt{3}$　よって，∠HBF＝30°　したがって，△ABEは内角が30°，60°，90°の直角三角形だから，AB$=\frac{2}{\sqrt{3}}$BE$=6\sqrt{3}$

(3)　2組の角がそれぞれ等しいので，△ABD∽△CBF　AD：CF＝AB：CB　AD$=\frac{6\times6\sqrt{3}}{2\sqrt{21}}=$

$\frac{18\sqrt{7}}{7}$

★ワンポイントアドバイス★
出題構成，難易度とも例年と変わらない。特別な難問もないので，落ち着いて解いていこう。過去の出題例も研究しておきたい。

＜英語解答＞

1 (1) ② (2) ② (3) ① (4) ③ (5) ④

2 ① noise ② communicate with one another ③ smaller
④ We don't have ⑤ how to reduce noise

3 (6) ④ (7) ③ (8) ② (9) ③ (10) ④

4 (11) ② (12) ⑦ (13) ⑥ (14) ⑤

5 〔6〕 It took them twenty years to build it. [It took twenty years for them to build it.]
〔7〕 I had[got] it repaired at that[the] shop.

6 (15) ① (16) ① (17) ④ (18) ④ (19) ③

7 問1 (20) ③ (21) ① (22) ② 問2 ③ 問3 ② 問4 ③，⑥

8 問1 イギリスに紅茶がもたらされた当初はあまり売れなかったが，当時の王様がポルトガルの女性と結婚し，その女性が紅茶好きだったことから王様が紅茶を飲み始めた。
問2 紅茶の販売量を減らすこと 問3 しかし，1784年に政府はついに紅茶への課税を引き下げる決定を行い，ほとんど誰でもそれを飲めるようになった。

9 ［賛成］
I agree. If they experience a part-time job, they can learn a lot about working. Students learn subjects at school. The subjects teach them a lot of knowledge. However, they do not teach the students what they need to learn for working. By experiencing a part-time job, they can understand what working is, and how hard it is. When I did volunteer work at my town last year, it taught me a lot about working.
［反対］
I do not agree. Even if they experience a part-time job, they cannot have enough time to learn about working. The students need to learn many subjects at school. That often takes a lot of time. Of course, a part-time job teaches them about working. But they can also learn about it from teachers and their parents. For example, I had a chance to experience some jobs in a company and listened to the people in the company. That taught me a lot.

○配点○
1～4，6 各2点×22(4(11)・(12)完答，4(13)・(14)完答) 5，7 各3点×7(7問1完答)
8 各5点×3 9 20点 計100点

＜英語解説＞

1・2　リスニング問題解説省略。

重要 3　（適語補充問題：前置詞，比較，間接疑問文，代名詞）

(6)　〈with A(名詞)B(状態)〉「Aが～Bの状態で」という付帯状況の with を用いた文である。

(7)　money は不可算名詞なので much を用いる。〈as much ＋名詞＋ as ～〉「～と同じくらい多くの…」

(8)　「いつもより多くの交通量」と理由を述べているので，「遅れた理由」を尋ねているとわかる。

(9)　紅茶とコーヒーの「どちらでも」よいという場合は either を用いる。

(10)　What do you think of ～? で「～についてどう思いますか」となる。

重要 4　（語句整序問題：不定詞，接続詞）

(I) found <u>it</u> difficult to answer a <u>question</u> given (by the teacher.)　〈find A ＋ B〉「AがBだとわかる」 Bには形式主語の it を用いて，後の不定詞の部分を指している。

(Tom) told us such <u>a</u> funny story <u>that</u> we all (laughed.)　〈such a 形容詞＋名詞 that ～〉「とても…なーので～」

5　（和文英訳問題：不定詞，使役動詞）

〔6〕〈It takes ＋人＋時間＋ to ～〉「人に～するのに…かかる」

〔7〕〈have A ＋過去分詞〉「Aを～してもらう」

基本 6　（長文読解問題・説明文：語句補充，語句解釈）

(15)　（大意）　国民が政府職員を選出するために投票することができ，人々が選挙を通じて国の指導者になることができる政府のシステムである。ノルウェー，カナダ，ドイツ，アメリカは，そのような政治体制を持つ国々の例だ。

（問題）「この文章はどの言葉を紹介しているか」　選挙を通じて指導者を選ぶシステムなので「民主主義」が適当である。

(16)　（大意）　何がイギリスの10代を幸せにするか？ソーシャルメディアの友達か？スマートフォン？調査によると，10代にとって最も重要なのは，人生で単純なことだ。調査では何がわかったのか？信じられないかもしれないが，寝室を持つことは，服に費やすお金がたくさんあるよりも10代を幸せにする。幸せな家庭生活が彼らにとって重要であるため，最も高価なハイテク機器を望んでいない。実際，お金は彼らの生活の中でまったく重要ではない。

（問題）「今日のティーンエイジャーにとって最も重要なことは何か？」　お金よりも幸せな家庭生活の方が重要である。

(17)　（大意）　ニューヨーク市は，ニューヨーク州のアメリカ東海岸に位置している。州内最大都市であり，アメリカ最大の都市だが，州都ではない。それはニューヨークの北のオールバニだ。都市と州の残りの部分は，2つの異なる世界のようだ。州内には緑の丘，農場，山がある。森林は州の半分以上を占める。ニューヨーク州は東海岸で最大だが，市外に住んでいる人は1100万人未満だ。

（問題）「どの文が真実か？」　第2文参照。ニューヨークはアメリカ最大の都市である。

(18)　（大意）　1866年，日本で初めて記録的なラグビーの試合が横浜で行われた。選手たちはイギリス人船員だった。日本人は見ていたが，プレーしなかった。日本でラグビーが正式に始まったのは，エドワード・ブラムウェル・クラークと友人の田中銀之助からと言われている。ケンブリッジ大学で勉強していたとき，彼らはその競技を楽しんでいた。大学卒業後，クラークは1899年に英語講師として慶應義塾大学にやってきた。田中は実業家だった。慶應義塾大学の学生にその競技を紹介した。1920年代から，ラグビーは人気を集め始めた。約1500のクラブチームが誕生した。

(問題)「最適なタイトルを選びなさい」 ラグビーが日本でどのように始まったのかについて書かれている。

(19) (全訳) 成功し，豊かで，力強くなりたいという強い願望を持ちながらも，いのちの賜物と世の美しさに満足しない者にとって，いのちは苦しみの原因となり，世の利益も美も得られないだろう。

(問題)「作家は何を言いたいのか？」 いのちの賜物と世の美しさに満足をすることが最も大切なことであるとわかる。

7 **(長文読解問題・物語文：適文補充，要旨把握，内容吟味)**

(大意) アメリカ人将校のオーティス氏がカンタービル・チェイスを買収したとき，誰もが非常に愚かなことをしていると彼に言った。彼らは家に幽霊がいることを知っていた。カンタービル卿自身でさえ，オーティス氏が家について話し合ったときにその事実を語った。

「(20)私たちは自分たちでこの家に住みたくありません」とカンタービル卿は言った。「私の大叔母は，夕食のために服を着ていたとき，肩に2つの骸骨の手を見た。彼女はショックから立ち直ることができなかった。私の家族の何人かは幽霊を見た。妻は，廊下や図書館から聞こえてくる不思議な騒音のために，夜にほとんど眠れなかった」

「カンタービル卿，家具と幽霊がいる家を買います。アメリカではお金で買えるものはすべて持っていますが，幽霊はありません。もしヨーロッパに本当に幽霊がいるのなら，捕らえてアメリカの博物館に展示します」とオーティス氏は答えた。

「(21)残念ながら幽霊は存在すると思います。あなたはその存在を信じないかもしれないが。実際，1584年以来，よく知られており，私たちの家族のどのメンバーの死の前にも常に現れています」とカンタービル卿は微笑みながら言った。

「カンタービル卿，主治医は私たちの死の前にも現れます。幽霊などというものは，イギリスの古い家にさえ存在しない」

「気にしないなら，それでいい」とカンタービル卿は答えた。「でも，(22)私が幽霊のことを話したことを覚えていてください」

オーティス氏は家を購入し，彼と彼の家族はカンタービル・チェイスに行った。夫人はとても美しい中年女性だった。彼女は健康で，多くの点でかなりイングランド的だった。長男ワシントンは，髪の毛がきれいで，見栄えの良い青年だった。バージニア嬢は，大きな青い瞳をした 15 歳の少女だった。彼女は馬に乗り，ポニーでレースに勝ったことがある。彼女がレースに勝つのを見て，チェシャー公爵は彼女にプロポーズしたが，彼はイートンに送り返された。バージニアの下に双子がいた。彼らは楽しい男の子だった。

カンタービル・チェイスは最寄り駅であるアスコットから7マイルのところにあるので，オーティス氏は馬車を頼んでいた。彼らはドライブを始めた。7月の夜だった。空気はいい匂いがし，鳥たちは優しく歌っていた。しかし，カンタービル・チェイスの大通りに入ると，突然空が雲に覆われ，大きな黒い鳥が静かに頭の上を通り過ぎ，家に着く前に大きな雨滴が降り始めた。

荷物を降ろした後，馬車はアスコットに戻った。老女が，黒い絹に身を包み，白い帽子とエプロンを着け，彼らを待っていた。家政婦のアムニー夫人だ。彼女は古風な言葉づかいで「カンタービル・チェイスにお迎えできてうれしく思います」と言った。彼らは彼女の後について図書館に入った。お茶の準備が整っていた。

問1 (20) この後で，カンタービル卿は大叔母や妻が幽霊を見た話をして，その家に住みたくない理由を述べている。

(21) 「あなたはその存在を信じないかもしれないが」と続けていることから，カンタービル卿は「幽霊は存在する」と思っていることがわかる。

(22) カンタービル卿は，オーティス氏が家を購入する前に幽霊がいる事実を告げたことを覚えておいてほしかったのである。

問2 ① 「オーティス氏がカンタービル・チェイスを買ったのは，金持ちだっただけでなく，幽霊にも興味があったからだ」 第3段落参照。オーティス氏が幽霊に興味があることが判断できるため適切。 ② 「オーティス夫人はイギリスから来た人々と共通点があった」 第7段落第3文参照。オーティス夫人は多くの点でイングランド的であったので適切。 ③ 「若きチェシャー公爵はバージニアに会う前にイートンに戻った」 第7段落第7文参照。チェシャ—公爵はバージニアにプロポーズした後で，イートンに送り返されたので不適切。 ④ 「バージニアはティーンエイジャーで，馬に乗るのが得意だった」 第7段落第5，6文参照。バージニアは10代で上手に馬に乗ったので適切。

問3 「この物語の最後にカンタービル・チェイスには何人の人がいるか」 オーティス氏，オーティス夫人，長男ワシントン，バージニア，双子の男の子たち，家政婦のアムニー婦人がいるので，あわせて7人である。

問4 ① 「アメリカでは，人々はお金なしで幽霊がいる家を持つことができる」 第3段落第2文参照。「アメリカではお金で買えるものはすべてあるが，幽霊はない」とあるので不適切。

② 「ボルトン公爵夫人の肩に置かれた2つの骸骨の手は，カンタービル卿に衝撃を与えた」 第2段落第3文参照。衝撃を与えたのは，ボルトン公爵夫人なので不適切。 ③ 「人々は300年間，カンタービル・チェイスに幽霊がいると信じていた」 第4段落第2文参照。3世紀にわたって幽霊がよく知られているので適切。 ④ 「オーティス氏は，カンタービル・チェイスの幽霊はカンタービル卿の主治医だと思っていた」 第5段落第2文参照。幽霊のようなものはいないと言っているので不適切。 ⑤ 「オーティス嬢がチェシャー公爵と結婚できなかったのは，オーティス氏が結婚を望まなかったからだ」 第7段落第7文参照。結婚できなかった理由については言及されていないので不適切。 ⑥ 「カンタービル・チェイスへの旅は最初素晴らしかったが，オーティス氏がカンタービル・チェイスの通りに入ると暗くなり，雨が降り始めた」 第8段落第3文～第5文参照。初めはいい匂いがし，鳥たちは優しく歌っていたのに，その後雲に覆われ，大きな雨滴が降り始めたので適切。

8 **(長文読解問題・説明文：指示語，要旨把握，英文和訳)**

(大意) 紅茶がイギリスの国民的飲み物であることは誰もが知っている。イギリスでは，紅茶に匹敵する人気の飲み物はない。もちろん，紅茶は世界中で人気があるが，その国ははるかに多くを消費する。実際，イギリス人は1日1人あたり4杯近く，全国で毎日1億6000万杯以上飲んでいる。もう一つの有名なお茶を飲む国の日本は，イギリスの半分しか飲まない。そして，お茶は中国原産だ。アジアの飲み物はどのようにしてイギリスの国民的飲み物になったのか。そして，イギリスはどのようにして世界最大のお茶の消費国になったのか。

驚いたことに，イギリス人はかなり遅く紅茶を飲み始めた。お茶がヨーロッパに持ち込まれたのは17世紀初期のことだ。17世紀，オランダとポルトガルの貿易業者が中国でビジネスをしたときに茶葉を購入した。お茶は当初，イギリスではあまり成功していなかった。当時人気のある飲料はコーヒーで，紅茶は1650年代初期からコーヒーショップで販売されていたが，あまり売れなかった。1662年，当時のイギリス王がポルトガル出身の女性と結婚したとき，すべてが変わった。新しい妻は紅茶を飲むのが大好きだった。王もお茶を飲むようになり，紅茶はイギリスで流行の飲み物になった。

しかし，醸造家（ビールを作った人々）はお茶が好きではなかった。17世紀，ほとんどの人が安全な飲料水を入手できなかった。彼らが水を沸騰させるか，他のものを飲まなければならないことを意味した。ほとんどの人がビールを飲んだのは，アルコールが水中のバクテリアを殺したからだ。紅茶が流行すると，人々はビールを飲む量を減らした。そこで醸造業者は，販売されている紅茶の量を減らすよう政府に圧力をかけた。政府は紅茶に対する税金を引き上げることによって(A)これを行い，1706年までには119%に上昇した。

紅茶は非常に高価だったので，茶葉は家の女性が持っていた1つの鍵だけで，茶葉を保管するための特別な箱である鍵のかかった容器に保管されていた。一方，紅茶が女性に人気を博すようになると，コーヒーショップの中には，紅茶を飲むのに良い場所を提供するためにティーガーデンをオープンしたところもあった。紅茶の価格が高いことのもう一つの影響は，人々がしばしば紅茶のように見えるがそうではないものを売られていたことだ。紅茶として売られている一般的な偽物の1つは，乾燥した羊の糞だった。

(B)しかし，1784年，政府は最終的に，ほぼ誰もが紅茶を飲む余裕ができるように，紅茶に対する税金を引き下げることに決めた。そして，残された問題はただ一つ，中国が紅茶の唯一の供給源であり，中国はそれを十分に売らなかったということだ。19世紀初頭，東インド会社の何人かの従業員が茶の種を盗み，インドに持っていき紅茶を育てようとした。これらの種子は最終的にダージリン茶になった。1820年，インドのアッサムで茶の植物が野生で育っているのが発見され，イギリスの紅茶の供給がついに保証された。

やや難 問1 「17世紀にさかのぼる」の後に続く内容なので，第2段落第2文以降の内容をまとめる。

「当初は売れなかった」「王様がポルトガル人の女性と結婚した」「お茶好きの女性の影響で王様が飲み始めた」という内容を入れればよい。

問2 前文にある reduce the amount of tea on sale を指している。

問3 〈～ so that …〉「…ように～する」という目的を表す文になる。

やや難 9 （条件英作文）

「高校生はアルバイトを経験するべきだ」に対して，自分の意見を選択した後，理由を書くときには，I have two (three) reasons. などで書き始めると比較的書きやすいはずだ。具体例をあげる場合には，For example, ～ を用いればよい。スペルミスや冠詞の抜け，名詞の単数／複数など基本的な間違いがないか確認する必要がある。

★ワンポイントアドバイス★

記述問題が非常に多い問題構成である。答えを作成するだけでも時間がかかってしまうので，英文を読むスピードが求められる。過去問を用いて，すばやく処理する練習をしよう。

<理科解答>

1 問1 A HCl 式 $CaCO_3+2HCl \rightarrow CaCl_2+H_2O+CO_2$ 問2 ア・イ・エ 問3 51mg

問4 生じた水の一部が水蒸気となって試験管の外に出ていくから。

問5 $2NaHCO_3 \rightarrow NaCO_3+H_2O+CO_2$ 問6 ア 3 イ 2 ウ 4 エ 4

オ 2 カ 2 キ 1 ク 2 ケ 3 コ 6

2 〔1〕 問1 22Ω 問2 I_1 0.3A I_2 0.2A 問3 a 72 b 48

〔2〕 問1 c $\frac{4}{5}$ d $\frac{\sqrt{3}}{2}$ e $\frac{3}{5}$ 問2 f $\frac{\sqrt{3}}{2}$ g $\frac{1}{2}$

〔3〕 問1 ア→ウ→イ 問2 イ→ウ→ア

3 問1 イ・エ 問2 B ア C エ D オ E キ 問3 ②

問4 a ヘモグロビン b 鉄 c 赤 d 青 問5 ウ

問6 G 問7 右図

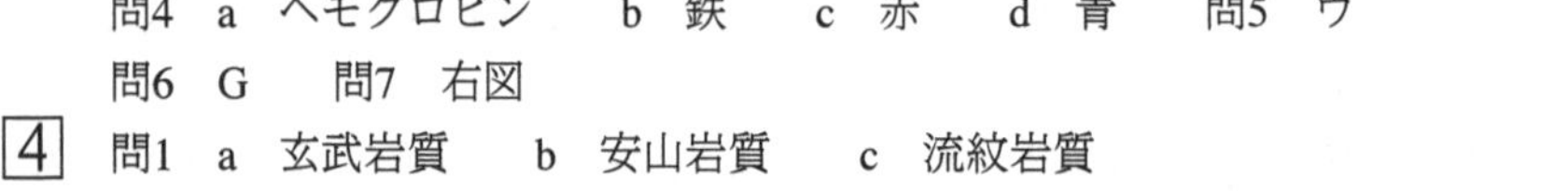

4 問1 a 玄武岩質 b 安山岩質 c 流紋岩質

問2 a A・D b C・E・G c B・F 問3 (1) C

(2) C ア D ウ F イ 問4 (1) 等粒状組織 (2) 閃緑岩

○推定配点○

1 問1A・問6アイ・ウエ・オカ 各1点×4(問6各完答)
問1式・2～5・6キク・ケコ 各2点×7(問1式・問2・問5・問6各完答)

2 〔1〕 問1 2点 問2・問3 各1点×4 〔2〕 問1 各1点×3 問2 各2点×2
〔3〕 各1点×2(問1・問2完答) 3 問1・問7 各2点×2 問2～問6 各1点×11

4 各1点×12(問2各完答) 計60点

<理科解説>

重要 1 (物質とその変化)

問1 二酸化炭素を発生させるには塩酸(HCl)と炭酸カルシウムが必要である。その化学反応式は，$CaCO_3+2HCl \rightarrow CaCl_2+H_2O+CO_2$である。

問2 二酸化炭素は無色透明でにおいはない。選択肢にその特徴が当てはまるのは，アとイとエである。

やや難 問3 水100gに水酸化カルシウムは0.17gまで溶けるので，水酸化カルシウムを溶けるだけとかした石灰水100.17gに，水酸化カルシウムは0.17g溶けていることになる。よって，100.17(g)：0.17(g)＝30(g)：x(g)より，xは0.0509…g＝50.9…mgとなり，51mgが正解となる。

基本 問4 炭酸水素ナトリウムを加熱しているので，反応によって生じた水が水蒸気となって，試験管の外に出ていく。そのため，$(w_1-w_2)>w_3$となる。

問5 炭酸水素ナトリウムが熱分解するときの化学反応式は，$2NaHCO_3 \rightarrow NaCO_3+H_2O+CO_2$である。

問6 ア～エ 炭素を加熱した時の化学反応式は，$C+O_2 \rightarrow CO_2$である。Cの質量比が12で，実験で加熱した炭素は12gなので，必要な酸素は16(g)×2＝32(g)(アイ)で，発生する二酸化炭素は，12(g)＋32(g)＝44(g)(ウエ)である。

やや難 オカ 炭酸水素ナトリウム($2NaHCO_3$)の質量は2×(23＋1＋12＋48)＝2×84であり，発生した二酸化炭素(CO_2)の質量は12＋16×2＝44である。この実験では，炭酸水素ナトリウムを8.4g熱分解させているので，この実験で発生した二酸化炭素は，2×84：44＝8.4：xより，2.2gである。

基本 キク 1.0(L)：1.8(g)＝x(L)：2.2(g)より，xは1.22…とり，1.2Lとなる。

基本　ケコ　1.2Lの二酸化炭素は1200cm^{3}である。炭酸水素ナトリウムの密度が2.5g/cm^{3}なので，8.4gの炭酸水素ナトリウムの体積は，8.4(g)÷2.5(g/cm^3)＝3.36(cm^3)である。よって，発生した二酸化炭素の体積は，最初の炭酸水素ナトリウムの体積の1200(cm^3)÷3.36(cm^3)＝357.1…より，360倍となる。

2　(電流と電圧・力・運動とエネルギー)

重要　〔1〕 問1　BとCの合成抵抗は，$\frac{1}{20(\Omega)}+\frac{1}{30(\Omega)}=\frac{1}{12(\Omega)}$より，12Ωである。よって，PQ間の合成抵抗は，10(Ω)＋12(Ω)＝22(Ω)である。

問2　BとCの抵抗の比は2：3なので，BとCに流れる電流の比は3：2となる。よって，0.5Aを3：2にした時の3がBに流れる電流なので，I_1は0.3A，I_2は0.2Aとなる。

やや難　問3　Aに0.5Aの電流が流れたので，Aにはたらく電圧の大きさは，10(Ω)×0.5(A)＝5V，同様にBにはたらく電圧の大きさは，20(Ω)×0.3(A)＝6(V)，Cにはたらく電圧の大きさは30(Ω)×0.2(A)＝6(V)である。よって，それぞれの消費電力はAで，5(V)×0.5(A)＝2.5(W)，Bで6(V)×0.3(A)＝1.8(W)，Cで6(V)×0.2(A)＝1.2(W)となる。つまり，2.5：1.8：1.2＝100：a：bとなるので，aは72，bは48となる。

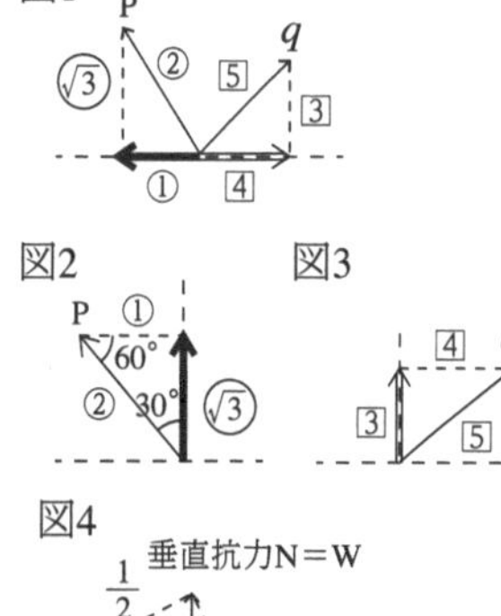

やや難　〔2〕 問1　(ⅰ)　水平方向の分力は，右図1の三角比となるので，Pを1，qを1とすると，p×$\frac{1}{2}$＝q×$\frac{4}{5}$となる。

(ⅱ)　鉛直方向の分力は右図2，3の三角比となるので，Pを1，qを1とすると，p×$\frac{\sqrt{3}}{2}$＝q×$\frac{3}{5}$＝Wとなる。

問2　図4のとき，qの張力が最小になる。よって，垂直抗力N(＝W)を1とすると，p＝W×$\frac{\sqrt{3}}{2}$，q＝W×$\frac{1}{2}$となる。

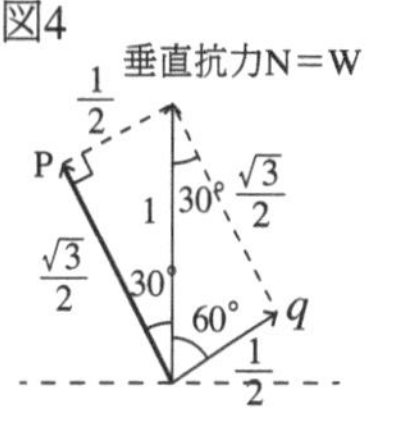

重要　〔3〕 問1　速さの変化の割合は傾きが急な順となる。

問2　一定時間内に斜面を下った距離は傾きが緩やかな順となる。

3　(動物の体のしくみ)

重要　問1　ア　イカは海水を噴出することで泳ぐ方向を決めているので，アは間違いである。

イ　イカは海水を噴出し，図1の方向に進むので，イは正しい。

ウ　図1はイカを腹側から見たものなので，ウは間違いである。

エ　イカの目には水晶体があるので，エは正しい。

重要　問2　Bはすみぶくろ，Cは肝臓，Dはえら，Eは血管である。

重要　問3　Aは，体内に入れた海水などをろうとから噴き出す部分なので，インクは②の方向に移動する。

重要　問4　脊椎動物の赤血球には鉄イオンを含むヘモグロビンという色素が含まれている。鉄イオンが含まれているため，ヘモグロビンと酸素が結びつくと鮮やかな赤色になる。それに対して，イカは銅イオンを含む血液を持っており，酸素と反応して青色となる。

問5　イカの内部の薄いプラスチックのようなものは貝殻が変化したものである。

重要　問6　外とう膜はGである。

問7　イワシの筋肉は，背骨を中心に同心円状に模様が見られる。

4 （地層と岩石）

重要 問1　マグマの温度が高い順に，玄武岩質，安山岩質，流紋岩質となる。

基本 問2　a　玄武岩質の鉱物にはかんらん石や輝石が含まれるので，AとDである。

b　安山岩質の鉱物には輝石，角閃石，黒雲母などが含まれるので，CとEとGである。

c　流紋岩質の鉱物には，石英や長石，黒雲母などが含まれるので，BとFである。

やや難 問3　(1)　表1の左側に行くほどマグマの温度が高くなるので，最も温度が高いのは，最もかんらん石を含むDとなり，次いでAとなる。3番目にマグマの温度が高いのは，輝石を多く含むGであり，4番目はCとなる。　(2)　Cは安山岩質なので成層火山(ア)，Dは玄武岩質なので盾状火山(ウ)，Fは流紋岩質なので溶岩ドーム(イ)を形成する。

重要 問4　(1)　鉱物が大きくジグソーパズルのよう組み合わさっている組織を等粒状組織という。

(2)　等粒状組織をもつ岩石は深成岩であり，Gの火山灰は火山岩でいうところの安山岩と同じ位置にあるので，図1の火成岩は閃緑岩である。

★ワンポイントアドバイス★

問題を素早く正確に読み取る読解力を鍛えよう。

＜社会解答＞

1 問1　[i]　センターピボット方式　[ii]　地下水の使用を抑え，枯渇を防止するため。

問2　オイルマネーをもとに経済発展が著しい国であり，建設業などの労働力として生産年齢人口の外国人男性を多く受け入れている。　問3　(1)　⑤　問4　イスラーム

問5　地形の高低差を生かした水力発電が主流である。人口が少ない発展途上国であり，氷雪がとけ水量が増加する春や夏に電力を輸出し，水量が少なくなる冬に輸入している。

2 問1　(2)　①　問2　(3)　③　問3　(4)　④　問4　(5)　②　問5　(6)　②

問6　(7)　④　(8)　①　問7　カーボンニュートラル

3 問1　(9)　②　(10)　④　(11)　②　問2　(12)　③　(13)　③

問3　(14)　⑤　問4　(15)　④　(16)　②　問5　(17)　②　(18)　②

問6　(19)　③　[ii]　律令

4 問1　(20)　③　(21)　①　(22)　②　(23)　③　(24)　②　(25)　②

問2　(26)　②　問3　(27)　①　問4　多くの銀行が統廃合され，五大銀行などに預金が集中し，財閥の影響力が強まったから。　問5　(28)　①　問6　b　立志社

d　青鞜

5 問1　A　特別裁判所　B　憲法の番人　C　憲法審査会　問2　(29)　⑦

(30)　③　(31)　④　問3　(32)　①　問4　(33)　②　問5　(34)　③

6 問1　(35)　④　問2　(36)　④　問3　(37)　③　問4　バブル景気の中で税収が改善したため。

○配点○

1 問1・問4　各1点×3　問2・問5　各3点×2　問3　2点　2 問1～問5　各1点×5

問6・問7　各2点×2(問6完答)　3 各1点×12　4 問4　2点　他　各1点×11

5 各1点×9　6 問1・問4　各2点×2　他　各1点×2　計60点

＜社会解説＞

1 （地理―西アジア・中央アジアの産業・貿易など）

問1　［ｉ］　360度回転するアームで地下水や農薬などを散布する灌漑方式。　［ⅱ］　乾燥地帯の地下水は補給が十分でないために枯渇する恐れも高く，貴重な水資源を失う危険性も高い。

問2　オマーンは産油国ではあるが小規模な油田が中心であり，早期に国内の近代化を進めポスト石油時代に備える必要がある。そのため多くの外国人を呼び込んで国家建設を進めている。

やや難　問3　Aのトルコはパ20のメンバーでもあり3か国の中では経済規模が最も大きい。Bのアゼルバイジャンは旧ソ連最大のバグ―油田のあった国，Cのパキスタンは綿花栽培の盛んな国。

問4　中央アジア～西アジアのほとんどの国がイスラム教を信仰している。

問5　Gのキルギスタンと Hのタジキスタンはいずれも国土の半分近くが標高3000m以上の国家。雪解けの水を利用した水力発電が中心で中央アジアの最貧国の一つでもある。

2 （地理―日本の自然・環境問題・世界の気候など）

問1　温暖化で気象災害が増えているが，気候変動に関してはより長期の調査が必要となる。

重要　問2　日本の地形区分別構成は山地が61.0%，丘陵地11.8%，台地や低地が24.8%となっている。

問3　沖積平野は河川の堆積作用で形成された平野。土石流は河川の上流で発生する現象。

問4　自然の摂理を無視した開発は人類にしばしば大きなしっぺ返しを与えている。

問5　家庭や学校・オフィスでは灯油やガスといった直接排出は少ないが電気や自家用車を介した間接排出は大きく，この分野での節電を抜きにしては排出量削減の達成は不可能である。

やや難　問6　XはA（西岸海洋性気候）→B（砂漠気候）→C（高山気候）→D（地中海性気候），YはA（熱帯モンスーン気候）→B（サバナ気候）→C（砂漠気候）→D（地中海性気候）の順。

問7　CO_2排出には一定の効果があるが，食料価格の高騰やコスト面での問題などもある。

3 （日本と世界の歴史―古代～近世の政治・経済・文化史など）

問1　［1］　南蛮人とはスペインやポルトガル人。　［2］　和同開珎の流通を図るために出された「蓄銭叙位令」。　［3］　薩摩藩の支配下に入ったことにより琉球は日本と中国の双方に服属。

問2　［1］　イスラム教やユダヤ教は偶像を厳しく禁止。日本は北方仏教，新約聖書はギリシャ語。

重要　［2］　十字軍（11世紀末）→宗教改革（16世紀前半）→ザビエル（16世紀中頃）の順。

問3　班田収授（奈良）→畿内での二毛作（鎌倉）→農書の普及（江戸）の順。

問4　［1］　メソポタミア文明は太陰暦，インダス文明は青銅器や土器で鉄器はまだない。

［2］　唐招提寺（奈良）→延暦寺（平安）→円覚寺（鎌倉）の順。

問5　［1］　大海人皇子は天武天皇として即位。勝利したのは蘇我氏，後醍醐天皇は南の吉野へ逃亡，戦乱の舞台は京都。　［2］　10世紀前半新羅を滅ぼして建国，その後元の侵入で属国化された。

問6　［1］　関所を設けて厳しく管理，訴訟の増加に対し重要法令や判例を整備。　［2］　武家社会の「道理」と頼朝以来の「先例」を基準に制定。死と背中合わせの社会では必要な制度であった。

4 （日本の歴史―近現代の政治・外交史など）

問1　（20）　国民のための政治という意味。　（21）　伊藤博文はドイツを中心に憲法を調査。

（22）　約8年間という歴代2位の在職記録を持っている首相。　（23）　5・15事件で暗殺された首相。　（24）　その後10円→3円と引き下げられ1925年に撤廃された。　（25）　衆議院の第1党が内閣を構成し内閣が総辞職したら第2党に交代するという慣例。

重要　問2　抵抗権を主張し名誉革命を正当化，アメリカ独立宣言にも大きな影響を与えた。

問3　イギリスは1918年に女性参政権を制定。オーストリア・ドイツ・オランダなども導入。

問4　震災手形の処理に失敗したことで金融界が混乱，多くの銀行が倒産した。

問5　中国を唯一の政府と認め台湾と断交した。②は岸信介，③は福田赳夫，④は鳩山一郎。

問6　征韓論で下野した板垣らが結成。「元始女性は太陽であった」の巻頭の辞で知られる。

5　（公民―憲法・政治のしくみなど）

問1　A　戦前の軍法会議など一般の裁判所から独立した裁判所。　B　一切の法律や命令，処分などの合憲性を判断。　C　2007年の国民投票法の成立を受けて設立された組織。

やや難

問2　(29)　表現の自由。　(30)　新しい人権の根拠になる幸福追求権。　(31)　天皇の国事行為。

問3　3分の2以上で再可決されると無効となる。勧告はできるが法案提出権はない。

問4　二院制は審議時間が倍になるなど意思決定には時間がかかる。

問5　個別の政策ではすべてY党が支持されているが選挙結果ではX党が勝利。

6　（公民―経済生活・財政など）

問1　1年間に国内で生産された付加価値の合計で日本にある外国企業の売り上げも含まれる。

問2　すべての締約国に削減目標と達成のための国内対策の実施が義務付けられている。

重要　問3　現在の歳出項目は社会保障費・国債費・地方財政費・公共事業費・文教費・防衛費の順。

問4　特例国債とは赤字国債とも呼ばれ財政法上は認められない。そのため税収の不足でやむを得ず発行するときは年度ごとに特例法を制定して発行する。

★ワンポイントアドバイス★

単純な社会科の知識以上のものが要求されている。普段からいろいろなものに関心を持ち，疑問点があったら必ず自分で調べる習慣をつけよう。

＜国語解答＞

一　1　A　とうしゅう　B　人為　C　はんぷ　D　矛盾　E　陥　2　b　3　オ　4　ウ・カ　5　(例)　境界を明確化する点　6　エ　7　ウ　8　(例)　進歩史観・中心史観という偏った価値観から脱却し，都市部が利便性を高め活性化する中で，活力を失い解体に追い込まれた地域の魅力を評価し誇りを蘇らせるという(意義)

二　1　X　エ　Y　イ　2　A　イ　B　ア　3　ウ　4　オ　5　(例)　二人はロケットを売る男の言葉で気持ちが明るくなったが，ロケットの安さを知り，驚くとともに，お金を落としたことで結局何も買えなかったことを残念に思っている。　6　エ　7　オ

三　1　もうけらるべし　2　①　エ　③　イ　3　最初『むま　最後　とう』　4　ア　5　エ　6　そぞろごと

○配点○

一　1　各2点×5　5　5点　8　10点　他　各4点×5　二　1・2　各3点×4　5　9点　他　各4点×4　三　1・2　各2点×3　他　各3点×4　計100点

＜国語解説＞

一　（論説文―大意・要旨，内容吟味，文脈把握，段落・文章構成，漢字の読み書き，表現技法）

1　A　それまでのやり方をそのまま受け継ぐこと。「踏」の訓読みは「ふ(む)」で，「襲」の訓読みは「おそ(う)」。　B　人の力で行うこと。「為」を使った熟語は，他に「行為」「為替」などがある。　C　広く配ること。　D　二つの物事のつじつまが合わないこと。「矛」の訓読みは「ほこ」で，「盾」の訓読みは「たて」。　E　他の訓読みに「おとしい(れる)」がある。

2　挿入する段落では「飛騨国」では森林資源を背景に建築・木工集団を生み出し，その伝統が生き続けていること，「志摩や能登の人びと」が海民文化を保ち続けていることを述べている。いずれも環境によって生まれた生活文化が伝統となっているという内容であることを踏まえて，入る場所を探す。【　b　】の前に「環境に適応するために生まれた生活文化の一部は，こうして集団を生かすための生業の一部となった」とあり，挿入する段落はこの例に相当する。【　b　】の後の「このように……地域文化を際だたせるという側面をもっていた」の「地域文化」が，挿入する段落で述べている「伝統」につながることも確認する。

3　傍線部①の「環境に適応する」を「その土地の気候や風土への適応」と言い換え，さらに，「集団を生かすための生業の一部となった」を「自らの地域の地理的特性の認識や，個性の表面化に繋がり，集団を存続させる力となった」と説明しているオが最も適切。傍線部①の「環境に適応するために生まれた生活文化」に，ウの「優れた指導者を選出」やエの「集団の強大化を目的」は合わない。傍線部①の「集団を生かすための生業の一部となった」に，アの「社会全体に於いて存在感を発揮するようになった」，イの「互いに助け合うようになった」も合わない。

4　傍線部②の内容から，人間の活動によって「形作られ」ないものを選ぶ。ウの「土地の特性」とカの「石材産地」は環境としてあるもので，人間の活動によって作られたものではない。

やや難　5　「国家と地域の共通点」を考える。一つ後の文以降で「列島最初の国家を築いた倭王権は……律令制というルールを取り入れ」とあり，さらにその後の文で「境界は律令制度により固定化される」と，国家と境界の関係を述べている。同じ段落の後半で「集団は外に向かうとき……内の力を最大限に発揮するため，地域の個性を強化する。その結果，地域固有の姿が浮かび上がり，境界も明確化する」と，地域と境界の関係を述べている。国家と地域のいずれも境界を明確化するという点において共通している。

やや難　6　傍線部④の「人間の鎖」と，同じ段落の後で挙げられている「人間の鎖」の前後の文脈から，政権が弱体化したときに権力の内側に現れ「実質的な調整機能を担う」ものは何かを考える。「人間の鎖」は，律令制という国家の制度ではなく，エの血縁関係による体制をたとえている。アの「階級制度」は，国家の制度なので適切ではない。「権力の内側に現れ」るので，「他地域の人間との衝突」とあるイや，「地域」とあるウやオは適切ではない。

7　傍線部⑤の「顕在化」ははっきりと表れて存在するという意味で，「潜在化」ははっきりと表れないが内にひそんで存在するという意味である。「境界」の「潜在化」の意味であるから，「地域の境界の存在が希薄化する」とあるウが適切。アの「地域が……個性を強化する」，イの「地域の特性が弱まっていく」，オの「地域の技術や産業が……経済的成長を遂げる」は「境界」について述べていない。エの「境界を巡って争わなくなる」は「潜在化する」の意味に合わない。

重要　8　設問文から「『地域固有の豊かな歴史・文化』に注目すること」の意義をまとめる。文章【Ⅱ】で「地域固有の豊かな歴史・文化」について述べている部分を探すと，最終段落に「多様な地域の歴史」「この国の文化の多元性と多様性」という同様の意味を表す表現がある。その後の「進歩史観・中心史観といった先験的で偏った価値観から脱却し，等閑視されてきた地域の魅力を評価すること，地域への誇りを蘇らせることに，やがてつながっていく」から，「『地域固有の豊かな歴史・文化』に注目すること」の意義を読み取る。さらに，ないがしろにされてきたという意味を表す「等閑視されてきた」ことを具体的に言い換えてまとめる。地域がないがしろにされてきたことを述べている部分を探すと，「ひるがえって」で始まる段落に「利便性の高い都市部への人の流入は止まらず，農村漁村など小規模な地域社会は活力を失って，徐々に解体を余儀なくされる」とあり，この内容を加えてまとめる。

二　(小説―主題・表題，情景・心情，文脈把握，脱文・脱語補充，語句の意味)

1　X　直後の「風鈴の音」を修飾している。直前の「胸の底に突き立ってくるような」にふさわしい否定的な意味を持つ語を入れる。　Y　「口汚く怒鳴っていた香具師から」「ロケットを盗」む様子には，うまく物事が成し遂げられる様子を表す語が適切。後の「少し痛快なこと」という表現もヒントになる。

2　A　顔を前に向けたまま，目だけを動かして後ろを見る様子を表す。ここでは，喜一をちらっと見て信雄は「構わず一人境内に向かって歩きだした」というのであるから，イの「無視して」という意味となる。　B　信雄が「導火線を見つめた」様子を表している。「固唾」は緊張したときに口の中にたまるつばの意味で，それを呑み込んで見つめる様子にふさわしい意味を選ぶ。

3　直前の「ロケットも欲しいけど，僕，いろんなもん食べてみたいわ」という言葉や，傍線部①の「口をとがらせて」という様子からは，喜一の不満が読み取れる。前に「『きっちゃん，ロケット欲しいことないんか？』喜一の手を振りほどくと，信雄は怒ったように言った」とあるように，信雄はお菓子を買おうとする喜一に対して怒っており，喜一は自分のお菓子を少しだけ食べたいという思いを信雄が理解してくれないことに対して不満を感じている。傍線部①の「口をとがらせて」という様子に，ア「悲しく」やイ「決まり悪さ」は合わない。エの「喜一は，ロケットを手に入れたがっている信雄の気持ちを理解しようとしている」叙述はない。オ「おもちゃのロケットと露店の食べ物のどちらも買えるはず」とは，この時点ではわかっていない。

4　直後の「相当狼狽して信雄を捜しているふうであった」という喜一の様子と，後の「お金あらへん。お金，落とした」という喜一の言葉に着目する。お金がなくなっていることに気づき，早く信雄に伝えようとしている，とあるオが適切。アとイは「お金がなくなっていること」に触れていない。ウの「自分の失敗だった」や「自分の過ちを謝りたい」と思って，喜一は「先へ先へと進んで」いったわけではない。直後の文「信雄を捜しているふう」であって，オの「お金」をさがしているわけではない。

やや難　5　傍線部③の「信雄と喜一は顔を見合わせて笑った」のは，前の「サンキュー，サンキュー，ご苦労さん」というロケットを売る男の言葉で明るい気持ちになったためである。傍線部④の「二人はまた顔を見合わせた」のは，直後の文にあるように「二つも買えたうえに，焼きイカが食べられた」ことを知って驚いたからである。「食べられたではないか」という表現からは，お金を落としたことで結局何も買えなかったことを残念に思う心情が読み取れる。「二人の心情の変化がわかるように」とあるので，「二人は……したが，……に思っている」などの形にまとめる。

重要　6　傍線部⑤の信雄の「心」について，直前の文で「信雄にも少し痛快なこと」と述べている。「痛快」はたまらなく愉快な気持ちという意味で，信雄は，喜一が口汚く怒鳴っていた香具師からロケットを盗んできたことを「痛快」に思いながらも，「喜一の手からロケットを奪い，足元に投げつけた」のである。前の「おっさんがロケット拾いに行きよった時，盗ったんや。これ，のぶちゃんにやるわ」という喜一の言葉から，喜一がロケットを盗んだのは信雄のためだったと知り，動揺したためだという理由が読み取れる。この内容を述べているエを選ぶ。直前の文の「痛快」に通じる内容を，アとオは述べていない。イとウは，喜一がロケットを盗んだのは自分のためだったと知った信雄の気持ちが反映されていない。

やや難　7　本文中に「人波」という語が何度も提示されている。「人波に押されて立ち停まることもできなくなってしまった」からは二人の気持ちがすれ違う様子が，「人波に乗って二人は境内に流されていった」からは，お金を落として困惑する心情が，「人波をかきわけかきわけ，信雄はむきになって歩いた」からは，動揺する信雄の心情が読み取れる。この心情の変化を説明しているオが適切。アの「その土地で育った子どもたちの情感」は感じられない。イの「『祭り』という非日常的な空間に心ひかれる子どもの普遍的な心理」や，エの「おもちゃの『ロケット』」に焦点をあてた内容ではない。ウの「心理描写をつとめて抑えた」の部分が適切ではない。

三　**(古文—内容吟味，文脈把握，脱文・脱語補充，口語訳，文と文節，仮名遣い)**

〈口語訳〉 資季大納言入道と申し上げた人が，具氏宰相中将に会って，「あなたが問われるほどのこと(であれば)，どんなことでもお答えいたしましょう」と，おっしゃったので，具氏は，「どうでございましょうか」と言ったところ，(大納言は)「それならば私と言い争いなさい」とおっしゃって，(具氏は)「きちんとした事は，少しも学び知っておりませんので，お尋ね申し上げるまでもありません，何でもないことの中で，はっきりしない事をご質問申し上げます」とおっしゃった。(大納言は)「まして身近なつまらない事であれば，どんな事であってもはっきりさせましょう」とおっしゃったので，近臣や，女房たちも，「おもしろそうな言い争いだ。どうせなら，帝の前で争うべきでしょう。負けた人は，ごちそうをするのですよ」と決めて，帝の前に(二人を)呼び寄せて争わせたところ，具氏が，「子どもの頃から聞き慣れているのですが，その意味がわからないことがございます。『むまのきつりやう，きつにのをか，なかくぼれいりくれんとう』という事は，どういう意味でございましょうか。お聞きいたします」とおっしゃったところ，大納言は，はたと言葉につまって，「これはどうでもよい事なので，答えるまでもありません」とおっしゃったのを，(具氏は)「もともときちんとした学問は学んでおりません。どうでもよい事を尋ね申し上げようと決めて申し上げたのです」と言われたので，大納言入道が，負け(ということ)になって，盛大にごちそうなさったということだ。

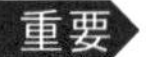
基本 1　歴史的仮名遣いの「まう」は，現代仮名遣いでは「もう」に改める。

2　①　お答えしないことがあるでしょうか，いえ，お答えしましょう，という反語表現になる。
③　「あきらむ」は漢字で書くと「明らむ」。明らかにするという意味であることから判断する。

3　具氏が「おぼつかなき事をこそ問ひ奉らめ」と言っているので，具氏が大納言に質問した事を抜き出す。後で，具氏は「幼くより聞き習ひ侍れど，その心知らぬこと侍り。『むまのきつりやう，きつにのをか，なかくびれいりくれんとう』と申す事は，いかなる心にか侍らん」と質問している。「おぼつかなし」は漢字で書くと「覚束なし」で，はっきりしない，よくわからない，という意味になる。

4　冒頭で，資季大納言入道が，具氏宰相中将に「何事なりとも答へ申さざらん」と言っている。［A］の後「幼くより聞き習ひ侍れど……いかなる心にか侍らん。承らん」と資季大納言入道に質問したのは，具氏。［B］の後に，「はたとつまりて」とある。具氏の質問に「はたとつま」ったのは，資季大納言入道。

5　傍線部④「本より深き道は知り侍らず」は，前の「はかばかしき事は，片端も学び知り侍らねば」をふまえている。したがって，「深き道」は学問について言っているので，エの「学問は学んでいない」が適切。

重要 6　二つ目の［C］の後に「尋ね奉らんと定め申しつ」とあるので，具氏が質問しようと思ったのは，どのような事なのかを読み取る。前の「はかばかしき事は，片端も学び知り侍らねば……何となきそぞろごとの中に，おぼつかなき事をこそ問ひ奉らめ」という具氏の言葉に注目し，ここから適切な5字の言葉を抜き出す。

★ワンポイントアドバイス★

それぞれの選択肢は長文だが，小説の読解問題では，選択肢のうちの「恐怖」や「不安」など心情を述べる語に注目すると正誤の判断がしやすい。時間短縮につながる工夫を心がけよう。

大切なことはメモしておこうネ！

T.G

2021年度

★★★★★★★★★★★★★★★★★★★★★★★★

入　試　問　題

2021年度

昭和学院秀英高等学校入試問題

【数　学】（50分）　<満点：100点>

1　次の問いに答えよ。

(1)　$x=1+\sqrt{2}+\sqrt{3}$，$y=1+\sqrt{2}-\sqrt{3}$のとき，$xy-x-y$の値を求めよ。

(2)　$x=1111$，$y=-909$のとき，$\sqrt{x^2-2xy+y^2+2x-2y+1}$の値を求めよ。

(3)　a，bを定数とする。連立方程式$x-ay=b$，$3x+by=a$の解が$x=2$，$y=-1$であるとき，a，bの値を求めよ。

(4)　底面が１辺の長さ２の正方形で，他の辺の長さが$\sqrt{5}$の正四角すいA－BCDEがある。５点A，B，C，D，Eを通る球の体積を求めよ。

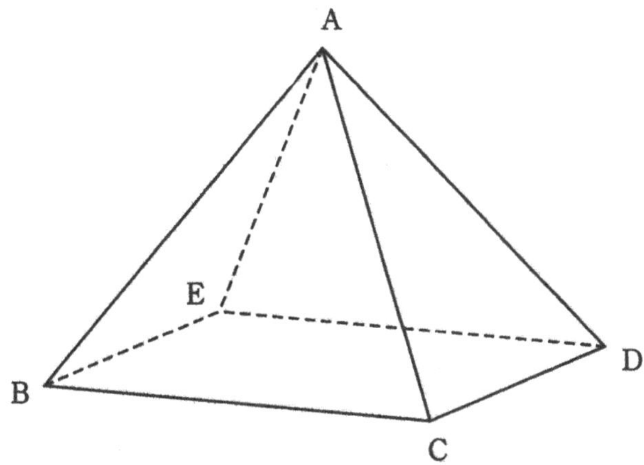

(5)　2，3，4，5，6の５枚のカードがある。このカードから無作為に１枚取り出し，数字を記録してもとに戻す操作を３回繰り返したとき，記録した数字の積が４の倍数になる確率を求めよ。

2　放物線P：$y=x^2$と直線l：$y=x+6$が次のページの図のように２点A，Bで交わっている。放物線P上に点Cを△ABCの面積が10になるようにとる。ただし，Cのx座標は正で，（Cのx座標）＜（Bのx座標）とする。
このとき，次の問いに答えよ。

(1)　２点A，Bの座標を求めよ。

(2)　点Cから直線lに垂線CHを下ろすとき，CHの長さを求めよ。

(3)　点Cの座標を求めよ。

(4)　△ABCを直線lのまわりに１回転してできる立体の表面積を求めよ。

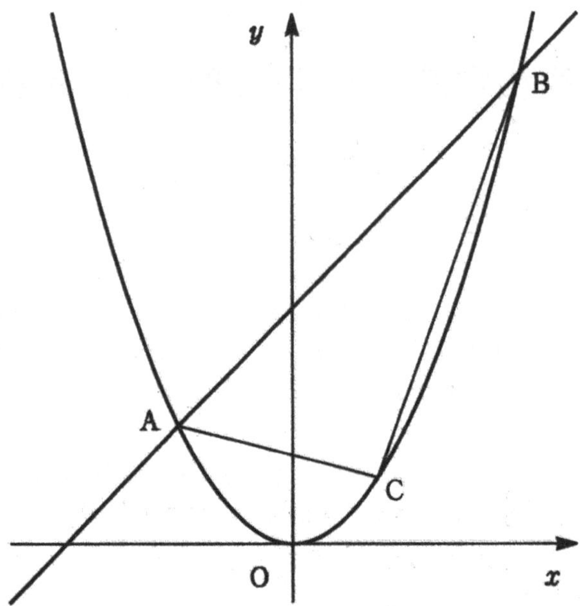

3　ABを直径とする円周上に２点C，Tがある。直線ACと点Tにおける接線の交点をPとし，線分BCとATの交点をQとする。AB＝５，BC＝４，CQ＝３のとき，次の値を求めよ。

(1)　線分CTの長さ

(2)　線分ATの長さ

(3)　線分CPの長さ

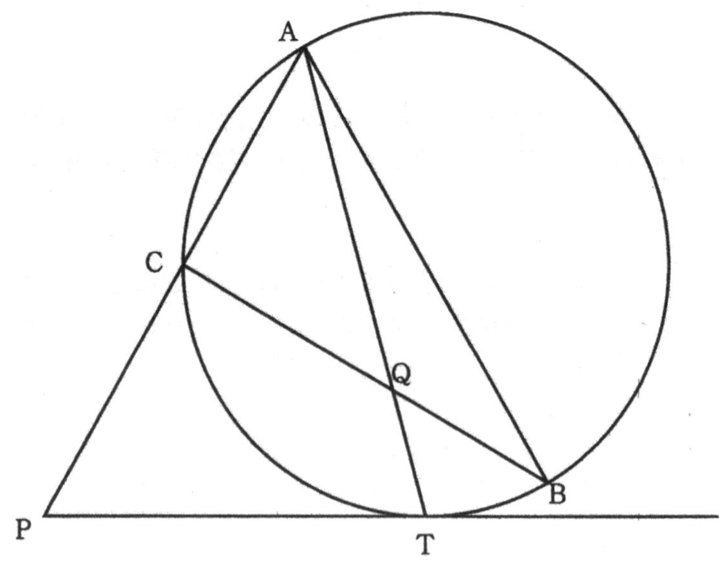

4 自然数 n に対して，n 以下の自然数で n との最大公約数が 1 であるような自然数の個数を $T(n)$ で表す。

例えば $n=10$ に対しては，このような自然数は 1，3，7，9 の 4 個であるから $T(10)=4$ である。次の問いに答えよ。

(1) $T(91)$ の値を求めよ。

(2) $T(3^k)$ の値を求めよ。ただし，k を自然数とする。

(3) $T(pq)=5p+q+6$ を満たす素数 p，q をすべて求めよ。

【英　語】（50分）　<満点：100点>

【注意】 チャイムが鳴って１分後にリスニング問題が開始されます。開始までに，大問１のリスニングの問題に目を通しておいてください。

1　これから放送で“Bananas at Risk”というタイトルの記事を放送します。内容について，以下の問いに答えなさい。記事は２回放送されます。

問１　次の英文が記事の内容に沿うよう，下線部に当てはまる表現を①～④の中から１つ選び，マークシートの(1)にその数字をマークしなさい。

About 85% of the world's bananas come from ＿＿＿＿＿＿＿＿

①　Colombia.　②　Latin America and the Caribbean.

③　Panama.　④　six banana farms in Colombia.

問２　次の英文が記事の内容に沿うよう，下線部に当てはまる表現を①～④の中から１つ選び，マークシートの(2)にその数字をマークしなさい。

＿＿＿＿ of exported bananas are all Cavendish bananas.

①　9％　②　19%　③　90%　④　99%

問３　記事の内容と一致しないものを①～④の中から１つ選び，マークシートの(3)にその数字をマークしなさい。

①　Tropical Race 4 is a kind of fungus that lives in soil.

②　TR4 doesn't allow banana plants to get water and oxygen well.

③　All Cavendish bananas are at risk because they are all similar.

④　The Manzano banana is one example of less-common banana types.

問４　放送の中で，専門家たちが現在の取り組みとして様々な種類のバナナを作ることをあげているが，これに対して，あなたはどう思いますか。「賛成か反対かを明らかに述べる文」と「その理由を述べる文」，合わせて３～４文の英文を解答用紙１－問４に書きなさい。

〈リスニングスクリプト〉

Bananas are important crops. They are a top source of food and money for millions of people. But banana plants are dying. They're being attacked by a type of Panama disease. It is called Tropical Race 4 (TR4).

For years, farmers and experts have been afraid that TR4 would hit Latin America and the Caribbean. That's where about 85% of the world's bananas come from. On August 8, 2019, those fears came true. Cases of TR4 were confirmed at six banana farms in Colombia. The country declared a national emergency. "In Colombia, TR4 is incredibly difficult to control," scientist James Dale told TIME for Kids. "Everybody is absolutely petrified about what's going to happen."

When Good Bananas Go Bad

TR4 is a fungus. It lives in soil. TR4 infects banana plants through the roots. Then it moves into the stems. It stops water and nutrients from entering the plant's leaves. The plant turns yellow. Then it dries up and dies. TR4 spreads easily. "No country is immune to the disease," says Fazil Dusunceli. He works for the Food and Agriculture Organization.

Ninety-nine percent of exported bananas are of the same type. They are all Cavendish bananas. This lack of variety is not good for nature. All Cavendish bananas are very similar. So when a disease like TR4 strikes, they are all equally at risk. "Eating Cavendish bananas is making the situation worse," says Altus Viljoen. He's a professor. He studies plant diseases.

Experts say we should grow and eat many different types of bananas. This would mean turning to less-common types. The Manzano banana is one example. It tastes like apple and strawberry.

An Uncertain Future

People in the banana industry are coming together. They want to save the tropical fruit. James Dale, for example, is working with a team of scientists in Australia to introduce a new type of banana. It is resistant to TR4. But some people are against scientists creating new plants in a lab. They say people shouldn't mess with nature.

Not everyone is worried about the fruit. "I think there's a great future for bananas," Andrew Biles says. He's an adviser to Chiquita. That's one of the world's biggest banana companies.

This isn't the first time bananas have been in trouble (see "Looking Back"). We may find a solution to today's banana crisis. But will history repeat itself in future decades? "Oh, I'm certain it will," Dale says.

2 次の日本語を表す英文を，それぞれ（　）内の語句を並べ替えて完成するとき，(4)～(11)に入れるのに最も適切な語句は何か。マークシートの(4)～(11)にその数字をマークしなさい。ただし，（　）内の語は，文頭で用いる場合であっても大文字が小文字で表されている。

1．この機械に何か問題があるに違いない。

There (4)(　)(　)(5)(　)(　)(　).

(① something ② this ③ wrong ④ must ⑤ machine ⑥ be ⑦ with)

2．トムが外国に行ってから10年の年月が過ぎた。

Ten (　)(　)(6)(　)(　)(7)(　).

(① passed ② since ③ years ④ went ⑤ have ⑥ Tom ⑦ abroad)

3．一緒に川に泳ぎに行きませんか。

(　)(8)(　)(　)(9)(　)(　)?

(① swimming ② we ③ why ④ don't ⑤ in ⑥ go ⑦ the river)

4．ベンチに座っている男性に話しかけられた。

I was (　)(10)(　)(　)(11)(　)(　) on the bench.

(① spoken ② sitting ③ the man ④ to ⑤ was ⑥ by ⑦ who)

3 次のAとBの会話が成立するように，（ ）内の語を必ず使用して，次の日本語を表す英文を解答用紙［1］～［3］に書きなさい。ただし，（ ）内の語は，文頭で用いる場合であっても大文字が小文字で表されている。使う順番は自由とする。

［1］ A：I'm not feeling well.
B：You look pale. すぐに医者に診てもらったほうがいいよ。（ see, at ）

［2］ A：I like playing tennis. How about you?
B：Well, 私はテニスをするより読書をすることが好きだ。（ prefer ）

［3］ A：Can I visit you tomorrow?
B：I'm sorry, I'm going to go out. もし明日雨が降ったら，私は家にいます。（ if ）

4 次の英文の記事を読み，以下の問いに答えなさい。

SAN FRANCISCO (AP)—In the San Francisco area, a lot of coffee houses have stopped using paper to-go cups and have (12) them with everything from glass jars to rental mugs.

Chef Dominique Crenn, owner of the three-star Michelin restaurant Atelier Crenn, plans to open a San Francisco cafe that will have no to-go bags or (13) coffee cups, and won't use any plastic. Customers who want to take their drink away will be told to bring their own coffee cups.

The Blue Bottle coffeehouse chain, which uses about 15,000 to-go cups a month at its 70 US cafes, says it wants to "show our guests and the world that we can stop using disposable cups."

Blue Bottle will stop using paper cups at two of its San Francisco cafes in 2020. Coffee to-go customers will have to bring their own mug or pay some money for a (14) cup, and they can keep it or return it for their money back. The money, deposit fee, will likely be between $3 and $5, the company said.

"We expect to lose some business," said Blue Bottle CEO Bryan Meehan. "We know some of our guests won't like it — and we're prepared for that."

Small-cafe owner Kedar Korde is (15) that one day it will become trendy for coffee drinkers to carry around reusable mugs, just like stainless steel water bottles have become a must-have accessory in the San Francisco area. Korde's Perch Cafe in Oakland stopped using paper and plastic cups in September, along with lids and straws. "We now offer a glass jar that comes in a 12 ounce (350 milliliters) or 16 ounce (470 milliliters) size," Korde said. (16) <u>Customers pay a 50 cent deposit and can return the jar for their money back or keep it and get 25 cents off future drinks.</u>

Korde made the change after his 9-year-old daughter's school did a cleanup project at Lake Merritt, near his cafe, and found his disposable cups in the water. (17) <u>His daughter joked to him. "I don't have to clean my room if you can't keep your cups out of the lake."</u> But he took it more seriously.

問1　文中の⑿に入れるのに最も適切なものを下の①～④の中から１つ選び，マークシートの⑿にその数字をマークしなさい。

① connected　② mixed　③ replaced　④ used

問2　文中の⒀～⒂に入れるのに最も適切なものを下の①～④の中から１つずつ選び，マークシートの⒀～⒂にその数字をマークしなさい。ただし，同じものは一度しか使えない。

① convenient　② disposable　③ optimistic　④ reusable

問3　下線部⒃⒄の英文の意味を説明している英文を，以下のそれぞれの①～③の中から１つずつ選び，マークシートの⒃⒄にその数字をマークしなさい。

⒃ ① Customers have to pay 50 cents for the jar, and they can drink everything at 25 cents at the cafe. They can also use it at home.

② Customers have to pay 50 cents for the jar, and they can get the money back when they return it, or they can take it home. They can drink at a lower price if they use it at the cafe.

③ Customers have to pay 50 cents for a drink in a jar, and they only pay 25 cents when they drink one more in the same jar.

⒄ ① His daughter told him to keep his cups out of the lake and clean her room as a joke.

② His daughter thought it not fair that she had to clean her room when her father's cups were in the lake.

③ His daughter wanted him to clean the lake and her room.

5　次の英文を読み，以下の問いに答えなさい。

Some words tell their own stories. One look at *spring* and *fall*, and we know the reason why these names were given to two of our seasons. New plants spring up in the spring; (18) fall in the fall of the year. It's very clear why the *swing* in the playground was given its name. There can't be any mystery about what time of the day the (19) comes.

But other words are harder to understand. Most of us have worn *jeans* at one time or another. If we thought about it at all we might have supposed that it had something to do with the name of a girl. Not at all. The truth is that it comes from the name of the cloth from which jeans are made. This strong cloth was first made in (a), Italy, for sailor's pants that had rough wear. It was known as (b) cloth and began to be used for overalls and work pants. It became *Genes* cloth, arid then (c) cloth. The name was finally given to the pants themselves.

問1　文中の⒅⒆のそれぞれに入れるのに最も適切なものを以下のそれぞれの①～④の中から１つずつ選び，マークシートの⒅⒆にその数字をマークしなさい。

⒅ ① snowflakes　② leaves　③ raindrops　④ stars

⒆ ① *sunshine*　② *Sunday*　③ *sunrise*　④ *sunburn*

問2　文中の（a）～（c）に入れるのに最も適切なものを下の①～④の組み合わせの中から１つ選び，マークシートの(20)にその数字をマークしなさい。

① (a) *Genoa*　(b) *jeans*　(c) *Genoese*
② (a) *jeans*　(b) *Genoa*　(c) *Genoese*
③ (a) *Genoa*　(b) *Genoese*　(c) *jeans*
④ (a) *Genoese*　(b) *jeans*　(c) *Genoa*

6　次の “Titles” というタイトルの英文を読み，以下の問いに答えなさい。

Each new semester, I introduce myself to my students and invite them to call me by my first name, ‘Paul.’ However, over the years, I have noticed that only about ten to twenty percent of students actually use my first name. Many of my students avoid using any name at all, while others call me *sensei*, “Mr. Stapleton,” or “teacher.” I used to wonder why it was so difficult for most students to use my first name, but now with a better understanding of Japanese culture, I think I know why.

In Japanese culture, it is almost impossible to imagine a student calling his or her Japanese teacher using a first name. Using a teacher's first name plus the title *sensei* may be even stranger. This difference between English and Japanese can be explained by looking at (22)the two triangles on this page.

Notice how the triangle representing Japanese is much more vertical than the one representing English. The vertical shape of the Japanese triangle shows that there is a clear and large distance between people of low and high status. In the English triangle, however, because it is more horizontal, the difference of status between people is less clear.

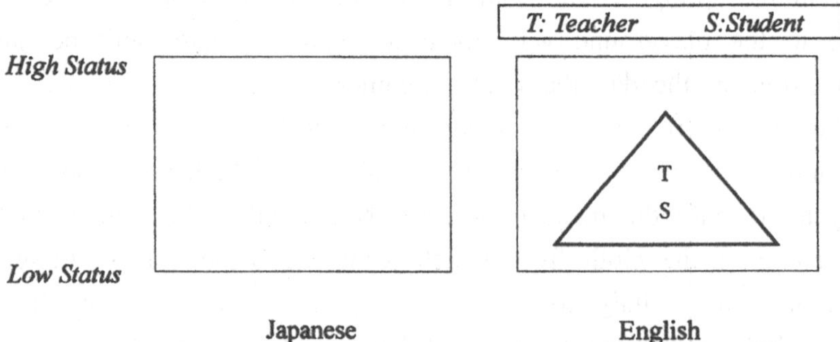

In the graphics, we can see that there is a greater distance between teachers and students in the Japanese triangle than the English one. The greater the distance, the more need there is to use titles when the lower status person, that is, the student, speaks to a higher status person, the teacher.

[1] Titles are also used in many situations in Japanese where they are not used in English. For example, in a store, Japanese clerks refer to customers as

okyakusama, or in a workplace, titles such as *bucho* and *kacho* are used. In English, however, store clerks simply use the word 'you,' and in the workplace first names are often used, even for people in higher positions. This difference reflects the importance of hierarchy and group-orientation in Japan. [2]By calling a person *okyakusama* a clerk shows respect for his or her higher status in the clerk-customer relationship. In the workplace, titles make the position of the named person in the group very clear. On the other hand, in English, the word 'you' is a term used no matter what the status of the individual. In languages such as French, German, and Japanese, there is more than one word for 'you,' both formal and informal, which shows more concern for hierarchy. In English, the use of first names shows both informality and an appreciation for the individual.

問1　この英文で使われている"title"という語は次の①～③のどの意味で使われているか。最も適切なものを1つ選び，マークシートの(21)にその数字をマークしなさい。

① the name of a book, composition, or other artistic work

② the position of being the champion of a major sports competition

③ a name that describes someone's position or job

問2　下線部(22)"the two triangles on this page"のEnglishの三角形は描かれている。Japaneseの三角形として最も当てはまるものを下記の①～④の中から1つ選び，マークシートの(22)にその数字をマークしなさい。

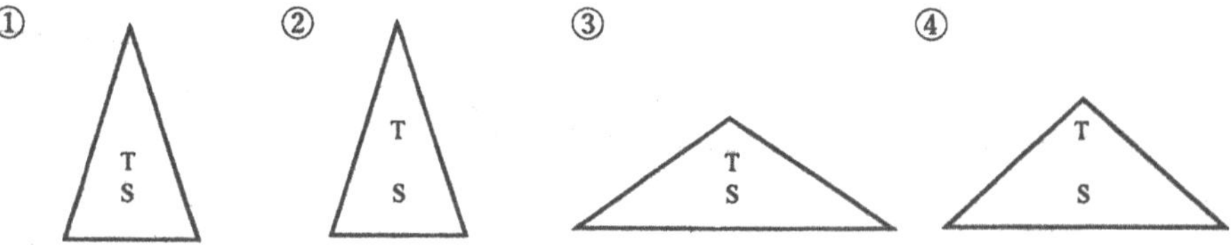

問3　下記のチャートは下線部［1］が示す内容を示したものである。（a）～（e）に当てはま語句を本文中の英語を抜き出して書き，完成させなさい。なお，（d）（e）の解答は順不同とする。

place ＼ language	Japanese	English
in a (　　a　　)	・*okyakusama*	・(　　b　　)
in a (　　c　　)	・*bucho*　　・*kacho*	・(　　d　　) ・(　　e　　)

問4　下線部［2］の英文を日本語にしなさい。

7　田中由里（Tanaka Yuri）さんはオーストラリアのある家庭にホームステイで留学することになりました。次のページの(A)は，Yuriが初めてホームステイ先に送ったEメールの本文です。また，(B)はそれに対するホームステイ先Mr. Brownからの返信のEメールの本文です。由里はどのようなＥメールを送ったのでしょうか。由里からのＥメール(A)の［１］に始めの挨拶（２文以上），［２］に質問文２つ，［３］に終わりの挨拶（２文以上）を入れて完成させなさい。書く量は解答欄に収まるようにすること。

(A)

Dear Ms. Brown,

[1] ______________________________

____

[2] ______________________________

____

____

[3] ______________________________

____

Sincerely,

Yuri

(B)

Hello Yuri,

I am very happy to get the e-mail from you and I'm really excited for you to arrive in a week!

Yes, all the stationery you need is available here: pens, erasers, staplers, glue, paper and so on. So you don't have to bring any. As for the second question, also yes. You can use our WiFi, so please bring your smartphone. You can use it.

Please ask me if you have any other questions. We wish you a safe trip and see you soon!

All the best,

Mary Brown

【理　科】(40分)　＜満点：60点＞

1　以下の各問いに答えよ。

問1　エタノールは有機物の１つで，常温では液体で存在しており，水と任意の割合で溶解する。試験管A，B，Cの３本を用意し，試験管Aから順にエタノールの割合を減らしていき，異なる比率で水と混ぜ合わせた。次に，切ったストロー（ポリプロピレン製）をそれぞれの試験管の中に入れると表１のような結果となった。この結果をふまえ，《文章１》の空欄（あ）～（え）に当てはまる適切な語句をそれぞれ答えよ。

表１

試験管A	試験管B	試験管C
沈んだ	浮いた	浮いた

《文章１》

表１の結果から，（　あ　）の違いが分かる。水，エタノール，ストローでは，（あ）の小さい順に（　い　），（　う　），（　え　）となる。

問2　《文章２》の空欄（お），（か），（け）には化学式を，（き），（く）には当てはまる適切な語句をそれぞれ答えよ。

《文章２》

有機物を完全燃焼させると，水と（　お　）が生じる。（お）を水酸化カルシウムの飽和水溶液に通じると，（　か　）が生じ白濁する。この反応は一般的に（　き　）反応と呼ばれ，水と（　く　）が生じる。例えば硝酸と水酸化カリウムの（き）反応では，（く）である（　け　）が生じる。

問3　有機物の燃焼にガスバーナーを使うことがある。図１のガスバーナーを点火する操作について，次の**ア**～**キ**の選択肢を正しい順に並べ替え，記号で答えよ。ただし，全ての記号を使うとは限らない。なお，ねじをひねる向きは，ガスバーナーを上から見たときの場合とする。

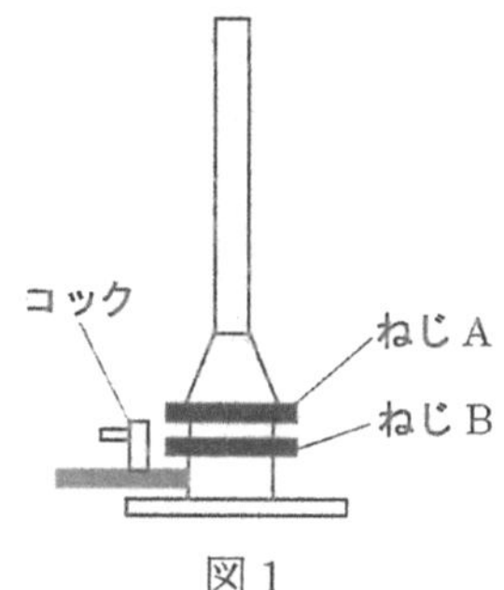

図１

ア．マッチを点火し，炎を近づける。
イ．コックを開ける。
ウ．ねじAを時計まわりにひねり開ける。
エ．ねじAを反時計まわりにひねり開ける。
オ．ねじBを時計まわりにひねり開ける。
カ．ねじBを反時計まわりにひねり開ける。
キ．ねじAとねじBが閉まっていることを確認する。

問4　次のページの図２のような，自由に動くピストン付きの容器の中に気体を入れ，その気体と過不足なく反応する酸素を加えて完全燃焼させた。必要であれば，「同じ温度，圧力のもとで，全ての気体は，その種類に関係なく同体積中に同数の分子を含む」という法則を使うこと。

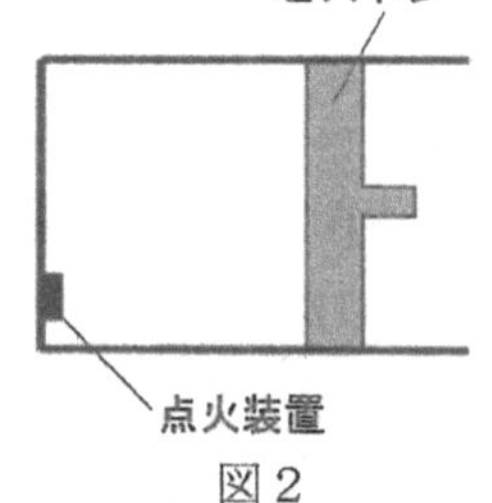

図２

⑴　プロパンC_3H_8が完全燃焼したときの化学反応式を答えよ。

⑵　気体Xを過不足なく反応させ完全燃焼するには，その温度，圧力下で気体Xの3.5倍の体積の酸素を要した。また，気体Xは炭素原子と水素原子のみで構成されており，その原子数の比は１：３である。気体Xの化学式と，気体Xの完全燃焼の化学反応式を答えよ。

⑶　以下の(i)，(ii)の気体を入れて完全燃焼させた後の容器中の体積は，反応前の体積の何倍になるか。小数第３位を四捨五入し，第２位まで答えよ。ただし，反応前と反応後でピストンの外からかかる圧力（大気圧）と温度は同じであり，反応で生じた水は全て液体であるとする。また，点火装置と液体の体積は気体の体積に比べ限りなく小さいため無視できるものとする。

(i)　気体のプロパン

(ii)　気体のプロパンと気体Xが体積比で２：１の混合気体

2　以下の各問いに答えよ。

図１のように，A，B，Cの３人が一直線上に立っている。Aの左側には壁がある。壁面は３人が立つ一直線上に垂直であり，音を完全に反射する。AB間，BC間はともに102mである。Bは運動会で使うスタート合図用のピストルを撃った。A，Cはその音を聞いた。空気中の音速は340m／sである。

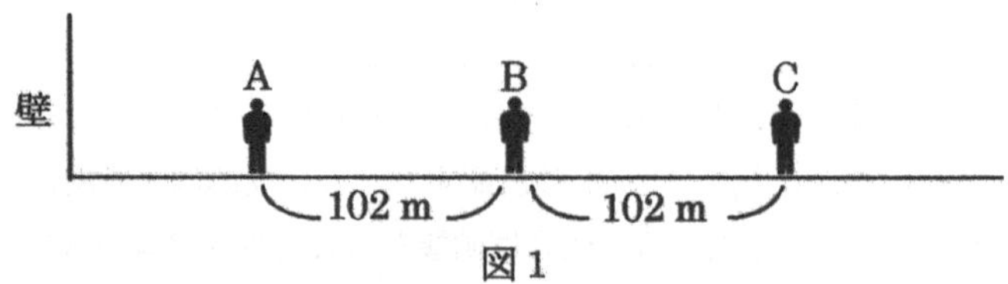

図１

問１　Aが直接音を聞くのは，Bがピストルを撃ってから何秒後か。

問２　Aは直接音を聞いてから，0.40秒後に壁からの反射音を聞いた。Aと壁との間の距離は何mか。

問３　Cは直接音を聞いてから，何秒後に壁からの反射音を聞いたか。

次に，Bが35mだけCに近づきピストルを撃った。

問４　BがCに近づく前に比べて，Cが直接音を聞いてから，壁からの反射音を聞くまでの時間について正しく述べられているものを，次のア～ウから選び，記号で答えよ。

ア．長くなる　　**イ**．短くなる　　**ウ**．変わらない

問５　BがCに近づく前に比べて，Aが直接音を聞いてから，壁からの反射音を聞くまでの時間について正しく述べられているものを，次のア～ウから選び，記号で答えよ。

ア．長くなる　　**イ**．短くなる　　**ウ**．変わらない

最後に，壁とBを結ぶ直線上でAの位置を変えた。なお，Bの位置は問４，問５での位置と変わらない。

問６　Bがピストルを0.50秒間隔で２回撃った。Aが聞いた音の回数は，合計で３回だった。Aの立っている位置は壁から何mか。

3 以下の各問いに答えよ。ただし空気の質量は地面からの高さによらず，一様に1 m^{3}あたり1250 g であるとする。また，100 g の物体の重さを1 Nとする。

問1 大気圧を1025hPa（1 hPa＝100Pa）とする。縦の長さ80cm，横の長さ50cmの長方形の窓ガラスが大気から受ける力の大きさは何Nか。

問2 問1の力の大きさは2050kg の自動車何台分の重さに等しいか。

問3 地上付近の大気圧が1025hPaだとすると，地面4.0m^{2}の上にある空気の重さは何Nか。

問4 問3のとき，大気の厚さは何mになるか。

問5 実際の大気の厚さについて正しく述べた文を**ア**～**ウ**から，その理由を示しているグラフとして正しいものを**エ**～**カ**からそれぞれ選び，記号で答えよ。

ア．実際の大気の厚さは問4で計算した値より薄い。

イ．実際の大気の厚さは問4で計算した値とほぼ同じである。

ウ．実際の大気の厚さは問4で計算した値より厚い。

エ．
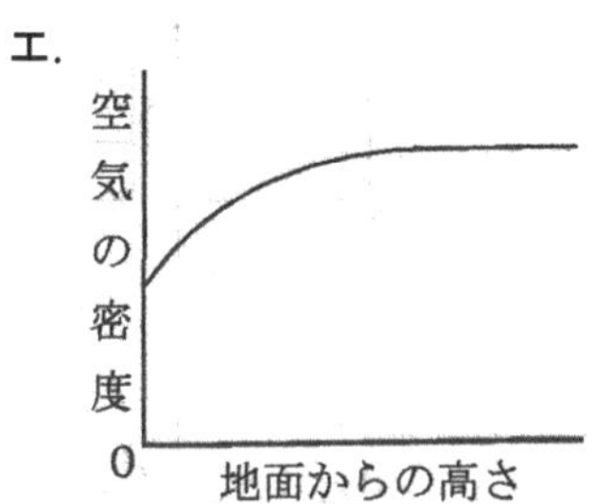

オ．
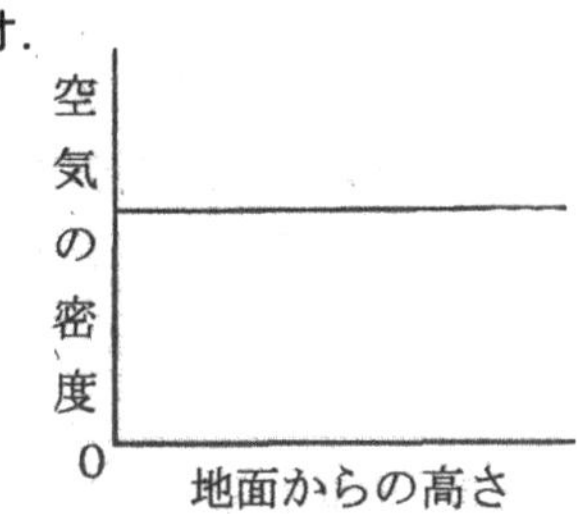

カ．
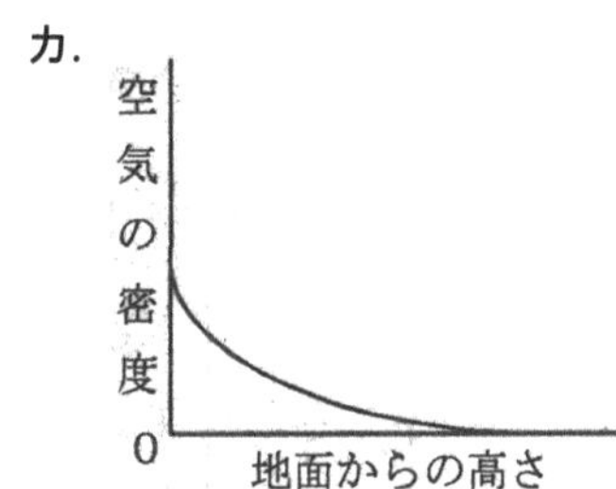

4 以下の各問いに答えよ。

図1にあるように，ある地域で標高の異なるA，B，Cの3地点においてボーリング調査を行い，得られた柱状図が図2である。横に併記してある深度の値は地表面からの深さを表している。

異なる地点にある地層を対比するには鍵層となる地層を基に考える方法がある。

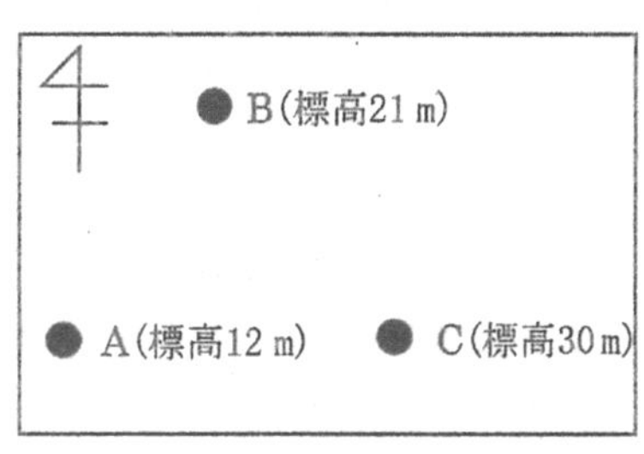

図1

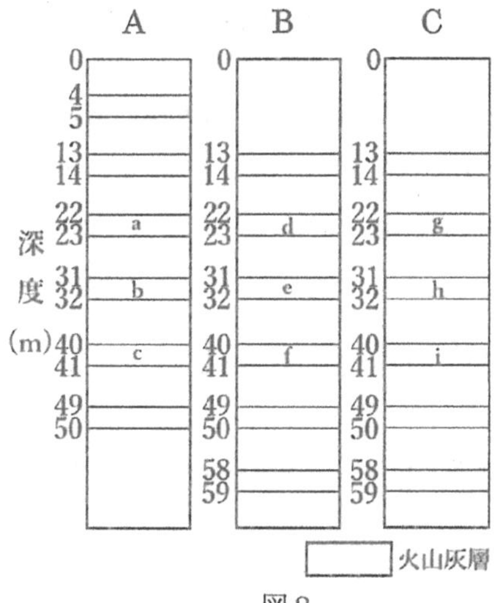

図2

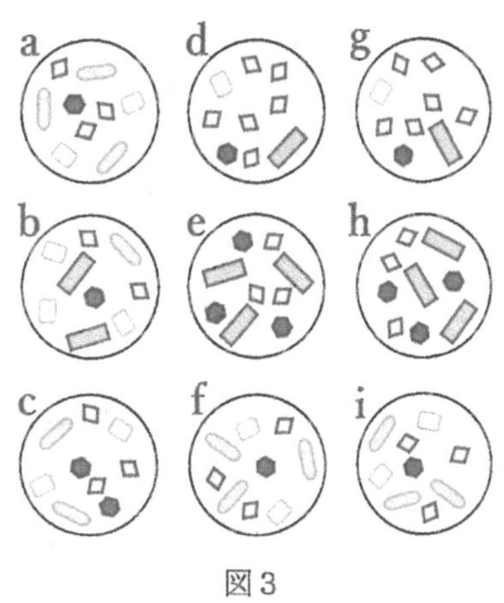

図3

前のページの図２の柱状図中には起源の異なる火山灰の層ａ～ｉが存在している。それぞれの堆積物を顕微鏡下で観察したところ，前のページの図３のような様々な鉱物が確認された。

問１　柱状図においてＡ，Ｂ，Ｃの３地点の鍵層となる火山灰の層はどれか。ａ～ｉから全て選び，記号で答えよ。

問２　鍵層を基に，Ａ，Ｂ，Ｃの３地点の地層を対比して，この地域の地層の傾斜している（低くなっている）方角を，次の**ア**～**エ**から選び，記号で答えよ。

ア．南東に向かって傾斜している。　　**イ**．北東に向かって傾斜している。

ウ．北に向かって傾斜している。　　**エ**．地層は傾斜していない。

5　以下の各問いに答えよ。

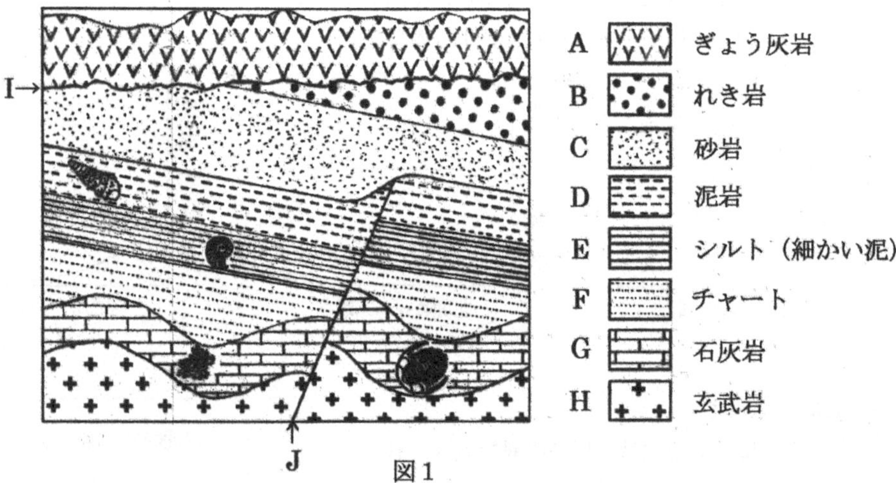

図１

図１はある斜面にみられた地層を模式的に表したものである。G層からはサンゴと三葉虫の化石が，E層からはアンモナイトの化石が，D層からはビカリアの化石が見つかった。ただし，地層の逆転はないものとする。

問１　G層が堆積した場所の環境と時代（古生代・中生代・新生代）を述べよ。

問２　恐竜の化石が見つかるとしたらA～H層のうち，どの層か。記号で答えよ。

問３　G層に見られるような波打った地層を何というか。

問４　Jのような断層が形成された際に地層に加わったと考えられる力を，次の**ア**，**イ**から選び，記号で答えよ。また，そのような断層を特に何というか。

ア．横方向に押す力

イ．横方向に引く力

問５　Iのような地層の重なり方を何というか。

問６　B～E層の４層をみると，上にいくにつれ堆積物粒子が粗くなっている。このことから何が起きたと考えられるか述べよ。

問７　A～Jの形成過程を古い順に並べた際に，６番目と９番目にくる層はどの層か。それぞれ記号で答えよ。

6 以下の各問いに答えよ。

生物には，自分と同じ種類の子孫をつくるはたらきがあり，これを生殖という。生殖には，両親を必要とせず，親のからだの一部が分かれてそのまま子になる「(あ)生殖」と，子孫を残すための（ い ）を用いて子をつくる「(う)生殖」とがある。

「(あ) 生殖」の1つには，ジャガイモのように，根・茎・葉などの器官から人工的に新しい個体をつくるものがあり，農業や園芸ではよく利用される方法である。

「(う) 生殖」において，親と子の形質を比較すると，親と子の間で遺伝していることがわかる。例えば，メンデルが遺伝の研究で使用していたエンドウの種子の形で，①代々自家受精させてもしわのない丸い種子と，②代々自家受精させてもしわのある種子を親として交雑させてできた子の種子は，③どちらか一方の形質しか発現しない。下線部①と②の関係を対立形質といい，子に発現する方を優性形質，発現しない方を劣性形質という。形質が遺伝するのは，遺伝子による。

このような遺伝が起こるのは，(い) を形成する際，(え) によって対になっている遺伝子が別々の (い) に入るからである。

問1 空欄 (あ) ～ (え) に当てはまる適切な語句をそれぞれ答えよ。

問2 被子植物の生殖に関する問いに答えよ。

(1) 受粉から種子が形成される過程について，次の**ア**～**オ**の選択肢を正しい順に並べ替え，記号で答えよ。

ア．花粉管が伸びてその中を精細胞が移動していく。

イ．めしべの柱頭に花粉がつく。

ウ．卵細胞の核と精細胞の核が合体する。

エ．種子と果実がつくられる。

オ．受精卵が細胞分裂を繰り返して胚になる。

(2) 種子および果実になるのは，めしべのどの部分か。それぞれ答えよ。

問3 下線部①や②のように，代々自家受精しても形質が変わらない系統を何というか。また，下線部③について，遺伝の法則名を何というか。それぞれ答えよ。

問4 遺伝について考える場合，アルファベットを用いると考えやすい。例えば，優性をアルファベットの大文字，劣性をアルファベットの小文字とすると，エンドウの種子を丸くする遺伝子をA，しわにする遺伝子をａと表すことができる。

下線部①と②を交雑して得られた子を自家受精して孫を得た。その孫をそれぞれ自家受精して得られたひ孫の遺伝子型とその分離比を，簡単な整数比で答えよ。

問5 「(あ) 生殖」と「(う) 生殖」を比較した場合，それぞれ有利な点と，不利な点が考えられる。そのうち，「(あ) 生殖」と「(う) 生殖」の有利な点について，それぞれ1つずつ述べよ。

【社　会】（40分）　＜満点：60点＞

【注意】 全ての問題について，特に指定のない限り，漢字で答えるべきところは漢字で答えなさい。

1　太郎さんと花子さんは，夏休みの間，調べ学習を行い，２学期にクラスで発表しました。２人の発表を読み，以下の設問に答えなさい。

太郎：日本列島は，フォッサマグナ（大地溝帯）を境界として「東北日本」と「西南日本」に分かれます。フォッサマグナは東北日本と西南日本の接合部にあたります。

花子：日本列島は，フォッサマグナで大きく亀裂が走り，陥没しています。ただし，地表は新しい時代の堆積物に覆われているので，現地に行っても実際に陥没が観察できるわけではありません。

太郎：フォッサマグナの東の端ははっきりわかっていませんが，西の端はわかっています。それは，（　X　）構造線と呼ばれ，日本海側と太平洋側の２つの都市を結ぶ線とほぼ重なる巨大な断層帯です。

花子：この構造線を境に，西側は（　Y　）プレート，東側は（　Z　）プレートであると考えられています。

太郎：（X）構造線の西側には，総称して「日本アルプス」と呼ばれる飛騨・木曽・赤石山脈など急峻な山々が連なります。これらの山脈は，日本列島が東西に圧縮された結果，隆起したと考えられています。

花子：また（X）構造線に沿って，諏訪湖などの断層湖が多く見られます。

太郎：図１を見てください。この構造線の西側の急峻な山脈からは，富士川，大井川，天竜川などの河川が流出しています。一帯の湖水や河川水は①農業や②工業に利用されています。

花子：これらの河川には多くのダムが建設されています。

太郎：ダムは私たちに多くの恩恵をもたらしました。ダムによって水害のリスクが減少したことに加え，貯水した水の落下エネルギーにより発電が行われます。こうして発電された電力によって，多くの産業が発展し，また私たちの生活が支えられています。

花子：他方で，ダム建設がもたらす負の側面もあります。例えば，河川の中・上流の生態系が損なわれることがあります。また③下流の沿岸部にも問題を引き起こします。

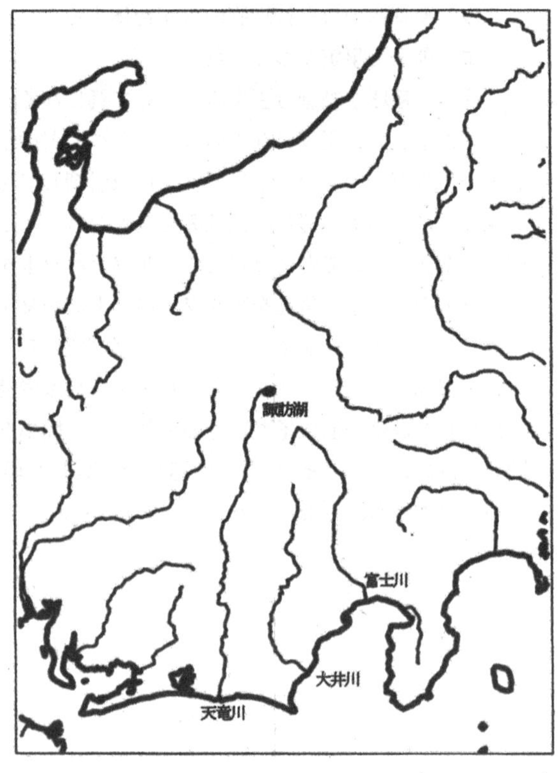

図１

問１　文章中の（X）にあてはまる語句を答えなさい。

問２　文章中の（Y）・（Z）にあてはまる語句をそれぞれ答えなさい。

問３　下線部①に関連して，次の写真１は図２中のアから矢印の方向を撮影したものです。写真１中に見えるファンの説明文と栽培されている作物の名称との正しい組み合わせを，次のページの①～⑥より１つ選び，記号で答えなさい。

写真１

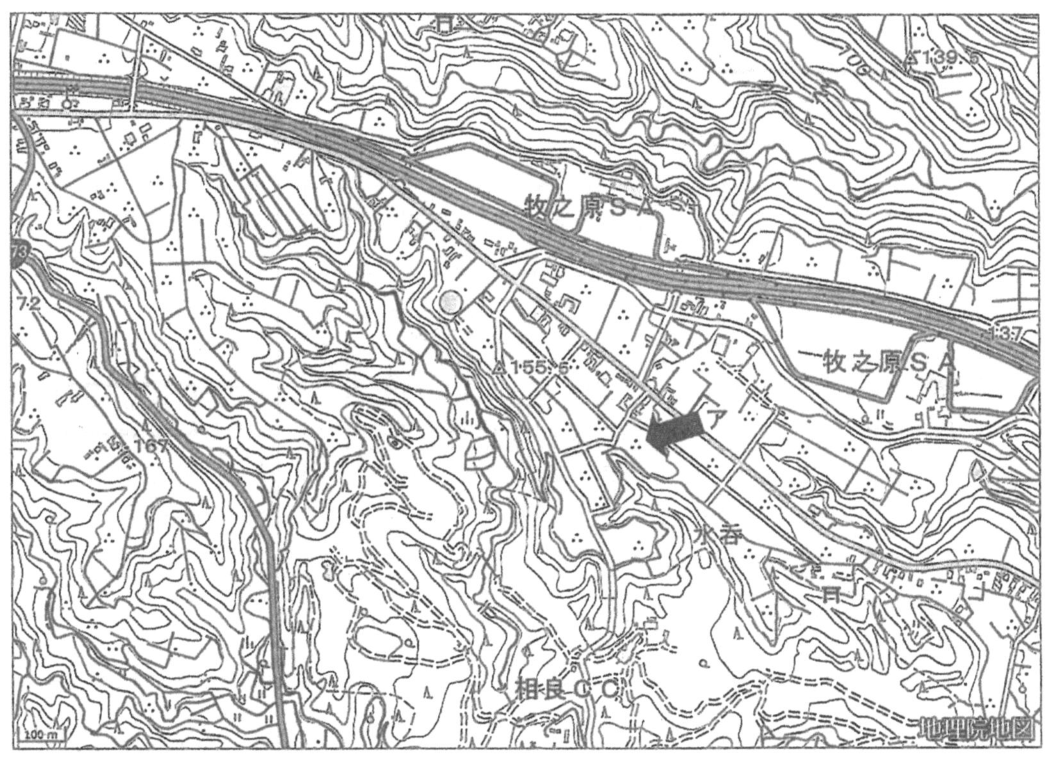

図２

ア．気温が下がる地上付近に上空の温かい空気を送ることで，地上付近を温めている。
イ．気温が上がる地上付近に上空の冷たい空気を送ることで，地上付近を冷やしている。

	①	②	③	④	⑤	⑥
説明文	ア	イ	ア	イ	ア	イ
作　物	桑	桑	茶	茶	綿花	綿花

問４　下線部②に関連して，現在の中部・東海地方の工業を説明した文として下線部が誤りのものを，次のア～エより１つ選びなさい。

ア．浜松市は，織機生産などの技術を背景にして成立した楽器生産が盛んである。

イ．富士市では，富士山の融雪水など豊富な水資源を利用した製紙・パルプ業が盛んである。

ウ．諏訪湖を中心とした地域は，戦時中に精密機械工場が疎開してきたことを契機に精密機械工業が発達している。

エ．富士川の河口を中心とした地域は，水力発電による豊富で安価な電力を背景に，アルミニウムの新地金の生産が盛んである。

問５　下線部③に関連して，以下は天竜川の縦断図（図３）と沿岸部の様子（次のページの写真２）です。図３と写真２を参考にしながら，写真中の□部に見られるような「離岸堤」が河口付近に設置されている理由を60字以内で述べなさい。

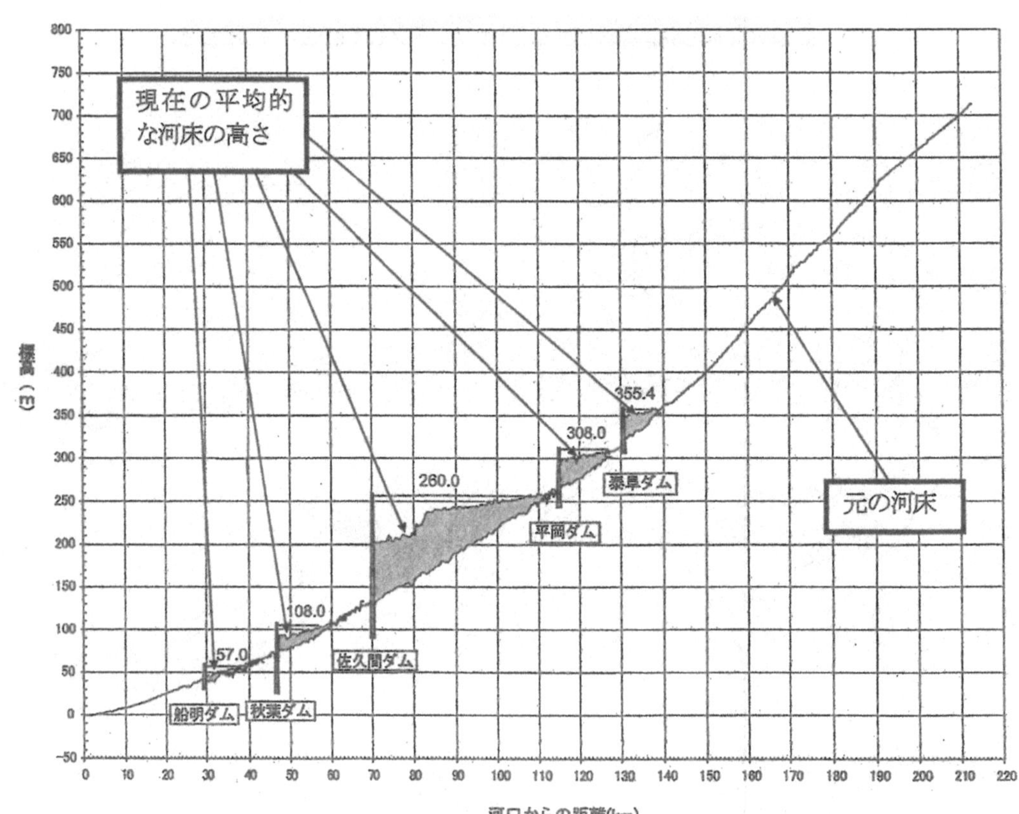

図３　国土交通省　河川整備基本方針「天竜川水系 資料」をもとに一部改変

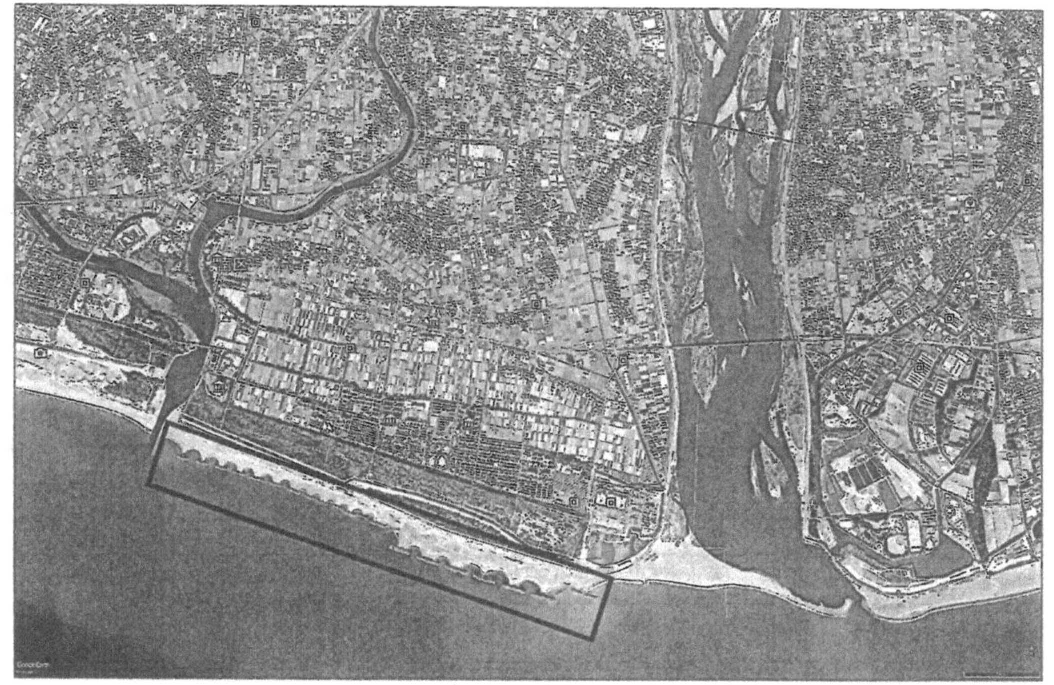

写真２　　Google Earth により作成

2　次の図１を見てあとの設問に答えなさい。

図１

問１　次の図２中のａ～ｃは，それぞれ前のページの図１中のア～ウのいずれかの都市の雨温図です。ａ～ｃとア～ウとの正しい組み合わせをあとの①～⑥より１つ選び，記号で答えなさい。

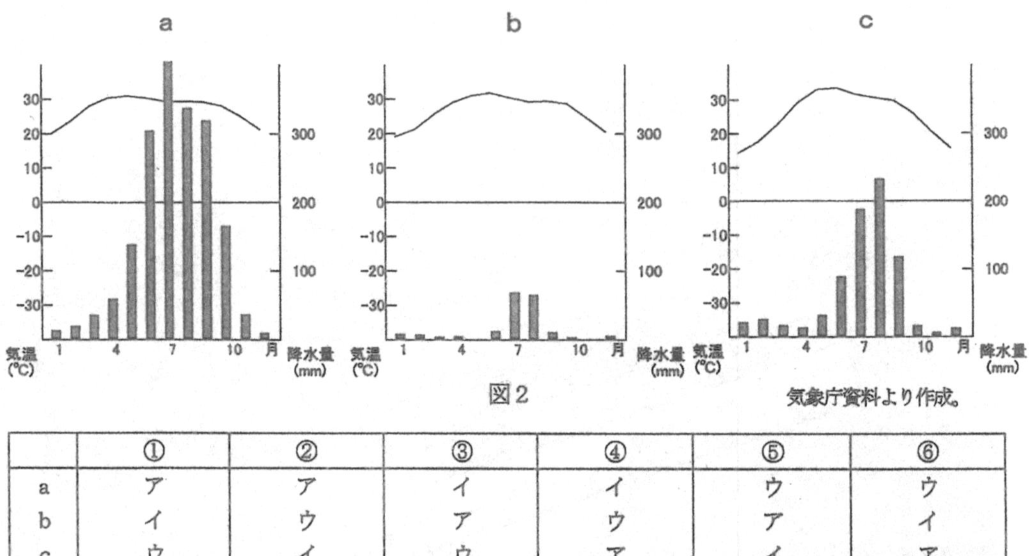

図２

気象庁資料より作成。

	①	②	③	④	⑤	⑥
a	ア	ア	イ	イ	ウ	ウ
b	イ	ウ	ア	ウ	ア	イ
c	ウ	イ	ウ	ア	イ	ア

問２　次の図３中のａ～ｃは，それぞれ図１中のカ～クのいずれかの断面図です。ただしａ～ｃは，それぞれ縦軸であらわす標高のスケールが異なっています。ａ～ｃとカ～クの正しい組み合わせをあとの①～⑥より１つ選び，記号で答えなさい。

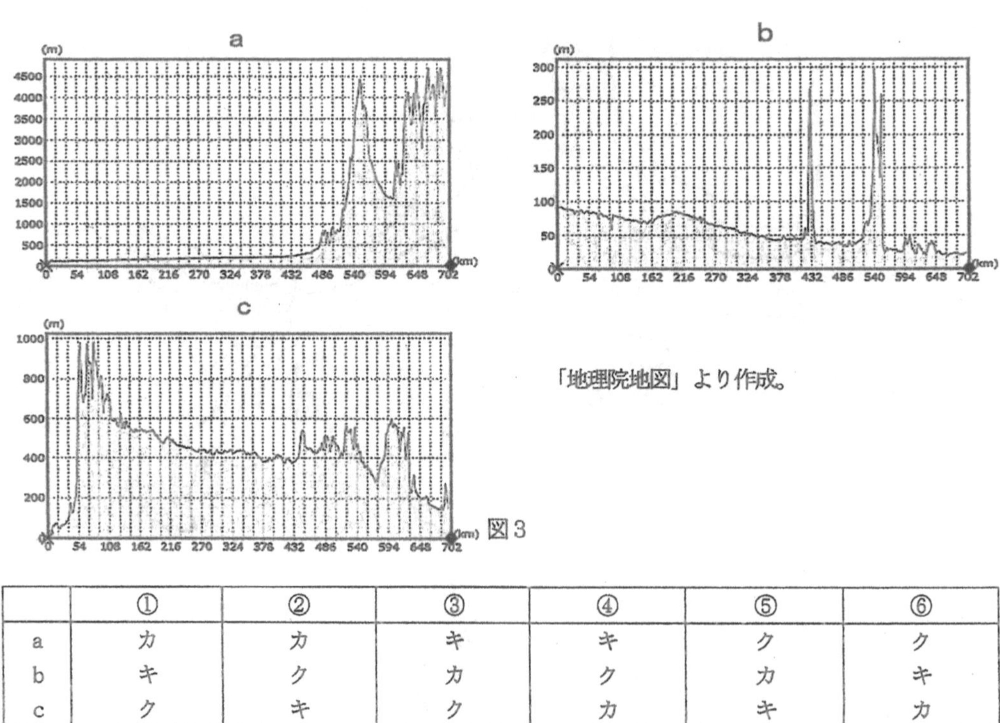

「地理院地図」より作成。

図３

	①	②	③	④	⑤	⑥
a	カ	カ	キ	キ	ク	ク
b	キ	ク	カ	ク	カ	キ
c	ク	キ	ク	カ	キ	カ

問３　世界の主な言語人口*（2018年）を示した次の表１を見て，以下の設問に答えなさい。

*第一言語による区分

表１

順位	言語名	使用人口（百万人）
1	X	1,299
2	スペイン語	442
3	Y	378
4	アラビア語	315
5	Z	260

『データブック・オブ・ザ・ワールド2020』より作成。

⑴　表１中のＹは，19ページの図１中のＢ国でも広く話され，人々のコミュニケーションを円滑にする準公用語の役割を果たしています。その理由について40字以内で述べなさい。

⑵　表１中のＺは，図１中のＢ国の公用語です。表中Ｚの言語の名称を答えなさい。

問４　次の図４中のア～ウは，それぞれ図１中のＡ～Ｃのいずれかの国の宗教人口の割合（%）を示しています。ア～ウとＡ～Ｃとの正しい組み合わせをあとの①～⑥より１つ選び，記号で答えなさい。

ア

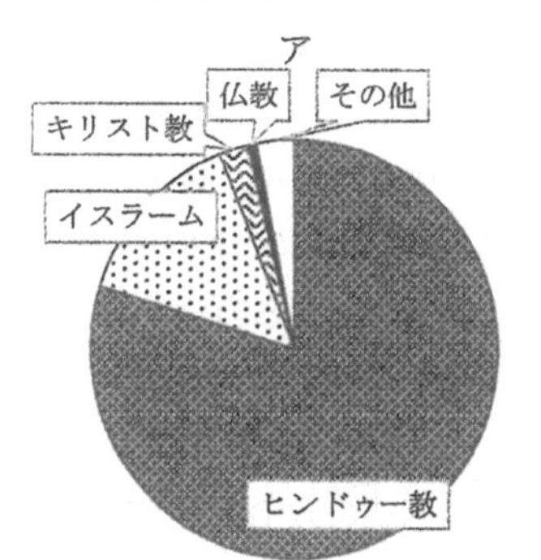

イ

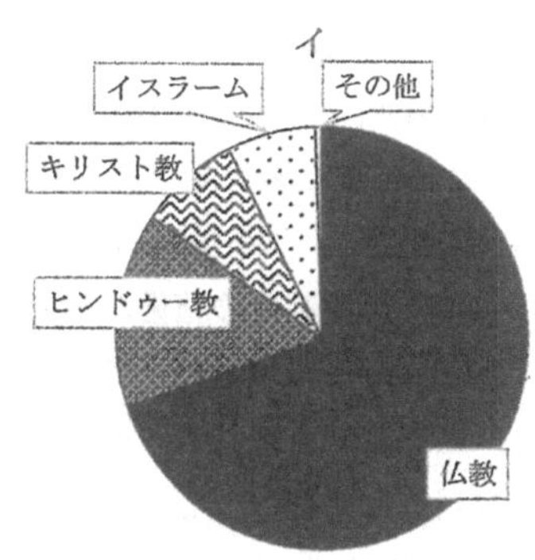

ウ

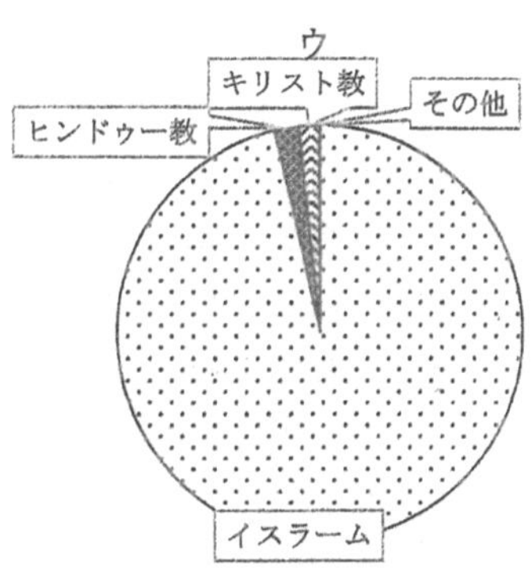

ヒンドゥー教　イスラーム　キリスト教
仏教　その他　『データブック・オブ・ザ・ワールド2020』より作成。

図４

	①	②	③	④	⑤	⑥
ア	A	A	B	B	C	C
イ	B	C	A	C	A	B
ウ	C	B	C	A	B	A

問５　次の表２中のア～ウは，それぞれ図１中のＢ～Ｄのいずれかの国の主な輸出品とその割合（2018年）を示しています。ア～ウとＢ～Ｄとの正しい組み合わせを次ページの①～⑥より１つ選び，記号で答えなさい。

表２

	主な輸出品とその割合（%）
ア	衣類 84.2　繊維と織物 5.1　履物 2.2　えび 1.2　革 0.9
イ	衣類 42.5　紅茶 12.5　タイヤ類 4.4　機械類 4.2　香辛料 3.1
ウ	石油製品 14.6　機械類 10.4　ダイヤモンド 7.9　繊維と織物 5.6　化学薬品 5.5

『データブック・オブ・ザ・ワールド2020』より作成。

	①	②	③	④	⑤	⑥
ア	B	B	C	C	D	D
イ	C	D	B	D	B	C
ウ	D	C	D	B	C	B

3 次の文章を読み，以下の設問に答えなさい。

歴史は事実を語るものではないといわれる。そこに存在するのは編纂者が意図的に取捨選択した情報であり，更に恣意的な評価が加わる。そこに事実が含まれているとしても，歴史は「純粋な事実の記録」ではありえない。

そもそも史料収集自体が困難な営みだ。直近50年ですら危ういのに，ましてや古代の史料など限られた品々に依存せざるをえない。例えば①「漢委奴国王」と記された金印の存在が，同時代の倭の様子を記録した中国の史書と照合し信頼できるから，我々が古代史の冒頭で学ぶ小国は「奴国」とされている。

我が国自身の手で編纂した歴史書として伝わる最古の書物は『古事記』である。（　1　）が暗記していた歴史を書き留めてつくった歴史書だ。しかし，歴史書を「つくる」という営みは「記録しないことを選択する」という側面がある。次の歴史書『日本書紀』には遣隋使に関する記述が存在するのだが，隋の記録に残る最初の遣隋使，600年の派遣に関する記述は存在しない。行政制度の整備が不十分な当時の倭が，「国家」としてまともに相手にされなかったということを，後世に伝えるべきではないと判断したのだろう。実際，（　2　）の治世で家柄ではなく能力によって役人を登用する（　A　）を定めていることに，行政制度の整備が不十分であることに対する自覚と危機感が現れている。その上で607年に二度目の，『日本書紀』では最初の遣隋使を派遣している。

国家が体裁を気にかけること自体，歴史全体を通じて一般的なことである。1871年（　B　）を代表に欧米へ派遣された使節団の主な目的は条約改正であった。しかし，欧米式の政治制度が存在しない日本はまともな交渉を行うことができず，明治政府は政治制度の整備に腐心することとなる。1885年に太政官を廃して（　3　）をつくり，1889年には大日本帝国憲法を発布したことは彼らの努力の成果である。

歴史は同時代的につむがれていくだけでなく，現在からさかのぼり過去を再定義する場合もある。我々にとって身近な例を挙げれば「幕府」がその代表だ。江戸に置かれた徳川氏の武家政権を江戸幕府と表現するようになってから，さかのぼって過去の武家政権も「幕府」と表現するようになった。鎌倉を根拠地に開かれた最初の武家政権を②鎌倉幕府，花の御所を拠点に政務を行った（　4　）の時代に南北朝を統一し安定期を迎えた武家政権を室町幕府と我々は呼んでいるが，それは後からつくられた呼称なのだ。

ここまで歴史はつくられるものだという指摘を繰り返し行った。しかし，それは歴史を学ぶ意義を否定するものではない。むしろ歴史の存在意義は，それが「事実」ではなく「評価」であるからこそ高まる。例えば③19世紀半ば，④江戸時代の末期にあたる時代，当時の老中は物価高騰の原因を一部の商人による物流の阻害にあると考え（　5　）を行った。しかし，その政策は物価高騰に対してほとんど影響を及ぼすことがなかった。物価高騰の原因がそもそも江戸に至る物資の不足，すなわち供給の絶対的不足であったからである。こうした評価を歴史として明確に伝えることは，本当の意味で過去の失敗に学ぶ最良の教材となる。今を生きる私たちにとって大勢を巻き込む失敗は許されない。だからこそ，過去の失敗例とその原因を冷静に評価する歴史を参考に，取り返しのつかない失敗を避ける意義は大きい。

最後に，歴史を参考に判断を改めた実例を紹介したい。⑤第一次世界大戦の講和会議に臨んだ当時のアメリカ大統領（　6　）は，過酷な賠償請求が国際平和の障害になると主張した。しかし，英仏はこの主張を受け入れず，結果として敗戦国ドイツは巨額の賠償金を要求された。この賠償金問題はその後ヨーロッパ情勢のひずみとなり，第二次世界大戦に至る遠因となったとされる。その反省から，第二次世界大戦後，1951年に行われた日本と資本主義国との講和で，多くの国が賠償請求権を放棄した。もちろんその背景には条約調印時の内閣総理大臣（　C　）をはじめ多くの日本人の交渉と，冷戦という社会情勢が大きく影響している。ただ，多くの国が過酷な賠償請求は割に合わないということを，歴史から学んだことは間違いないだろう。

語群

a．推古天皇	b．雄略天皇	c．大友皇子	d．舎人親王	e．天武天皇
f．天智天皇	g．太安万侶	h．稗田阿礼	i．足利義政	j．足利直義
k．足利義満	l．足利義昭	m．足利尊氏	n．ローズベルト	o．ウィルソン
p．リンカン	q．トルーマン	r．帝国議会	s．内閣	t．元老院
u．貴族院	v．新田開発	w．貨幣の改鋳	x．株仲間の解散	

問1　文章中の（1）～（6）にあてはまる人名や語句を 語群 より選び，記号で答えなさい。

問2　文章中の（A）～（C）にあてはまる人名や語句を答えなさい。

問3　下線部①について，この金印が発見された場所として最も適切な場所を，右の地図のア～エより1つ選び，記号で答えなさい。

問4　下線部②について，鎌倉時代の出来事について述べた文章ア～エを読み，時代の古い順に並び替えなさい。

ア．源実朝が暗殺された。

イ．京都に六波羅探題が設置された。

ウ．北条義時が侍所長官を兼ねるようになった。

エ．御成敗式目が制定された。

問5　下線部③について，右の年表に「アヘン戦争で清がイギリスに敗北した」という項目を書き加える場合，適切な位置を年表中のア～オより1つ選び，記号で答えなさい。

	ア
1825年	異国船打払令が出された
	イ
1839年	高野長英や渡辺崋山が厳しく処罰された
	ウ
1844年	オランダ国王より開国を勧める親書が届いた
	エ
1853年	ペリーが来日し、大統領からの国書を届けた
	オ

問６　下線部④について，以下の設問⑴・⑵に答えなさい。

⑴　下の史料Ｘは1615年に制定された武家諸法度の一部，史料Ｙは1683年に５代将軍への代替わりに際して行われた武家諸法度改訂の一部を示しています。Ｘ・Ｙを比較すると，武士に求められる役割が変化したことを読み取ることが出来ます。Ｘ・Ｙから見える武士に期待された役割の変化を，史料Ｙのような役割を武士に求める上で幕府が重視した思想に言及しながら，60字以内で述べなさい。

史料Ｘ：一　文武弓馬の道，もっぱら相たしなむべきこと。

史料Ｙ：一　文武忠孝をはげまし，礼儀を正すべきこと。　※史料は一部をひらがなに直して記載

⑵　江戸時代の社会や文化に関して述べた次の文章①・②を読み，その正誤の正しい組み合わせをあとのア～エより１つ選び，記号で答えなさい。

①　経済発展に伴い江戸は都市として大きく成長し，主に陸路で米や酒など大量の物資が運びこまれた。

②　浮世絵の祖と呼ばれた葛飾北斎は，多くの美人画の傑作を残した元禄文化を代表する人物である。

	ア	イ	ウ	エ
①	正	正	誤	誤
②	正	誤	正	誤

問７　下線部⑤について，第一次世界大戦前後の出来事について述べた文章ア～エを読み，時代の古い順に並び替えなさい。

ア．ワシントン会議で軍縮に関する国際的な合意が行われた。

イ．日本による旧ドイツ権益継承を国際社会が容認したことへの反発から中国で五・四運動が起こった。

ウ．民族自決の思想に刺激され朝鮮で三・一独立運動がおこった。

エ．ロシアでレーニンを指導者とする武装蜂起が起こり，ソヴィエトが政権を掌握した。

4　次の文章を読み，以下の設問に答えなさい。

昭和学院秀英高等学校のある千葉県千葉市は，2021年１月１日に市制100周年を迎えた。市制100周年を迎えるにあたって，熊谷俊人市長は「①市制施行時には約３万４千人だった人口は，現在約98万人にまでなりました。この100年のあゆみは，戦争からの復興や②高度経済成長，1992年の政令指定都市移行など，③市民，④企業，団体の皆様が町の発展のために知恵を絞り，努力を積み重ねてこられた軌跡であり，改めまして先人たちに心からの敬意と感謝を表します。…（略）…この大きな節目を，皆様とともに本市の都市としての成長のあゆみを振り返り，日本の中で果たしてきた役割やその価値を見つめ直し，これを未来へ継承，発展させていくのかを考え，行動につなげる機会としていきたいと考えております。」※と述べている。

1989（平成元）年２月には，⑤核兵器などによる戦争への脅威をなくし，市民共通の願いである世界の恒久平和を求めて「平和都市」を宣言し，1995年に戦争の悲惨さと平和の大切さを次代に伝えるために，空襲の被災地である京成千葉中央駅東口前にこの宣言のシンボルとなる記念像「未来を支える人々」が設置されている。この記念像は人々が互いに尊重し，信頼し合いながら支え合う姿を表現している。また，千葉市は戦争反対だけでなく，⑥人々が互いに尊重するということに関

して，⑦男女共同参画も推進している。その１つの例として，2019年に同性・異性を問わない千葉市パートナーシップ宣誓制度を導入したことが挙げられる。同性だけでなく，異性との事実婚を対象としたのは全国で初の制度である。

さて，千葉市は，1992年に政令指定都市に移行した際に，都市基盤整備などに積極的に取り組んできた結果，市債残高が急増し，2008年度は実質公債費比率が20.1%となった。実質公債費比率とは，地方公共団体の公債費の大きさをその⑧地方公共団体の財政規模に対する割合で表したもので，25%を超えると財政破綻寸前と見なされる数値である。この状況下で，2009年に財政再建を公約にした熊谷市長が⑨無所属で立候補し，初当選すると，「脱・財政危機」宣言を出し，⑩公共事業を抑制し，建設事業債発行額を半分以下に減らし，国民健康保険料等の徴収率を上げることに成功した。この結果，2016年度の決算で実質公債費比率は17.3%となり，2017年には「脱・財政危機」宣言を解除するに到っている。その後も引き続き公債残高は減少し，2018年度には実質公債費比率も13.8%まで低下しているが，その数値は依然として政令指定都市の中で最も高く，今後の高齢化による⑪社会保障分野での支出増大が見込まれるため，更なる財政健全化が求められていることには変わりはない。市民の賛同と期待を受けて，⑫熊谷市長は初当選した2009年の後に，2013年，2017年の選挙で，千葉市長選歴代最多得票数を更新する形で当選している。

※千葉市HP内『市制100周年にあたって』より引用

問１　下線部①に関連して，下と次のページの２つのグラフは，首都圏にある５つの政令指定都市の2007年～2018年の人口増減のグラフです。社会増減とは転出者数と転入者数の差，自然増減とは出生数と死亡数の差を表しています。この２つのグラフに関して，次ページのア～エより，内容が正しいものを１つ選び，記号で答えなさい。なお，相模原市は政令指定都市に移行した2010年以降のみ記されている。

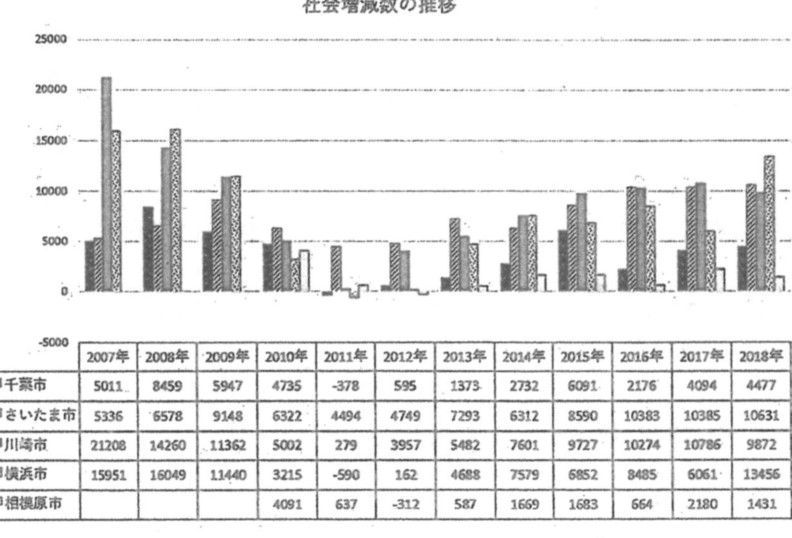

	2007年	2008年	2009年	2010年	2011年	2012年	2013年	2014年	2015年	2016年	2017年	2018年
■千葉市	5011	8459	5947	4735	-378	595	1373	2732	6091	2176	4094	4477
▨さいたま市	5336	6578	9148	6322	4494	4749	7293	6312	8590	10383	10385	10631
▤川崎市	21208	14260	11362	5002	279	3957	5482	7601	9727	10274	10786	9872
▧横浜市	15951	16049	11440	3215	-590	162	4688	7579	6852	8485	6061	13456
□相模原市				4091	637	-312	587	1669	1683	664	2180	1431

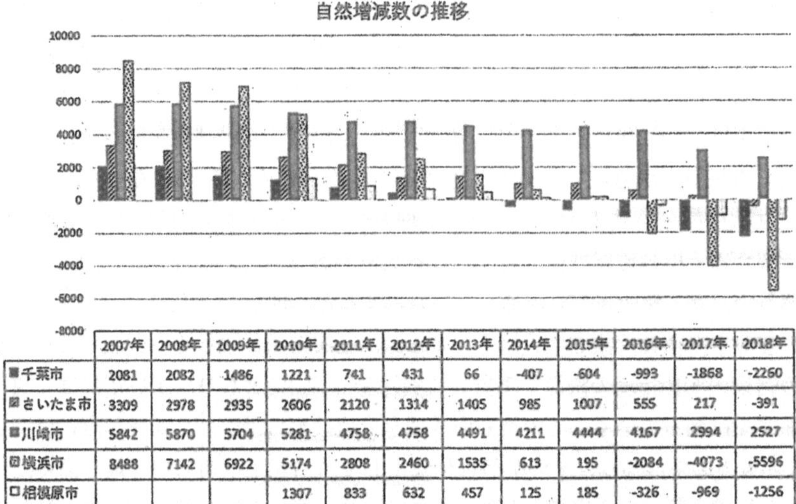

	2007年	2008年	2009年	2010年	2011年	2012年	2013年	2014年	2015年	2016年	2017年	2018年
千葉市	2081	2082	1486	1221	741	431	66	-407	-604	-993	-1868	-2260
さいたま市	3309	2978	2935	2606	2120	1314	1405	985	1007	555	217	-391
川崎市	5842	5870	5704	5281	4758	4758	4491	4211	4444	4167	2994	2527
横浜市	8488	7142	6922	5174	2808	2460	1535	613	195	-2084	-4073	-5596
相模原市				1307	833	632	457	125	185	-326	-969	-1256

『平成31年（令和元年版）千葉市の人口動向人口を考えるデータ集』より作成

ア．東日本大震災の年に，千葉市と横浜市では転出者数よりも転入者数の方が少なかった。

イ．千葉市では，2014年から少子化の影響によって総人口が毎年減少している。

ウ．相模原市では，政令指定都市に移行された年と2018年の総人口を比較すると，政令指定都市に移行した年の方が総人口が多かった。

エ．2018年に前年と比較して，総人口が最も増加したのは横浜市である。

問２　下線部②に関して，この時期に起きた環境問題についての説明として正しいものを，次のア～エより１つ選び，記号で答えなさい。

ア．公害対策を求める世論が高まり，公害対策基本法が成立した。

イ．地球温暖化への世界的な取り組みを目指して，京都議定書が採択された。

ウ．足尾銅山鉱毒事件が発生したが，政府は貯水池をつくって治水問題にすりかえた。

エ．大規模開発を行う前の環境への影響調査を義務づけた，環境アセスメント法が成立した。

問３　下線部③に関して，市民は選挙や住民投票以外にもさまざまな政治参加の仕方があります。その１つに地方公共団体から独立した人や組織が，住民の苦情を受け付けて調査を行うなど，行政を監視する制度があります。スウェーデンで始まり，千葉市にも存在するこの制度を何というか，答えなさい。

問４　下線部④に関して，企業に関する説明として正しいものを，次のア～エより１つ選び，記号で答えなさい。

ア．卸売業では，資本金３億円以下または従業員300人以下の企業を中小企業と定義している。

イ．企業数では日本全体の約10％が大企業である。

ウ．株式会社の所有者は，代表取締役社長である。

エ．輸出を中心とした企業では，円高になると貿易において不利になる。

問５　下線部⑤に関連して，2014年の閣議決定によって限定的な行使が認められた，同盟関係にある国が攻撃を受けたときに，自国は攻撃を受けていなくてもその国の防衛活動に参加する権利を何というか，答えなさい。

問６　下線部⑥に関連して，年齢の違いや障がいの有無，国籍などに関わらず，すべての人が使いやすいように意図して設計された製品や情報，生活環境，またはその設計自体のことを何というか，カタカナで答えなさい。

問7　下線部⑦に関連して，次のア～エは，中学校の授業において，グラフを見て分かることを発表したときの発言です。グラフの読み取りとして内容が正しいものを，ア～エより1つ選び，記号で答えなさい。

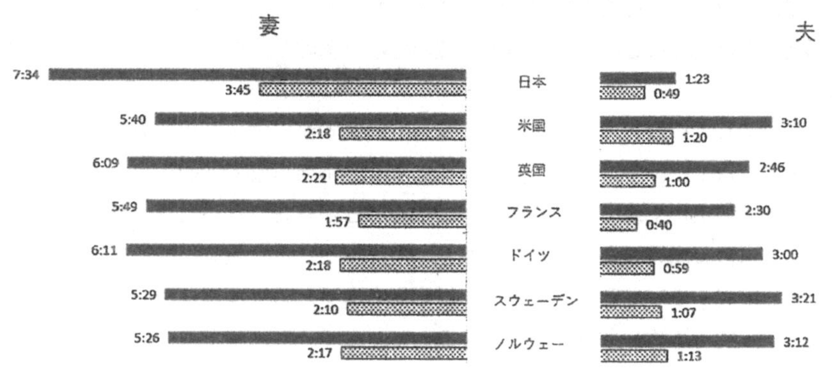

『男女共同参画白書　令和元年版』より作成

ア．福祉先進国として知られる北欧の2カ国は，他のどの国よりも夫の育児の時間が長いことがわかりました。

イ．育児の時間の妻と夫の合計を計算すると，最も少ない国は2020年にＥＵを離脱した国であることがわかりました。

ウ．家事・育児関連時間全体の妻と夫の時間差を計算すると，最も差が大きい国と最も差が小さい国ではその時間に約6倍の違いがあることがわかりました。

エ．日本は，他のどの国よりも育児以外の家事関連の時間の妻と夫の合計時間が短いことがわかりました。

問8　下線部⑧に関連して，地方自治についての説明として誤りのものを，次のア～エより1つ選び，記号で答えなさい。

ア．地方自治は，人々の暮らしに身近な民主政治の場であり，「民主主義の学校」と呼ばれている。

イ．条例は地方公共団体が独自に定めるため，裁判所は違憲，違法か否かの判断をすることはできない。

ウ．地方公共団体の首長は，地方議会を解散させる権限を持っている。

エ．地方自治の本旨とは，団体自治と住民自治の2つの要素で構成されている。

問9　下線部⑨に関連して，日本は政党政治が行われています。政治献金を制限する代わりに，国から毎年，政党の得票数や国会議員数に応じて各党に資金を渡すことを定めた1994年に制定された法律は何か，答えなさい。

問10　下線部⑩に関連し，景気を安定化させるために好景気の時に行う金融政策・財政政策の組み合わせとして適切なものを次のページのア～エより1つ選び，記号で答えなさい。

	金融政策	財政政策
ア	買いオペレーション	増税
イ	買いオペレーション	減税
ウ	売りオペレーション	増税
エ	売りオペレーション	減税

問11　下線部⑪に関連して，社会保障の４つの柱のうち，生活に困っている人々に対して，生活費や教育費などを支給することによって最低限度の生活を保障し，自立を支える仕組みを何というか，答えなさい。

問12　下線部⑫に関して，熊谷市長はすでに三選していますが，アメリカの大統領は三選禁止の決まりがあります。日本には多選を禁止する法律はなく，神奈川県で法的拘束力のない条例があるだけです。多選は独裁化や癒着などの問題が起きることが懸念されるため，禁止する法律や条例を定めることを求める意見があります。しかし，多選することで政策が強力に進められる，何回目からを多選と定義するかが難しいなどの反対意見もあるため，多選は法的には禁止されていません。多選を禁止する法律や条例を制定することに対して，例示したもの以外の反対意見を，１つ考えて説明しなさい。

りにけり。

その坊は薬師寺の大門の北の脇にある坊なり。今にその形失せずしてあり。③さばかり程の物使ひたるにだに、火の車迎へに来たる。まして寺物を心のままに使ひたる諸寺の別当の、地獄の迎へこそ思ひやらるれ。

（『宇治拾遺物語』より）

＊別当……寺務を担当する僧。

＊斗・石……ここでは米の容量の単位。

一斗＝一八リットル、一石＝一八〇リットル。

＊一石ずきやう……僧に米一石分、経を読ませること。

＊手惑ひ……大あわてすること。

1　二重傍線部「いふやう」の読みを現代仮名遣いで答えなさい。

2　傍線部①「火の車」はどのようなものか、それを言い表している文中の5字の語句を抜き出して答えなさい。

3　波線部A「見るやうに」から始まっている、別当の言葉はどこで終わるか。最後の7字を抜き出して答えなさい。

4　傍線部②「さばかりの罪」とあるが、どのような罪のことか。罪の内容を説明している部分を本文中より25字以内で探し、その最初の5字を抜き出して答えなさい。

5　傍線部③「さばかり程の物使ひたる」の主語として最も適切なものを次のア～オの中から選び、記号で答えなさい。

ア　薬師寺の別当僧都　　イ　弟子

ウ　極楽の迎へ　　エ　地獄の迎へ

オ　車につきたる鬼ども

6　次に示すのはこの文章の作者がいいたかったことについて生徒たちが発言している場面である。本文の内容に**合致しない意見**を次のア～オの中から一つ選び、記号で答えなさい。

ア　生徒A…極楽に往生するための条件はきびしいんだね、わずかな米を、お寺から借りて返さないだけでも地獄へ連れて行かれるんだから。

イ　生徒B…そうだね。極楽往生は、当時の人々、特に出家した人が第一の望みとしていたことだから、それがかなわないとなると、周りの人も、とてもあわてたろうね。

ウ　生徒C…ここに書かれているのは僧侶だから、お寺のものを思いのままに横領する人たちが多かったのかな。その人達に警告したかったのだろうな。

エ　生徒D…無欲であることが求められていた僧が、お寺の財産を私物化することが横行していて、作者はそれを苦々しく思っていたんだね。

オ　生徒E…あの世へは何も持って行くことは出来ないのに、物欲にとらわれてしまう人間の悲しい本性を嘆く気持ちが書かれているよ。

7　『宇治拾遺物語』と同じジャンル（文学形態）の作品を次のア～オの中から一つ選び、記号で答えなさい。

ア　枕草子　　イ　徒然草　　ウ　今昔物語集

エ　平家物語　　オ　源氏物語

た生活を送れている人。

4　傍線部③「小細工をするくらいなら、正直にかまえていたほうがまだましだ」とあるが、「正直にかまえる」とはどういうことか。本文中の語句を用いて10字以上15字以内で説明しなさい。

5　傍線部④「わたしは絶望的な気分に襲われた」とあるが、なぜ「わたし」は「絶望」したのか。70字以内で説明しなさい。

6　波線部a～fからわかる「わたし」の姉に対する感情の説明として**不適切なもの**を次の**ア**～**カ**の中から**二つ**選び、記号で答えなさい。

ア　波線部a「十七歳を、姉が詩人になった年齢を、ひとりで迎えたくない」という叙述から、姉がプロの詩人となった年齢に自分も何か特別なことをしたいという、強い対抗心を抱いていることがわかる。

イ　波線部b「好きと言われたのはわたしではなく、……つまり、姉の書いた詩だった」という叙述から、姉を疎んじながらもどこかで姉の才能を誇りに思っており、もっと評価されるべきだと考えていることがわかる。

ウ　波線部c「わたしはとっさに首を振った。いやな予感を払いのけるように、何度も」という叙述から、詩に関して非凡な才能をもつ彼が姉の才能を理解できないはずがないと、必死に自分に言い聞かせていることがわかる。

エ　波線部d「重ねられた批評の言葉には、どれも聞き覚えがあった」という叙述から、評論家の辛辣な言葉が記憶に残るくらい、「わたし」も内心では姉の詩集が評価されなかったことに傷ついていたことがわかる。

オ　波線部e「わかっていたのに、言ってしまった」という叙述から、「わたし」が彼に反論しても姉は喜ばないとわかっていながら、それでも黙っていられないほど「わたし」が姉の詩に惹(ひ)かれていることがわかる。

カ　波線部f「心の中では、これまで何度となく言ったことのあるせりふだ」という叙述から、心のどこかでは尊敬している姉の作品を酷評した人達に対して、「わたし」が内心ではずっと不満を抱いていたことがわかる。

三　次の文章を読んで、後の問いに答えなさい。

今は昔、薬師寺の＊別当僧都といふ人ありけり。別当はしけれども、ことに寺の物も使はで、極楽に生まれん事をなん願ひける。年老い、病して、死ぬるきざみになりて、念仏して消え入らんとす。無下に限りと見ゆる程に、よろしうなりて、弟子を呼びていふやう、A見るやうに、念仏は他念なく申して死ぬれば、極楽の迎へいますらんと待たるるに、極楽の迎へは見えずして、①火の車を寄こす。こはなんぞ。かくは思はず。何の罪によりて、地獄の迎へは来たるぞといひつれば、車につきたる鬼どものいふやう、この寺の物をひととせ、＊五斗(と)借りて、いまだ返さねば、その罪によりて、この迎へは得たるなりといひつれば、我いひつるは、②さばかりの罪にては、地獄に落つべきやうなし。その物を返してんといへば、火の車を寄せて待つなり。さればとくとく＊一石(こく)ずきやうにせよといひければ、弟子ども＊手惑ひをして、いふままにずきやうにしつ。その鐘の声のする折、火の車帰りぬ。さてとばかりありて、火の車は帰りて、極楽の迎へ今なんおはすると、手をすりて悦びつつ終は

に

ウ　相手がなれなれしく接してきたことを、疎ましく感じたように

エ　さほど親しくない人に話しかけられたことを、あやしく思ったように

オ　話しかけられた理由がわからず、相手の真意を探っているように

B「ばつが悪そう」

ア　失礼な発言をしたことに気づき、申し訳なくなったような様子

イ　世間知らずだと思われたと感じ、恥ずかしくなったような様子

ウ　好きな子を悲しませてしまい、情けなくなったような様子

エ　謝罪を受け入れてもらえず、いたたまれなくなったような様子

オ　相手を傷つけてしまったと思い、気まずくなったような様子

2　傍線部①「わたしは姉が出した二作目の詩集もかばんに入れた」とあるが、それはなぜか。最も適切なものを次の**ア**～**オ**の中から選び、記号で答えなさい。

ア　姉のデビュー作の詩集を気に入ってくれた彼なら、二作目の詩集もきっと読んでくれており、世間的な評価をくつがえすような感想を述べてくれると思ったから。

イ　平凡な男の子たちとは違う彼なら、詩集の作者が「わたし」の姉だということも世評も関係なく、独自の視点で好意的な感想を述べてくれると思ったから。

ウ　自分の世界を大事にしている彼なら、「わたし」が詩集の作者の妹だとわかってても無関心な態度でいてくれると感じ、気楽に付き合えると思ったから。

エ　多くの文学作品を読んだ彼なら、「わたし」が世間的に評価されていない詩人の妹だと知っても、遠慮することなく詩集の感想を述べてくれると思ったから。

オ　姉の詩を好きだと言った彼なら、二作目の詩集も高く評価してくれ、姉へのバッシングで傷ついた「わたし」の心に寄り添ってくれると思ったから。

3　傍線部②「変わり者と呼ばれるクラスメイトばかりが気になってしまう」とあるが、「わたし」が気になってしまう「変わり者」のクラスメイトとはどのような人のことか。最も適切なものを次の**ア**～**オ**の中から選び、記号で答えなさい。

ア　自分らしくありたいと思いながらも周囲の環境に影響されてしまう「わたし」とは違い、自分の主義主張に自信を持ち、相手にはっきりと伝えることができる人。

イ　普通であることを嫌いながらもどこか安心している「わたし」とは違い、高校生とは思えない達観したものの考え方をし、孤高の存在として一目置かれている人。

ウ　周りの意見に左右されている「わたし」とは違い、自分の世界に没頭することに楽しみを見いだし、友人がいなくても現代社会に適応できなくても気にしない人。

エ　姉との比較や教師の評価を気にしてしまう「わたし」とは違い、他者に流されることなく自分の世界の中で静かな時を過ごす独特な雰囲気をもっている人。

オ　特別でありたいと願いながらも平凡に生きるしかない「わたし」とは違い、日常の中でも自分の才能を発揮し、マイペースに充実し

ｃわたしはとっさに首を振った。いやな予感を払いのけるように、何度も。

「そっか。ファンってわけじゃないんだ」

彼がほっとしたように息をついた。

「だけど、やっぱり才能ってすり減るのかな。よく作家とかでもあるよね、デビュー作にすべてを注ぎこんで、その後は抜け殻っていう。なんか、ちょっと気の毒だよなあ」

ふだんと変わらず低い声に、うきうきした調子がうっすらとにじんでいて、④わたしは絶望的な気分に襲われた。＊例の評論家のにやついた近影写真を、得意そうにふくらんだ小鼻を、頭から追い出そうとつとめた。

「若いうちに売れすぎると、ちやほやされて調子に乗って、だめになっちゃうのかも。結局、天才なんてめったにいるもんじゃないんだよな」

したり顔で言い足した彼の小鼻も、心なしかふくらんでいるように見えた。ｄ重ねられた批評の言葉には、どれも聞き覚えがあった。

「そもそも芸術的に優れてるのと、世の中で売れるっていうのは違うかもしれない。わかるひとにだけはわかるっていうか」

困ったものだとでも言いだけに、肩をすくめる。自分こそ、言うなれば「世の中」の意見を克明になぞっているということは、気にならないのだろうか。それとももしかしたら、気がついていないのだろうか。

「それか、最初もまぐれあたりだったのかな？」

そうかもね、と調子を合わせておけばいいのはわかっていた。詩集をかばんにしまって、じきに運ばれてくるハンバーガーにかぶりつけば、話はここで終わる。

ｅわかっていたのに、言ってしまった。

「そういうの、読んでから言ったほうがいいんじゃない？」

彼の顔がみるみるうちにひきつった。

わたしだって、えらそうなことは言えない。とりたてて才能を持っているわけでもない。普通であることそのものを、否定するつもりもない。ただ、それをごまかしたがるのはかっこわるい。まして、できあいの意見を借りて賢(さか)しげにわかったようなことを言い立てるなんて、ださすぎる。

わたしはかっこわるくなりたくない。ださくなりたくない。そのための努力は惜しみたくない。

「ていうか、文句があるなら自分で書いたら？」

ｆ心の中では、これまで何度となく言ったことのあるせりふだ。でも、実際に口に出したのは、はじめてだった。

わたしはそのまま席を立ち、まっすぐ家に帰って、牛乳を一気飲みした。

（瀧羽麻子『ぱりぱり』より）

＊あの教師……「わたし」の姉の担任の教師。姉の後、「わたし」の担任となった。

＊例の評論家……「わたし」の姉の二作目の詩集を酷評した評論家。

1　二重傍線部Ａ・Ｂについて、この場合の意味として最も適切なものを次のア～オの中からそれぞれ選び、記号で答えなさい。

Ａ　「けげんそうに」

ア　貴重な読書の時間を邪魔されたことを、腹立たしく思ったように

イ　後ろの席からいきなり声をかけられたことに、内心驚いたよう

出した二作目の詩集もかばんに入れた。デビュー作しか読んでいないと言っていた彼に貸すつもりだった。ついでに、作者が自分の姉だと打ち明けてしまってもいいとも考えていた。彼の気を引きたかったのではない。むしろ反対に、無愛想な反応こそを期待していた。彼なら、ふうんそうなんだ、とこともなげに流してくれそうな気がした。これまでわたしが好きになってきた、平凡な男の子たちとは違って。

文学少年ふうのおとなびた男子に、わたしは弱い。自分の世界を大事にするあまり同級生とも距離を置いているような、現実社会にはさほど関心がないような、クールでそっけない態度に、どういうわけかひかれる。自分の持っていないものだからだろうか。趣味が悪いと友達にからかわれつつも、②変わり者と呼ばれるクラスメイトばかりが気になってしまう。

妹さんは、普通なんですね。

さかのぼっていくと、結局そこへたどり着くのかもしれない。＊あの教師にしてみれば、ほめるつもりで口にしたのだろう。わたしと姉がまるで違うと知り、ほっとしてつい本音がもれたのだ。「普通」というのがやがてわたしを縛る呪いの言葉になるなんて、思ってもみなかっただろう。

これまでの恋がことごとくうまくいかなかったのも呪いがかかっているせいではないかと、わたしは半ば本気で疑っている。

流れはだいたい決まっている。まず、わたしが熱心にアプローチする。はじめのうち、向こうはつれない。恋愛なんて俗っぽい、興味がない、という顔をしている。それでも追いかけていると、ようやく心を開きはじめる。ところが、あこがれの彼と至近距離で向きあってみて、わたしははたと気がついてしまう。個性的だとか変わっているとか噂（うわさ）され、周りに一目置かれているその相手が、実は友達の目を気にしていたり、保守的な考えかたの持ち主だったり、さして感性が鋭いわけでもなかったりすることに。

凡人だと思われたくないという自意識は、わたしにもわかる。痛いくらいわかる。ただ、それなら努力すればいいと思う。凡庸な自分が気に入らないなら、変わる努力をするべきじゃないか。うわべだけとりつくろい、あいつはなにか違うと純朴な同級生に感心されて悦に入っている場合ではない。③小細工をするくらいなら、正直にかまえていたほうがまだましだ。

彼と昼を食べに入ったファストフードの店で、注文したハンバーガーの待ち時間に、わたしはテーブルに詩集を出した。

「ああ、これ」

表紙を見るなり、彼は言った。

「もう読んだ?」

「いや」

彼は即座に答えた。

「読んでない。二作目はいまいちだって聞いたから。ひとつめと比べて、まったく話にならないって」

いやな予感がした。

「あ、ごめん。このひとが好きなんだっけ」

うつむいたわたしをのぞきこんだ彼は、けれどいつものように上品で知的に見えた。少しBばつが悪そうでもあった。

「ううん、別に。たまたま家にあったから持ってきてみただけ」

理解することも大切ではあるが、ポパーが提案した「反証可能性」という、科学と非科学の境を決める論理を用いれば、お化けや空飛ぶ円盤が存在するということも、「仮説」の立て方次第で科学的であるということができる。

エ　非科学的な説は検証も反証もできないので無条件に受け入れることしかできないが、科学が進歩しても科学的な説として修正されるということはないから、むしろ間違っていると修正を受けるものの方が科学的な説であるということができる。

オ　科学にとって仮説は大きな役割を果たしているが、科学者の仮説と意見を区別することは一般の人にとっては難しいので、科学者が書いた文章を読むときには科学的良心を見抜く眼力を持ち、どこに証拠があるのかと批判的に考えて、科学的な厳密さに対する感覚を磨くことが大事である。

二　次の文章を読んで、後の問いに答えなさい。

「わたし」の姉は、独特の感性をもち、子供の頃から「変わり者」と呼ばれていたが、十七歳で詩人となり、デビュー作が大ヒットした。しかし二作目の評価は芳しくなく、評論家から酷評された。次の文章は、もうすぐ十七歳の誕生日を迎える「わたし」が、数日前に起こった「彼」との出来事を回想している場面である。

休みの間に、わたしは十六歳から十七歳になる。誕生日はできれば彼と一緒に過ごしたい、とわたしは内心ねらっていた。a十七歳を、姉が詩人になった年齢を、ひとりで迎えたくない。

おとなしくて目立たない彼とは、二年になってはじめての席替えで前後の席になるまでは、特に接点がなかった。真後ろに座ってみてはじめて、なかなか感じがいいと気づいた。色白でととのった顔立ちも、聡明(そうめい)そうな低い声も、細くてさらさらの髪も清潔な襟足も、いい。物静かな雰囲気も好みだった。

話しかけた理由は、でも別にある。

彼はよく本を読んでいた。どれもぶあつく、長編小説のようだが、書店のカバーがかかっていて題名や著者はわからない。背中越しに中身をうかがってみても、細かい活字が所狭しと並んでいるのが確認できるだけで、文章までは読みとれなかった。

一学期の期末試験明けに彼が広げていた本は、しかしそれまでと様子がちがっていた。ページの余白が多く、紙の端を縁どるように色刷りで幾何学模様がほどこされ、一見すると絵本のような印象も受ける。

「詩、好きなの？」

わたしが思わず声をかけると、彼はAけげんそうに振り向いた。中腰になっていたわたしは、自分の椅子に座り直した。

「いや、そういうわけじゃないけど」

答えた彼は、少し考えて続けた。

「でも、これはすごく好き」

b好きと言われたのはわたしではなく、その本だった。つまり、姉の書いた詩だった。くらっときてしまうなんて、ばかみたいだと自分でも思う。運命かも、と感じるなんて、本当にわたしはばかだった。

一昨日の晩、数学の問題集や漢字のドリルと一緒に、①わたしは姉がら「科学的仮説」にはならないよ。

ウ　生徒C…僕はね、「宇宙には生命が存在する惑星が他にもある」という主張は、宇宙の中で地球にしか生命がいないという現実によって反証されているし、無数にある惑星の中には生命が存在する星もあるはずだという検証も可能なんだから「科学的仮説」になると思うよ。

エ　生徒D…たしかに、はやぶさのような惑星探査機が何らかの生命の痕跡（こんせき）を地球に持ち帰れば検証は可能だよね。でも、実際に惑星探査機が生命の痕跡を採集して帰還するといった可能性はほとんど無いんだから、この主張を「科学的仮説」とすることはできないんじゃない。

オ　生徒E…地球から宇宙船を送って宇宙を探索して、生命が存在する惑星を発見したら報告するという方法が確立されれば、この主張は検証できるよね。一方で、地球にしか生命は存在しないという反証も成り立っているんだから、この主張は「科学的仮説」になるはずだよ。

5　傍線部④「反証可能性」とは何か。70字以内で説明しなさい。

6　傍線部⑤「逆説めいていて面白い」とあるが、筆者はどのようなところを「逆説めいてい」ると言うのか。その説明として最も適切なものを次の**ア**～**オ**の中から選び、記号で答えなさい。

ア　反証によって仮説の間違いを証明することが仮説の科学的な正しさを証明するという論理に、否定できるから肯定できるという、一見すると真理とは思えないような矛盾が存在しているところ。

イ　反証できることが仮説の科学的根拠になるという論理が、誤りを証明したことが正しさを証明することになってしまったという、本来の目的とは正反対の結果を生み出してしまっているところ。

ウ　反証の間違いを証明することで仮説の科学的な正しさを証明しようとする論理に、遠回りをすることが真理への近道だという、一見すると矛盾とも思われるような真理が内包されているところ。

エ　反証によって仮説の誤りを証明できればその仮説は科学的に成立するという論理に、間違いと言えるから成り立つという、一般的な理屈からすれば矛盾のように思われる論理が存在するところ。

オ　反証が間違っていれば仮説が科学的に成立するという論理が、無いことが有ることを証明するという、一見すると真理に背いているように見えて実は真理をついている論理になっているところ。

7　次の**ア**～**オ**の中から本文の内容に合致するものを一つ選び、記号で答えなさい。

ア　科学研究とは対象となる自然現象を分けて観察しながら少しずつ経験的な知識を増やしていくことであるが、その際に必要となるのは、観察する対象を集めて終わってしまうコレクターのような姿勢ではなく、対象となる自然現象の中に固有性や多様性を見つけ出そうとする分析力である。

イ　一般的に科学はすでに実証された事実や知識の集積であるかのように思われているが、実際の科学は事実の不足を「科学的仮説」によって補っている構造物のようなものであるから、科学の発展のためには新しいパラダイムによって「科学的仮説」の実証性が証明されなければならない。

ウ　「科学が何であるか」を知るには、逆に「何が科学でないか」を考えるのはどうしてか。その理由として最も適切なものを次の**ア**～**オ**の中から選び、記号で答えなさい。

ア　日本語の「分かる」という言葉とラテン語の「分ける（scindere）」という言葉の根底に共通して存在しているものは、対象となる自然現象を少しずつ分けながら理解しようとする姿勢であって、科学（サイエンス）が画期的であるのはこうした姿勢に基づいていると考えたから。

イ　サイエンス（science）の語源がラテン語で「分ける（scindere）」ことに関係しているように、対象となる自然現象をさまざまな方法で「分け」、そこに固有の性質を見出しながらそれを正確に観察するという科学研究の手法は、洋の東西を問わず共通のものであると考えたから。

ウ　科学が西欧社会で発展してきたことは、サイエンス（science）がラテン語の「分ける（scindere）」を語源としているところからも明確であるが、日本語の「分ける」という言葉が「分かる」ことと関係しているように、日本でも科学が生まれる可能性はあったと考えたから。

エ　「分ける」ことによって対象についての知識を少しずつ増やしていくという科学研究の本質が、サイエンス（science）の語源であるラテン語の「知識・原理（scientia）」や「分ける（scindere）」だけでなく、日本語の「分かる」や「分ける」にも関係していると考えたから。

オ　「分ける」や「分かつ」と関係する日本語の「分かる」という言葉は、「分ける（scindere）」というラテン語に由来する科学（サイエンス）とは何の関係も持っていないはずなのに、両者の間に「分ける」ことで「分かる」ことを導き出すという普遍性が見出せると考えたから。

3　傍線部②「一歩踏み込んだ説明」とは何か。文中から10字以内の語句を抜き出して答えなさい。

4　傍線部③「実際の科学は、事実の足りないところを『科学的仮説』で補いながら作り上げた構造物である」とあるが、次に示すのは、この文章を読んだ五人の生徒が、「科学的仮説」について話し合っている場面である。最も適切な意見を述べているものを次の**ア**～**オ**の中から選び、記号で答えなさい。

教師…本文には「科学的仮説」になる場合の例と、ならない場合の例がいくつか挙げられていますが、それでは、「宇宙には生命が存在する惑星が地球以外にもある」という主張は、本文の論旨に従うと「科学的仮説」になるでしょうか、ならないでしょうか。話し合ってください。

ア　生徒A…「宇宙には生命が存在する惑星が他にもある」という主張は、現在、実際に他の惑星へ行って生命の存在を検証することが不可能だから「科学的仮説」とはなり得ないけれど、将来科学技術が進歩して宇宙旅行が可能になれば「科学的仮説」となり得ると思うな。

イ　生徒B…そうかなあ。宇宙を探索して生命が存在する惑星を発見するという検証は可能だよね。でも、その時、生命が存在する惑星を発見できなかったとしても、それで生命が存在する惑星はどこにもないという反証は成り立たないんだかことを、豊富な例をもとに主張した。

このように、科学的仮説は検証と反証をくり返しながら発展していく。科学における仮説の役割がとても大きいことは、数学者・物理学者の*H・ポアンカレがはっきりと述べているところでもある。

しかし、科学者が述べる説が、いつも仮説の形を取っているとは限らない。科学者の単なる思いつきや予想はあくまで意見にすぎず、科学的な仮説とは違う。科学者は仮説と意見をきちんと分けて述べる必要があるが、一般の人にはその区別がよく分からないので、両者を混同することで誤解が生じやすい。

科学的な仮説に対しては、それが正しいかどうかをまず疑ってみることが、科学的な思考の第一歩である。仮説を鵜呑み(うの)にしたのでは、科学は始まらない。

ラテン語の「コギト・エルゴ・スム」(われ思う、ゆえにわれあり)という*R・デカルトの言葉は、「われ疑う、ゆえにわれあり。」と解釈する方が実際の意味に近い。これは、疑っている「私」の存在を疑うことはできない、ということなのである。

ただし、自分の意見を「われ思う、ゆえに真なり」のように見なすようになったら、もはや科学者としては終わりである。科学にとって実証性こそが命であり、これを失うことは科学を放棄するのに等しい。危険なのは、一般の人々に向けて自分の考えを述べているうちに、仮説と意見の境についての感覚が麻痺(まひ)してしまうことである。そのため、科学者が書いたエッセーの中にもずいぶん無責任な意見があるのだ。

一般向けの科学についての本を手に取ったら、どの程度科学的な良心に従って書かれているかを見抜く眼力が必要である。科学的な厳密さに対する感覚は、どのような証拠があるのか、どうして別の説ではいけないのか、と仮説と意見を見分けるべく批判的に考えることによってのみ磨かれる。科学が分かるには、そのような思考の積み重ねが大切なのだ。

(酒井邦嘉『科学者という仕事』より)

*R・P・ファインマン……(一九一八～一九八八)アメリカの物理学者。ノーベル物理学賞受賞。
*K・R・ポパー……(一九〇二～一九九四)イギリスの哲学者。
*分子……原子の結合体で、物質がその化学的性質を保って存在しうる最小の構成単位と見なされるもの。
*アプリオリ……「先天的」の意。後天的な経験に依存せず、先立つものとして与えられていること。
*アポステリオリ……「後天的」の意。経験や学習によって得られること。
*エネルギー保存の法則……外部からの影響を受けない物理系(孤立系)においては、その内部でどのような物理的あるいは化学的変化が起こっても、全体としてのエネルギーは不変であるという法則。
*風が吹けば桶屋がもうかる……ある出来事が巡り巡って思いがけないところに影響を及ぼすということ。
*T・S・クーン……(一九二二～一九九六)アメリカの哲学者、科学者。専門は科学史及び科学哲学。
*H・ポアンカレ……(一八五四～一九一二)フランスの数学者、物理学者。
*R・デカルト……(一五九六～一六五〇)フランスの哲学者、数学者。

1 傍線部A～Eのカタカナを漢字に直しなさい。

2 傍線部①「日本語でも、『分かる』という言葉が『分ける』や『分かつ』と関係しているのは興味深い」とあるが、筆者が「興味深い」とおかしくないくらいである。

だから、「科学が何であるか」を知るには、逆に「何が科学でないか」を理解することも大切だ。科学は確かに合理的だから、理屈に合わない迷信は科学ではない。それでは、占いや心霊現象についてはどうだろうか。

占いは、当たらないことがあるから非科学的なのではない。天気予報は、いつも正確に予測できるとは限らないが、科学的な方法に基づいている。また、お化けや空飛ぶ円盤の存在は、科学的に証明されてはいないわけだが、逆に「お化けが存在しない」ということを証明するのも難しい。なぜなら、いつどこに現れるかも分からないお化けを徹底的に探すことはできないわけで、結局見つからなかったとしても、「お化けが存在しない」と結論するわけにはいかない。ひょっとして今この瞬間に自分の目の前にお化けが現れるかもしれないからだ。

哲学者の＊K・R・ポパーは、科学と非科学を分けるために、次のような方法を提案した。反証（間違っていることを証明すること）が可能な理論は科学的であり、反証が不可能な説は非科学的だと考える。検証ができるかどうかは問わない。

そもそも、ある理論を裏づける事実があったとしても、たまたまそのような都合の良い事例があっただけかもしれないので、その理論を「証明」したことにはならない。しかも、ある法則が成り立つ条件を調べるといっても、すべての条件をテストすることは難しい。むしろ、科学の進歩によって間違っていると修正を受けうるものの方が、はるかに「科学的」であると言える。

一方、非科学的な説は、検証も反証もできないので、それを受け入れるためには、無条件に信じるしかない。科学と非科学の境を決めるこの基準は、「④反証可能性」と呼ばれている。反証できるかどうかが科学的な根拠となるというのは、⑤逆説めいていて面白い。

たとえば、「すべてのカラスは黒い」という説は、一羽でも白いカラスを見つければ反証されるので、科学的である。しかし、「お化け」が存在することは検証も反証もできないので、その存在を信じることは非科学的である。逆に、「お化けなど存在しない」と主張することは、どこかでお化けが見つかれば反証されるので、より科学的だということになる。一方、「＊分子など存在しない」という説は、一つの分子を計測装置でとらえることですでに反証されており、分子が存在することは科学的な事実である。

科学の知識は、経験による根拠を必要としない数学のDコウリのような「＊アプリオリな知識」と、経験を根拠としていて反証できる「＊アポステリオリな知識」とに、大きく分けられる。たとえば、「＊エネルギー保存の法則」はアプリオリな知識であり、「＊風が吹けば桶屋（おけや）がもうかる」というのは、アポステリオリな知識である。

ここで、反証できるアポステリオリな知識しか科学的と認めないならば、ちょっと極端である。これでは、簡単に証明したり取り下げられたりする理論ばかりが「科学的」ということになってしまい、果たして科学は進歩するのか、という疑問が生ずる。

科学理論の発展という観点から、アメリカの科学史家の＊T・S・クーンは、ある一定の期間を代表して手本となるような科学理論（たとえば天動説）を「パラダイム（範例）」と名づけて、新しいパラダイム（たとえば地動説）へと世界観がEヘンカクしながら科学が進歩するという

【国　語】（五〇分）〈満点：一〇〇点〉

【注意】＊字数制限のある場合は、句読点なども字数に含めます。
＊設問の関係上、原文を一部省略しています。

一　次の文章を読んで、後の問いに答えなさい。

科学者をめざすためには、まず科学（サイエンス）が何であるかを正しく知る必要がある。

サイエンス（science）の語源はラテン語で「知識・原理（scientia）」で、「分ける（scindere）」ことに関係している。①日本語でも、「分かる」という言葉が「分ける」や「分かつ」と関係しているのは興味深い。

科学で「分かる」と言う場合、確かに対象となる自然現象を分けながら理解している。つまり、「ここまでは分かる、ここから分からない」という線を引き、少しずつ分かる部分を増やしていくのが科学研究だと言える。しかし、対象が複雑な場合は、一筋縄ではいかない。謎が謎を呼んで、分かろうとしているのに、逆に分からないことの方がたくさんあることが明らかになることも多い。

科学が分けることならば、対象を分けてうまく分類ができてしまえば科学研究は終わりかというと、そんなことはない。むしろ分類することは科学研究の始まりであって、終わりではないのである。科学は、常に②一歩踏み込んだ説明を必要とする。

たとえば、蝶をたくさん集めたとしよう。まず、Aズカンと照らし合わせて蝶の名前を調べ、色や形で分類して、生息地や採集時期を正確に記録すれば、蝶に対する経験的な知識は、かなり深まることだろう。しかし、これでは蝶のコレクターと変わらない。単なるコレクターから科学者に脱皮できるかどうかは、その先の分析にかかっている。

蝶に共通した固有の性質（たとえば、羽にある鱗粉）を見つけ、それがどのような法則によって多様に変化するかを考えること、それが分析である。多様性の根底にある法則を発見するためには、対象の本質をとらえる分析力が必要となる。

つまり、科学研究を一言で表すならば、「自然法則の解明」に他ならない。物理学者＊R・P・ファインマンの次の言葉は分かりやすい。

自然を理解しようとするときの一つのやり方は、神々がチェスのようなすぐれたゲームをやっているのを想像してみることです。こうした観察から、ゲームのルールや、Bコマの動きのルールがどうなっているかを分かろうとするわけです。

このように、自然界のルール、すなわち自然法則を「分かる」ことが、科学研究である。

科学について、『広辞苑（第五版）』では、「体系的であり、経験的に実証可能な知識。物理学・化学・生物学などの自然科学が科学の典型とされるが、心理学、言語学などの人間科学もある」と定義している。確かに科学そのものは「体系的であり、経験的に実証可能な知識」であるが、科学研究は、知識を越えたその先の「分かる」という領域にある。だから、科学研究は、科学という知識体系と区別して考える必要がある。

多くの人は、科学は正しい事実だけを積み上げてできていると思うかもしれないが、それは真実ではない。③実際の科学は、事実の足りないところを「科学的仮説」で補いながら作り上げた構造物である。科学が未熟なために、本来必要となるべき鉄骨が欠けているかもしれないのだ。新しい発見による革命的な一揺れが来たら、いつCトウカイしても

大切なことはメモしておこうね！

T.G

2021年度

解　答　と　解　説

《2021年度の配点は解答欄に掲載してあります。》

＜数学解答＞

1　(1)　-2　(2)　2021　(3)　$(a,\ b)=(2,\ 4)$　(4)　$\frac{125\sqrt{3}}{54}\pi$　(5)　$\frac{93}{125}$

2　(1)　A$(-2,\ 4)$，B$(3,\ 9)$　(2)　$2\sqrt{2}$　(3)　C$(2,\ 4)$　(4)　$2\sqrt{2}(\sqrt{26}+4)\pi$

3　(1)　$\frac{5\sqrt{2}}{2}$　(2)　$\frac{7\sqrt{2}}{2}$　(3)　$\frac{25}{8}$

4　(1)　72　(2)　$k=1$のとき2，$k\geqq 2$のとき$2\times 3^{k-1}$　(3)　$(p,\ q)=(3,\ 23)$，$(19,\ 7)$

○配点○

1　各6点×5　2～4　各7点×10　計100点

＜数学解説＞

1　(式の値，連立方程式，空間図形，確率)

(1)　$xy-x-y=(1+\sqrt{2}+\sqrt{3})(1+\sqrt{2}-\sqrt{3})-(1+\sqrt{2}+\sqrt{3})-(1+\sqrt{2}-\sqrt{3})=(1+\sqrt{2})^2-(\sqrt{3})^2-1-\sqrt{2}-\sqrt{3}-1-\sqrt{2}+\sqrt{3}=1+2\sqrt{2}+2-3-2-2\sqrt{2}=-2$

(2)　$\sqrt{x^2-2xy+y^2+2x-2y+1}=\sqrt{(x-y)^2+2(x-y)+1}=\sqrt{(x-y+1)^2}=\sqrt{(1111+909+1)^2}=\sqrt{2021^2}=2021$

基本　(3)　$x-ay=b$，$3x+by=a$にそれぞれ$x=2$，$y=-1$を代入して，$2+a=b$　$a-b=-2$…①，$6-b=a$　$a+b=6$…②　①＋②より，$2a=4$　$a=2$　②－①より，$2b=8$　$b=4$

重要　(4)　BDとCEとの交点をHとすると，AH⊥BD，$\text{BH}=\frac{1}{2}\text{BD}=\frac{1}{2}\times\sqrt{2}\text{BC}=\sqrt{2}$　よって，$\text{AH}=\sqrt{\text{AB}^2-\text{BH}^2}=\sqrt{(\sqrt{5})^2-(\sqrt{2})^2}=\sqrt{3}$　球の中心をO，半径をrとすると，$\text{OA}=\text{OB}=r$，$\text{OH}=\sqrt{3}-r$　△OBHに三平方の定理を用いて，$r^2=(\sqrt{3}-r)^2+(\sqrt{2})^2$　$r^2=3-2\sqrt{3}r+r^2+2$　$2\sqrt{3}r=5$　$r=\frac{5}{2\sqrt{3}}=\frac{5\sqrt{3}}{6}$　よって，求める球の体積は，$\frac{4}{3}\pi\times\left(\frac{5\sqrt{3}}{6}\right)^3=\frac{125\sqrt{3}}{54}\pi$

重要　(5)　カードの取り出し方の総数は，$5\times5\times5=125$(通り)　このうち，数字の積が4の倍数にならない数字の組み合わせは，(2，3，3)，(2，3，5)，(2，5，5)，(3，3，3)，(3，3，5)，(3，3，6)，(3，5，5)，(3，5，6)，(5，5，5)，(5，5，6)があり，～～～はそれぞれ1通りずつ，＿＿は，それぞれ3通りずつ，その他はそれぞれ$3\times2\times1=6$(通り)ずつの出方があるから，求める確率は，$1-\frac{1\times2+3\times6+6\times2}{125}=\frac{93}{125}$

2　(図形と関数・グラフの融合問題)

基本　(1)　$y=x^2$と$y=x+6$からyを消去して，$x^2=x+6$　$x^2-x-6=0$　$(x+2)(x-3)=0$　$x=-2,\ 3$　これらを$y=x^2$に代入して，$y=4,\ 9$　よって，A$(-2,\ 4)$，B$(3,\ 9)$

重要　(2)　$\text{AB}=\sqrt{(3+2)^2+(9-4)^2}=5\sqrt{2}$　$\triangle\text{ABC}=\frac{1}{2}\times\text{AB}\times\text{CH}=\frac{5\sqrt{2}}{2}\text{CH}$　$\frac{5\sqrt{2}}{2}\text{CH}=10$　$\text{CH}=\frac{20}{5\sqrt{2}}=2\sqrt{2}$

重要 (3) 点Cのx座標をtとすると，$C(t,\ t^2)$　直線l上にx座標がtの点Dをとると，$D(t,\ t+6)$
$\triangle ABC=\triangle ACD+\triangle BCD=\frac{1}{2}\times(t+6-t^2)\times(t+2)+\frac{1}{2}\times(t+6-t^2)\times(3-t)=\frac{5}{2}(t+6-t^2)$
$\frac{5}{2}(t+6-t^2)=10$　$t^2-t-2=0$　$(t-2)(t+1)=0$　$t>0$より，$t=2$　よって，$C(2,\ 4)$

重要 (4) $AC=2-(-2)=4$　$BC=\sqrt{(3-2)^2+(9-4)^2}=\sqrt{26}$　求める立体の表面積は，$\pi\times BC\times CH+\pi\times AC\times CH=\pi\times\sqrt{26}\times2\sqrt{2}+\pi\times4\times2\sqrt{2}=2\sqrt{2}(\sqrt{26}+4)\pi$

3 (平面図形の計量)

重要 (1) ABは直径だから，$\angle ACB=90°$　よって，$AC=\sqrt{5^2-4^2}=3$より，△ACQは直角二等辺三角形だから，$AQ=\sqrt{2}AC=3\sqrt{2}$　△ABQと△CTQにおいて，対頂角だから，∠AQB=∠CQT
$\overset{\frown}{BT}$の円周角だから，∠BAQ=∠TCQ　2組の角がそれぞれ等しいので，△ABQ∽△CTQ
AB：CT=AQ：CQ　$CT=\frac{5\times3}{3\sqrt{2}}=\frac{5\sqrt{2}}{2}$

(2) △ABQ∽△CTQより，AQ：CQ=BQ：TQ　$TQ=\frac{3\times(4-3)}{3\sqrt{2}}=\frac{\sqrt{2}}{2}$　よって，$AT=AQ+QT=3\sqrt{2}+\frac{\sqrt{2}}{2}=\frac{7\sqrt{2}}{2}$

重要 (3) △PTCと△PATにおいて，共通だから，∠TPC=∠APT　接弦定理より，∠PTC=∠PAT
2組の角がそれぞれ等しいので，△PTC∽△PAT　相似比は，$TC:AT=\frac{5\sqrt{2}}{2}:\frac{7\sqrt{2}}{2}=5:7$
$PT=5x$とすると，$PA=7x$と表せる。PC：PT=5：7より，$(7x-3):5x=5:7$　$49x-21=25x$
$24x=21$　$x=\frac{7}{8}$　よって，$CP=7\times\frac{7}{8}-3=\frac{25}{8}$

4 (数の性質，約束記号)

重要 (1) 91=7×13より，91以下の自然数では，7の倍数が13個，13の倍数が7個，91の倍数が1個あるので，T(91)=91−13−7+1=72

(2) $k=1$のとき，$3^1=3$より，3の倍数は1個だから，$T(3^k)=3-1=2$　$k\geqq2$のとき，$3^k\div3=3^{k-1}$より，3の倍数は3^{k-1}個だから，$T(3^k)=3^k-3^{k-1}=3^{k-1}(3-1)=2\times3^{k-1}$

(3) p，qは素数だから，(1)と同様にして，$T(pq)=pq-p-q+1$　よって，$pq-p-q+1=5p+q+6$　$pq-6p-2q=5$　$q(p-2)-6(p-2)=5+12$　$(p-2)(q-6)=17$　17は素数だから，$(p-2,\ q-6)=(1,\ 17)$，$(17,\ 1)$　よって，$(p,\ q)=(3,\ 23)$，$(19,\ 7)$

★ワンポイントアドバイス★
出題構成は，空間図形が小問となり，数の性質に関する大問が出題されたが，やや考えにくい問題である。設問数が少ないので，ミスのないように解いていこう。

<英語解答>

1 問1 (1) ② 問2 (2) ④ 問3 (3) ②
問4 賛成派解答例 I agree with the experts. If we make a new type of banana, we can protect banana plants and we can enjoy eating them forever. In addition, we can choose our favorite tastes of bananas. So I think it is good to create a new type of banana.
反対派解答例 I don't think it is a good idea. If we create a new type of banana, it may damage the environment. It may also be bad for our health. So I disagree with the experts.

2 1. (4) ④ (5) ③ 2. (6) ① (7) ④
3. (8) ④ (9) ① 4. (10) ④ (11) ⑦

3 [1] You should [had better] see a doctor at once.
[2] I prefer reading (books) to playing tennis.
[3] If it rains tomorrow, I'll stay at home.

4 問1 (12) ③ 問2 (13) ② (14) ④ (15) ③ 問3 (16) ② (17) ②

5 問1 (18) ② (19) ③ 問2 (20) ③

6 問1 (21) ③ 問2 (22) ② 問3 [a] store [b] you [c] workplace
[d] first name [e] you 問4 (相手を)お客様と呼ぶことで，店員は店員と客の関係で，客の[相手の]より高い地位への敬意を示している。

7 [1] I'm Yuri Tanaka. You're my host family. I'm very lucky to stay there.
[2] I have two questions. Will you lend me any stationery? Can I use your Wi-Fi?
[3] I am really looking forward to seeing you. Good bye.

○配点○
1 問3 4点 問4 8点 他 各3点×2 2 各3点×4 3 各4点×3 4 各3点×6
5 問1 各3点×2 問2 4点 6 問3 各2点×4 問4 4点 他 各3点×2
7 各3点×4 計100点

<英語解説>

1 リスニング問題解説省略。

重要 2 (語順整序問題：助動詞，現在完了，受動態)

1 (There) must be something wrong with this machine(.) There is something wrong with ～「～に調子の悪いところがある」

2 (Ten) years have passed since Tom went abroad(.) 〈～ have passed since …〉「…から～過ぎた」

3 Why don't we go swimming in the river(?) Why don't we ～?「～しませんか」

4 (I was) spoken to by the man who was sitting (on the bench.) speak to ～「～に話しかける」

3 (条件英作文：助動詞，動名詞，接続詞)

重要 1 〈had better ＋動詞の原形〉「～したほうがよい」 see a doctor「医者に診てもらう」

やや難 2 prefer A to B「BよりAが好きだ」

3 「もし～たら」は，条件を表す接続詞なので，未来の内容だが現在形を用いる。

4 (長文読解問題・説明文：語句補充，語句解釈)

(全訳) サンフランシスコ(AP) —サンフランシスコ地区では，多くのコーヒーハウスが紙の持ち帰り用カップの使用を停止し，それらをガラス瓶からレンタルマグカップまですべて(12)置き換えた。

ミシュラン3つ星レストラン「アトリエ・クレン」のオーナーであるシェフのドミニク・クレンは，持ち帰り用の袋や(13)使い捨てコーヒーカップがないサンフランシスコのカフェをオープンする予定で，プラスチックは使用しない。飲み物を持ち帰りたいお客様は，自分のコーヒーカップを持参するように言われる。

アメリカにある70軒のカフェで月に約15,000個の持ち帰り用カップを使用するブルーボトル・コーヒーハウスチェーンは「使い捨てカップの使用をやめることができることをお客様と世界に示したい」と語っている。

ブルーボトルは，2020年にサンフランシスコの2軒のカフェで紙コップの使用を停止する。コーヒーの持ち帰りの客は，自分のマグカップを持っていったり，(14)再利用可能なカップのためにお金を払ったりしなければならず，それを持っているか，払ったお金と引き換えにそれを返すことができる。そのお金，つまり預かり金は，おそらく3ドルと5ドルの間になるだろうと同社は言った。ブルーボトルのブライアン・ミーハン最高経営責任者(CEO)は「一部のビジネスを失うと予想している」と述べた。「私たちのお客様の中には，それを気に入らない人もいることを知っています。そして我々はその準備をしています」

小さなカフェのオーナー，ケダール・コルデは，ステンレス製の水筒がサンフランシスコ地区で必需品になったのと同じように，いつかコーヒーを飲む人が再利用可能なマグカップを持ち歩くのが流行すると(15)楽観的だ。オークランドのコルデのパーチカフェは，9月にふたやストローと一緒に紙とプラスチックカップの使用を停止した。「私たちは今，12オンス(350ミリリットル)または16オンス(470ミリリットル)のサイズのガラス瓶を提供しています」とコルデが言った。(16)顧客は50セントの預かり金を支払い，預かり金と引き換えに瓶を戻すか，それを持ったまま，今後の飲み物から25セントを割り引くことができる。

コルデは，9歳の娘の学校が彼のカフェの近くのメリット湖で美化運動を行い，水中でコルデの使い捨てカップを見つけた後，変更を加えた。(17)娘は「お父さんがコップを湖から出さないなら，私は部屋を掃除する必要はないわ」と冗談を言った。しかし，彼はそれをもっと真剣に受け止めた。

問1 replace A with B「AをBに取りかえる」

問2 (13) 自分のカップを持っていかなければならないので「使い捨て」のカップがないと判断できる。 (14) 預り金と引き換えに返すカップなので，「再利用可能な」ものだとわかる。

(15) 人を主語にしている場合，optimistic「楽観的な」しか用いることができない。

問3 (16) deposit「預り金」 off「割り引いて」 (17) 父の使い捨てカップが湖の中にあるのに，自分の部屋を掃除する必要はないと冗談を言っている。

5 (長文読解問題・説明文：語句補充)

(全訳) いくつかの言葉は，自分の物語を伝える。春と秋を見ると，私たちはこれらの名前が私たちの季節の2つに与えられた理由を知る。春には新しい植物が湧き上がる。(18)葉は1年の秋に落ちる。なぜ遊び場のブランコがその名前を与えられたのかは非常に明確だ。(19)日の出が何時に来るかについての謎はあり得ない。

しかし，他の言葉は理解するのが難しい。私たちのほとんどは，ある時期にジーンズを着用している。私たちがそれについて少しでも考えたら，私たちはそれが女の子の名前と何か関係があると思ったかもしれない。全く違う。真実は，それがジーンズが作られている布の名前から来ているということだ。この強い布は，最初にイタリアの(a)ジェノバで，粗くすり切れた船員のズボンのために作られた。(b)ジェノバの布として知られ，オーバーオールやワークパンツに使用され始めた。それがジーンの布となり，その後(c)ジーンズの布になった。名前はついにズボン自体に与えられた。

基本 問1 (18) 秋に落ちるものは「葉」である。 (19) 1日の特定の時間に来るものは「日の出」である。

問2 Genoa「ジェノバ」 Genoese「ジェノバの」 jeans「ジーンズ」

6 （長文読解問題・説明文：語句解釈，要旨把握，英文和訳）

（全訳） 新学期ごとに，生徒たちに自己紹介をし，私のファーストネーム「ポール」で私を呼んでくるように勧める。しかし，何年もの間，私は学生の約10～20%だけが実際に私のファーストネームを使用していることに気づいた。私の生徒の多くはどんな名前も使うのを避けているが，一方で他の生徒は私を「ステープルトン先生」や「先生」と呼ぶ。ほとんどの学生が私のファーストネームを使うのはなぜこんなに難しいのかと思っていたが，今では日本文化をよりよく理解しているので，その理由は分かっていると思う。

日本の文化では，教師をファーストネームで呼ぶ生徒を想像することはほとんど不可能だ。先生のファーストネームと肩書の先生を使うのは部外者かもしれない。英語と日本語の違いは，(22)このページの2つの三角形を見て説明できる。

日本語を表す三角形は，英語を表す三角形よりも縦向きになっていることに注目してほしい。日本語の三角形の縦型の形状は，低い状態と高い状態の人の間に明確で大きな距離があることを示している。しかし，英語の三角形では，より水平であるため，人々の状況の違いはあまり明確ではない。

図では，日本語の三角形の先生と学生の距離が英語よりも長いことがわかる。距離が長ければ長いほど，下位の者，つまり学生がより上位の人，教師に話しかけるとき，肩書を使用する必要性が高くなる。

[1]肩書は，英語では使わない日本語の多くの場面で使用される。例えば，店内では日本人店員が客を「お客様」と呼び，職場では部長や課長などの肩書きが使われる。しかし，英語では店員は単に「あなた」という言葉を使い，職場では高い立場の人でもファーストネームがよく使われる。この違いは，日本における階層と集団志向の重要性を反映している。[2]お客様と呼ぶことで，店員は店員と顧客関係の中で，彼または彼女のより高い地位への敬意を示している。職場では，肩書は集団内の指名された人物の位置を非常に明確にする。一方，英語で「あなた」という言葉は，個人の状況に関係なく使用される用語だ。フランス語，ドイツ語，日本語などの言語では，正式な単語と非公式語の両方の単語が複数あり，階層に対する関心が高いことを示している。英語では，ファーストネームを使用すると，非公式性と個人への感謝の両方が示される。

問1 第5段落第2文に，部長や課長のような“title”とあることから「肩書」であるとわかる。

問2 日本の三角形は縦長であり，「先生」と「生徒」の距離が空いているものを選ぶ。

問3 (a) 「お客様」と呼ぶ場面なので，「店」であるとわかる。 (b) 店員は店において，客を「あなた」と呼ぶ。 (c) 「部長」「課長」と呼ぶ場面なので，「職場」であるとわかる。 (d)・(e) 職場においては，肩書ではなく「ファーストネーム」か「あなた」と呼ぶ。

問4 by ～ing「～することで」 respect for ～「～への敬意」

やや難 7 （条件英作文）

[1] 始めの挨拶は，「自分の名前」など自分のことについてと，お世話になる挨拶などを書くとよい。

[2] 質問は，(B)のホームステイ先から来た返事を参考にする。

（全訳） こんにちは由里，

あなたからメールをもらってとても嬉しいし，1週間で到着するのがとても楽しみです！

はい，ペンや消しゴム，ホッチキス，接着剤，紙など必要なすべての文房具が用意されています。あなたはどれも持ってくる必要はありません。2番目の質問については，「はい」です。あなたは私たちのWiFiを使用することができますので，あなたのスマートフォンを持参してください。あなたはそれを使用することができます。

他に質問があれば尋ねてください。あなたの安全な旅行を願っています。またね。

メアリー・ブラウン

以上から，「使用できる文房具があるのか」「WiFiを使うことができるか」の2つの質問をすればよい。

[3] 終わりの挨拶は，「会えることを楽しみにしている」や「さようなら」，「またね」のような内容で終わらせればよい。

★ワンポイントアドバイス★

記述問題が多くなっている。特に，和文を英文に直したり，英文で自分の意見を発信したりする練習を重ねるようにしたい。そのためには，様々な基本文を身につけ，使えるようにしよう。

＜理科解答＞

1 問1 （あ） 密度 （い） エタノール （う） ストロー （え） 水

問2 （お） CO_2 （か） $CaCO_3$ （き） 中和 （く） 塩 （け） KNO_3

問3 キ→イ→ア→カ→エ 問4 (1) $C_3H_8+5O_2 \rightarrow 3CO_2+4H_2O$

(2) （化学式） C_2H_6 （化学反応式） $2C_2H_6+7O_2 \rightarrow 4CO_2+6H_2O$

(3) （ⅰ） 0.50倍 （ⅱ） 0.48倍

2 問1 0.30秒後 問2 68m 問3 1.00秒後 問4 ア 問5 ウ 問6 85m

3 問1 41000N 問2 2台 問3 410000N 問4 8200m

問5 （文） ウ （グラフ） カ

4 問1 a，f，i 問2 ウ

5 問1 （環境） 温暖で透明度の高い浅海 （時代） 古生代 問2 E 問3 しゅう曲

問4 （記号） イ （名称） 正断層 問5 不整合[傾斜不整合] 問6 隆起が起きたと考えられる。[海退が起こったと思われる。] 問7 （6番目） J （9番目） I

6 問1 （あ） 無性 （い） 配偶子[生殖細胞] （う） 有性 （え） 減数分裂

問2 (1) イ→ア→ウ→オ→エ (2) （種子） 胚珠 （果実） 子房

問3 （系統） 純系 （法則名） 優性の法則 問4 AA：Aa：aa＝3：2：3

問5 「(あ)生殖」 環境が整えば，すぐに個体数を増やせる。

「(う)生殖」 多様な子孫が作られるため，環境の変化に適応しやすい。

○配点○

1 問1・問2・問4(2)化学式 各1点×5(問1い～え，問2お～か，問2き～け各完答)
他 各2点×5 2 問6 2点 他 各1点×5 3 問1・問2 各1点×2

他　各2点×3(問5完答)　　④　問1　2点　　問2　3点
④　問1・問2・問3・問5　各1点×4(問1完答)　　問4・問6・問7　各2点×3(問4，問7各完答)
⑤　問2(1)　2点　　問4　3点　　他　各1点×10　　　計60点

＜理科解説＞

①　(原子と分子―有機物の燃焼)

問1　液体中のストローにはたらく浮力は，ストローが押しのけた液体の重さに等しい。液体の重さは，体積×密度で求められるから，密度の大きい液体の方が浮力も大きい。表1では，同じストローが，試験管Aでは沈み，試験管Bでは浮いている。このことから，試験管Aの液体の密度が小さく，試験管Bの液体の密度が大きいことが分かる。つまり，エタノールの密度は水よりも小さく，ストローの密度はその中間である。

問2　有機物は，炭素を中心とした化合物であり，ほとんどの場合，成分に水素も含む。炭素が燃焼すると二酸化炭素ができ，水素が燃焼すると水ができるので，有機物を燃焼させると二酸化炭素と水ができる。

水酸化カルシウムの水溶液は石灰水とよばれ，アルカリ性であり，二酸化炭素を通じると白く濁る。二酸化炭素は水に溶けると酸性なので，この反応は中和反応である。化学反応式で書くと，$Ca(OH)_2+CO_2 \rightarrow CaCO_3+H_2O$であり，できる塩は炭酸カルシウム$CaCO_3$である。

硝酸と水酸化カリウムの中和反応の化学反応式は，$HNO_3+KOH \rightarrow KNO_3+H_2O$であり，できる塩は硝酸カリウム$KNO_3$である。

問3　ガスバーナーの点火手順は，まずすべてのねじやコックが閉まっていることを確認したあと(キ)，コックを開け(イ)，マッチに点火してから(ア)，ガス調節ねじBを上から見て反時計回りにまわして開けバーナーに点火する(カ)。炎の大きさを調節したら，空気調節ねじAを上から見て反時計回りにまわして開け(エ)，炎の色を青白に調整する。

問4　(1)　プロパンも有機物であり，燃焼によってできる生成物は二酸化炭素と水である。化学式を並べると，$C_3H_8+O_2 \rightarrow CO_2+H_2O$である。係数を合わせるときは，まずCやHから合わせるのがよい。CやHの数を合わせると，$C_3H_8+O_2 \rightarrow 3CO_2+4H_2O$となる。そのあと3か所にあるOの数を合わせると，$C_3H_8+5O_2 \rightarrow 3CO_2+4H_2O$と完成する。

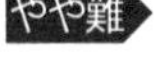
(2)　問題文の法則(アボガドロの法則)から，同温同圧であれば，化学反応式の気体の係数比は，気体の体積比と同じになる。気体Xの化学式をC_nH_{3n}とおく。燃焼の化学反応式を(1)と同様につくると，CやHの数を合わせた段階で，$C_nH_{3n}+O_2 \rightarrow nCO_2+\frac{3n}{2}H_2O$と書ける。Oの数は，右辺に$2n+\frac{3n}{2}=\frac{7n}{2}$あるので，左辺の$O_2$の係数は$\frac{7n}{2}\div 2=\frac{7n}{4}$となる。これが気体Xの体積の3.5倍なので，$\frac{7n}{4}=3.5$となる。よって，$n=2$と分かる。気体Xの化学式は$C_2H_6$であり，これはエタンである。化学反応式は，$C_2H_6+\frac{7}{2}O_2 \rightarrow 2CO_2+3H_2O$となるが，分数係数を避けて整数係数にするために両辺を2倍して，$2C_2H_6+7O_2 \rightarrow 4CO_2+6H_2O$で完成である。

(3)　(ⅰ)　プロパンに，過不足なく反応する酸素を加えたのだから，(1)でつくった化学反応式から，燃焼前の体積を1＋5＝6と考える。燃焼後は，液体の水の体積を無視すると，体積3の二酸化炭素が残る。よって，体積は3÷6＝0.50(倍)になる。

(ⅱ)　(1)でつくった化学反応式で，プロパンの体積を2とすると，過不足なく反応する酸素の体積は10である。また，(2)でつくった化学反応式で，気体X(エタン)の体積を1とすると，過不足なく反応する酸素の体積は3.5である。以上より，燃焼前の容器内の体積の合計は，2＋10＋1＋3.5＝16.5である。燃焼後は，液体の水の体積を無視すると，プロパンからできる二酸化炭素の体積は6，気体Xからできる二酸化炭素の体積は2だから，体積の合計は6＋2＝8である。よって，求める値は，8÷16.5＝0.484…で，四捨五入により0.48倍になる。

2 (音の性質―壁で反射する音)

問1　Bで出た音がAに達するのは，距離÷速さで，102÷340＝0.30(秒後)である。

問2　Aと壁の間を音が往復するのに0.40秒かかっているので，Aから壁まで音が進む時間は半分の0.20秒である。距離は速さ×時間で，340×0.20＝68(m)である。

問3　Bで発した音を，Cが直接聞いたのは，Aが聞いたのと同時で0.30秒後である。一方，B→壁→Cにかかる時間は，0.30＋0.20＋0.20＋0.30＋0.30＝1.30(秒後)である。よって，時間差は1.30－0.30＝1.00(秒)である。

問4　B→Cの直接音の経路は短くなるが，B→壁→Cの反射音の経路は長くなるので，時間差は大きくなる。

問5　B→Aの直接音の経路と，B→壁→Aの反射音の経路の差は，A→壁→Aの往復の部分であり，これはBが動いても変わらない。よって，時間差も0.40秒のままである。

問6　ピストルを2回撃てば，直接音と反射音の合計4回の音が聞こえるはずである。それが3回しか聞こえないのは，1回目の反射音と2回目の直接音が同時だった場合である。つまり，A→壁→Aの往復の経路を，音がちょうど0.50秒で進んだ場合である。Aから壁まで音が進む時間は半分の0.25秒だから，距離は340×0.25＝85(m)である。

3 (力・圧力―大気圧)

問1　このときの大気圧は，1025hPa＝102500Pa＝102500N/m^2，つまり，面積1m^{2}あたりに102500Nの力がかかる圧力である。窓ガラスの面積は，0.8×0.5＝0.4(m^2)だから，かかる力は102500×0.4＝41000(N)である。

問2　2050kgの自動車にかかる重力は20500Nである。これに比べ，問1の大気圧は41000÷20500＝2で，2倍である。

問3　問1と同様に考え，面積は4.0m^{2}だから，かかる力は102500×4.0＝410000(N)である。

問4　地面1m^{2}の上に102500Nの空気が乗っている。空気1m^{3}は1250gで，はたらく重力は12.5Nだから，空気の厚さは102500÷12.5＝8200(m)ぶんに当たる。

問5　問4は空気の密度を一様とした計算である。実際は，空気の密度が上空ほど小さいので，大気の厚さは問4の解答よりはるかに厚い。実際，航空機の飛ぶ高度は10000mを超えるし，オゾン層は高度20000～30000m付近に存在する。

4 (地層と岩石―地層の重なり)

問1　火山灰の中の鉱物組成は，火山ごとに異なり，また，同じ火山でも噴火ごとに異なる。火山灰層の鉱物の組み合わせをみると，同じ火山灰がどれかわかる。図3で同じ火山灰層といえるのは，鉱物の組み合わせが同じであるdとgの組，eとhの組，aとfとiの組である。3地点に共通するのは，aとfとiの組で，これが鍵層として最も適当である。

問2　問1でみた火山灰層aとfとiの上面の標高を調べる。A地点は地表の標高が12mで，深さ22mに火山灰層aの上面があるので，火山灰層aの上面の標高は，12－22＝－10(m)である。同様に，B地点での火山灰層fは，21－40＝－19(m)であり，C地点での火山灰層iは，30－40＝－10(m)である。以上より，A地点とC地点では，同じ火山灰層の標高が同じであり，この地層が東西方向に傾いていないことがわかる。また，B地点では，同じ火山灰層がより低い位置にあるので，北に向かって下がる向きに傾斜していることもわかる。

5 （地層と岩石―地質断面図）

問1 G層からはサンゴ化石が見つかっており，暖かくて浅く，泥などが混ざらない澄んだ海だったことがわかる。また，三葉虫は古生代の示準化石である。

問2 恐竜は中生代に生息した大型ハ虫類である。同じ中生代には，アンモナイトも繁栄した。

問3 地層が横から力を受けて曲がったものをしゅう曲という。

問4 断層Jに対し上側は左側のブロックである。断層Jを境に，左側のブロックがずり下がっているので，この断層は左右両側から引っぱりの力を受けてできた正断層である。

問5 Iを境に，下位の地層と上位の地層は向きが異なっている。これは，下位の地層が堆積したあと，いちど傾きながら隆起し，上部がけずられたためである。このように，上位と下位の間の時間の隔たりがある重なり方を不整合という。上下の地層の向きが異なる場合を特に傾斜不整合といい，上下の地層が同じ向きなら平行不整合という。

問6 れき，砂，泥などは，陸から川によって流され海に堆積する。そのため，陸に近く流れの速い浅い海ほど，れきのような大きな粒が堆積する。E→D→C→Bと古い順に見ていくと，粒の大きさがだんだん大きくなっているので，この場所の水深が浅くなったことが分かる。その原因は，土地が隆起したか，海水面が下がった(海退)かである。

問7 地層は下にあるほど古い。また，断層JはDの堆積後でCの堆積前に活動した。不整合面Iは，Bの堆積後にできた。以上より，順番はH→G→F→E→D→J→C→B→I→Aである。

6 （生殖と遺伝―有性生殖と遺伝）

問1 生殖細胞をつくらず，親と全く同じ遺伝子の個体を殖やすのは，無性生殖とよばれ，分裂や胞子のほか，本文のジャガイモのような栄養生殖がある。一方，卵や精子のような生殖細胞をつくり，受精によって子孫を増やすのが有性生殖である。生殖細胞の染色体数は体細胞の半分であり，生殖細胞をつくる特別な細胞分裂が減数分裂である。

問2 おしべでつくられた花粉がめしべの先端の柱頭に付くと，花粉管がめしべの中を伸びる。花粉管の中の精細胞の核は，やがて胚珠の中にある卵細胞の核と合体する。これが受精である。受精卵が細胞分裂を繰り返して胚となり，胚珠全体が種子となる。胚珠を取り巻く子房は果実となる。

問3 ある形質について，何代にもわたって同じ形質を持つ系統は，代々対立する遺伝子を持っていない。このような系統は純系とよばれる。純系ではない個体は，対立する遺伝子のうち，片方だけが形質として現れる。これを優性といい，近年では顕性ともいう。

問4 下線部①のもつ遺伝子はAA，下線部②のもつ遺伝子はaaであり，両者からできた子が持つ遺伝子はAaである。このAaの遺伝子を持つ子が自家受精してできる孫は，遺伝子AA：Aa：aaの個体数比が1：2：1となる。

さらに，孫のそれぞれが自家受精してひ孫をつくる。AAの孫からできるひ孫はすべてAAであり，aaの孫からできるひ孫はすべてaaである。また，Aaの孫からできるひ孫は，AA：Aa：aa＝1：2：1となる。そこで，もとになる孫の数を，AA：Aa：aa＝2：4：2とすると，ひ孫の数はAA：Aa：aa＝(2＋1)：2：(2＋1)＝3：2：3となる。

問5 (あ)の無性生殖は，生殖細胞を作る必要がなく，受精の相手がいなくても，1個体だけで子孫を殖やすことが可能である。農業で，同じ品質の個体を大量に生産するには適している。しかし，同じ遺伝子を持つ個体が多数できるので，環境の変化が起こったときに全滅してしまう可能性もある。一方，(う)の有性生殖は，子孫を殖やすのに生殖細胞をつくって相手を見つけて受精するという手順が多く，無性生殖ほど簡単ではない。しかし，個体ごとに遺伝子の組み合わせがちがうので，環境の変化に対しても，どれかの個体が生き残る可能性があり，種を維持するのに適しているといえる。

★ワンポイントアドバイス★

基礎知識の取りこぼしを避けたうえで，応用問題では問題文の条件をよく理解し，順序立てて考え，計算しよう。

＜社会解答＞

1　問1　糸魚川・静岡構造線　　問2　Y　ユーラシアプレート　　Z　北アメリカプレート
問3　③　　問4　エ　　問5　ダムに土砂が堆積し，河口に運搬される土砂の量が減少しているため，海岸の侵食を防止するための離岸堤が設置されている。

2　問1　⑤　　問2　①　　問3　(1)　地域により言語が異なるため，イギリス植民地時代に由来する英語が広く使用される。　(2)　ヒンディー語　　問4　④　　問5　⑥

3　問1　(1)　h　(2)　a　(3)　s　(4)　k　(5)　x　(6)　o　　問2　A　冠位十二階
B　岩倉具視　　C　吉田茂　　問3　ア　　問4　ウ→ア→イ→エ　　問5　ウ
問6　(1)　武士に期待される役割は有事の際の軍事的貢献から，朱子学の考えを重視し，社会の身分秩序の維持へ貢献することに変化した。　(2)　エ　　問7　エ→ウ→イ→ア

4　問1　ア　　問2　ア　　問3　オンブズマン制度　　問4　エ　　問5　集団的自衛権
問6　ユニバーサルデザイン　　問7　エ　　問8　イ　　問9　政党助成法　　問10　ウ
問11　公的扶助　　問12　多選を禁止する法律や条例を制定することは，参政権を制限することになってしまうので反対である。

○配点○

1　問1・問2　各1点×3　　他　各2点×3　　2　問3(2)　1点　　他　各2点×5
3　問1　各1点×6　　問6(1)　3点　　他　各2点×8(問4・問7各完答)
4　問4・問8・問12　各2点×3　　他　各1点×9　　計60点

＜社会解説＞

1　**(日本の地理―地形図・地形・産業など)**

問1　新潟の糸魚川から長野の松本，山梨の甲府盆地を通り静岡に至る断層。

問2　日本列島は大陸プレートであるユーラシアプレートと北アメリカプレートの上にあり，海洋プレートであるフィリピン海プレートと太平洋プレートが潜りこんでいる。沈み込む際には大陸プレートが引っ張られ耐えきれなくなって反発したときに大地震が発生する。

問3　茶は新芽の頃に霜が降りると凍って枯れてしまう。夜間に風がないと放射冷却で霜が降りるためファンで空気をかくはんさせてそれを防いでいる。

問4　アルミニウムは「電気の缶詰」といわれるくらい原価に占める電気代の割合が高い。かつては豊富な水力で生産した安価な電力を利用した北陸を中心にアメリカに次ぐ生産量を誇ったが，石油危機後は競争力を失い国内での精錬事業は幕を下ろした。

問5　フォッサマグナでは地滑りなどが多発することもあり大量の土砂の流出が起きる。ダム建設により土砂の流出が止まると河口に供給される土砂が大幅に減少，砂の補給がなくなった海岸で

は波による浸食が大きな問題となっている。

2 （地理―南アジアの気候・産業・貿易など）

問1　アは砂漠気候のカラチ，イは温帯夏雨気候のデリー，ウはサバナ気候のコルカタ。

問2　カの北側は8000m級の高峰が連なるカラコルム山脈，キはヒンドスタンと呼ばれる大平原，クは大部分が標高1000m以下のデカン高原。

問3　(1)　インドは憲法で22の言語が指定されるなど多言語国家として知られる。　(2)　中部や北部を中心に使用されもっとも多くの人に用いられている言語。

重要　問4　インドはイギリスから独立する際に宗教の違いから3つに分裂。ヒンドゥー教のインド(B)，イスラム教のパキスタン(A・D)，仏教のスリランカ(C)。その後パキスタンからバングラデシュ(D)が分離独立し現在に至っている。

問5　バングラデシュには安い人件費を求めて日本企業などが多く進出，衣類の輸入先では中国，ベトナムに次ぐ第3位，セイロンティーで知られるスリランカは茶の生産では世界4位，ダイヤモンドの研磨加工では9割をインドが占めるといわれる。

3 （日本と世界の歴史―古代～現代の政治・経済・文化史など）

問1　1　記憶力に優れ天武天皇の命で覚えた帝紀などを太安万侶が筆記。　2　聖徳太子は推古天皇の摂政。　3　伊藤博文が中心となって創設。　4　武家，公家双方の頂点に君臨した将軍。
5　株仲間による商品の独占が物価高騰の原因と判断。　6　大統領はスペイン風邪に感染，会議は英仏の主導で行われることとなった。

重要　問2　A　儒教的徳目を色で示した最初の位階制度。　B　薩長と結んで王政復古に尽力した公家。
C　日米安保体制を軸に戦後政治の基本路線を確立した首相。

問3　博多湾の志賀島で発見された金印。57年に後漢の光武帝が奴国王に授けたもの。

問4　アは1219年，イは1221年，ウは1213年，エは1232年。

問5　アヘンをめぐる清とイギリスの戦争。1842年，清は敗れ南京条約でホンコンを割譲した。

問6　(1)　幕府は朱子学を重視し上下関係や秩序を大切にすることで幕府に従順な人材の育成を目指した。　(2)　物資の輸送は主に船を利用，浮世絵の祖は見返り美人で知られる菱川師宣。

問7　アは1921～1922年，イは1919年5月，ウは1919年3月，エは1917年。

4 （地理・公民―人口・政治のしくみ・社会生活・日本経済など）

問1　千葉市も横浜市もともに数百人の流出となっている。

問2　公害対策基本法の制定は高度経済成長のど真ん中である1967年。京都議定書は1997年，足尾銅山鉱毒事件は明治時代，環境アセスメント法の制定は1997年。

問3　19世紀初めにスウェーデンで創設され各国に普及，スウェーデン語で代理人を意味する。

問4　1ドル100円が50円になると，1台100万円の車は1万ドルから2万ドルに値上がりする。卸売業では資本金3000万，従業員100人以下，大企業は1%，所有者は株主。

問5　これまで憲法9条から行使は難しいと考えられていた集団的自衛権を憲法解釈の変更で容認，国会の議論も経なかったことを問題と考える人も多い。

問6　あらかじめいろいろな人が利用しやすいようデザインする考え方でバリアフリーなどより広い考え方。単に品物だけでなく都市や生活環境まで幅広い概念として用いられる。

問7　育児以外の家事関連の時間では日本だけ4時間台と他のどの国よりも短い。

重要　問8　憲法81条にある法令審査権の対象に条例は列挙されていないが，条例も法規範であり当然審査権の対象に含まれると解されている。首長は議会の不信任に対し解散で対抗できる。

問9　政治献金を禁止する代償として1994年に制定。国会議員5人以上など一定の条件を満たした政党に国民一人当たり250円を支給する。

問10　好景気の際は市場に流通する通貨の量を減らす政策を実施。売りオペレーションとは日本銀行が保有する国債などの債権を売却し市場から資金を回収する政策。

重要　問11　健康で最低限度の生活を維持できない生活困窮者を救済する制度。

問12　政治に参加することは憲法に規定された基本的人権の一つであり，侵すことのできない永久の権利と規定されている。

★ワンポイントアドバイス★

資料の読み取り問題は分野を問わず今後も増えることが予想される。普段からこの種の問題に数多く触れることで慣れておくことが大切である。

＜国語解答＞

一　1 A　図鑑　B　駒　C　倒壊　D　公理　E　変革　2　オ　3　自然法則の解明[「自然法則の解明」]　4　イ　5 (例)　科学と非科学の境を決める基準であり，反証が可能な理論は科学的とし，反証が不可能な説は非科学的だと考え，検証できるかどうかは問わないこと。　6　エ　7　オ

二　1 A　エ　B　オ　2　イ　3　エ　4 (例)　凡庸な自分をごまかさないこと。[平凡な自分をさらけだすこと]　5 (例)　彼は，独自の感性を持つ，姉を評価してくれる人間だと期待していたのに，姉の詩集を読みもせずに，世の中の意見をなぞって得意気に批判してきたから。　6　ウ・オ

三　1　いうよう[ゆうよう]　2　地獄の迎へ　3　ずきやうにせよ　4　この寺の物　5　ア　6　オ　7　ウ

○配点○

一　1　各2点×5　5　10点　他　各5点×5　二　1　各2点×2　5　10点　6　各4点×2　他　各5点×3　三　1・2・7　各2点×3　他　各3点×4　計100点

＜国語解説＞

一　(論説文一大意・要旨，内容吟味，文脈把握，漢字の読み書き)

1　A　「鑑」の訓読みは「かんが(みる)」。　B　将棋やチェスなどで，盤上で動かすもの。　C　建物などが倒れて壊れること。　D　自明な真理として認められ，他の定理や命題を証明する前提となるもの。　E　物事を根本から変えて新しくすること。

2　直前の文「サイエンス(science)の語源はラテン語で『知識・原理(scientia)』で，『分ける(scindere)』ことに関係している」と合わせて読み解く。ラテン語に由来する「サイエンス(science)」と日本語の「分かる」という言葉は何の関係もないはずなのに，両者が「分ける」「分かつ」という感覚を持っていることに対して，筆者は「興味深い」としている。ラテン語に由来する「サイエンス(science)」と日本語の「分かる」に，「分ける」ことで「分かる」ことを導き出すという普遍性が見出せると述べているオが適切。アの科学において「分ける」ことで理解しようとする姿勢が画期的であることや，イの対象の固有の性質を見出しながら観察する手法の共通性に対して「興味深い」としているわけではない。エの「分ける」という科学研究の本質が日本語の「分ける」や「分かる」にも関係している，ウの「日本でも科学が生まれる可能性」とは

本文では言及していない。

3　同じ段落の文脈から，科学研究が必要とするものは何かを考える。「つまり」で始まる段落の「科学研究を一言で表すならば，『自然法則の解明』に他ならない」とあるのに着目する。この「自然法則の解明」が，傍線部②の「一歩踏み込んだ説明」に通じることを確認する。

やや難　4「科学的仮説」になり得る場合となり得ない場合について述べている部分を探す。一つ後の段落の「反証(間違っていることを証明すること)が可能な理論は科学的であり，反証が不可能な説は非科学的だと考える。検証ができるかどうかは問わない」というK・R・ポパーの提案や，「お化けや空飛ぶ円盤」「白いカラス」の例をもとに生徒の意見を検証していく。生徒Bの意見「生命が存在する惑星を発見できなかったとしても，それで生命が存在するという反証は成り立たない」は，「占いは」で始まる段落の「お化けが存在する」の例に重ねられる。その結果「『科学的仮説』にはならない」ので最も適切である。生命が存在するかどうかすべての星を調べることは不可能なので，「科学的仮説」となり得るとする生徒A，生徒C，生徒Eの意見は適切ではない。生徒Dの意見「惑星探査機が生命の痕跡を採集して帰還するといった可能性」は考えられるので，適切ではない。

やや難　5「反証」という言葉に注目すると，「哲学者の」で始まる段落に「反証(間違っていることを証明すること)が可能な理論は科学的であり，反証が不可能な説は非科学的だと考える。検証ができるかどうかは問わない」というK・R・ポパーの提案に気づく。傍線部④の直前の「科学と非科学の境を決める基準」であることを述べた後，このK・R・ポパーの提案を加えてまとめる。

6「逆説」は，一見真理に反するように見えて，実は一面の真理を言い表している説のこと。直前の「反証できるかどうかが科学的な根拠となる」が，どのような意味で「逆説めいてい」るのかを考える。「反証(間違っていることを証明すること)」ができればその仮説は科学的な根拠となるという論理は，一般的には矛盾のように思われる。この内容を述べているエを選ぶ。アの「否定できるから肯定できる」，イの「本来の目的とは正反対の結果を生み出して」，ウの「遠回りすることが真理への近道」，オの「反証が間違っていれば」が，本文の内容にそぐわない。

重要　7　最終段落の内容にオが合致する。「蝶に」で始まる段落に「対象の本質をとらえる分析力が必要」とあるので，「固有性や多様性を見つけ出そうとする分析力」とあるアは合致しない。イの「新しいパラダイムによって『科学的仮説』の実証性が証明されなければならない」，ウの「お化けや空飛ぶ円盤が存在するということも，『仮説』の立て方次第で科学的である」は，「たとえば，『すべての」で始まる段落の「『お化け』が存在することは検証も反証もできないので……非科学的である」と合わない。エの「どんなに科学が進歩しても科学的な説として修正されることはない」とは言っていない。

二　(小説一情景・心情，内容吟味，文脈把握，語句の意味)

1　A「けげん」は，理由や事情がわからず納得がいかない様子という意味。後ろから「詩，好きなの？」と声をかけられた「彼」が「振り向いた」のは，話しかけられた理由がわからなかったからである。　B「ばつが悪い」は，きまりが悪いこと。「読んでない。」と答えた後に，「わたし」が好きな作者だったかもしれないと気づいた時の「彼」の反応であることから，気まずくなった様子という意味を推察することができる。

2　直後の「デビュー作しか読んでいないと言っていた彼に貸すつもりだった。ついでに，作者が自分の姉だと打ち明けてしまってもいいとも考えていた……彼なら，ふうんそうなんだ，とことももなげに流してくれそうな気がした。これまでわたしが好きになってきた，平凡な男の子たちとは違って。」から理由を読み取る。「彼」なら詩集の作者が「わたし」の姉だということに関係なく感想を述べてくれると思ったからとあるイが最も適切。「デビュー作しか読んでいないと言っていた彼」とあるので，「二冊目の詩集もきっと読んでくれており」とあるアは適切ではない。ウの「気楽に付き合える」や，エの「多くの文学作品を読んだ彼」は，本文の内容からは読み取れない。オの「姉へのバッシングで傷ついた『わたし』の心に寄り添ってくれる」ことまで「わたし」は期待していたわけではない。

3　同じ段落の「文学少年ふうのおとなびた男子」や「自分の世界を大事にするあまり同級生とも距離を置いている」「クールでそっけない態度」に着目する。さらに「自分の持っていないものだからだろうか」とあることから，「わたし」はどのような性格を持っているのかを考える。一つ後の段落の，教師の「普通」という言葉に縛られていることや，「凡人だと」で始まる段落の「凡人だと思われたくないという自意識は……痛いくらいわかる」から，「わたし」が姉との比較や教師の評価を気にする性格であることが読み取れる。したがって，「わたし」が気になってしまう「変わり者」とは，他者との比較や他者からの評価を気にせず，自分の世界を静かに過ごすような人のことだとわかる。アの「はっきりと伝えることができる」や，イの「普通であることを嫌いながらもどこか安心している」，ウの「現代社会に適応できなくても気にしない」，オの「日常の中でも自分の才能を発揮し」は読み取れない。

4　傍線部③の「小細工をする」は，直前の文の「うわべだけをとりつくろ」うことを意味している。それに対して「正直にかまえる」とは，どういうことか。同じ段落の「凡人」や「凡庸な自分」や，「わたし」の考えを述べている「わたしだって」で始まる段落の「普通であることそのものを……ごまかしたがるのはかっこわるい」などの語を用いて，凡人である自分をとりつくろわない，凡庸な自分をごまかさない，などとまとめる。

やや難　5「わたし」が「絶望的な気分に襲われた」のは，姉の詩集に対する「彼」の言動による。少し前の「読んでない……ひとつめと比べて，まったく話にならないって」という「彼」の言葉を聞き，「わたし」は「いやな予感がした」とある。傍線部④の直前の「だけど，やっぱり才能ってすり減るのかな……デビュー作にすべてを注ぎこんで，その後は抜け殻っていう。なんか，ちょっと気の毒だよなあ」という言葉や「ふだんと変わらず低い声に，うきうきした調子がうっすらとにじんでいて」などの「彼」の様子に，「わたし」の「いやな予感」が「絶望的な気分」に変わったのである。聡明そうな「彼」なら姉の詩集を評価してくれると思っていたのに，姉の詩集を読みもしないで得意げな様子で批判してきたからである。傍線部④の直後の文の「例の批評家のにやついた近影写真」や，後の「重ねられた批評の言葉には，どれも聞き覚えがあった」から，「彼」の意見が「彼」独自のものではなく，世の中の意見をなぞっただけのものであることも加えてまとめる。

重要　6「わたし」は「彼」の独自の感性で自分の世界を大事にする様子に引かれたのであって，詩の才能に引かれたわけではないので，「詩に関して非凡な才能を持つ彼」とあるウは不適切である。「わたし」は，姉の詩集を読みもしないで「世の中」の意見をなぞって批評する「彼」に腹を立てているが，オの「姉は喜ばないとわかっていながら」という感情は読み取れない。

三　**（古文―主題・表題，文脈把握，指示語の問題，語句の意味，文と文節，仮名遣い，文学史）**

〈口語訳〉　今は昔，薬師寺の別当僧都という人がいた。別当はしていたけれども，とりわけ寺の物も使わないで，極楽に生まれかわることを願っていた。（別当僧都が）年を取り，病気になって，死ぬ間際になって，念仏を唱えて死のうとした。すっかり（命の）限りと見えたころに，（別当僧都の容体が）良くなって，弟子を呼び寄せて言うには，「（皆も）見て知っているように，念仏を余念なく唱えて死ねば，極楽の迎えがいらっしゃるだろうと待っていたが，極楽の迎えは現れず，火の車が寄こされた。これは何だ。そんなことは思ってもみなかった。何の罪で，地獄の迎えが来たのだと言ったところ，車に付いていた鬼どもが言うには，この寺の物を一年間，五斗借りて，いまだに返さないので，その罪によって，この迎えを受けるのだと言ったので，私が言ったのは，それぐらいの罪で，地獄に落ちるはずがない。その物を返すと言っても，火の車を近づけて待っているのだ。だから急いで米一石分を読経しろ」と言ったので，弟子たちは大あわてで，言われるままに読経した。その(読経の)鐘の音がすると，火の車は帰った。さてしばらくたって，火の車は帰ったので，極楽の迎えもすぐにいらっしゃると，(別当僧都は)手をすりあわせて喜びながら息を引き取ったのだった。

その(僧都が住んでいた)坊は薬師寺の大門の北の脇にある坊である。今でもそのままの形で残っている。それだけの物を使っただけなのに，火の車が迎えに来た。ましてや寺の物を好き勝手に使っているあちこちの寺の別当の，地獄の迎えが思いやられることだ。

基本 1 語頭以外のハ行は現代仮名遣いではワ行で読むので「いう」。「やう」は「よう」と読む。

2 「火の車」は，前の「極楽の迎へ」と対照的に述べている。二つ後の文に「何の罪によりて，地獄の迎へは来たるぞ」とあるのに着目する。

やや難 3 別当僧都が死を迎えたときのことを弟子たちに語っている。別当僧都は，自分を迎えに来ている鬼を地獄に帰すために，弟子たちに「とくとく一石ずきやうにせよ」と言っており，ここで別当僧都の言葉は終わる。「ずきやう」の意味を注釈で確認する。

4 同じ文で「何の罪によりて，地獄の迎へは来たるぞ」という別当僧都が尋ねたのに対し，鬼たちは「この寺の物をひととせ，五斗借りて，いまだ返さねば，その罪によりて，この迎へは得たるなり」と答えている。ここから適当な部分を抜き出す。

5 「さばかり程の物」は，「寺の物をひととせ，五斗借り」たことを指し示している。「寺の物をひととせ，五斗借り」たのは，「別当僧都」。

重要 6 本文は，薬師寺の別当僧都がわずかな米を返さないだけで地獄へ連れて行かれそうになったが，読経をすることで極楽へ行くことができたというものである。この内容に生徒Aと生徒Bの発言は合致する。最終段落の「まして寺物を心のままに使ひたる諸寺の別当の，地獄の迎へこそ思ひやらるれ」からは，寺の物を横領していた他の寺の別当に対して筆者が苦々しく思っていることが読み取れる。この内容に生徒Cと生徒Dの発言が合致する。生徒Eの「物欲にとらわれてしまう人間の悲しい本性」は，本文の内容に合致しない。

基本 7 『宇治拾遺物語』は説話文学で，同じジャンルの作品はウの『今昔物語集』。アとイは随筆，エは軍記物語，オは物語。

★ワンポイントアドバイス★

選択肢は五択で，しかもそれぞれの選択肢が長文となっている。内容も本文に書かれていたことを含むものが多く，一語一語本文と照らし合わせて文脈を確認しなくてはならない。ある程度考えて選んだ後は他の問題を解き，最後にもう一度確認をするといった方法も時間内に解くためには必要だ。

大切なことはメモしておこうネ！

2020年度
★★★★★★★★★★★★★★★★★★★★★★★★

入　試　問　題

2020年度

昭和学院秀英高等学校入試問題

【数　学】（50分）　　＜満点：100点＞

1　次の問いに答えよ。

(1)　$x=2+3\sqrt{3}$ のとき $\dfrac{x^2-1+(x-1)2\sqrt{3}}{x^2-3x+2}$ の値を求めよ。

(2)　$(x^2+11x+9)(x^2+11x+19)+9$ を因数分解せよ。

(3)　方程式 $(x-2y+6)(3x+4y-14)^2=7$ をみたす整数 x，y を求めよ。

(4)　1g，2g，3gのおもりをいくつか使って12gにするには全部で何通りの方法があるか。ただし，使わない重さがあってもよいものとする。

(5)　容器Aには濃度 x%の食塩水が200g，容器Bには濃度 y%の食塩水が100g入っている。200g入っている容器から別の容器に100gを移し，よくかき混ぜる操作を続けて3回行った。このとき容器Bの食塩水の濃度を x，y で表せ。

2　放物線 $y=\dfrac{1}{9}x^2$ 上に点Aがあり，Aの x 座標は正，y 座標は a であるとする。また，1辺の長さがOAと等しい正方形ABCDがあり，ADは x 軸と平行であるとする。ただし，（Cの x 座標）＞（Aの x 座標），（Cの y 座標）＜（Aの y 座標）である。このとき，次の問いに答えよ。

(1)　正方形ABCDの面積を a を用いて表せ。

(2)　正方形ABCDの面積が10のとき，点Cの座標を求めよ。

(3)　OA // BD のとき，点Cの座標を求めよ。

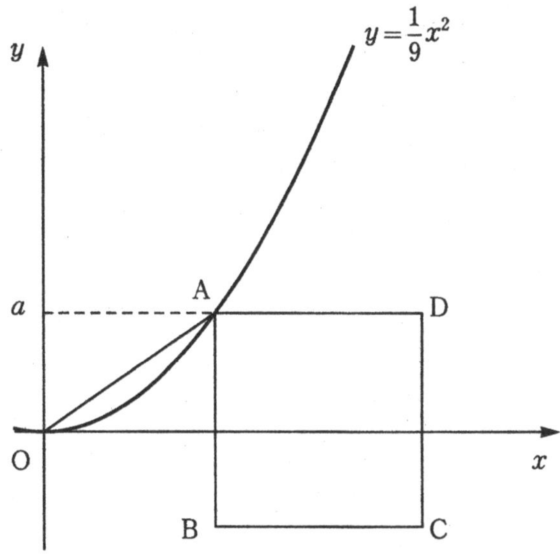

3　図のような$AB=\sqrt{3}$，AC＝AD＝BC＝CD＝DB＝４ の四面体ABCDがある。また，辺CDの中点をMとするとき，次の問いに答えよ。

(1)　頂点Ａから△BCDに垂線AHを下ろしたとき，AHの長さを求めよ。

(2)　四面体ABCDの体積を求めよ。

(3)　△ABM上で，点Mから辺ABに垂線MEを引いたとき，線分AHとの交点をＰとする。このとき，AP×PH の値を求めよ。

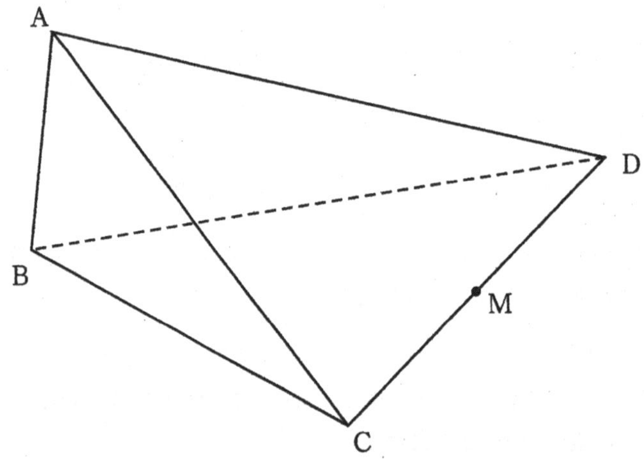

4　円と△ABCと△CDEが２点Ｆ，Ｇで交わっている。AD // BE，CD＝８，CF＝３，CG＝４ のとき，次の問いに答えよ。

(1)　AGの長さを求めよ。

(2)　BC：CE を最も簡単な整数比で表せ。

(3)　AF＝９t とするとき，EGの長さを t を用いて表せ。

(4)　△ACDの面積を S とするとき，四角形BFGEの面積を S を用いて表せ。

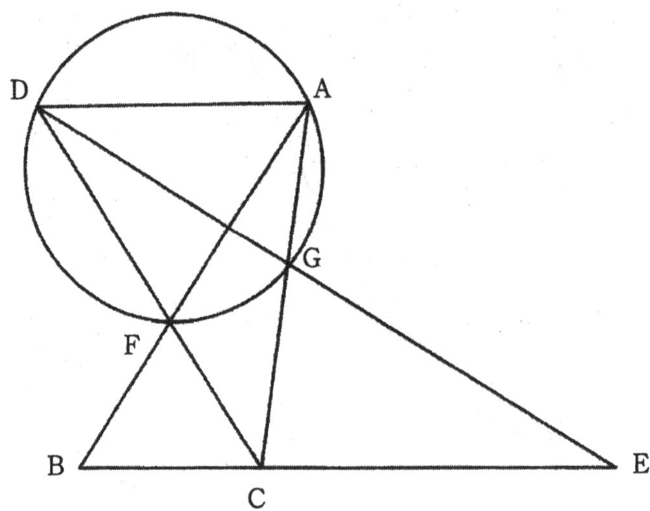

【英　語】（50分）　＜満点：100点＞

【注意】 大問１はリスニング問題です。放送の間，問題冊子にメモをとってもかまいません。なお，問題の指示は印刷されており放送されませんので，放送までの約１分間の間にできるだけ目を通しておいてください。

1　これから放送で“Why I'm a Weekday Vegetarian”というタイトルのスピーチを流します。内容について，以下の(1)～(5)の問いに答えなさい。スピーチは２回放送されます。

(1) 次の英文がスピーチの内容に沿うよう，あとに続く表現を①～④の中から１つ選び，マークシートの(1)にその数字をマークしなさい。

If you eat a hamburger every day, your risk of dying will increase by about ＿＿＿＿＿

① 10 percent.　② 30 percent.
③ 50 percent.　④ 70 percent.

(2) 次の英文がスピーチの内容に沿うよう，あとに続く表現を①～④の中から１つ選び，マークシートの(2)にその数字をマークしなさい。

People in the 1950s ate ＿＿＿＿＿

① twice the amount of beef that we eat now.
② more variety of fish than we do now.
③ much less meat than we do now.
④ as much meat as we do now.

(3) Weekday Vegetarian の利点として，講演者が述べなかったものを①～④の中から１つ選び，マークシートの(3)にその数字をマークしなさい。

① There will be more animal kingdoms across the world.
② There is a chance that you will lose some weight.
③ You can help reduce pollution.
④ You can probably live longer.

(4) スピーチの内容と一致するものを①～④の中から１つ選び，マークシートの(4)にその数字をマークしなさい。

① Meat production causes more carbon emissions than all the cars and planes combined.
② The speaker has been practicing being a weekday vegetarian for two years now.
③ On Saturday and Sunday you can only eat red or processed meat.
④ To produce 1 kg of beef you need 100 liters of water.

(5) スピーチの内容を受けて，あなたの考えを英語30語程度でまとめなさい。ただし書き出しの文は次の［A］か［B］のどちらかを選び，解答欄の□に✓印をつけること。またスピーチの内容に関する言及を必ず１つ以上含めること。

［A］ I would like to try being a weekday vegetarian.
［B］ I don't think I can give up hamburgers.

<リスニングスクリプト>

About a year ago, I asked myself a question: "Knowing what I know, why am I not a vegetarian?" After all, I'm one of the green guys: I grew up with hippie parents in a log cabin. I started a site catted TreeHugger − I care about this stuff. I knew that eating a mere hamburger a day can increase my risk of dying by a third. Cruelty: I knew that the 10 billion animals we raise each year for meat are raised in factory-farm conditions that we, hypocritically, wouldn't even consider for our own cats, dogs and other pets. Environmentally, meat, amazingly, causes more emissions than all of transportation combined: cars, trains, planes, buses, boats, all of it. And beef production uses 100 times the water that most vegetables do.

I also knew that I'm not alone. We as a society are eating twice as much meat as we did in the 50s. So what was once the special little side treat now is the main, much more regular. So really, any of these angles should have been enough to convince me to go vegetarian. Yet, there I was − chk, chk, chk − tucking into a big old steak.

So why was I stalling? I realized that what I was being pitched was a binary solution. It was either you're a meat eater or you're a vegetarian, and I guess I just wasn't quite ready. Imagine your last hamburger. (Laughter) So my common sense, my good intentions, were in conflict with my taste buds. And I'd commit to-doing it later, and not surprisingly, later never came. Sound familiar?

So I wondered, might there be a third solution? And I thought about it, and I came up with one. I've been doing it for the last year, and it's great. It's called weekday veg. The name says it all: Nothing with a face Monday through Friday. On the weekend, your choice. Simple. If you want to take it to the next level, remember, the major culprits in terms of environmental damage and health are red and processed meats. So you want to swap those out with some good, sustainably harvested fish. It's structured, so it ends up being simple to remember, and it's okay to break it here and there. After all, cutting five days a week is cutting 70 percent of your meat intake.

The program has been great, weekday veg. My footprint's smaller, I'm lessening pollution, I feel better about the animals, I'm even saving money. Best of all, I'm healthier, I know that I'm going to live longer, and I've even lost a little weight.

So, please ask yourselves, for your health, for your pocketbook, for the environment, for the animals: What's stopping you from giving weekday veg a shot? After all, if all of us ate half as much meat, it would be like half of us were vegetarians. Thank you.

2　次の日本語を表す英文を，それぞれ［　］内の語を並べ替えて完成するとき，(5)～(8)に入れるのに最も適切な語は何か。マークシートの(5)～(8)にその数字をマークしなさい。ただし，［　］内の語は，文頭に来るものも小文字で示してある。

(1)　先週私が読んだ小説はどちらもあまりよくなかった。

(　　)(　　)(　5　)(　　)(　　)(　　)(　6　)(　　)(　　).

[① last　② very　③ I　④ novel　⑤ read　⑥ good　⑦ neither　⑧ week　⑨ was]

(2)　トムが撮った写真を見なさい。

(　7　)(　　)(　　)(　　)(　　)(　　)(　8　)(　　)(　　).

[① Tom　② look　③ taken　④ the　⑤ a　⑥ take　⑦ picture　⑧ at　⑨ by]

3　AとBの会話が成立するように，次の日本語を表す英文を書きなさい。ただし，(　)内の語をそのまま，または適切に変化させて必ず使用すること。使う順番は自由とする。

(1)　A：You look very sad.　What's wrong?

B：昨夜財布を盗まれてしまったんだ。(have / wallet)

(2)　A：私の眼鏡がどこにあるか知っていますか。(glasses / be)

B：I don't know.

4　次の英文を読み，(　)に共通して入れるのに最も適切なものを下の①～④の中から1つ選び，マークシートの(9)にその数字をマークしなさい。

Anyone who has traveled to a foreign country will recognize the need not only to acquire some basics of the new language, but also to become acquainted with the new (　　).　If you travel to Japan, it is essential to understand the requirement to take off your shoes before entering someone's house.　If you travel to the U.K., you should understand how people love to talk about the weather, and the importance of pubs.　There are also taboos in every (　　).　If you travel to Thailand, you should take great care when talking about the king.

① environment　② fashion　③ culture　④ season

5　次の英文を読み，(10)～(14)に入れるのに最も適切なものを下の①～④の中から1つずつ選び，マークシートの(10)～(14)にその数字をマークしなさい。

An increasing number of wedding halls are not permitting the use of music downloaded from the Internet for wedding parties.　Doing so is considered beyond (　10　) use of the music and in violation of the Copyright Law.

Since playing music on CDs is permitted at wedding halls, customers of online music distribution services are complaining that it is (　11　) to prohibit fee use of purchased downloaded music.

"Please purchase a CD, (　12　) you cannot use this music here," a wedding hall employee told one woman in Tokyo who was asked about the entertainment for her friend's wedding party. The woman had (13) for the song and downloaded it from an online music distribution service.

"Recently, some songs have only been distributed via the Internet," she complained. "Although I purchased it, like a CD, I was told using it at my friend's wedding party would be in violation of copyright. I can't (14) that."

	①	②	③	④
(10)	① mass	② private	③ public	④ formal
(11)	① good	② natural	③ unfair	④ fair
(12)	① and	② because	③ in case	④ when
(13)	① sold	② bought	③ paid	④ sent
(14)	① believe in	② dream of	③ agree with	④ come up with

6 次の英文を読み，(15) ~ (17) に入れるのに最も適切なものを下の①~③の中から1つずつ選び，マークシートの (15) ~ (17) にその数字をマークしなさい。

Parents want what is best for their children. Providing food and shelter is important. (15) Doing well in school can help children succeed in the future. In Japan, this means attending juku, cram schools. Cram schools began gaining popularity in the 1970s. For many, getting into university is not enough. They must get into the right university. Competition is fierce. Exams are incredibly difficult.

Cram schools are seen as a way to take up the slack. (16) These days, students begin to feel the pressure at a much earlier age. Some children have even begun attending cram schools before they have started elementary school!

Cram schools are often located near subway stations. This makes it easier to attend. Students take extra classes two to three hours a day, three to four days a week. Students who have attended cram schools often say that it is rnore interesting than regular school. (17) Children have also mentioned that they enjoy cram schools because they can make new friends.

① There are more activities designed to keep children interested.

② However, parents must aiso think about the future.

③ Recently, it was discovered that 60% of Japanese high school students attend cram schools.

7 次の英文を読んで，問いに答えなさい。

If you said to me, "This is what it's like to be a teenager in today's world," and I immediately replied, "Yeah, I know," you'd probably think I was 1) full of it. And you'd be right. Or, if you said, "It's really hard being a teen because..." and I chimed back, "I know," you might also think I was misguided, maybe even a little disrespectful. Again, you'd be right.

While there are exceptions, the same applies to many instances where our response is "I know." Many times we really don't "know," we're just saying that we do or assuming that we do. Often our "I know" response is offered before the person talking to us is even finished with what he or she had to say. It's a way of cutting someone off, of not having to pay close attention, or of tuning someone out.

When you automatically respond to someone by saying "I know," what you're really saying is, "2)I'm not (　　　) to you." You're minimizing their comments. It's as if you stop listening because you think you already know all there is to know about something, or you simply don't want to know about something, or you're waiting for your turn to talk, or you're not interested in listening or are unwilling to take the time to listen. Whatever the reason, this response prevents you from hearing things that may be important and drives a deep wedge between yourself and the person you're talking to. Again, how would you feel about me if I responded to each of your statements that way?

I remember a conversation I had with a sixteen-year-old woman and her mother. The teenager asked me, in her mother's presence, if I could make a single suggestion that might possibly improve their relationship. My suggestion was for both of them to stop the use of "I know" as a response to the other. The mother had complained that her daughter used this response constantly - especially when she was reminding her daughter of her responsibilities. Likewise, the teen insisted that her mother used this same response many times a day, especially when she was trying to share her feelings with her mom. Both sensed a lack of respect and felt as if they weren't being listened to when this response was used.

According to both people, 3)this single shift in the way they communicated with one another turned out to be a major turning point in their relationship. It encouraged them to listen to each other and learn from one another.

This is one of those strategies that has the potential to show results right away. If you give it a try, you may notice that 4)you have more fun than before when listening to others. You'll hear all of what they have to say instead of the interrupted version. What's more, because you're listening better, the people who talk to you will sense your improved listening skills and will begin to relax around you. Their lack of tension will, in turn, make it easier for you to be around them. As always, good listening skills feed good communication and enhance the quality of your relationships.

One more tiling: once you practice this one for a while, feel free to share this strategy with your mom and dad as well as with other important people in your life who might also benefit from it.

問１　下線部１）の内容に最も近いものを①～④の中から１つ選び，マークシートの⒅にその数字をマークしなさい。

① someone who could understand you deeply
② someone who you might find hard to trust
③ someone who had a lot of respect for teenagers
④ someone whose heart was filled with regret

問２　下線部２）の空欄に入れるのに最も適切な語を①～④の中から１つ選び，マークシートの⒆にその数字をマークしなさい。

① talking　② interesting　③ responding　④ listening

問３　下線部３）が指す内容を本文中から10語以上15語以内で抜き出して答えなさい。

問４　下線部４）に more fun とあるが，具体的にどんな良いことがあると言っているのか，日本語で２つ述べなさい。

8　あなた（Naomi）はニュージーランドにあるＡＢＣ中学校に在学中です。以下のチラシを読み，メールで問い合わせてみることにしました。次の内容を含む問い合わせのメール本文を，解答欄に収まる分量の英語で書きなさい。なお，あて先と差出人は解答用紙にあらかじめ記入されているので，メール本文のみ書くこと。

● チラシ（flyer）を見て，参加したいと思っている。
● 学生なので土曜クラスしか受けられないが，大丈夫か。
● 何か持っていくべきものはあるか。

New Plymouth NZ
Community Center

Morning Yoga

Wednesdays & Saturdays 9-10 a.m.

Join us every Wednesday and Saturday morning for a FREE, all-ages, all-levels community yoga class.　A great way to start your day!

Classes are held at Community Center: Education Room A, 1st floor
2471 Ipsum Street, New Plymouth
Wear comfortable clothing that allows free range of motion
****
For more information: Tel (08) 1234 5678
Or contact **Michelle Green**: michellegn@mailmail.com

【理　科】（40分）　　＜満点：60点＞

1　理科の授業で空気電池の一種である備長炭電池を作製した。備長炭，キッチンペーパー，アルミニウム箔を用意して，水溶液をしみこませたキッチンペーパーを備長炭に巻き，その上からアルミニウム箔を巻いた。アルミニウム箔の部分と備長炭をワニ口クリップではさんで図1のような回路をつくった。以下の問いに答えよ。

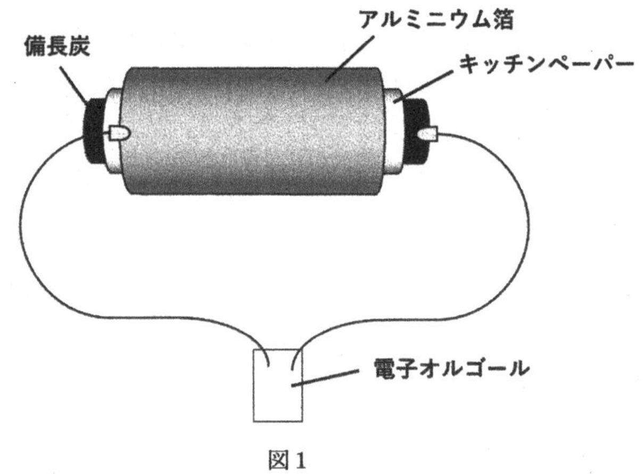

図1

問1　文章中の下線部の水溶液として使用したときに電流が流れるものを，次からすべて選び，記号で答えよ。

ア．砂糖水　　**イ**．食塩水　　**ウ**．エタノール水溶液　　**エ**．食酢　　**オ**．スポーツドリンク

問2　次の文章は備長炭電池の原理について述べたものである。空欄にあてはまる最適な語句を漢字で補い，文章を完成させよ。

> アルミニウム箔から放出された（　a　）が回路を流れて，備長炭に吸着している空気中の気体の（　b　）と結びつく。このように，（　a　）が回路全体を流れるため電池としての機能を果たすことができる。

問3　備長炭電池の＋極を，次から選び，記号で答えよ。

ア．備長炭　　**イ**．キッチンペーパー　　**ウ**．アルミニウム箔

問4　この電池に，電子オルゴールをつなぐと音楽が流れた。音楽を流し続け，一定時間経つとアルミニウム箔はどのようになるか。その様子と理由について，それぞれ具体的に答えよ。ただし，理由は「アルミニウムが～反応をするから。」となるように答えること。

ここで，作製した備長炭電池を複数用いて水の電気分解を行った。水の電気分解に関する以下の問いに答えよ。

問5　水の電気分解を行ったときに，陽極で生じる気体についてあてはまるものを，次からすべて選び，記号で答えよ。

ア．助燃性がある

イ．空気よりも軽い

ウ．亜鉛にうすい硫酸を加えると得られる

エ．酸化銅と活性炭を混合して加熱すると得られる

オ．酸化銀を加熱すると得られる

カ．炭酸水素ナトリウムを加熱すると得られる

問６　複数の備長炭電池を直列につなぎ，図２の装置で水の電気分解を行った。このとき少量の水酸化ナトリウムを加えた水溶液を使用した。なお，図２は装置の正面のみを模式的に表している。

表は電流を流した時間と陰極側の液面の高さの目盛りを読んだ結果である。電流を流し始めてから７分後までに陽極で生じた気体の質量は何㎎であるかを，小数第２位を四捨五入し，小数第１位まで答えよ。ただし，本実験において生じた気体は1.0Ｌで1.43ｇの気体と0.09ｇの気体の２種類のみである。また，発生した気体は水に溶解せず，流れる電流の大きさは実験開始時から変わらないものとする。

時間［分］	0	1	2	3
目盛り［mL］	0.1	0.9	1.7	2.5

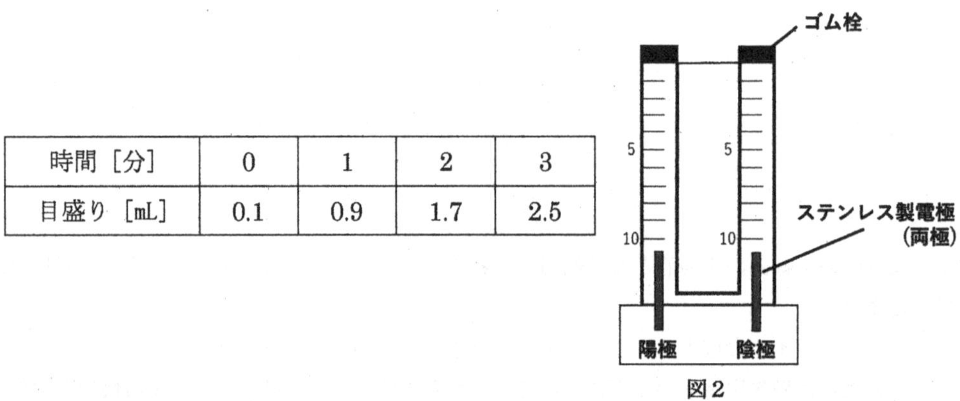

図２

次に，水や様々な水溶液の電気分解を行っても，発生することのない気体に関する以下の問いに答えよ。

問７　塩化アンモニウムNH_4Clの固体と水酸化カルシウム$Ca(OH)_2$の固体を混合させ加熱すると，電気分解では生じない気体と塩化カルシウムと水が得られる。この気体の捕集法を，次から選び，記号で答えよ。また，この反応の化学反応式を答えよ。

ア．上方置換法　　**イ**．下方置換法　　**ウ**．水上置換法

2　以下の問いに答えよ。

問１　地球の地軸は，地球の公転面に垂直な方向に対して23.4°傾いている。この傾きが一定であるために，地球の公転軌道上の位置により太陽の南中高度や，昼の長さが周期的に変化する。

(1)　春分の日の赤道上での太陽の南中高度は何度か。

(2)　夏至の日の北緯53.4°の地点での太陽の南中高度は何度か。

(3)　冬至の日の北緯36.6°の地点での太陽の南中高度は何度か。

(4)　地表の一定面積当たりが受ける太陽の光の量を(1)～(3)の場合で比較し，その比を(1)：(2)：(3)で答えよ。ただし，$\sqrt{\ }$（根号）はそのままでよい。

問２　次のページの図１は，太陽と太陽のまわりを公転する金星，地球，火星の公転軌道を北極側

から見て模式的に示したものである。各惑星は太陽を中心とする円軌道を，一定の速さで動いているものとし，公転面は一致しているものとする。

あるとき，図1のように太陽から見て，金星，地球，火星が一列に並んだ。このときから時間が経過し，再び太陽から見て同じ順に一列に並ぶまでの時間について考える。

次の文章中の空欄にあてはまる最適な数字を補い，文章を完成させよ。ただし，金星，地球，火星の公転周期をそれぞれ0.6年，1年，1.8年として計算せよ。なお，金星と火星の公転周期は実際の値とは異なる。

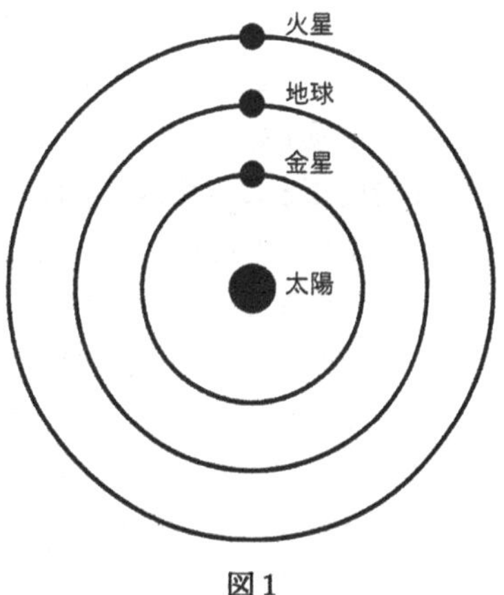

図1

火星が太陽のまわりを1周すると，金星は（　a　）周する。再び太陽から見て金星，地球，火星の順に一列に並ぶのは，最短で（　b　）年経過後である。この間に各惑星は太陽のまわりを，金星が（　c　）周，地球が（　b　）周，火星が（　d　）周する。

3 ヒトは，生活する中でいろいろな物質を環境中に廃棄している。以下の問いに答えよ。

問1　河川に生活排水が流れ込んでも，水中生物のはたらきで，生活排水が流れ込む前に近い水質まで戻る場合がある。その作用を自然浄化という。生活排水が流れ込む前の河川水を「河川水A」，生活排水が流れ込んで自然浄化の途中の河川水を「河川水B」として，それぞれの特徴をまとめた。表のa～dにあてはまる最適な語を選択肢から選び，記号で答えよ。

	透明度	有機物の量	水中に溶けている酸素の量
河川水A	透明	a	c
河川水B	不透明	b	d

選択肢　ア．多い　　イ．少ない

問2　生活排水の中には，自然浄化できない物質も含まれている。この物質は，食べる食べられるの関係から，生物体内で濃度が高まることがある。これを生物濃縮という。生物濃縮されやすい物質の特徴を述べた文として正しいものを次から選び，記号で答えよ。

ア．体内に吸収され，分解されないが，尿やフンとして排出される

イ．体内に吸収され，分解されないが，尿やフンとして排出もされない

ウ．体内に吸収され，分解されるが，尿やフンとして排出される

エ．体内に吸収されない

問3　次の文章C，Dが説明している現象を何というか，それぞれ答えよ。

C　二酸化硫黄や窒素酸化物などの物質が雨などに溶け込み，通常の雨などより小さいpHの値を示す。これにより，河川や湖沼，土壌の性質を変化させ生態系に悪影響を与えるほか，コンクリートを溶かしたり，金属を腐食したりして建造物や文化財に被害を与える。

D　大気中に排出された窒素酸化物や炭化水素が太陽光に含まれる紫外線と反応してできた物質が，高い濃度でとどまることで発生する。5月～9月の晴天または曇りの日に，気温が25℃以上で，風が弱く，日差しが強いなどの条件が重なると発生しやすい。

4 以下の問いに答えよ。

問1 図1のように，密閉された断熱容器に，水を充分含ませたコムギ種子を入れて，一定の温度に保った暗室に設置した。一定時間ごとに容器内の温度を測定すると，温度は上昇していた。はじめの状態と比べて，温度が上昇している最中に増加したと考えられるものを次から4つ選び，記号で答えよ。

ア．CO_2　イ．H_2O
ウ．N_2　エ．デンプン
オ．グルコース　カ．種子の乾燥重量
キ．アミラーゼ　ク．脂肪

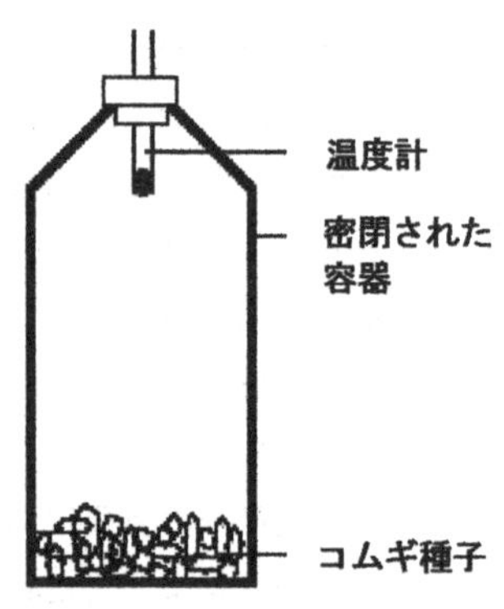

図1

問2 根の伸長のようすを観察するために，発芽したソラマメの若い根に図2のように等間隔の印①～⑥をつけた(①は根冠の部分につけた印である)。その後の根の伸長のようすを正しく示しているのは図3の**ア**～**オ**のどれか。また，伸長の理由として正しいと考えられる文は**カ**～**コ**のどれか。それぞれ次から選び，記号で答えよ。

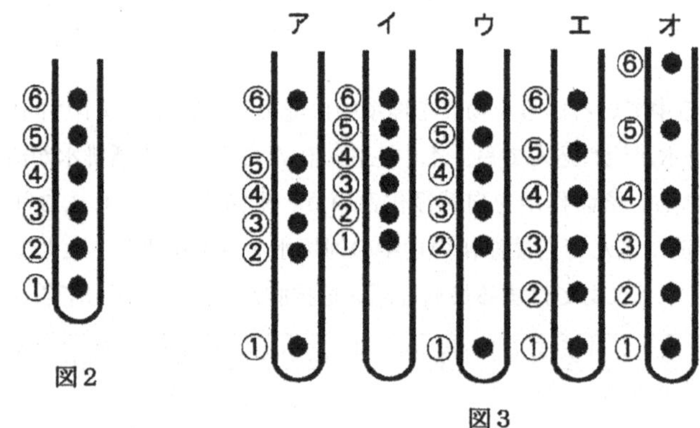

図2　図3

理由
カ．細胞分裂して細胞の数が増加したから
キ．細胞分裂して細胞の数が増加し，その細胞が水を含んで大きくなったから
ク．細胞が貯蔵養分としてデンプンを貯えて大きくなったから
ケ．細胞と細胞のすき間に水が入って，すき間が大きくなったから
コ．細胞と細胞のすき間に貯蔵養分としてデンプンを貯えて，すき間が大きくなったから

問3 ある植物の葉に光をあて，葉の表面を照らした。葉が受けた光と，その葉が1000㎠あたりで1分間に放出した酸素の量を表に示した。この植物の葉1000㎠あたりが1日に大気中に放出した酸素の量は何㎤か。正しい値を次のページの選択肢から選び，記号で答えよ。ただし，温度は一定で，一日を昼夜それぞれ12時間ずつとし，葉の表面の照度は常に昼間3万5千ルクス※，夜間0ルクスとする。

※ルクス：照度の単位

葉の表面の照度［万ルクス］	0	0.5	1.0	1.5	2.0	2.5	3.0	3.5	4.0
放出した酸素の量［cm^3］	−0.5	0	0.5	1.0	1.5	2.0	2.5	2.5	2.5

選択肢

ア．$-1800cm^3$　イ．$1800cm^3$　ウ．$-1440cm^3$

エ．$1440cm^3$　オ．$-360cm^3$　カ．$360cm^3$

キ．$-24cm^3$　ク．$24cm^3$　ケ．$0cm^3$

問4　ヒトについて述べた文のうち，誤ったものを次からすべて選び，記号で答えよ。

ア．全ての細胞に核がある

イ．体細胞は２組の遺伝情報を，生殖細胞は１組の遺伝情報をもつ

ウ．刺激は複数の神経細胞を経て脳に伝わるが，伝わり方は一方向である

エ．だ液・胃液・すい液・胆汁・腸液には，それぞれ特有の消化酵素が含まれる

問5　カエルの後ろあしの指先をピンセットでつまんだところ，後ろあしがピクッと動いた。この場合，刺激から反応までの信号の伝わる経路は次のようになっている。

刺激 → | 感覚器 →（　a　）→（　b　）→（　c　）→ 筋肉 | → 反応

⑴　上の経路の空欄にあてはまる最適な語句を漢字で答えよ。

⑵　この反応の名称を漢字で答えよ。

5　以下の問いに答えよ。

図１のように，水平な床の上に直方体の物体Ｂを置き，その上に直方体の物体Ａを置いた。

物体Ａ，Ｂはともに静止した状態で，物体Ａの重さは４Ｎ，物体Ｂの重さは６Ｎである。F_1 ～ F_6は，物体Ａ，物体でＢ，床にはたらく力を矢印で表したものである。力の大きさに関係なく全て同じ長さの矢印で表している。

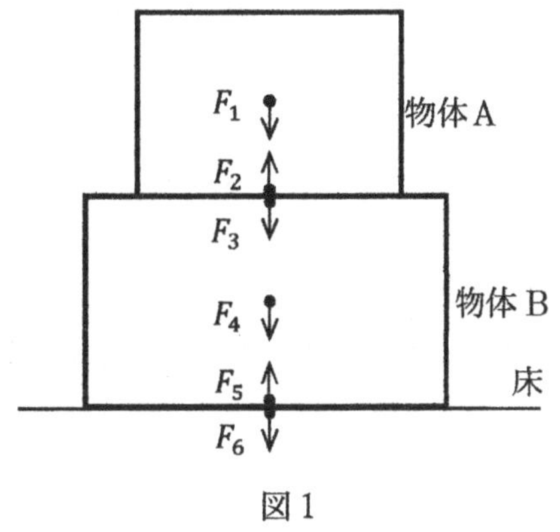

図１

問1　例文を参考にして，空欄にあてはまる最適な語句を答えよ。

例文：Fは（　糸　）が（　物体Ｃ　）を（　引く　）力である。

F_3は（　　　）が（　　　）を（　　　）力である。

F_4は（　　　）が（　　　）を（　　　）力である。

問2　物体Ｂにはたらく力をすべて選び，F_1 ～ F_6の記号で答えよ。

問3　２力のつりあいの関係にある力を選び，F_1 ～ F_6の記号で答えよ。

問4　F_2と作用・反作用の関係にある力を選び，F_1 ～ F_6の記号で答えよ。

問5　物体Ｂに右向きの力を加えたところ，物体Ａはすべることなく物体Ｂとともに運動した。このときの摩擦力について正しいものを次からすべて選び，記号で答えよ。

ア．物体Ａから物体Ｂに摩擦力がはたらき，その向きは右向きである

イ．物体Ａから物体Ｂに摩擦力がはたらき，その向きは左向きである

ウ．物体Ａから物体Ｂに摩擦力は，はたらかない

エ．物体Bから物体Aに摩擦力がはたらき，その向きは右向きである
オ．物体Bから物体Aに摩擦力がはたらき，その向きは左向きである
カ．物体Bから物体Aに摩擦力は，はたらかない

図2のように，物体Aに糸aを取り付けて真上に引いた。糸aが物体Aを引く力の大きさは1.8Nである。

答えが割り切れない場合は，小数第2位を四捨五入し，小数第1位まで答えよ。また，必要であれば$\sqrt{2}=1.4$，$\sqrt{3}=1.7$ として計算しなさい。

問6　物体Bから物体Aにはたらく垂直抗力の大きさは何Nか。

問7　床から物体Bにはたらく垂直抗力の大きさは何Nか。

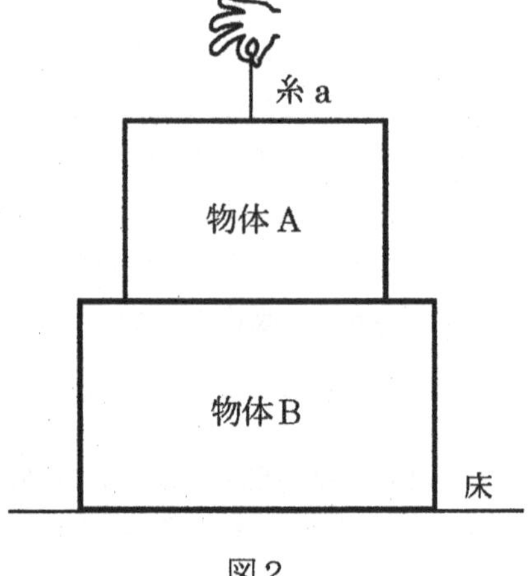

図2

図3のように，物体Aを水平面との傾きが30°の斜面上に置いた。糸aは斜面に垂直な方向に1.6Nで引いた。また，物体Aに糸bを取り付けて斜面に平行で上向きに引いたところ，物体Aは斜面上で動かずに，静止し続けた。ただし，物体Aと斜面との間の摩擦力は無視できる。

問8　糸bが物体Aを引く力の大きさと，斜面から物体Aにはたらく垂直抗力の大きさはそれぞれ何Nか。

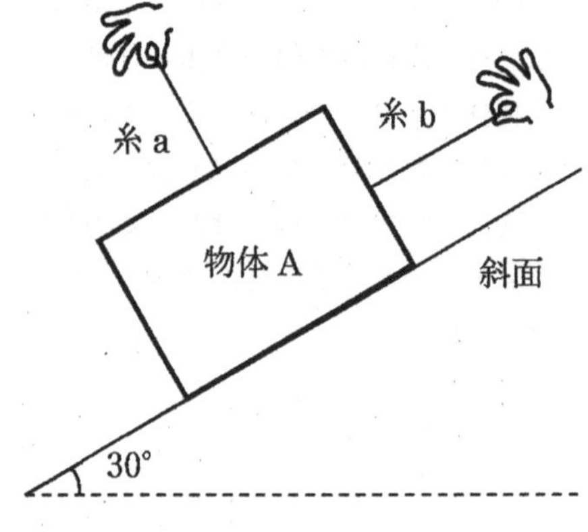

図3

【社　会】(40分)　　<満点：60点>

【注意】 **全ての問題について，特に指定のない限り，漢字で答えるべきところは漢字で答えなさい。**

1　ヨーロッパ州について述べた次の文章を読んで，以下の設問に答えなさい。

ヨーロッパ州は，標高200m未満の低平な地形が大半を占めるが，南部には高くて険しい山脈が連なる。火山活動や地殻変動が活発な地域ではないが，①アイスランドのように多数の活火山が集中する国もみられる。②気候は高緯度のわりに温暖である。このような気候下では③さまざまな農業が展開されている。家畜の飼育と農産物の生産を並行しておこなう（　X　）が特徴的だが，南部には地中海式農業，北部には酪農のさかんな地域がみられる。また，ヨーロッパ州は世界の重工業をリードしてきた。ライン川流域に位置する（　Y　）工業地帯では，豊富な石炭や輸入鉄鉱が結びつき鉄鋼業が発達し，現在，ヨーロッパ最大の工業地帯を形成している。フランス南西部の（　Z　）では周辺国で製造された部品を用い，航空機の生産がさかんである。

ヨーロッパ州では1993年に④EU（ヨーロッパ連合）が発足した。1995年にはスウェーデンやフィンランド，オーストリアが，2004年にはスロバキアやチェコ，ハンガリーなど東欧や地中海の10カ国が加盟し，以降も加盟国を増やしていった。2019年時点の加盟国は28カ国にのぼる。

問１　文中の空欄（X）～（Z）に最も適切な語句を答えなさい。

問２　下線部①に関して，ヨーロッパ北西部に位置するアイスランドには30ほどの活火山が存在しています。次の図１中のエイヤフィヤトラヨークトル山はそのうちの一つであり，2010年４月に大規模な噴火が起きました。これによって，ヨーロッパ各都市の主要空港は閉鎖され，航空混乱がもたらされました。火山噴火が大規模な混乱をもたらした自然的要因について30字以内で説明しなさい。

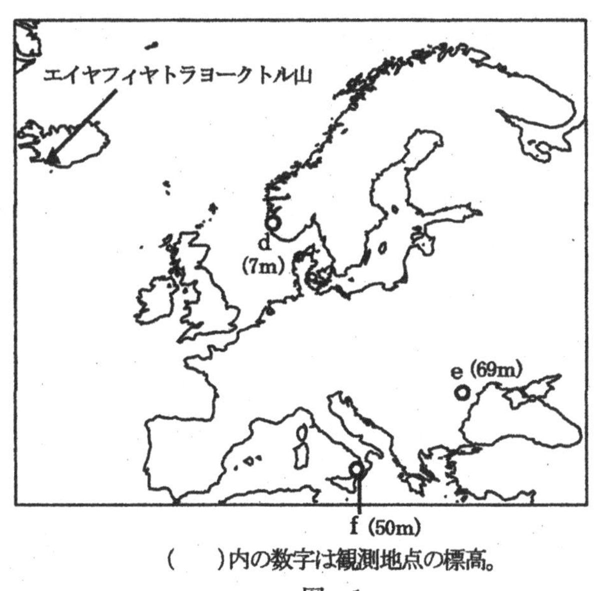

（　）内の数字は観測地点の標高。

図　1

問３　下線部②に関して，次のページの図２中のＡ～Ｃは，図１中のｄ～ｆのいずれかの都市の最暖月および最寒月平均気温と，最多雨月および最少雨月降水量について示したものです。Ａ～Ｃ

とd～fとの正しい組み合わせをあとのア～カより1つ選び，記号で答えなさい。

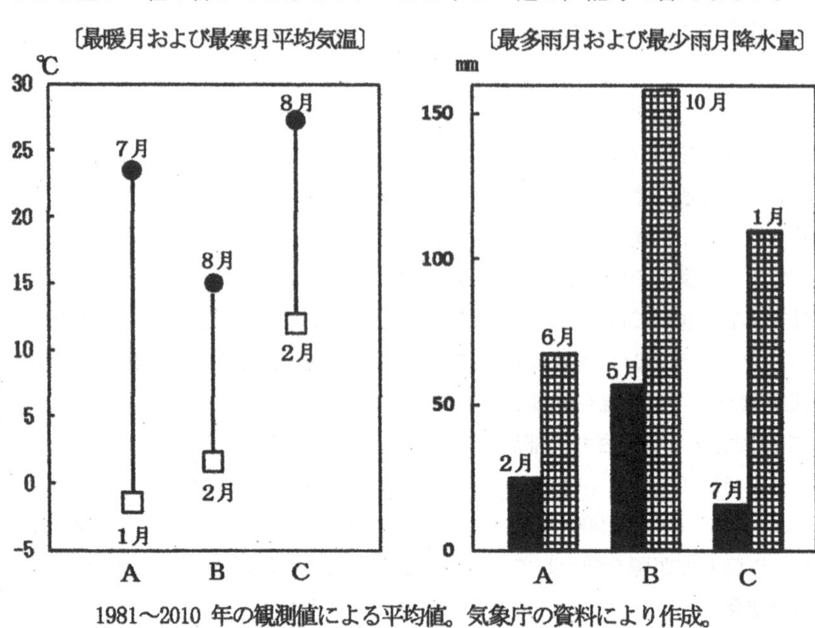

1981～2010 年の観測値による平均値。気象庁の資料により作成。

図 2

	ア	イ	ウ	エ	オ	カ
A	d	d	e	e	f	f
B	e	f	d	f	d	e
C	f	e	f	d	e	d

問4　下線部③に関して，次の会話文はヨーロッパの農牧業についてシンジくんとマサミさんが話したものです。また，あとの表1はヨーロッパの主要国の農牧業について示したものであり，表中のg～jはオランダ，デンマーク，ドイツ，フランスのいずれかです。会話文を読んで，オランダに該当するものを1つ選び，記号で答えなさい。

シンジ「ヨーロッパでは，地域によってみられる農業景観が大きく異なるね」

マサミ「気候や地形との関わりも大きいようね」

シンジ「うん。北部はかつて氷河に広く覆われたため，土地がやせていて農耕には適さないようだね」

マサミ「だから家畜を飼育する農家が集中するのね。夏が冷涼だということも関係あるみたいね」

シンジ「ヨーロッパ最大の農業国は日本よりも国土面積が大きいよ。この国の大部分の気候は温暖湿潤な上，地形も平坦なので農業には有利な条件を備えているんだね」

マサミ「国土面積が小さいわりに農産物輸出額が多い国もあるのね」

シンジ「そうだね。このような国では，国土面積や国内市揚が小さい分，花卉や野菜をはじめとする付加価値の高い商品作物を輸出しているんだ」

マサミ「なるほど。耕地面積を大きくできない分，高値で売れる農産物を輸出しているわけね。ところで，ライ麦は黒パンの原料になるものだったよね」

シンジ「そうそう。小麦よりも寒さに強い農産物なんだよ」
マサミ「ヨーロッパは，地域や国によって展開される農牧業に大きな違いがみられるのね」

表　1

	農産物輸出額(千ドル)	農産物生産量(トン)				
		トウモロコシ	小麦	ライ麦	牛肉	牛乳
g	50, 798, 746	116, 711	1, 054, 818	4, 408	440, 639	14, 297, 361
h	46, 136, 259	14, 121, 680	36, 924, 938	101, 871	1, 423, 404	24, 400, 000
i	42, 045, 626	4, 547, 600	24, 481, 600	2, 737, 400	1, 137, 008	32, 666, 363
j	9, 847, 191	38, 900	4, 834, 100	723, 200	124, 148	5, 557, 160

統計年次は2017年。農産物輸出額は2016年。FAOSTATにより作成。

問5　下線部④に関して，次の図3はスロバキア，チェコ，ハンガリー，ポーランドにおける自動車生産台数の推移について示したものです。また，図4はヨーロッパの主な都市における労働者の月額平均賃金について示したものです。2000年以降，図3で示す国では自動車生産台数が著しく増加しています。この理由について図4を参照しながら60字以内で説明しなさい。

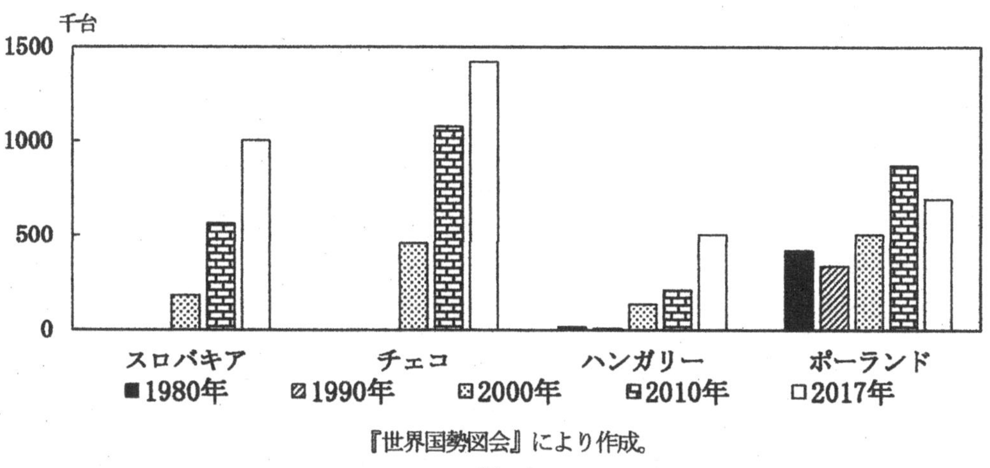

『世界国勢図会』により作成。

図　3

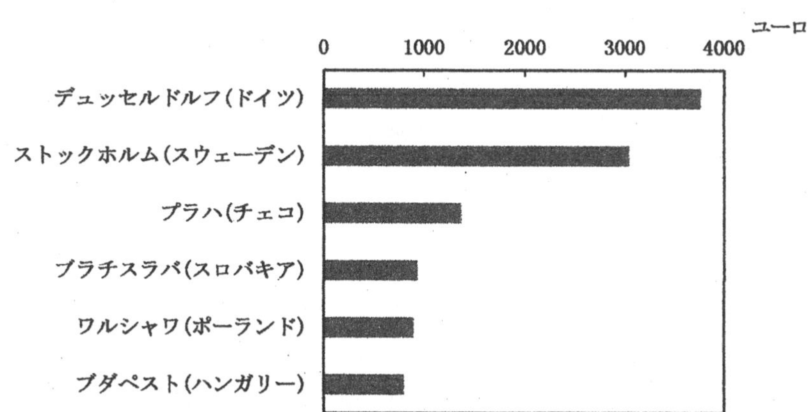

日本貿易振興機構(ジェトロ)『2018 年度 欧州・ロシア・CIS 投資関連コスト比較調査』により作成。

2 次の図１は，夏休みに近畿地方や四国地方を旅行した際のルートを示したものです。これを見て，以下の設問に答えなさい。

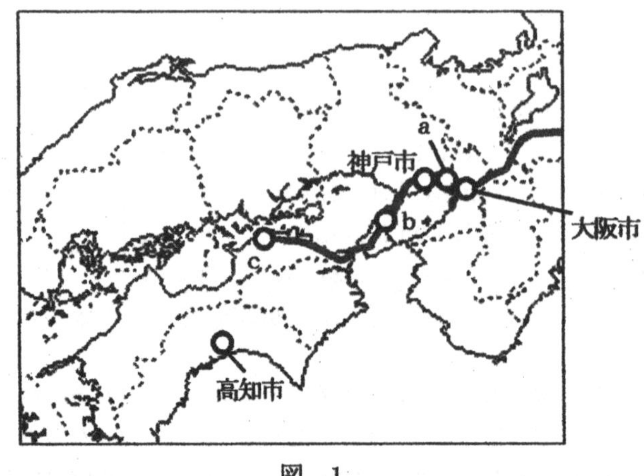

図 1

問１ 自動車で図１中のａからｃに移動するためには２つの海峡を越える必要があります。これらのうち，２つ目に通過する海峡について述べた次の文中の（ ）に最も適切な語句を答えなさい。

この海峡は（ ）海峡と呼ばれ，この上に大（ ）橋が架かっている。現在，この橋を多くの自動車が行き交い，2007年には通行台数が１億台を超えた。（ ）海峡は，瀬戸内海と太平洋の干満時刻のずれによって生じる「渦潮」でも知られ，年間で多数の観光客が訪れる。

問２ 図１中のａは兵庫県西宮市です。この都市には，夏に全国高校野球選手権大会の開催される阪神甲子園球場があります。表１は，平成22～27年の人口増減率，昼夜間人口割合，65歳以上の人口の割合について示したものであり，表中のｄ～ｆは大阪市，高知市，西宮市のいずれかが入ります。ｄ～ｆと都市名との正しい組み合せを下のア～カより１つ選び，記号で答えなさい。

表 1

	平成22～27年の人口増減率(%)	昼夜間人口割合(%)	65歳以上の人口の割合(%)
d	1.08	90	23.3
e	0.97	132	25.3
f	-1.81	103	27.7
全 国	-0.75	100	26.6

昼夜間人口割合＝$\frac{\text{昼間人口}}{\text{夜間人口}}$×100。統計年次は2015年。『平成27年国勢調査』により作成。

	ア	イ	ウ	エ	オ	カ
d	大阪市	大阪市	高知市	高知市	西宮市	西宮市
e	高知市	西宮市	大阪市	西宮市	大阪市	高知市
f	西宮市	高知市	西宮市	大阪市	高知市	大阪市

問３ 図１中のｂは兵庫県淡路市です。ここには1995年に発生した自然災害を記念した公園があり，次のページの写真のように災害の痕跡を保存しています。この災害について述べた文として

最も適切なものを下のア～エより１つ選び，記号で答えなさい。

ア．大都市直下型の地震が発生し，建造物の倒壊とともに液状化現象による被害がみられた。

イ．大型台風が襲来し，強風による電線の断線や交通障害が起き，低地部では浸水被害がみられた。

ウ．大雨が続いたことで，大がかりな土砂崩れが各地で発生し，家屋の倒壊の被害がみられた。

エ．火山の噴火が発生し，これに伴って流出した溶岩波が家屋や田畑を飲み込むなどの被害がみられた。

問４　図１中のｃは香川県丸亀市を示しています。これに関する次の設問に答えなさい。

①　丸亀市を含む香川県の特産品の１つに「讃岐うどん」があります。この原料には小麦が使われ，その大半は輸入に頼っています。この輸入先として最も適切な国を次のア～エより１つ選び，記号で答えなさい。

ア．インド

イ．オーストラリア

ウ．中国

エ．ブラジル

②　次のページの図２は丸亀市およびその周辺を示した国土地理院発行の５万分の１地形図（原寸，1999年発行）です。この図から読み取れることがらを述べた文として最も適切なものを次のア～エより１つ選び，記号で答えなさい。

ア．図２の範囲内における最高地点は，標高500ｍを上まわっている。

イ．「丸亀市」には多数の湿地が散在し，周囲では稲作がおこなわれている。

ウ．臨海部には河川が形成した砂地が沖合にのび，港湾や娯楽施設が整備されている。

エ．丸亀城跡の北部には官庁街が形成され，公共施設が集中している。

（編集上の都合により90%に縮小してあります）

図　2

3　仏教文化に関する次の文章を読み，以下の設問に答えなさい。

仏教は6世紀の半ばに，倭（日本）へ伝えられたとされる。伝来した年は，①厩戸王（聖徳太子）の伝記である『上宮聖徳法王帝説』によれば538年，『日本書紀』によれば552年とされるが，いずれの史料も当時倭とさかんに交流していた（　A　）の王が仏像や経典を送ってきたことを記している。仏教の受容をめぐっては大王や豪族の間での対立・争乱があったものの，7世紀以降の②朝廷ではおおむね仏教が受け入れられ，③豪族層を中心に広まっていった。

仏教の伝来について考える際には，その教えだけでなく，仏教とともに伝わってきた建築や④絵画，彫刻などの文化・技術も重要である。例えば，法隆寺は⑤朝鮮半島の建築様式を受け継いでおり，寺の建立に⑥渡来人が携わっていたことを示している。また，法隆寺金堂の釈迦如来像の表情に見られるアルカイック・スマイルは，⑦古代ギリシャ彫刻の影響を受けているとも言われ，仏像の頭上をおおう天蓋には⑧中央アジアに由来する唐草文様が描かれている。

仏教は人々の食生活にも影響を与えた。奈良時代のころから人々は豚や牛といった獣の肉は食べなくなる。このような仏教の戒律に基づいてつくられた料理は精進料理とよばれ，豆腐や⑨めん類など今日の和食の基礎をつくっている。また，鎌倉時代に（　B　）が薬用として伝えた⑩茶も，彼が説く禅宗の教えとともに人々の生活へ広まっていった。武士を中心に信仰された禅宗は幕府に保護されて発展したが，室町幕府は⑪明との外交や貿易を禅僧に頼っていた。その過程で宋の建築様式が⑫禅宗様として取り入れられ，また，本来禅僧の修行として描かれてきた水墨画が明で学んだ（　C　）によって大成され，後の日本の絵画に影響を与えた。

問1　文中の空欄（A）～（C）に適切な語句を，次のア～コよりそれぞれ1つずつ選び，記号で答えなさい。

ア．道元　イ．雪舟　ウ．新羅　エ．蓮如　オ．唐

カ．百済　キ．日蓮　ク．栄西　ケ．空海　コ．後漢

問2　下線部①について，厩戸王（聖徳太子）が蘇我馬子らと協力しておこなった政治についての説明として適切なものを，次のア～エより1つ選び，記号で答えなさい。

ア．日本で最初の全国的な戸籍をつくった。

イ．家柄にとらわれず，才能や功績のある個人に対して高い地位を与えるしくみを定めた。

ウ．耕地の拡大をはかって，開墾した土地の私有を永年認めることとした。

エ．積極的に遣唐使を派遣し，律や令などの制度を取り入れた。

問3　下線部②について，その結果，8世紀末には僧が朝廷で権力を握る事態にもなりました。桓武天皇が政治の立て直しをはかっておこなったこととして誤りのものを，次のア～エより1つ選び，記号で答えなさい。

ア．平城京から藤原京へ遷都し，その後，平安京へと遷都した。

イ．民衆の負担軽減のため，雑徭（労役）の日数を少なくした。

ウ．坂上田村麻呂を征夷大将軍に任命して東北地方へ派遣し，蝦夷を攻撃させた。

エ．最澄らを唐に留学させ，天台宗を保護した。

問4　下線部③について，豪族は一族のための氏寺を建立しました。藤原氏の氏寺を次のア～エより1つ選び，記号で答えなさい。

ア．飛鳥寺　イ．円覚寺　ウ．東寺　エ．興福寺

問5　下線部④について，これまでの絵画は仏教や中国を題材とした唐絵がほとんどでしたが，平安時代になると日本の風物を題材とする絵画が描かれるようになりました。このような絵画の様式を何といいますか。

問6　下線部⑤について，朝鮮半島の歴史について述べたものとして適切なものを，次のア～エより1つ選び，記号で答えなさい。

ア．朝鮮は，明や日本，東南アジアの産物を各地へ運んで転売する中継貿易で栄えた。

イ．高麗では，朝鮮半島独自の文字としてハングルがつくられた。

ウ．朝鮮半島南部で太平天国の乱が起きると，清と日本が出兵して日清戦争へ突入した。

エ．朝鮮は釜山に倭館を置き，対馬の宗氏を仲介として江戸時代の日本と貿易をおこなった。

問7　下線部⑥について，朝鮮半島の渡来人がもたらした技術によってつくられた，硬質で灰色の

土器の名称を答えなさい。

問8　下線部⑦について，古代ギリシャについて述べた文として適切なものを，次のア～エより1つ選び，記号で答えなさい。

ア．ポリスとよばれる都市国家を建設し，成人男性市民による直接民主政がおこなわれた。

イ．哲学や芸術が発展し，カーバ神殿などの人間的な神々をまつる神殿も建てられた。

ウ．太陽の動きを基準にした暦がつくられるなど，太陽を神聖なものとして崇めていた。

エ．．建築技術に優れ，水道橋や円形闘技場が現代にまでのこっている。

問9　下線部⑧について，中央アジアを経由し，文化や品物の通り道となった東西貿易路を何といいますか。

問10　下線部⑨について，室町時代にめん類が広まったのは，鎌倉時代に畿内や西日本で広まったある農業の方法が，室町時代に全国的に普及したことが背景の1つとなっています。この農業の方法を何というか答えなさい。

問11　下線部⑩について，庶民の生活にまで茶が普及した江戸時代には，茶道具となる陶磁器の生産もさかんになりました。19世紀に有田焼など陶磁器の専売で藩の財政を立て直し，軍備の近代化に成功した藩主を答えなさい。

問12　下着部⑪について，この時代の日明貿易では，明は勘合を用いて相手国に正式な貿易船であることを証明させました。そのねらいを説明しなさい。

問13　下線部⑫について，室町幕府の将軍によって京都の北山に建てられた，公家文化と武家文化を融合させ，第1層には寝殿造，第3層には禅宗様を取り入れた建築物を答えなさい。

4　北京で起こった出来事に関する次の各文を読み，以下の設問に答えなさい。

A：北京の天安門広場においてパリ講和会議に抗議する①五・四運動が起こった。

B：②中華民国が成立すると，袁世凱が大統領の地位を譲り受け，北京に政府を移した。

C：山東省を中心に③義和団が蜂起し，北京の公使館を包囲するなど外国人排撃の運動を起こした。

D：北京の天安門広場において④民主化を求める運動が起こり，政府によって弾圧された。

E：北京郊外の盧溝橋において⑤日中両軍が衝突した。

問1　下線部①について，この運動で抗議された，日本へ山東省などの権益を譲ることを中国に認めさせた文書を答えなさい。

問2　下線部②について，中国南部の反乱をきっかけとして清の滅亡と中華民国の成立に至った出来事を何といいますか。

問3　下線部③について，義和団の鎮圧後も中限東北部に大軍をとどめた国を答えなさい。

問4　下線部④に関連して，日本のデモクラシーの進展の過程で，普通選挙法を定めた内閣の首相は誰ですか。

問5　下線部⑤について，この時期の日本では重化学工業が急速に発展していましたが，その理由として適切なものを，次のア～エより1つ選び，記号で答えなさい。

ア．石油の輸入と加工に有利な太平洋沿岸に，石油化学コンビナートがつくられたから。

イ．ヨーロッパで大戦が起こり，ドイツからの化学製品の輸入が途絶えたから。

ウ．中国東北部への進出により，軍需品が大量に必要になったから。

エ．朝鮮戦争が始まり，アメリカ軍の軍需品の生産を引き受けたから。

問６　Ａ～Ｅの各文を時代の古いものから順に並べ替え，2番目の出来事を選んで記号で答えなさい。

5　次の文章を読み，以下の設問に答えなさい。

2018年６月，安倍晋三首相が①「働き方改革国会」と位置づけた国会で，働き方改革関連法が可決，成立した。これは，日本における８本の②労働法の改正を行うための法律の通称である。働き方改革の背景には，③少子高齢化に伴う④生産年齢人口の減少，働く人々のニーズの多様化など，日本が近年抱えているさまざまな社会問題がある。これらの課題に対応するために，投資やイノベーションによる生産性向上とともに，潜在⑤労働力の活用などを目指している。

働き方改革関連法は，⑥長時間労働を防ぎながら，仕事とその他の生活時間を上手に調和させる，いわゆる（　１　）の実現を目的としている。その主な内容は，「残業時間の上限を規制する」，「労働時間の状況把握を企業に義務付ける」，「正社員と非正規社員の間の不合理な待遇の差をなくす」などである。非正規社員には，労働者と雇用麹係を結んだ事業主が企業などと交わした契約により企業へ（　２　）する（　２　）労働者などがある。また，国会答弁で使用された裁量労働制に関する労働時間のデータに不備が見つかったことから，「⑦裁量労働制の拡大」は法案から削除された。

問１　文中の空欄（１）・（２）に適切な語句を答えなさい。ただし，（１）はカタカナで答えなさい。

問２　下線部①に関する記述として，適切なものを次のア～エより１つ選び，記号で答えなさい。

ア．毎年１回召集され，当初予算を議決する。会期は150日と定められているが，会期の延長も認められている。

イ．内閣または衆議院・参議院いずれかの総議員の４分の１以上の要求で開かれ，補正予算など緊急議題を議決する。

ウ．衆議院解散後の衆議院総選挙の日から30日以内に開かれ，内閣総理大臣の指名を行う。

エ．衆議院解散中に緊急の必要がある場合，内閣が求めたときに開かれる。会期は不定である。

問３　下線部②について，労働基準法についての記述に関して適切なものを，次のア～エより１つ選び，記号で答えなさい。

ア．使用者は時間外労働に対して割増賃金を支払う必要はない。

イ．休日は原則，毎週２回以上とらなければならない。

ウ．使用者が労働者を解雇する場合，原則30日前までに予告しなければならない。

エ．女性の休日労働や22時から５時までの深夜業は禁止とされている。

問４　下線部③について，日本の合計特殊出生率と総人口に占める65歳以上の高齢者の割合として適切なものを次のＡ～Ｄより１つ，ア～エより１つ選び，それぞれ記号で答えなさい。

【合計特殊出生率（2018年）】

Ａ．1.26　　Ｂ．1.42　　Ｃ．1.58　　Ｄ．1.74

【総人口に占める高齢者の割合（2018年）】

ア．14.1％　イ．21.1％　ウ．28.1％　エ．32.1％

問５　下線部④について，生産年齢人口の減少が続く日本では，人手不足解消のため，外国人労働者に頼るところも大きくなっています。外国人労働者についての以下の文章を読み，空欄（A）に入る文章を簡潔に書きなさい。

> 日本の労働力人口は，6600万人だが，そのうち約50人に１人が外国人である。日本政府は，日系人以外の外国人労働者の受け入れについてこれまで（　A　）方針をとってきた。しかし，実際は外国人労働者は安価な労働力の確保の手段として使われた面があり，劣悪な環境で働かされる労働者も少なくはなかった。
>
> ますます深刻化する労働力不足を背景に，2018年12月に出入国管理法を改正し，新たに特定技能という在留資格を創設，労働者として外国人を受け入れることとなった。その後の政府発表では，2025年までに50万人超の受け入れを目指すとされた。

問６　下線部⑤について，右の図は，労働力の需要曲線と供給曲線を表したもので，最初の均衡点はＸであることを示しています。好景気により労働力の需要が増加した場合，他の事情に変化がないものとすれば，新たな均衡点はどこになるか，図中Ａ～Ｆより１つ選び，記号で答えなさい。

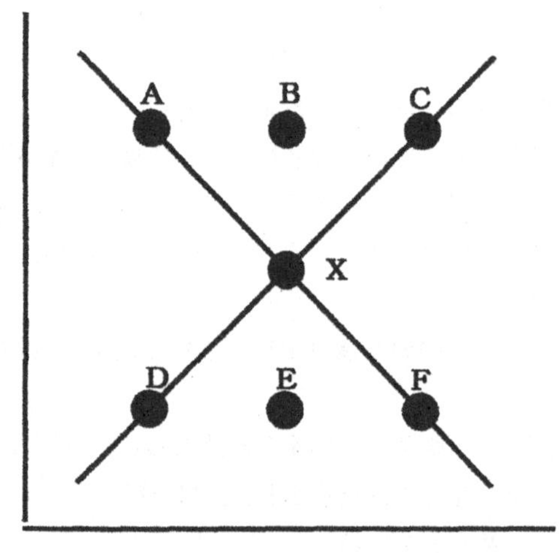

問７　下線部⑥について，次のグラフは年間労働時間の推移を表したものです。グラフ中Ａ～Ｃには日本，アメリカ，ドイツのいずれかが入ります。Ａ～Ｃに入る国名の組み合わせとして適切なものを次のページのア～カより１つ選び記号で答えなさい。

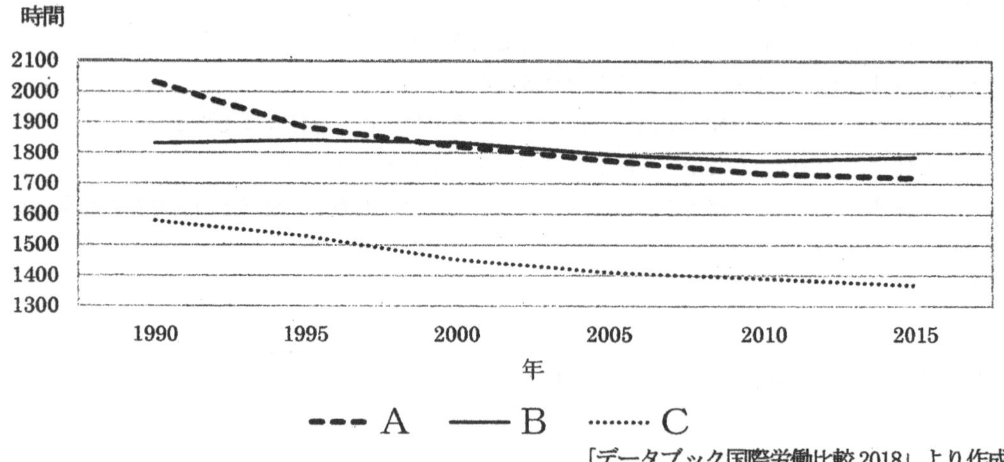

「データブック国際労働比較2018」より作成

	ア	イ	ウ	エ	オ	カ
A	日本	日本	アメリカ	アメリカ	ドイツ	ドイツ
B	アメリカ	ドイツ	日本	ドイツ	日本	アメリカ
C	ドイツ	アメリカ	ドイツ	日本	アメリカ	日本

問８　下線部⑦について，裁量労働制とは，実際の労働時間にかかわらず，あらかじめ定めた時間分を労働時間とみなして賃金を支払う形態をいいます。労働者にとっての，裁量労働制拡大の問題点として考えられることを文章で書きなさい。

6　次の文章を読み，以下の設問に答えなさい。

国が続けたハンセン病患者の隔離政策によって家族も差別を受けたとして，①家族らが国を告訴した訴訟で，2019年７月，政府は国の責任を認め，約３億７千万円の賠償を命じた熊本地裁判決を受け入れ，（　　　）しないと表明した。安倍首相が９日の②閣議に先立ち，根本厚生労働相と山下法相の両名と対応を協議し，（　　　）しないことを指示したという。

元患者本人の訴訟では2001年熊本地裁判決が隔離政策を違憲として国に賠償を命じ，当時の③小泉純一郎首相が（　　　）を見送った。「極めて異例の判断だが，早期に全面的な解決を図ることが必要」との首相談話を公表した。その後，本人の被害を補償する制度が創設されたが，家族は対象外だった。

問１　文中の空欄（　）に適切な語句を，漢字２字で書きなさい。

問２　文中の下線部①について，家族らは憲法上のどの権利を行使し，国を告訴したと言えるか，適切なものを次のア～エより１つ選び，記号で答えなさい。

ア．何人も，抑留又は拘禁された後，無罪の裁判を受けたときは，法律の定めるところにより，国にその補償を求めることができる。

イ．何人も，損害の救済，公務員の罷免，法律，命令又は規則の制定，廃止又は改正その他の事項に関し，平穏に請願する権利を有し，何人も，かかる請願をしたためにいかなる差別待遇も受けない。

ウ．何人も，公務員の不法行為により，損害を受けたときは，法律の定めるところにより，国又は公共団体に，その賠償を求めることができる。

エ．すべて国民は，健康で文化的な最低限度の生活を営む権利を有する。

問３　文中の下線部②について，閣議に関して誤りのものを，次のア～エより１つ選び，記号で答えなさい。

ア．すべての大臣が出席し，非公開で行われる。

イ．閣議の決定は，多数決が原則となっている。

ウ．内閣総理大臣は自ら議長となって閣議を開く。

エ．週２回開かれるのが，定例閣議である。

問４　文中の下線部③について，小泉純一郎首相が在任中に起こった出来事として適切なものを，次のア～エより１つ選び，記号で書きなさい。

ア．郵政民営化法が成立した。　　　　イ．PKO協力法が成立した。

ウ．消費税が５％に引き上げられた。　エ．東日本大震災が起こった。

エ　鷹でさえ誰が本当の飼い主であるかを理解し、その人のために働こうとする。ましてや人間ともなれば自分のことを知ってくれる人のためにはしっかりと力を尽くすべきである。

オ　いくら人をだまそうとしても知恵がない鷹でさえその魂胆に気づく。ましてや人間ともなれば心があるのだから親しい人をだまそうなどと考えるべきではない。

ひて、この第一の鷹を与へてけり。親王、またその鷹を居ゑて返りけるに、木幡(こばた)の辺(あたり)にて試みむと思ひて、野に狗(いぬ)を入れて雉を狩らせけるに、雉の立ちたりけるにdかの鷹を合はせたりければ、その鷹また鳥を取らずして飛びて雲に入りて失せにけり。さればその度(たび)は親王、何(な)にものたまはずして京に返りたまひにけり。

　これを思ふに、3その鷹、忠文の許にてはならびなく賢かりけれども、親王の手にてかくつたなくて失せにけるは、鷹も主(あるじ)を知りてあるなりけり。されば、智(さとり)なき鳥獣なれども、本(もと)の主を知れる事かくのごとし。②いはむや心あらむ人は、故(ゆゑ)を思ひ、専ら(もはら)に親しからむ人の為(ため)にはよかるべきなりとなむ、語り伝へたるとや。

（「今昔物語集」より）

・五十丈……「丈」は当時の長さの単位で、五十丈は約一五〇メートル。
・渡る……移動する、行く、来る。

1　二重傍線部①「あまた」の意味を5字以内で答えなさい。

2　二重傍線部②「いはむや」の読み方を現代仮名遣いのひらがなで答えなさい。

3　傍線部1「鷹を与へむとするに」とあるが、忠文がそう考えた理由として最も適当なものを次の中から選び、記号で答えなさい。

ア　重明親王が鷹をこよなく愛好していると聞き、献上した鷹も大切にしてくれそうだと考えたから。
イ　ちょうど自分が飼育している鷹の中に賢い鷹がいて、親友の重明親王にぜひ献上したいと考えていたから。
ウ　鷹をもらい受けるなどということは人に頼めば済みそうな内容なのに、重明親王自ら出向いてきてくれたから。
エ　重明親王は腹を立てやすい性格で、よい鷹を献上しないと次から次へと代わりの鷹を要求してきそうだから。

4　文字囲部［それ］が示している鷹と同じ鷹を、波線部a～dからすべて選び、記号で答えなさい。

5　傍線部2「その鷹つたなくて鳥をえ取らざりければ」の現代語訳として最も適当なものを次の中から選び、記号で答えなさい。

ア　この鷹は臆病で、鳥をなかなか捕まえようとしなかったので
イ　この鷹は下手で、鳥を捕まえることができなかったので
ウ　この鷹は弱々しくて、鳥を捕まえることなど思いもよらなかったので
エ　この鷹は小さくて、鳥をたくさん捕まえそうになかったので

6　傍線部3「その鷹、忠文の許にてはならびなく賢かりけれども」とあるが、鷹の賢さが具体的に示されている部分を25字～30字で抜き出し、その部分の最初の3字を答えなさい。

7　この話について説明している以下の文で、正しいものを次の中から一つ選び、記号で答えなさい。

ア　鷹でさえどのような相手であっても態度を変えずに仕えようとする。ましてや人間ともなれば相手と親しいかどうかにかかわらず、常に誠実な態度をとるべきである。
イ　鷹でさえ身分の高い低いではなく恩義を感じている人のために働こうとする。ましてや人間ともなれば自分にとって親しい人に恩を必ず返すべきである。
ウ　何度も交換を要求するような打算的な人間は鷹でさえ見分けがつく。ましてや人間ともなれば物事をよく理解できている人のためには私利私欲なく働くべきである。

ア　冒頭から波線部Aまでの叙述は、「風に煽てられて機嫌よくハミングする」「童謡のように」「物腰のやわらかな」といった分かりやすい比喩を用いて、主人公の住む町やそこを流れる川の様子を具体的にいきいきと描き出している。

イ　波線部Bから主人公の父が経営する「店」の紹介がはじまるが、「フルドーグヤ」「コットーヒンテン」といったカタカナ表記を使うことで、「店」が何を商売にしているのか見当もつかない主人公の幼さと戸惑いを効果的に表している。

ウ　波線部CとDは「客」と「商品」の様子を対句的表現によって描写している箇所であり、波線部Dにある「どんどん出ていったり入ってきたりすることがない」の主語は、「商品」であり「客」でもあるという二重の構成になっている。

エ　波線部E「亡くなったご主人」以降の回想部分では、「壺」にまつわる「ご主人」の思い出を憎らしげに語っていた「婦人」の、話をしているうちに「ご主人」に対する愛情を次第に取り戻していく様子が、ほほえましく描かれている。

オ　波線部FからGまでの叙述では、「唐代の水瓶」「根来塗りの盆」「備前の皿」といったように、「店」に並べられている品物が具体的に描写されることで、主人公の骨董品に対する知識の豊富さが感じ取れるような手法がとられている。

カ　波線部H「品物の講釈をするのは」以降の叙述では、気に入った品物に見入ったまま講釈する「父」の様子と、「父」の話にこたえて感動を深めていく主人公の様子とが、「父」に対する畏敬の念とともにみずみずしく表現されている。

三　次の文章を読んで後の問いに答えなさい。

民部卿藤原忠文という人が宇治に住んでいた。当時は、飼い慣らした鷹を飛ばして、鳥やけものをその鷹に捕らえさせる鷹狩という狩猟が行われていた。忠文はこの狩りに使うための鷹をたいそう好み、飼育していた。式部卿の重明親王という人もまた鷹を好んでいて、「民部卿忠文のところによい鷹がいる」という噂を聞きつけ、鷹をもらおうと思って、忠文のところへ出向くことにした。

忠文驚き騒ぎて、いそぎ出で会ひて、「こは何ごとによりて思ひかけず※渡りたまへるぞ」と問ひければ、親王、「鷹①あまた持ちたまへる由を聞きて、それ一つ給はらむと思ひて参りたるなり」とのたまひければ、忠文、「人などを以て仰せたまふべきことを、かくわざと渡らせたまへれば、何でか奉らぬ様は侍らむ」といひて、1鷹を与へむとするに、鷹あまた持たる中に、第一にして持たりける鷹なむ、世に並なく賢かりける鷹にて、雉にあはするに必ず※五十丈が内を過ぐさずして取りける鷹なれば、aそれをば惜しみて、次なりける鷹を取り出でて与へてけり。それもよき鷹にてはありけれども、かの第一の鷹には当るべくもあらず。

さて親王、b鷹を得て喜びて、自ら居ゑて京に返りたまひけるに、道に雉の野に臥したりけるを見て、親王、この得たる鷹を合はせたりけるに、2その鷹つたなくて鳥をえ取らざりければ、親王、「かくつたなき鷹を得させたりける」と腹立ちて、忠文の家に返り行きて、この鷹をば返してければ、忠文鷹を得ていはく、「cこれはよき鷹と思ひてこそ奉りつれ。さらば異鷹を奉らむ」といひて、「かくわざとおはしたるに」と思かったから。

イ 都心に出るのにどれほど時間がかかろうが、古道具屋という商売が成り立つ以上田舎ではないとする父の理屈には、自分が住んでいる町が田舎であることを認めたがらない父の自負が感じられて面白かったから。

ウ 私たちが住む町はブランドショップも少なく、都心に出るのにも時間がかかる田舎なのに、古道具屋という商売が成り立てばどこであっても都会だという父の理屈が不思議な説得力を持っていて面白かったから。

エ 都会か田舎かを判断するとき、普通ならば土地の値段といった公的な基準が優先されるのだが、父の理屈には古道具屋が商売として成り立つか否かという私的な事情による基準が優先されていて面白かったから。

オ 古道具屋を営んでいくためには、たとえ都心から離れている町であっても古道具に対する需要や審美眼を持った客が必要であり、そうした需要や客があればそこは田舎ではないとする父の発想が面白かったから。

4 傍線部**2**「ああいうもの」・**3**「ああいうもの」とあるが、「ああいうもの」に対して「私」と「父」はそれぞれどのような思いを抱いているか。「私」と「父」の違いがわかるように60字以内で具体的に説明しなさい。

5 傍線部**4**「素性のよくわからない」と反対の意味で用いられている語句を、ここより前の叙述から5字で抜き出しなさい。

6 傍線部**5**「あの目を見たくないといつも思う」というのはどうしてか。その理由として最も適当なものを次の中から選び、記号で答えなさい。

ア 一瞬すうっと細くなる目をして父が何かを値踏みするときの顔は、温和でやさしいいつもの父の顔とは違って、私の中のあらゆる欠点を探し出してとがめようとする冷酷さが感じられるから。

イ 何かを値踏みするときに細くなる父の目は、物に秘められた真の美しさを見つけようとする目であり、そうした目を見ていると私の審美眼のつたなさが責められているように感じられるから。

ウ 父がすうっと細くなる目をして何かを値踏みしているとき、その目は物を値踏みしているだけではなく、人の心の中まで冷徹に値踏みしているような気がしていたたまれない感じがするから。

エ いつもは温和でやさしい父が、一瞬すうっと細くした目を他人に向けるときの冷ややかさの中に、いつもの父とは異なる、物事に対する厳しく容赦のない一面を見てしまうように感じるから。

オ 父が細い目をして私を見るときは、古道具を正確に値踏みしようとする非情さを私に向けているような気がすると同時に、私という存在にも値をつけているような嫌な感じがしてしまうから。

7 空欄 V にはどのような語を入れればよいか。文中の語で答えなさい。

8 傍線部**6**「閉じ込められていたはずのものが、蓋を開け、ゆるりと正体を現し、目の前で立ち上がる、そんな瞬間をたしかに感じる」とはどういうことをいうのか。80字以内で説明しなさい。

9 この文章の表現と内容に関する説明として適当なものを次の中から二つ選び、記号で答えなさい。

う。ぬるいお風呂に浸かっているところに熱いお湯をどんどん足していくみたいに、父からの熱がじかに私の肌に伝わってくる。私ははっとして父の顔を見る。父は私の顔なんて見ていなくて、手もとの品物だけを見ている。私も品物に目を戻す。すると、父に今素晴らしさを語られている品物に光があたっているような気がするのだ。なんてことないように見えていた文様の一刷けも、いびつなくらいの輪郭も、急に輝きを帯びてくる。遠い昔に生まれ、人の手を伝ってここまでたどりつき、やっとめぐりあえた品物が、ほんの一瞬、私に向かって心を開く。

そこにすべてがある、と思う。今、私のまわりで現実に起こっているすべてのことを合わせてもかなわない。一枚の皿がどんなにどきどきさせてくれることか。6閉じ込められていたはずのものが、蓋を開け、ゆるりと正体を現し、目の前で立ち上がる、そんな瞬間をたしかに感じるのだ。

・津川……主人公私（麻子）の名字。
・根来塗り……黒塗の上に朱漆を塗り放しにした漆器。
・アケビ……植物の名。蔓を編んで籠などを作る。
・備前……備前焼。焼き物（陶器）の名。
・伊万里……伊万里焼。有田焼とも。焼き物（磁器）の名。
・猪口……小形のさかずき。
・常滑……常滑焼。焼き物（陶磁器）の名。
・七葉……私（麻子）の妹。小学校六年生。
・紗英……私（麻子）の妹。小学校一年生。

1　波線部Ⅰ「唸る」・Ⅱ「滔々と」の本文中の意味として最も適当なものをそれぞれ次の中から選び、記号で答えなさい。

Ⅰ　唸る
ア　自分の審美眼の確かさを自慢する
イ　優れた出来映えに感嘆する
ウ　高価で手が届かないと残念がる
エ　いくらで買うかと思案する
オ　声を低くして品物を鑑定する

Ⅱ　滔々と
ア　こまごまと具体的に
イ　見ているようにありありと
ウ　なかながと誇らしげに
エ　しみじみと思い出すように
オ　滞ることなくすらすらと

2　空欄 Ⅲ ・ Ⅳ にはどのような語を入れればよいか。それぞれ次の中から最も適当なものを選び、記号で答えなさい。

ア　ざわざわと　イ　おずおずと　ウ　もやもやと
エ　ふくふくと　オ　しぶしぶと　カ　しゃあしゃあと
キ　きらりきらりと　ク　ひょうひょうと　ケ　うつらうつらと
コ　ぽつんぽつんと

3　傍線部1「田舎か、都会か、うちが食べていけるかどうかにかかっているというのがおかしい」と「私」が思ったのはどうしてか。その理由として最も適当なものを次の中から選び、記号で答えなさい。

ア　穏やかに流れる川に寄り添うように広がっている町を、田舎なのか都会なのかと決めかねていたが、古道具屋という商売が成り立つか否かでそれを判断すればよいという父の意見が目新しくて面白けて風を通す前の埃っぽい匂いを嗅ぐと、全身の毛穴が閉じて余分なものが何ひとつ出ていかない、落ち着いた気持ちになれる。

Fサンダルを履いて、店の中をぐるっとひとまわりする間に、足は勝手に何度も止まる。ここに唐代の水瓶、あの棚に※根来塗りの盆、こっちには※アケビの籠。床や棚にいつもの顔を見つけてほっとする。売れないことに安心していいんだろうか、とちょっとだけ思う。いいんだよ、と父なら言うだろう。好きなものが売れないことを父はたぶん本気でよろこんでいる。※備前の皿、香炉、※伊万里の※猪口。そこにそれらがあって、目が合うだけで、［Ⅳ］よろこびが湧き上がる。順々に眺めながら、ゆっくり足を進める。視線を移す。

※常滑の壷も、4素性のよくわからない肌の美しい甕も、私を待っている。私に話しかけようと、じっと機会を窺っているように見える。気安く声をかけてくる陽気なのも、気難しそうにむっつりしているのも、性質はいろいろだけど、みな、眺められ、話しかけられるのを待っている。ときどき、なんと声をかけていいのかわからないのも並んでいる。そういうときは向こうから話しかけてくるのを待って、Gじっと耳を澄ますばかりだ。

伊万里の赤絵皿の前で立ち止まっていたときに、急に後ろから父に声をかけられたことがあった。足音にも気配にも気づかず皿を眺めていた私は小さく声を上げるほど驚いた。父は振り向いた私の肩に自分の両手を載せ、私が今まで見ていたものを見た。

へえ、麻子はそれが好きなのか、と父は言った。ごく軽い調子だったけど、その声に込められたものを私は探ろうとし、すぐさま中止した。なにかくすぐったいような、ほんのちょっとだけ誇らしいような響きを私の耳が嗅ぎ分けたから。父が私の目を値踏みした。そうして、たぶん高い値を付けたのだ。それは、怖ろしいことでもあった。

私は父が何かを値踏みするときの一瞬すうっと細くなる目が苦手だ。5あの目を見たくないといつも思う。特にそれが人間に向けられたときの冷ややかさを想像するとぞっとする。もちろん父が家族にそんな目を向けることなどないのだけど、ときどき母が、凡庸な絵付けの皿をとても気に入ったときになんか、父があの細くした目で母を見るんじゃないかとひやひやしてしまう。（中略）

父は気が向いたときに――特に、いいものが入ったときに――講釈を聞かせてくれた。娘たちを呼び、品物の前にすわらせる。私と※七葉は並んで聞いた。※紗英はまだ小さかった。

いつ頃からか、父は七葉を呼ばなくなった。呼んでも来なくなったからだ。私に審美眼があるかどうかは別として、三姉妹のうち私だけが興味を示した。それだけが父の基準だったと思う。私の目のよさを見抜き、信頼して、と言いたいところだけど、ほんとうのところ、父はそれほど期待していなかったのかもしれない。

ものを見る目は育つんだよ。持って生まれたものなんてたかが知れている。あとはどれだけたくさんいいものを見るかにかかってるんだ。だから、そもそも［Ⅴ］じゃなくちゃいけない。［Ⅴ］じゃなかったら、いいものをたくさん、一生かけて見続けるなんてこと、できないだろう？

H品物の講釈をするのはいつも温和な、やさしい声だった。ときどき熱が入って、講釈が長くなることもあったけれど、私はそれが楽しかった。好きだと聞かされる前に、父はこれが好きなんだ、とわかってしまこにも売っていない。うちの店にある品は、古ければ古いほど大きな顔をしているみたいだった。祖母は亡き夫が始めた店をフルドーグヤとは言わず、コットーヒンテンと呼ぶ。コットーヒンってなに？　友達が訊いても私に説明はできない。古道具も骨董品も私の手にはあまりあった。

　店にはフルが揃っている。皿だとか椀だとか、由緒正しい掛け軸だとか。お客さんはⅠ唸る。長いこと見入っていて、それから小声でなにやら父と話しはじめる。それでまた長いこと見入る。うんうんうなずきながら眺めたりもする。C一見さんは少なく、たいてい見知った顔だ。D対する商品も、知った顔が多い。どんどん出ていったり入ってきたりすることがない。そこも他の店とは違うところだ。

　簡単に手を伸ばしたり、触れたり、ちょっとしにくいようなものが並ぶ。アンティークと呼ばれるような、若い人にうけるお洒落な品物はない。そのあたりを飛ばして、いきなり生活の塊がごろごろするコーナーが現れる。町の人たちから預かった品々だ。それらは一か所に集められ、それでもきちんと正座してお客を待っているような顔をしている。でも私は、この委託品の一角が好きになれなくて、無論父の好みでもないはずで、だから、あるとき訊いたのだ。

「どうして2ああいうものを置くの」

　父はやっぱり口の端を上げて私を見た。

「うん。面白いだろ」

　持ち込む人は、その品物に価値があると信じている人がほとんどだ。どんないわくがあるか、その品に込められた思いや、それを自分がどんなに大事にしてきたか、Ⅱ滔々と語っていくのだそうだ。その話が話し手に近ければ近いほど面白い。逆にただの品物自慢だと面白くない。自慢するような品なら店の中にいくらでもあるのだ。

　E亡くなったご主人が大切にしていたという壺を、年配の婦人が持ち込んだ。

「いわれは特に聞いてませんから」

　最初はつまらなさそうにさっさと置いて出ていこうとした婦人は、父の出したお茶を飲みながら、やがて［Ⅲ］語りはじめたのだという。まだ結婚したばかりのある夜、地震があった。婦人は咄嗟に、隣に寝ているはずのご主人に手を伸ばした。ご主人はすでにいなかった。飛び起きて、棚に飾ってあった壺を抱えていたのだそうだ。何年か経ったある日には、子供たちが遊んでいて壺に触れそうになり、ご主人が血相を変えて怒鳴った。そんなに怒るくらいなら大事にしまっておけばいいじゃありませんか、と婦人はあらためて憤ったように話したという。

　それがね、と父はおかしそうに言う。壺にまつわるご主人との思い出を二時間も話すうち、婦人は壺を大事そうに撫ではじめた。いったんは店に置いて帰ったものの、三日も経たずに引き取りにきたらしい。

「そうするとさ、壺だけじゃなく、毎日自分たちが使っている物や、店にある他の品物に対する目も変わってくるんだな」

「どう変わるの」

「うん」父は私を見て、じわりと笑った。

「そうだな、麻子の考えてるとおりだよ、だから『3ああいうもの』も置いてるんだ」

　私は店が好きだ。

　朝、誰もいない店に入り、澱んだ空気に身を浸すのが好きだ。窓を開

ウ　オリンピックを控え日本語がわからない来日外国人客が増えることを予想した高校生が、スマートフォンの画面で駅の番号を映し出せば行きたい駅までの経路が図示されるというアプリを開発し、企業がその実用化を検討した。

エ　女性であることが理由で差別待遇を受けた経験を、ある二十代女性が「ME, TOO」というタグをつけてツイッターで発信したところ、多くの事例が発覚、拡散し、被害者の女性が声を上げられるようになった。

オ　史上最高温度を記録した北欧で、高校生が「未来のために、環境問題を看過することは若者として許せない」と、学校ストライキを呼びかけ、他国の学校でも実施されるなど、国際的な広がりを見せた。

8　二重傍線部「現在の時代精神の落とし穴」とあるが、筆者はこれをどのようなことだと述べているか。65字以内で説明しなさい。

二　次の文章は宮下奈都の小説「スコーレNo.4」の一節で、主人公の「私（麻子）」は十二歳、中学一年生である。よく読んで、後の問いに答えなさい。

広くなったり細くなったりしながら緩やかに流れてきた川が、東に大きく西に小さく寄り道した挙げ句、風に煽(おだ)てられて機嫌よくハミングする辺りに私の町がある。父の父の父の代あたりまでは、川上で氾濫してよく堤防を決壊させたと聞くけれど、そんな話が冗談に聞こえるほど、いつも穏やかな童謡のように流れていく川と、そこに寄り添うような町。私はここで生まれ育った。田舎だと言われたらちょっとむっとするけれど、都会かと言われれば自ら否定しそうな、A物腰のやわらかな町だ。

「田舎のわけないだろ」

父は言う。うちみたいな商売は田舎じゃ成り立たないよ。それが父の自負だ。田舎かどうかというのは、都心に出るのにかかる時間や、ブランドショップの数や、駅前の土地の値段なんかとは関係がないらしい。1田舎か、都会か、うちが食べていけるかどうかにかかっているというのがおかしい。でも、もしも田舎だとしたら私たちはここで暮らしていけないんだな、というのが子供の頃から胸にあった。この町に食べさせてもらっているのだ。

「町は店で決まる」

それも父得意の言い分だった。娘の目からも父がそんなに熱心に商売をしているようには見えなかったけれど、それでもうちの店があることがこの町の一端を表しているのだとすれば、やっぱりうれしい。父が町に認められるようでうれしい。

B店の名前はマルツ商会という。※津川の津を丸で囲んでマル津と読ませる。情緒も何もない、そのまんまの店名だ。名前を聞いただけでは何の店だかわからない。聞いてもわからない、と子供の頃はよく友達に言われた。

フルドーグヤ。父はそう言った。友達はフルに納得がいかない。真由も未知花ちゃんも顔を見あわせて、なんでシンじゃないの、と訊(き)いた。フルでも売れるの？　幼かった私は一緒になって首を傾(かし)げた。たしかに、他の店には新品しか置いていない。読み古した新聞だとか、醤油(しょうゆ)の染みのついたブラウスだとか、食べかけの林檎(りんご)だとか、そんなものはど

エ　人種、民族、性別などで差別されない
オ　物を所有することの価値が低下している
カ　大量の情報に左右されない

Ⅱ　「高原期」より前と現在とで、「努力」の概念がどのように変質したと筆者は考えているか。60字以内で説明しなさい。

5　傍線部2「ピアニストの例と同じことがいえます」とあるが、「同じこと」に該当する内容として適当なものを次の中から二つ選び、記号で答えなさい。

ア　才能や素質は、それを十分に発揮できるか否かは環境によって影響されるが、その環境は構造的に変えることが可能である。
イ　才能や素質は、生まれつき決まったものだとは言い切れないが、それを磨く努力をできるかどうかは才能によって決まる。
ウ　才能や素質は、発揮できる環境に生まれて初めて開花するものであって、活躍や成功が先天的に保証されているわけではない。
エ　人間関係のマネジメント力が高いのは、現代の若者には自然なことだが、社会の変容次第で若者でもマネジメント力が低下する。
オ　人間関係のマネジメント力は社会環境の影響を受けるはずだが、社交性が先天的に低い若者の場合、その影響を受けない。
カ　人間関係のマネジメント力が要求されない時代に生まれた年長者が、どんなに努力しても、すでに備わっている若者に及ばない。

6　傍線部3「けっして望ましい現象とはいえません」とあるが、それはなぜか。その理由として最も適当なものを次の中から選び、記号で答えなさい。

ア　排除されているという現状を当事者である若者が改革できないような社会であるため、本来なら社会全体で解決すべき問題も、個人的な錯覚にすぎない問題として理解されているから。
イ　排除されているという現状を当事者である若者が拒絶してしまうような社会であるため、本来なら社会全体で理解すべき問題が、能力の優劣によって生じる個人的な問題に変質しているから。
ウ　排除されているという現状に当事者である若者が満足してしまうような社会であるため、本来なら社会全体で解消すべき問題も、何も起こらなかったかのように隠蔽されてしまっているから。
エ　排除されているという現状に当事者である若者が反発できないような社会であるため、本来なら社会全体で共有すべき問題が、個人の努力によって改善できる問題として受容されているから。
オ　排除されているという現状を当事者である若者が自覚できないような社会であるため、本来なら社会全体で改善すべき問題が、個人が受け入れなければならない問題に還元されているから。

7　傍線部4「いま若者たちが宿命と考えているものも、新たにシェアの対象とできる」とあるが、その例として**適当ではない**ものを次の中から一つ選び、記号で答えなさい。

ア　銃使用が認められているアメリカで、ある高校の校内で乱射事件が起きた後、別の学校の高校生がもっと厳しい銃規制を求めてデモを行い、多くの参加者を集め、国際社会でも賛同の声が広がった。
イ　記録的な降雨に見舞われた地域に住む高校生が、市長にツイッターで「高校生でもできることはないですか」とメッセージを送ったところ、市長が「手伝いに来てほしい」と返信したことで、多数の十代のボランティアが復旧活動に従事した。

宿命論的人生観の下では、排除されていることを当事者に意識させないような排除が、したがって剥奪（はくだつ）感さえ抱かせないような排除が、人知れず進行していきます。反発や絶望を覚えることもなく、「それが自分の宿命なのだ」と、納得をもって淡々と迎え入れていってしまいます。だから今日の若年層では、深刻な社会的格差があるにもかかわらず、生活満足度も上昇しつづけているのです。だとしたら、それは3けっして望ましい現象とはいえません。それもまた認識論的誤謬の一側面にほかならないからです。

しかし、今日の宿命論的人生観が認識論的誤謬の一つであるなら、努力の意味を組み換えられるのと同様に、その意味を組み換えることもまた可能なはずです。自分の置かれた社会環境の劣悪さや、自身の能力不足などを、個人の自助努力によって補おうとするのではなく、新しい人間関係の構築によって補おうとするのは、まさに高原期の日本に生まれ育った世代の心性です。だとすれば、彼らがその心性をさらに伸ばしていきやすいように、できるだけ格差の少ない社会環境を整えることこそ、私たち大人に託された使命といえるのではないでしょうか。

このように考えるなら、4いま若者たちが宿命と考えているものも、新たにシェアの対象とできるのかもしれません。ただし、ここには注意も必要です。災害ユートピアという言葉もあるように、宿命を共有する感覚は人びとのつながりを一気に強化しますが、それはなかなか長続きしません。情熱的な感情に支えられたつながりは、しばしばその視野を狭めてしまう危うさを併せ持っているからです。これまで歴史のなかで私たちが獲得してきたその教訓を忘れてはなりません。私たちは緩やかに、そしてしなやかに、つながりつづけることが大切です。つねに外部へと開かれたそんなつながりのなかで、視野を広げていくことこそが何にも増して重要なのです。

（土井隆義『「宿命」を生きる若者たち』より）

・属性……物事の本質的な性質。
・マネジメント力……管理力。

1　傍線部A～Eのカタカナを漢字に直しなさい。

2　（1）～（3）に入る語の組み合わせとして最も適当なものを次の中から選び、記号で答えなさい。

ア　1　そもそも　2　むしろ　3　たとえ
イ　1　さて　2　かえって　3　むしろ
ウ　1　はたして　2　いっそ　3　いくら
エ　1　いったい　2　あるいは　3　もし
オ　1　しかし　2　おそらく　3　かりに

3　空欄□に入る四字熟語として最も適当なものを次の中から選び、記号で答えなさい。

ア　千差万別　イ　臨機応変　ウ　当意即妙　エ　公明正大
オ　自由奔放

4　傍線部1「高原期の時代にふさわしい努力のかたち」について、筆者は、高度経済成長期が終了して以来続く現在の状況を「高原期」と呼んでいる。これについて、以下の問いⅠ・Ⅱに答えなさい。

Ⅰ　「高原期」の社会の特徴について、本文の内容に合致するものを次の中から二つ選び、記号で答えなさい。

ア　社会全体に共通する理想を見出しにくい
イ　仕事の内容や住む場所が変動しない
ウ　生得的資質や能力が向上している

ん。それが、高原期の社会に見合った努力のかたちなのかもしれません。

このように既成の概念を疑ってみることの意義は、本書で論じた宿命論的人生観についても同様に当てはまるものです。今日のそれが前近代的なそれと根本的に異なっているのは、理不尽な身分制度によって抑圧され、やむなく希望を諦めているわけではないという点にあります。しかし、前近代的な身分制度を理不尽だと考えるのは、そもそも私たちが近代人だからです。その時代を生きた人びとにはそれこそが自明の現実であって、たとえば農民も努力次第で武士になれるなどとは夢にも思わなかったはずです。そして、現在の時代精神の落とし穴もじつはここにあります。

今日、生まれ持っていると考えられている素質や才能の多くも、じつは与えられた社会環境のなかで、かつての身分制度と同じくらい格差をともないながら、再生産されてきたものです。たとえば、いくら天才的なピアニストであろうと、そもそも日常的にピアノに触れさせてくれ、定期的にレッスンに通わせてくれるような恵まれた成育環境になければ、その才能に目覚めることは難しかったはずです。その点から見れば、それらの素質や才能もけっして生得的属性とはいいきれません。もちろん、生まれ落ちる環境を自分では選べませんから、その点については個人にとっての宿命であり、生得的属性であるかのように感じられます。しかしその環境も、社会制度の設計いかんでいかようにも変えていけるものです。そう考えれば、社会的に見るとそれも宿命などではありません。

このことは、現在の若者たちに見られる人間関係の※マネジメント力の高さにも当てはまります。それは、彼らに生まれ備わった能力というよりも、（　　2　　）この高原地帯を歩むなかで育まれてきたものです。生得的な素質などではなく、社会化による産物なのです。もちろん、彼らがこの時代に生まれ落ちたのは、自己選択の結果ではありません。したがって、その部分については宿命論が成り立つようにも見えます。しかし、ここでも[2]ピアニストの例と同じことがいえます。この高原期の社会をどのようなかたちにしていくかは、まさに私たちの自由選択に託されているからです。社会的に見れば、それもまた環境の産物なのです。

このように見てくると、今日の宿命論的人生観も、じつは前近代的なそれと本質的には違っていないといえます。作られた素質にもとづく社会的な境遇の違いを、あたかも生来的なものと思い込んでいるだけなのです。このように、本来は社会構造的な背景から生まれた格差でありながら、それをあたかも個人的な理由にもとづいたものであるかのように錯覚している状態を、イギリスの社会学者、アンディ・ファーロングとフレッド・カートメルは認識論的誤謬（ごびゅう）と呼んでいます。

私たちの生活満足度は、自分の置かれている環境をどのように判断するかによって異なってきます。ここで視野が狭いと、その環境を客観的に見つめることが難しくなります。その結果、（　　3　　）劣悪な環境にあったとしても、その状況に対して不満を抱かなくなります。それは、疎外された状況に置かれているという認識それ自体からも疎外されていることを意味します。今日の若者たちの幸福感の強さは、社会的に排除されていることの認識からも排除された結果といえるのです。いわば二重化された社会的排除の産物なのです。

【国　語】（五〇分）〈満点：一〇〇点〉

【注意】＊字数制限のある場合は、句読点なども字数に含めます。
＊設問の関係上、一部原文を改変しています。

一　次の文章を読んで後の問いに答えなさい。

ある問題に直面したとき、自分自身の能力でその解決が不可能なら、その能力に長けた人をインターネットで探してきて事態に対処する。自分に足りないピースがあったとき、わざわざ時間と手間をかけてそのピースを自分で作り出すよりは、そのピースを外部から探してきてさっと手早く埋め合わせてしまう。現在の若者たちは、そんな能力に長けています。そして、社会が平坦化している現在だからこそ、このような人的交流も可能になっているのだとすれば、それはまさに1高原期の時代にふさわしい努力のかたちともいえます。

（　1　）努力とは何でしょうか。昨今の若者たちが考えるように、努力できるか否かも生得的な※属性の一部なのでしょうか。生まれついた資質や才能に差があることを否定はしませんが、しかし本来は、その能力の足りない部分を補う営みこそ、努力という言葉の意味するところだったはずです。だとすれば、個人の能力不足を自己完結的に補うのではなく、他者とのつながりによって補おうとする営みも、また努力の一つのかたちといえるのかもしれません。このように考え方を改めてみると、そして現在の若者たちのふるまい方を見てみれば、けっして努力への信頼感が失われているわけではないのかもしれません。

しかし、それでもなお、いま努力への信頼感に削がれている面があるとすれば、それは今日の社会の高原化によって、かつてのように超越的な目標を胸に抱きにくくなったからだと考えられます。だとしたら、内実のよく分からない異次元の目標のためになどではなく、その営みのAカテイそれ自体を楽しむことで、努力を続けられるようにしてみるのも一つの手ではないでしょうか。それは、なにか別の目標を実現するための人間関係ではなく、関係そのものを楽しむ自己充足的な人間関係を紡いでいくことでもあるはずです。そう考えれば、それはもうすでに多くの若者たちが営んでいるものだともいえます。

現在の若者たちは、シェアの世代ともいわれます。たとえば、クルマが必要になったらお金をBカセいで買うのではなく、いま使っていない人から借りればよいと考えます。もちろん、ギブ&テイクですから、いま自分に使う必要のないものは、逆に誰かに貸してあげればよいと考えます。そうやって世界を広げ、分断壁を軽々と乗り越えていける力を持っているのも現在の若者たちです。彼らは、自分の能力不足に自身の内部を改良することで対応するのではなく、人間関係を新たに構築することで対応することのできる世代なのです。

今日のように流動性の増した社会で、一つのものごとに対してあまりにも強くこだわりすぎると、せっかく新しいチャンスが到来しているかもしれないときに、その兆しを見逃してしまうこともありえます。インターネットを活用し、全世界から絶えず新しい情報をCセッシュしている若者たちは、そのリスクをよく心得ています。そのため、なにか特定のことにDボットウすることは、むしろ積極的にEカイヒしようとします。だとすれば、ひたすら一つのことに集中することではなく、もっと［　　］に人間関係を構築していけるように工夫を重ねることこそ、今日の努力のあり方なのだと考えを改めねばならないのかもしれませ

大切なことはメモしておこうネ！

T・G

2020年度

解　答　と　解　説

《2020年度の配点は解答欄に掲載してあります。》

＜数学解答＞

1　(1)　$\dfrac{5+\sqrt{3}}{3}$　(2)　$(x+1)(x+2)(x+9)(x+10)$　(3)　$(x,\ y)=(3,\ 1)$

(4)　19通り　(5)　$\dfrac{5x+3y}{8}$%

2　(1)　$9a+a^2$　(2)　$\mathrm{C}(3+\sqrt{10},\ 1-\sqrt{10})$　(3)　$\mathrm{C}(9+9\sqrt{2},\ 9-9\sqrt{2})$

3　(1)　$\dfrac{3\sqrt{5}}{4}$　(2)　$\sqrt{15}$　(3)　$\dfrac{7}{10}$

4　(1)　2　(2)　3：10　(3)　$24t$　(4)　$\dfrac{217}{120}\mathrm{S}$

○配点○

1　各6点×5　2～4　各7点×10　計100点

＜数学解説＞

1　（式の値，因数分解，方程式，場合の数，食塩水）

(1)　$\dfrac{x^2-1+(x-1)2\sqrt{3}}{x^2-3x+2}=\dfrac{(x+1)(x-1)+(x-1)2\sqrt{3}}{(x-1)(x-2)}=\dfrac{x+1+2\sqrt{3}}{x-2}=\dfrac{2+3\sqrt{3}+1+2\sqrt{3}}{2+3\sqrt{3}-2}=\dfrac{3+5\sqrt{3}}{3\sqrt{3}}=\dfrac{\sqrt{3}+5}{3}=\dfrac{5+\sqrt{3}}{3}$

(2)　$(x^2+11x+9)(x^2+11x+19)+9=\mathrm{X}(\mathrm{X}+10)+9=\mathrm{X}^2+10\mathrm{X}+9=(\mathrm{X}+1)(\mathrm{X}+9)=(x^2+11x+9+1)(x^2+11x+9+9)=(x^2+11x+10)(x^2+11x+18)=(x+1)(x+10)(x+2)(x+9)=(x+1)(x+2)(x+9)(x+10)$

(3)　x，yは整数だから，$x-2y+6=7$，$3x+4y-14=1$または$3x+4y-14=-1$　(ⅰ)　$x-2y+6=7$…①，$3x+4y-14=1$…②のとき，①×2+②より，$5x-2=15$　$x=\dfrac{17}{5}$　これは適さない。　(ⅱ)　$x-2y+6=7$…①，$3x+4y-14=-1$…③のとき，①×2+②より，$5x-2=13$　$5x=15$　$x=3$　これを①に代入して，$3-2y+6=7$　$-2y=-2$　$y=1$　よって，$(x,\ y)=(3,\ 1)$

(4)　1g，2g，3gのおもりをそれぞれx個，y個，z個とすると，$x+2y+3z=12$　(ⅰ)　$z=4$のとき，$x+2y=0$　これを満たすのは，$(x,\ y)=(0,\ 0)$の1通り。　(ⅱ)　$z=3$のとき，$x+2y=3$　これを満たすのは，$(x,\ y)=(1,\ 1)$，$(3,\ 0)$の2通り。　(ⅲ)　$z=2$のとき，$x+2y=6$　これを満たすのは，$(x,\ y)=(0,\ 3)$，$(2,\ 2)$，$(4,\ 1)$，$(6,\ 0)$の4通り。　(ⅳ)　$z=1$のとき，$x+2y=9$　これを満たすのは，$(x,\ y)=(1,\ 4)$，$(3,\ 3)$，$(5,\ 2)$，$(7,\ 1)$，$(9,\ 0)$の5通り。　(ⅴ)　$z=0$のとき，$x+2y=12$　これを満たすのは，$(x,\ y)=(0,\ 6)$，$(2,\ 5)$，$(4,\ 4)$，$(6,\ 3)$，$(8,\ 2)$，$(10,\ 1)$，$(12,\ 0)$の7通り。よって，全部で，$1+2+4+5+7=19$(通り)

(5)　1回目の操作後，容器Bの食塩水の濃度は，$\left(100\times\dfrac{x}{100}+100\times\dfrac{y}{100}\right)\div200\times100=\dfrac{x+y}{2}$(%)

2回目の操作後，容器Aの食塩水の濃度は，$\left(100\times\frac{x}{100}+100\times\frac{x+y}{200}\right)\div200\times100=\frac{3x+y}{4}$(%)

よって，3回目の操作後，容器Bの食塩水の濃度は，$\left(100\times\frac{3x+y}{400}+100\times\frac{x+y}{200}\right)\div200\times100=$ $\frac{5x+3y}{8}$(%)

2 (図形と関数・グラフの融合問題)

基本 (1) $y=\frac{1}{9}x^2$に$y=a$を代入して，$a=\frac{1}{9}x^2$　$x^2=9a$　$x=\pm3\sqrt{a}$　よって，A$(3\sqrt{a}, a)$ したがって，$OA^2=(3\sqrt{a})^2+a^2=9a+a^2$　正方形ABCDの1辺の長さはOAの長さに等しいから，正方形ABCDの面積は，$9a+a^2$

重要 (2) $9a+a^2=10$　$a^2+9a-10=0$　$(a+10)(a-1)=0$　$a>0$より，$a=1$　よって，A(3, 1)　また，AB＝AD＝$\sqrt{10}$　したがって，点Cのx座標は点Dのx座標に等しく$3+\sqrt{10}$，y座標は点Bのy座標に等しく$1-\sqrt{10}$だから，C$(3+\sqrt{10}, 1-\sqrt{10})$

重要 (3) 直線OAの傾きは，$\frac{a-0}{3\sqrt{a}-0}=\frac{\sqrt{a}}{3}$　直線BDの傾きは，$\frac{DC}{BC}=1$　OA//BDより，$\frac{\sqrt{a}}{3}=1$ $\sqrt{a}=3$　$a=9$　よって，A(9, 9)　このとき，正方形ABCDの面積は，$9\times9+9^2=162$だから，1辺の長さは，$\sqrt{162}=9\sqrt{2}$　したがって，C$(9+9\sqrt{2}, 9-9\sqrt{2})$

重要 **3** (空間図形の計量)

(1) △ACDと△BCDは1辺の長さが4の正三角形だから，$AM=BM=\frac{\sqrt{3}}{2}\times4=2\sqrt{3}$　点Hは線分BM上にあるから，BH＝xとおくと，$MH=2\sqrt{3}-x$　AH^2について，$AB^2-BH^2=AM^2-MH^2$ $(\sqrt{3})^2-x^2=(2\sqrt{3})^2-(2\sqrt{3}-x)^2$　$3-x^2=12-(12-4\sqrt{3}x+x^2)$　$4\sqrt{3}x=3$　$x=\frac{\sqrt{3}}{4}$

よって，$AH=\sqrt{(\sqrt{3})^2-\left(\frac{\sqrt{3}}{4}\right)^2}=\frac{3\sqrt{5}}{4}$

(2) 四面体ABCD$=\frac{1}{3}\times$△BCD$\times$AH$=\frac{1}{3}\times\left(\frac{1}{2}\times4\times2\sqrt{3}\right)\times\frac{3\sqrt{5}}{4}=\sqrt{15}$

(3) △MABはMA＝MBの二等辺三角形だから，∠AME＝∠BME　角の二等分線の定理より，AP：PH＝MA：MH$=2\sqrt{3}:\left(2\sqrt{3}-\frac{\sqrt{3}}{4}\right)=8:7$　よって，$AP\times PH=\frac{8}{8+7}AH\times\frac{7}{8+7}AH=$ $\left(\frac{8}{15}\times\frac{3\sqrt{5}}{4}\right)\times\left(\frac{7}{15}\times\frac{3\sqrt{5}}{4}\right)=\frac{7}{10}$

重要 **4** (平面図形の計量)

(1) △CDGと△CAFにおいて，共通だから，∠DCG＝∠ACF　$\overset{\frown}{FG}$の円周角だから，∠CDG＝∠CAF　2組の角がそれぞれ等しいので，△CDG∽△CAF　CD：CA＝CG：CF　$CA=\frac{8\times3}{4}=$ 6　よって，AG＝CA－CG＝6－4＝2

(2) AD//BEだから，平行線と比の定理より，BC：AD＝CF：FD＝3：(8－3)＝3：5　CE：AD＝CG：GA＝4：2＝2：1＝10：5　よって，BC：CE＝3：10

(3) △CDG∽△CAFより，DG：AF＝CG：CF＝4：3だから，$DG=\frac{4}{3}AF=\frac{4}{3}\times9t=12t$　DG：GE＝AD：CE＝1：2　よって，$EG=2DG=2\times12t=24t$

(4) △ACD：△AFD＝DC：DF＝8：5より，△AFD$=\frac{5}{8}$△ACD$=\frac{5}{8}$S　△AFD∽△BFCより，△AFD：△BFC$=5^2:3^2=25:9$　よって，△BFC$=\frac{9}{25}$△AFD$=\frac{9}{25}\times\frac{5}{8}S=\frac{9}{40}S$　同様にし

て，$\triangle AGD=\frac{1}{3}\triangle ACD=\frac{1}{3}S$　　$\triangle CGE=4\triangle AGC=\frac{4}{3}S$　　また，$\triangle CFG=\frac{2}{3}\triangle ACF=\frac{2}{3}\times\frac{3}{8}$ $\triangle ACD=\frac{1}{4}S$　　よって，四角形BFGE＝$\triangle BFC+\triangle CFG+\triangle CGE=\frac{9}{40}S+\frac{1}{4}S+\frac{4}{3}S=\frac{217}{120}S$

★ワンポイントアドバイス★

出題構成は前年同様に，独立小問，関数と図形，平面図形，空間図形と変化はない。基礎を固めたら，過去の出題例を研究しておこう。

＜英語解答＞

1　(1)　2　　(2)　3　　(3)　1　　(4)　1

(5)　[A]　I would like to try being a weekday vegetarian.

I have always been interested in being vegetarian but I thought it was too difficult. This speech, however, changed my mind. If I can eat hamburgers on weekends, I think I can try.

[B]　I don't think I can give up hamburgers.

I am sure that being a vegetarian has a wonderful effect on my health as well as the environment. However, I love eating meat too much, especially on weekdays after hard work.

2　1.　(5)　3　　(6)　9　　2.　(7)　6　　(8)　3

3　(1)　I had my wallet stolen last night.　　(2)　Do you know where my glasses are?

4　(9)　3

5　(10)　2　　(11)　3　　(12)　2　　(13)　3　　(14)　3

6　(15)　2　　(16)　3　　(17)　1

7　問1　(18)　2　　問2　(19)　4

問3　for both of them to stop the use of "I know" (as a response)

to stop the use of "I know" as a response (to the other)

問4　相手の言うことをすべて聞ける[わかる・理解する](ことができる)

相手がリラックス[安心]してくれる

自分がリラックスできる

人間関係[相手・周囲との関係]の質が高まる／仲良くなる／関係が良くなる

※上記の要素を1つ含んでいれば3点，2つで6点

8　Hello. I saw the flyer and I would like to join Morning Yoga.

I have some questions. First, as I am a student, I can take Saturday class only. Is that all right? Also, is there anything I should bring to the class?

Looking forward to your reply. Thank you.

○配点○

1　(5)　8点　　他　各3点×4　　2　各4点×2　　3　各4点×2　　4　4点　　5　各3点×5

6　各3点×3　　7　問1・問2　各4点×2　　他　各6点×2　　8　16点　　計100点

＜英語解説＞

1　リスニング問題解説省略。

基本 2　(語順整序問題：代名詞，分詞)

1)　Neither novel I read last week was very good.　neither「どちらも～ない」という否定語である。

2)　Take a look at the picture taken by Tom.　take a look at ～「～を見る」

重要 3　(条件英作文：分詞，間接疑問文)

1)　I had my wallet stolen last night.
〈have ＋A＋過去分詞〉「Aを～してもらう(される)」

2)　Do you know where my glasses are?　間接疑問文は〈疑問詞＋主語＋動詞〉の語順になる。

4　(長文読解問題・説明文：語句補充)

(全訳)　外国に旅行した人は誰でも，新しい言語の基本を習得するだけでなく，新しい文化に精通する必要性を認識するだろう。日本に旅行する場合，誰かの家に入る前に靴を脱ぐ必要性を理解することが不可欠だ。英国に旅行する場合は，人々が天気やパブの重要性について話すのが好きであることを理解する必要がある。すべての文化にはタブーもある。タイに旅行する場合，王について話すときには細心の注意を払う必要がある。

空欄の後には，様々な国での特徴がある文化について書かれていることから判断できる。

5　(長文読解問題・説明文：語句補充)

(全訳)　結婚式場の数が増えているため，結婚式のパーティーのためにインターネットから音楽をダウンロードすることはできない。そうすることは，音楽の(10)私的使用を超えて，著作権法に違反するとみなされる。

CDでの音楽の再生は結婚式場で許可されているため，オンライン音楽配信サービスの顧客は，ダウンロードした購入済み音楽の使用を禁止することは(11)不公平であると不平を言っている。

「この音楽はここでは使えない(12)ので，CDを購入してください」と結婚式場の従業員は，友人の結婚式の余興について尋ねられた東京の女性に話した。女性は歌の代金を(13)支払い，オンライン音楽配信サービスからダウンロードした。

「最近，一部の曲はインターネット経由でのみ配信されています」と彼女は不平を言った。「CDのように購入したが，友人の結婚式で使用すると著作権が侵害されると言われた。(14)同意することはできない」

(10)　結婚式のパーティーでの音楽の使用は私的使用を超えているのである。

(11)　CDは許可されるのに，ダウンロードした音楽は使えないので，不公平なのである。

(12)　CDを購入するのは，ダウンロードした音楽は使えないからである。

(13)　音楽の代金を支払い，音楽をダウンロードしたのである。

(14)　ダウンロードした音楽は結婚式で使用できないことに同意できないのである。

6　(長文読解問題・説明文：語句補充)

(全訳)　親は自分の子供に最適なものを望んでいる。食料と保護を提供することは重要だ。(15)しかし，親は将来のことについても考えなければならない。学校でうまくやることは，子どもたちが将来成功するのに役立つ。日本では，塾に通うことを意味する。塾は1970年代に人気を集め始めた。多くの人にとって，大学に入るだけでは十分ではない。彼らは適切な大学に入る必要がある。競争は激しい。試験は非常に難しい。塾はたるみをなくす方法として見られている。(16)最近，日本の高校生の60%が塾に通っていることがわかった。最近では，学生はずっと早い年齢でプレッシャーを感じ始める。子どもたちは小学校を始める前に塾に通い始めた！

塾はしばしば地下鉄の駅の近くにある。これにより，通いやすくなる。学生は，週に3～4日，1日2～3時間受講する。塾に通っている生徒は，普通の学校よりも面白いとよく言う。(17)子どもたちが興味を持ち続けるように設計された活動がある。新しい友達を作ることができるので，塾を楽しんでいると言う。

(15)　この後，子どもたちの将来についてのことが書かれている。

(16)　競争が激しく，試験が難しいため，高校生の多くが塾に通っているのである。

(17)　学校よりも塾の方が面白いと言っていることから判断できる。

重要 7 （長文読解問題・物語文：内容把握）

（全訳）「これが今日の世界でティーンエイジャーであることは何かということだ」と言ったら，私はすぐに「うん，わかっている」と答え，あなたは1)私を信用できない人と思うだろう。そして，あなたは正しいだろう。「10代であることは本当に難しい…」と言ったら，私は「わかっている」と言い返した。あなたは，私が見当違いだとか，無礼とさえ思うかもしれない。再びあなたは正しいだろう。

例外があるが，同じことが私たちの応答が「わかっている」という多くの例に当てはまる。多くの場合，私たちは本当に「知らない」のだが，私たちはただやると言ったり，やると仮定したりしている。多くの場合，私たちに話しかけている人が言わなければならないことを終える前に，私たちの「知っている」が返される。それは誰かを断ち切る方法であり，細心の注意を払う必要がないか，誰かに同調する方法だ。

「私は知っている」と言うことで誰かに自動的に応答するとき，あなたが本当に言っているのは「2)私はあなたの話を聞いていない」だ。コメントを最小限に抑えている。何かについて知っていることをすべて既に知っているか，単に何かについて知りたくない，話をする順番を待っている，または興味がない，聞くのに時間をかけたくないので，聞くのをやめるようだ。理由が何であれ，この反応はあなたが重要であるかもしれないものを聞くことを防ぎ，あなたとあなたが話している人との間に深いくさびを打つ。繰り返すが，私はあなたの言うことのそれぞれに，そのように応答した場合，私についてどう思うか？

私は16歳の女性と彼女の母親との会話を覚えている。10代の若者は，母親との関係を改善する可能性のある一つの提案を行うことができるかどうかを私に尋ねた。私の提案は，彼らの両方がもう一方への応答として「知っている」の使用を止めることだった。母親は，娘がこの応答を絶えず使用していること，特に娘に自分の責任を思い出させているときに不平を言っていた。同様に，10代は，特に母親と自分の感情を共有しようとしているとき，母親が同じ反応を1日に何度も使用すると主張した。どちらも尊敬の欠如を感じ，この応答が使用されたときに彼らが聞いていなかったかのように感じた。

両方の人によると，3)お互いのコミュニケーション方法におけるこの単一の変化は，彼らの関係の大きな転換点であることが判明した。彼らはお互いに耳を傾け，お互いから学ぶことを奨励した。

これは，すぐに結果を示せる可能性がある戦略の1つだ。試してみると，他の人の話を聞いているときに4)以前よりも楽しいことがあるかもしれない。彼らが言わなければならないことのすべてが聞こえる。さらに，あなたはより良く聞いているので，あなたと話す人はあなたの改善された聞く技術を感じ，あなたの周りでリラックスし始める。彼らの緊張の欠如は，あなたが彼らの周りにいるのを容易にする。優れた聞く技術は優れたコミュニケーションを促進し，人間関係の質を高める。

もう1つ：この練習をしばらく行ったら，お母さんやお父さんだけでなく，あなたの人生の他の重要な人々とこのスタイルを共有してほしい。

問1 「わかっている」と返事をすると，見当違いだとか無礼だと感じるため，信用できないのである。

問2 「わかっている」と返事をすることは，話を断ち切るために用いているため聞いていないのである。

問3 コミュニケーションにおける変化とは，「わかっている」という返事を相手に使わないようにすることである。

問4 以前と比べて楽しいこととは，この後に書かれていることである。will を用いた未来の表現であることから判断できる。

やや難 8 （条件英作文）

・チラシを見て，参加したいという趣旨のことが書かれている。

・「学生なので，土曜クラスしか受けられないが，大丈夫か」が書かれてある。

・「何か持っていくべきものはあるか」が書かれてある。

・メールが適切に締められている。

尋ねたいことが2つあるので First … , second …. を用いるとよい。「学生なので」と理由を述べる場合には，as や because を用いる。

★ワンポイントアドバイス★

記述の割合が高くなっている。特に配点の高い英作文は，自分の意見が述べられるように過去問や問題集を用いて数多く練習したい。

＜理科解答＞

1 問1 イ，エ，オ　問2 a 電子　b 酸素　問3 ア　問4 様子 アルミニウム箔がボロボロになる。　理由 アルミニウムがアルミニウムイオンとなって溶け出す反応をするから。　問5 ア，オ　問6 4.0mg　問7 記号 ア　$2NH_4Cl + Ca(OH)_2 \rightarrow CaCl_2 + 2H_2O + 2NH_3$

2 問1 (1) 90度　(2) 60度　(3) 30度　(4) $2 : \sqrt{3} : 1$
問2 a 3　b 4.5　c 7.5　d 2.5

3 問1 a イ　b ア　c ア　d イ　問2 イ
問3 C 酸性雨[酸性霧]　D 光化学スモッグ

4 問1 ア，イ，オ，キ　問2 図 ウ　理由 キ　問3 エ　問4 ア，エ
問5 (1) a 感覚神経　b 脊髄　c 運動神経　(2) 反射

5 問1 F_3 物体A(が)物体B(を)押す(力)　F_4 地球(が)物体B(を)引く(力)
問2 F_3とF_4とF_5　問3 F_1とF_2　問4 F_3　問5 イ，エ　問6 2.2N　問7 8.2N
問8 糸b 2N　斜面 1.8N

○配点○

1 問2，問3，問7記号 各1点×4　他 各2点×6(問1，問5各完答)　2 問1(4) 2点
問2b～d 3点(完答)　他 各1点×4　3 問1 2点(完答)　他 各1点×3
4 問3，問5 各1点×5　他 各2点×3(各完答)
5 問4 1点　他 各2点×9(問1F_3，F_4，問2，問3，問5各完答)　計60点

<理科解説>

1 (電気分解とイオン一備長炭電池)

問1 電流が流れる水溶液は，溶けた物質がイオンに分かれる電解質の水溶液である。砂糖とエタノールは分子のまま溶けて，イオンに分かれない非電解質である。

問2 キッチンペーパーには電解質の水溶液がしみこませてある。その水溶液に接しているアルミニウムAlが，電子e^-を放出して溶け出し，アルミニウムイオンAl^{3+}になる。この電子が電子オルゴールをつないだ回路を回り，備長炭に到達する。備長炭は電流を通す物質で，表面や内部には細かな穴がたくさんあり，そこで空気中の酸素O_2と結びつく。これにより，電流が流れる。なお，酸素と電子は，$O_2+2H_2O+4e^-\rightarrow 4OH^-$により水酸化物イオンとなって，$Al^{3+}$と結びつき，反応が完結する。

問3 アルミニウムAlが，電子e^-を放出するので，これが備長炭電池のマイナス極になる。反対の備長炭がプラス極になる。

問4 アルミニウムAlは，アルミニウムイオンAl^{3+}になって電解質に溶け出すので，アルミニウム箔は，薄くなったり穴が空いたりして，徐々に原形をとどめなくなる。

問5 水を電気分解すると，$2H_2O\rightarrow 2H_2+O_2$により，陰極から水素$H_2$，陽極から酸素$O_2$が発生する。酸素の性質を選べばよい。ア：正しい。他の物質を燃焼させる。イ：誤り。空気より少し重い。ウ：誤り。$Zn+H_2SO_4\rightarrow ZnSO_4+H_2$で，水素が発生する。エ：誤り。$2CuO+C\rightarrow 2Cu+CO_2$で，二酸化炭素が発生する。オ：正しい。$2Ag_2O\rightarrow 4Ag+O_2$で，酸素が発生する。カ：誤り。$2NaHCO_3\rightarrow Na_2CO_3+H_2O+CO_2$で，二酸化炭素が発生する。

重要 問6 純粋な水では電流を通さないので，少量の水酸化ナトリウムを加える。発生する気体の体積比は，水素：酸素＝2：1である。陰極側で発生した気体は水素で，表を見ると，1分間あたり0.8mLずつ水素が発生している。電流の大きさはずっと一定なのだから，7分間で発生する水素の体積は，0.8×7＝5.6mLである。陽極側で発生した酸素の体積は，その半分で2.8mLである。1.0Lあたりの酸素の質量は重い方の1.43gであり，1.0mLあたりの質量は1.43mgである。よって，質量は1.43×2.8＝4.004mgで，四捨五入により4.0mgである。

問7 塩化アンモニウムに，水酸化カルシウムや水酸化ナトリムのような強いアルカリを作用させると，アンモニアNH_3が発生する。アンモニアは水に溶けやすいので，水上置換は不可能であり，空気よりも軽いので，上方置換で集める。

2 (地球と太陽系一太陽と金星の見え方)

基本 問1 (1) 春分の日は，太陽が赤道の真上にあり，南中高度は90°である。

(2) この地点での春分の日の太陽の南中高度は，90－53.4°＝36.6°である。夏至の日の太陽の南中高度は，春分のときよりも23.4°高いので，36.6＋23.4＝60°である。

(3) この地点での春分の日の太陽の南中高度は，90－36.6°＝53.4°である。冬至の日の太陽の南中高度は，春分のときよりも23.4°低いので，53.4－23.4＝30°である。

やや難 (4) 同じ光の量が地表に当たる面積を考える。高度ごとの地表に当たる面積は右の図のようになり，その比は$1:\frac{2}{\sqrt{3}}:2$である。当たる面積が大きいほど，一定面積当たりが受ける光の量は小さく，それらは反比例する。よって，当たる面積の逆数の比を計算して，$\frac{1}{1}:\frac{\sqrt{3}}{2}:\frac{1}{2}=2:\sqrt{3}:1$となる。

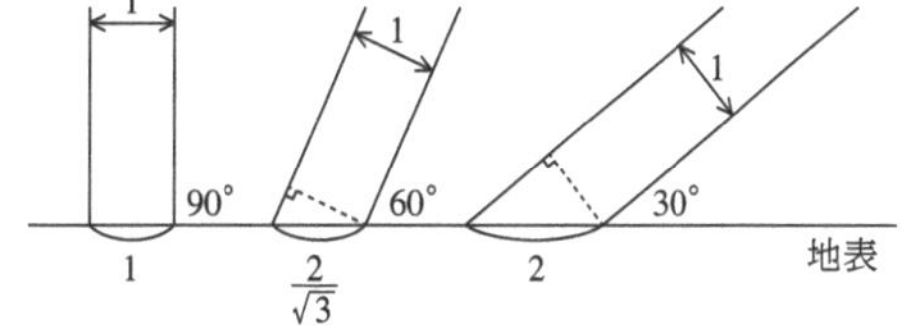

やや難 問2 火星が1.8年で太陽のまわりを一周する間に，0.6年で一周する金星は1.8÷0.6＝3周(a)する。

つまり，最初から1.8年の間に，2周差がついている。1周差がついたのは，最初から1.8÷2＝0.9年後のことであり，その位置は，図1の位置の正反対の位置である。このことから，太陽・金星・火星が一直線上に並ぶのは0.9年ごとで，その位置は次のようになる。

最初から0.9年後(図1の反対の位置)，　最初から1.8年後(図1の位置)，
最初から2.7年後(図1の反対の位置)，　最初から3.6年後(図1の位置)，
最初から4.5年後(図1の反対の位置)，　最初から5.4年後(図1の位置)，　…

地球は0.5年で0.5周，1年で1周するので，太陽・金星・火星が一直線上に並んだときに，地球もその直線上にくる場合を探すと，上記のうち，4.5年後(b)があてはまる。このとき，金星は4.5÷0.6＝7.5周(c)，地球は4.5周，火星は4.5÷1.8＝2.5周(d)している。

3 (環境―水や大気の環境)

問1　河川に生活排水が流れ込むと，生活排水に含まれる有機物の量が増え，それを栄養分とする菌類などが急増する。菌類を食べるプランクトンが増えると，水中の酸素が大量に消費される。また，濁った不透明の水中では植物の光合成が衰えるので，酸素は増えにくい。酸素が減ることで，多くの生物が死滅する。よって，汚染された水ほど，有機物が多く，酸素が少ない。

問2　農薬の成分や重金属などのなかには，生物濃縮するものがある。生物濃縮される物質は，生物の体内に取り込まれても分解も排出もされず，体内に蓄積される。そのため，食物連鎖の上位の生物に，より濃く蓄積されていく。

問3　C　石油や石炭などの燃焼によって生じる硫黄酸化物NO_xや，エンジンの内部などで生じる窒素酸化物NO_xが，大気中の水分と反応して，強い酸性の雨として降ってくる。pHが5.6以下の雨を酸性雨とよぶ。　D　大気中の窒素酸化物NO_xや炭化水素などの有機物が，太陽光に含まれる紫外線によって反応し，光化学スモッグが発生する。スモッグは，smoke(煙)とfog(霧)からできた造語である。ヒトの目やのど，皮膚などに強い影響が及ぶ。

4 (生物総合―植物や動物のはたらき)

やや難　問1　図1のコムギの種子は発芽を始める。発芽のときの種子は，活発に呼吸をするため，温度が上昇する。このとき，種子の中にあったデンプンは，酵素のアミラーゼによってブドウ糖(グルコース)に分解される。ブドウ糖は細胞の呼吸により，酸素を使って分解され，二酸化炭素と水が放出される。

問2　根の先端は根冠とよばれる硬い細胞からなり，そのすぐ手前に，細胞分裂のさかんな成長点がある。図の①と②の間では，細胞分裂によって細胞の数が増え，細胞の1つ1つが元の大きさまで大きくなることで，根が成長していく。

問3　3.5万ルクスの照度である昼間に放出された酸素は，$2.5\times60\times12=1800cm^3$である。一方，0ルクスの照度である夜間に吸収された酸素は，$0.5\times60\times12=360cm^3$である。差し引き，放出した酸素の量は，$1800-360=1440cm^3$である。

問4　ア：誤り。赤血球は核のない細胞である。イ：正しい。ヒトの体細胞には23組で46本の染色体があるが，精子や卵のような生殖細胞の染色体は23本である。ウ：正しい。感覚神経から中枢の脳まで一方向である。エ：誤り。胆汁は消化酵素を持たず，脂肪を細かい粒にする(乳化する)はたらきをする。

問5　(1)，(2)　通常の反応は，『感覚器→感覚神経→脊髄→脳→脊髄→運動神経→筋肉』の順で反応が起こる。しかし，体に対する危険などを感じたときは，脳の命令を待たず，脊髄が命令して反応する。この反応は，反射とよばれる。

5 (力―物体にはたらく力)

問1　F_4は，物体Bにはたらく重力，つまり，地球が物体Bを引く力である。

重要 問2　それぞれの力の，(力を与える→力を受ける)の対応関係を確認する。物体Bが受ける力は，F_3(物体A→物体B)，F_4(地球→物体B)，F_5(床→物体B)の3つであり，これらが$F_3+F_4=F_5$の関係でつりあっている。なお，F_1(地球→物体A)，F_2(物体B→物体A)，F_6(物体B→床)であり，物体Bが受ける力ではない。

重要 問3　つりあう力とは，1つの物体にいくつかの力がはたらいている場合の関係をいう。物体Bが受けるつりあいは，問2の通りで，3つの力のつり合いである。また，物体Aが受けるつりあいは，$F_1=F_2$で，2つの力のつり合いである。

問4　作用・反作用の関係は，力を与える物と，力を受ける物を入れ替えた関係である。図1で，作用・反作用の関係にある力の組合せは，F_2(物体B→物体A)とF_3(物体A→物体B)の組，そして，F_5(床→物体B)とF_6(物体B→床)の組である。

問5　右に動こうとする物体Bが受ける摩擦力は，床から左向きの力，そして，物体Aから左向きの力(イ)である。物体Aが受ける摩擦力は，右に動こうとする物体Bからの右向きの力(エ)であり，物体Bとともに右に動く。

問6　物体Aにかかる力のつり合いを考える。地球が物体Aを下向きに引く重力が4N，糸aが物体Aを上向きに引く力が1.8Nだから，物体Bが物体Aを上向きに押す垂直抗力は4－1.8＝2.2Nである。

問7　物体Bにかかる力のつり合いを考える。地球が物体Bを下向きに引く重力が6N，物体Aが物体Bを下向きに押す垂直抗力は，問6の反作用で2.2Nである。よって，床が物体Bを上向きに押す垂直抗力は6＋2.2＝8.2Nである。

やや難 問8　物体Aにはたらく4Nの重力を，右図のように斜面に平行な分力xと，斜面に垂直な分力yに分解する。作図すると，30°の直角三角形ができるので，辺の比を考えると，$x=2$N，$y=2\sqrt{3}$N＝3.4Nとなる。物体Aが静止しているから，斜面に平行な向きのつり合いは，糸bで引く力とxが等しく，2Nである。また，斜面に垂直な向きのつり合いは，糸aが引く力と，斜面からの垂直抗力の和が，yと等しい。よって，斜面からの垂直抗力は，3.4－1.6＝1.8Nである。

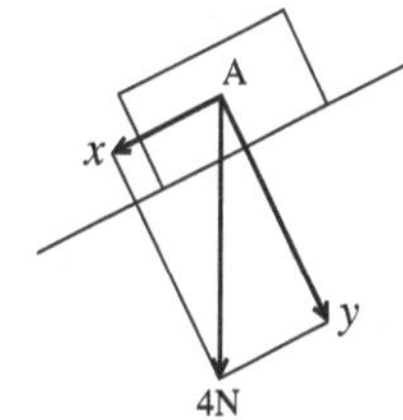

★ワンポイントアドバイス★

基本事項は理由も含めて理解したうえで，典型的な計算例や応用例について練習を積み重ねよう。

＜社会解答＞

1　問1　X　混合農業　　Y　ルール　　Z　ツールーズ　　問2　偏西風により，噴出した火山灰がヨーロッパ全域に広がったため。　　問3　ウ　　問4　g　　問5　EU加盟によってモノの移動が自由になったことを契機に，賃金水準の低い東欧諸国に外国企業が進出して，生産拠点となったため。

2　問1　鳴門　　問2　オ　　問3　ア　　問4　①　イ　　②　エ

3　問1　A　カ　　B　ク　　C　イ　　問2　イ　　問3　ア　　問4　エ　　問5　大和絵
問6　エ　　問7　須恵器　　問8　ア　　問9　シルクロード　　問10　二毛作
問11　鍋島直正　　問12　倭寇を取り締まるねらい／日本に，明に対する朝貢の姿勢を示さ

せるねらい　問13　金閣
4　問1　二十一か条の要求　問2　辛亥革命　問3　ロシア　問4　加藤高明　問5　ウ
問6　B
5　問1　(1)　ワーク・ライフ・バランス　(2)　派遣　問2　ア　問3　ウ　問4　合計特殊出生率：B　高齢者の割合：ウ　問5　専門的な知識・技術を持たない単純労働者の入国を制限する　問6　C　問7　ア　問8　長時間労働になりやすい
6　問1　控訴　問2　ウ　問3　イ　問4　ア

○配点○
1　問1　各1点×3　問5　3点　他　各2点×3　2　問1・問4①　各1点×2　他　各2点×3
3　問11・問12　各2点×2　他　各1点×13　4　問1～問4　各1点×4　他　各2点×2
5　問5　2点　他　各1点×9　6　各1点×4　計60点

<社会解説>

1　(地理—ヨーロッパの気候・産業など)

問1　X　穀物と飼料作物を輪作で栽培する農業。　Y　ルール炭田とライン川の水運を背景に成立。

やや難　Z　フランス南部の産業・交通の中心でエアバスの組み立て工場がある都市。

問2　噴煙は9000mにも達し世界各地に拡散。噴火による煙と灰は航空機の視界の障害になるだけでなく，粒子を吸い込むことでエンジン停止の恐れも生じる。

問3　d　偏西風と暖流の影響を受け気温の年較差の小さな西岸海洋性気候。　e　気温の年較差の大きい大陸性の亜寒帯気候。　f　夏は高温で乾燥する地中海性気候。

問4　農産物輸出はアメリカに次ぐ世界第2位。hはフランス，iはドイツ，jはデンマーク。

重要　問5　EUの基本理念は人・金・モノ・サービスの自由な流通にある。2000年以降に加盟した東欧諸国は所得が低く，賃金の高い西ヨーロッパに労働者が移動する現象も起こっている。

2　(日本の地理—近畿・四国地方の自然・産業など)

問1　大潮の時には最大1.4mの落差ができ，直径30mもの渦が観光名所にもなっている。

重要　問2　大阪のような大都市は会社や学校に通う人が多く，日中は周辺からたくさんの人を呼び込む働きがある。高知は高齢化率，人口減少率ともに日本でトップクラスの県である。

問3　M7.3の大震災。高速道路やビルの倒壊，発生した火災で6000人以上の人が亡くなった。

問4　①　小麦の自給率は10％程度しかなくアメリカ・カナダ・オーストラリアなどから輸入。

基本　②　北側には市役所◎，警察署⊗，官公署 などが確認できる。

3　(日本と世界の歴史—古代～近世の政治・経済・文化史など)

問1　A　高句麗や新羅と対立し日本に接近。　B　比叡山で学んだ後中国にわたり臨済宗を学んで帰国。　C　明にわたり水墨画を大成，山口で大内氏の庇護(ひご)のもと活躍した禅僧。

問2　徳・仁・礼・信・義・智という儒教的徳目を大小に分け冠の色で示した最初の位階制度。

問3　桓武天皇は長岡京に遷都したが責任者の暗殺事件などでこれをあきらめ平安京に再度遷都。

問4　中臣鎌足の発願による寺院。広大な荘園を持ち中世には守護を兼ね大和一国を支配した。

問5　日本の風俗や自然風景を描いた絵画。和歌とともに屏風や巻物などに描き鑑賞された。

問6　1609年，朝鮮との国交を回復した対馬藩は己酉(きゆう)約定を結んで交易を独占。

問7　古墳時代中期から鎌倉時代まで用いられた土器。ろくろと登り窯を用いて高温で焼成。

問8　もっとも典型的なポリスがアテネやスパルタ。カーバ神殿はメッカにある石造の聖殿。

基本　問9　中国産の絹がこの道を通って西方にもたらされたことから命名。

問10　1年に同一の耕地に2回別の作物を作付けすること。一般には稲を刈入れた後麦をまいた。

やや難 問11　朝鮮の役で連行された陶工が有田(佐賀＝鍋島藩)で焼いたのが日本の陶磁器の最初。幕末に藩政改革に成功，肥前藩の発言力を強め新政府では要職に就いた。

問12　倭寇に苦しんだ明は取り締まりを要求。義満は日本国王臣源と称して明に朝貢。

問13　政治や文化の中心であった義満の邸宅・北山殿を死後寺としたもの。

4 (日本と世界の歴史―近・現代の政治・経済史など)

重要 問1　列国が中国から引いた間隙をついて提出，山東省のドイツ権益の継承などを要求した。

問2　武装蜂起が各地で発生，翌年孫文が臨時大総統に就任し中国初の共和国が建国された。

問3　北清事変後もロシアは満州を占領，日本はイギリスと同盟を結んでこれに対抗した。

問4　第2次護憲運動の下，護憲3派は憲政会の加藤高明を首班とする内閣を組織した。

問5　満州事変後国家の強力な援助を受け軍需産業が急速に発展，新興の財閥も次々に誕生した。

問6　C(義和団事件)→B(中華民国)→A(五・四運動)→E(日中戦争)→D(天安門事件)の順。

5 (公民―労働問題など)

問1　(1)　仕事と生活の調和。多様な働き方を認め健康で豊かな生活を目指す考え方。

(2)　2003年，製造業への派遣が解禁されて以降急激に増えている。

重要 問2　毎年1月に召集され予算が最大の議題となる国会。イは臨時会，ウは特別会，エは緊急集会。

問3　労働基準法20条の規定。女性の深夜業の禁止は1999年の改正で原則撤廃された。

問4　人口の維持には2.07が必要といわれる。日本は2007年に超高齢社会(21%以上)に突入。

やや難 問5　改正では介護・外食・建設など14業種を指定し外国人労働者の受け入れ拡大を目指す。

問6　需要曲線は賃金が上がれば需要は減少する右下がりの曲線。需要が増加すると右に移動。

問7　アメリカは短時間労働者の割合が日本の半分程度なので平均をとると日本を超えてしまう。

問8　研究開発や事業の企画立案などに限定。労使協定での時間が労働時間となる。

6 (公民―憲法・政治のしくみなど)

重要 問1　第1審に不服であれば上級の裁判所に控訴できる三審制のしくみ。

問2　隔離政策により患者家族が偏見・差別を受けたことへの謝罪と賠償を要求。

問3　全会一致が原則。定例閣議のほか臨時閣議や書類を回す持ち回り閣議などがある。

問4　郵政民営化は小泉首相の念願だった。イは宮沢内閣，ウは橋本内閣，エは菅内閣。

★ワンポイントアドバイス★

時事問題を含む出題は今後も増えることが予想される。世の中の動きに常に関心を持ち問題意識を持って生活することを心がけよう。

<国語解答>

一　1 A 過程　B 稼　C 搾取　D 没頭　E 回避　2 ア　3 イ

4 Ⅰ ア・オ　Ⅱ (例) 以前は自分の能力不足を自分で補う営みから，現在は関係そのものを楽しむ自己充足的な人間関係の構築によって補う営みになった。　5 ア・エ

6 オ　7 ウ　8 (例) 素質や環境の差異は，社会的構造によって作られているにもかかわらず，生得的な宿命であるという思い込みに現代人が陥っていること。

二　1 Ⅰ イ　Ⅱ オ　2 Ⅲ コ　Ⅳ エ　3 オ　4 (例) 私は価値のない生活

用品でつまらないものと思っているが，父は持ち込んだ人の思いが込められた大切なものと思っている。　5　由緒正しい　6　ウ　7　好き　8　（例）　遠い昔に生まれ，人の手を伝ってここまでたどりつき，やっとめぐりあえた品物が，その品物にまつわるさまざまな物語を私に向って語りかけてくるように感じるということ。　9　イ・カ

三　1　たくさん　2　いわんや　3　ウ　4　b・c　5　イ　6　雉にあ　7　エ

○配点○

一　4のⅡ　6点　5　各3点×2　6・7　各4点×2　8　8点　他　各2点×9

二　3・4・6・9　各4点×4(9完答)　8　8点　他　各2点×6

三　3・5～7　各3点×4　他　各2点×3(4完答)　計100点

＜国語解説＞

一　（論説文―内容吟味，文脈把握，接続語の問題，脱文・脱語補充，漢字の読み書き，熟語）

1　A　物事が進行していく一連の道筋。　B　音読みは「カ」で，「稼働」などの熟語がある。　C　取り入れて自分のものとすること。　D　一つの事に熱中して他を顧みないこと。　E　物事を避けてぶつからないようにすること。「避」の訓読みは「さ(ける)」。

やや難　2　(1)　前の「高原期の時代にふさわしい努力のかたちともいえます」を受けて，後で「努力とは何でしょうか」と続けているので，前を受けて改めて話題にする意味を表す語が入る。

(2)　前に「というよりも」とあるので，二つのうち後を選ぶという意味を表す語が入る。

(3)　後に「としても」とあるので，仮定の意味を表す語が入る。この三つの条件を満たすアを選ぶ。

3　高原期の社会において，どのように「人間関係を構築」するべきなのかを考える。前の「ひたすら一つのことに集中する」は，同じ段落の「一つのものごとに対してあまりにも強くこだわりすぎると，せっかく新しいチャンスが到来しているかもしれないときに，その兆しを見逃してしまう」をふまえている。この「一つのものごとに対してあまりにも強くこだわりすぎる」とは反対の，その時その場に応じて適切に対応するという意味の「臨機応変」が入る。

やや難　4　Ⅰ　一つ後の段落の「今日の社会の高原化によって……超越的な目標を胸に抱きにくくなった」に，アが合致する。「現在の若者たち」で始まる段落の内容に，オが合致する。

Ⅱ　直後の段落で「努力」について説明している。「努力の変質」を問うているので，「以前は……から，現在は……になった。」の形でまとめる。「生まれついた資質や才能に差がある……その能力の足りない部分を補う営みこそが，努力という言葉の意味するところ」から以前の努力の概念を，「個人の能力不足を自己完結的に補うのではなく，他者とのつながりによって補おうとする営みも，また努力の一つのかたちといえる」から現在の努力の概念を読み取る。

5　「ピアニストの例」について述べている直前の段落に着目する。「恵まれた生育環境になければ，その才能に目覚める事は難しかった」としながらも，「その環境も，社会制度の設計いかんでいかようにも変えていける」とあり，この内容を述べているものを選ぶ。

重要　6　傍線部3を含む文の冒頭に「だとしたら」とあるので，前の「宿命論的人生観の下では，排除されていることを当事者に意識させないような排除が……剥奪感さえ抱かせないような排除が，人知れず進行していきます。反発や絶望を覚えることもなく，『それが自分の宿命なのだ』と，納得をもって淡々と迎え入れていってしま」うから理由を読み取る。本来ならば，社会全体で改善すべき問題を，個人が「宿命」として受け入れてしまっていることを筆者は問題視している。

7　「宿命」は，定められている運命で変えられないものを言う。オリンピックで来日外国人が増え

るという例は「宿命」とは言えず，適当ではない。

8　直後の「ここ」は，前近代の人びとが，理不尽な身分制度を自明の現実として疑問を持たずに受け入れていることを言う。「このように」で始まる段落で「今日の宿命論的人生観も，じつは前近代的なそれとは本質的に違っていない」と述べ，その後で「作られた素質にもとづく社会的な境遇の違いを，あたかも生来的なものと思い込んでいるだけ」「本来は社会構造的な背景から生まれた格差でありながら，それをあたかも個人的な理由にもとづいたものであるかのように錯覚している」と説明している。これらの表現を用いて，筆者が「現在の時代精神の落とし穴」としている内容をまとめる。

二　(小説—情景・心情，内容吟味，文脈把握，脱文・脱語補充，語句の意味)

1　Ⅰ　「唸る」には，長く引いた苦しそうな声を出すの他に，優れたできばえに感嘆して声を出すという意味がある。　Ⅱ　もとは，水がとどまることなく流れる様子を意味する。

2　Ⅲ　「つまらなそうにさっさと置いて出て行こうとした婦人」が，「なくなったご主人」の話を「語りはじめた」様子にふさわしいのは，断続的に行われる様子を表す「ぽつんぽつんと」。
Ⅳ　後の「よろこびが湧き上がる」様子にふさわしいものを選ぶ。

3　一つ前の文「うちみたいな商売は田舎じゃ成り立たないよ。それが父の自負だ」からは，古道具屋は古道具に対する需要や審美眼を持った客がいなければ成り立たないと自分の仕事に自信と誇りをもっていることが伺われ，それが「田舎のわけない」という根拠にも通じている。

4　「ああいうもの」は，町の人たちから預かった委託品である。「生活の塊」や「ごろごろ」などの表現から，「私」はそれらの品々が価値のない生活用品でつまらないものと思っていることが推察できる。一方，父はその品物には思いが込められており持ち込んだ人々が価値があると思って大事にしてきたことを「面白いだろ」と言っており，ここから父の思いを読み取る。

5　「素性」の読みは「すじょう」で，家柄や身元の他に，由緒，いわれという意味がある。

6　「あの目」は，「父が何かを値踏みするときの一瞬すうっと細くなる目」で，「人間に向けられたときの冷ややかさを想像するとぞっとする」とある。父の「一瞬すうっと細くなる目」は，人間の心の中まで値踏みしているような気がするから，「見たくない」としている。

7　後の「いいものをたくさん，一生かけて見続ける」ためには，何「じゃなくちゃいけない」のかを考える。「へえ」で始まる段落の「麻子はそれが好きなのか」などの表現に注目する。

8　傍線部6の「閉じ込められていたはずのものが，蓋を開け，ゆるりと正体を現し，目の前で立ち上がる」は，古い品物が品物にまつわるさまざまな物語を私に向って語りかけてくるように感じることをたとえている。直前の段落「遠い昔に生まれ，人の手を伝ってここまでたどりつき，やっとめぐりあえた品物が，ほんの一瞬，私に向って心を開く」などの表現を加えて説明する。

9　波線部Bは，「フルドーグヤ」で始まる段落の内容に適当。波線部Hは，同じ段落と最終段落の内容に適当。

三　(古文—内容吟味，文脈把握，指示語の問題，語句の意味，仮名遣い，口語訳)

〈口語訳〉　忠文が驚き騒いで，急いで出て(重明親王を)迎えて，「これはどのようなことで思いがけずいらっしゃったのですか」と尋ねたので，親王は，「鷹をたくさんお持ちだと聞いて，それを一羽もらい受けようと思ってきたのだ」とおっしゃったので，忠文は，「人などに頼んでおっしゃればよいようなことを，このようにわざわざお越しいただいたのですから，どうして差し上げないことはありましょうか」と言って，鷹を与えようとして，鷹をたくさん持っている中で，第一に持っている鷹は，世に比べるものがないほど賢い鷹で，雉を追わせると必ず五十丈の内を越えないで捕る鷹なので，それを惜しんで，次の鷹を取り出して(親王に)与えたのだった。その次の鷹も良い鷹ではあったけれども，例の第一の鷹には及ぶべくもなかった。

さて親王が，鷹を手に入れ喜んで，自ら肩に乗せて京にお帰りになられたところ，道に雉が伏せっているのを見つけ，親王は，この手に入れた鷹を追わせたのだが，その鷹が下手で鳥を捕まえることができなかったので，親王は，「このような下手な鷹をくれたのか」と腹を立て，忠文の家に帰って行って，この鷹を返したので，忠文は鷹を受け取って言うには，「これは良い鷹だと思ったので差し上げたのですが。ならば他の鷹を差し上げましょう」と言って，「このようにわざわざいらっしゃったのだから」と思って，この第一の鷹を与えたのだった。親王は，再びその鷹を肩に乗せて戻ったが，木幡のあたりで試してみようと思って，野に犬を放って雉を狩らせ，雉が飛び立ったところを，例の鷹に追わせたのだが，その鷹はまた鳥を取らず，飛んで雲の中に入ってどこかに行ってしまった。それで今度は親王は，何もおっしゃらずに京にお帰りになったのだった。

これを思うと，その鷹は，忠文のもとではならびなく賢かったのだが，親王の手ではこのように下手で逃げてしまったのは，鷹も主人(というもの)を知っているからなのだ。したがって，知恵のない鳥や獣であっても，もとの主人を知っているというのはこのようなことだ。ましてや心あるはずの人は，情けを知り，ひたすらに親しい人のためには良いようにすると，語り伝えている。

基本 1　漢字で書くと「数多」となる。

2　語頭以外のハ行は現代仮名遣いではワ行で読み，「む」は「ん」と読む。

3　直前の忠文の言葉「人などを以て仰せたまふべきことを，かくわざと渡らせたまへれば」から，重明親王が自ら出向いてきてくれたから，鷹を与えようとしたことがわかる。

4「それ」が示しているのは，後に「よき鷹にてはありけれども，かの第一の鷹には当るべくもあらず」とあることから第二の鷹。aは，直後に「惜しみて」とあるので第一の鷹。bは，親王が最初に得た鷹なので，第二の鷹。cは，後に「よき鷹と思ひてこそ奉りつれ。さらば異鷹を奉らむ」と言って第一の鷹を与えているので第二の鷹。dは，この前にもらい受けた第一の鷹。

重要 5「つたなし」は，愚かだ，下手だ，運が悪いという意味。「え」は後に否定の語を伴って，……できないという不可能の意味を表す。

6「その鷹」は，第一の鷹のこと。冒頭の段落で「第一にして持たりける鷹なむ，世に並なく賢かりける鷹にて，雉にあはするに必ず五十丈が内を過ぐさずして取りける鷹なれば」と，鷹の賢さを述べている。

重要 7　最終段落に「智なき鳥獣なれども，本の主を知れる事かくのごとし。いはむや心あらむ人は，故を思ひ，専らに親しからむ人の為にはよかるべきなり」とあるので，エが正しい。

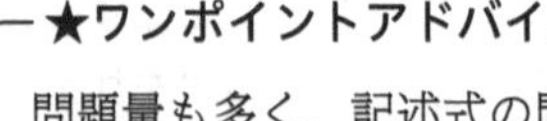

★ワンポイントアドバイス★

問題量も多く，記述式の問題も多い。いかに時間内で解き切るか，ふだんからの練習はもちろんであるが，解きやすいところから解くといった工夫も必要だ。

解答用紙集

○月×日　△曜日　天気（合格日和）

◆ご利用のみなさまへ
＊解答用紙の公表を行っていない学校につきましては、弊社の責任において、解答用紙を制作いたしました。
＊編集上の理由により一部縮小掲載した解答用紙がございます。
＊編集上の理由により一部実物と異なる形式の解答用紙がございます。

人間の最も偉大な力とは、その一番の弱点を克服したところから生まれてくるものである。──カール・ヒルティ──

東京学参株式会社

昭和学院秀英高等学校　2024年度

◇数学◇

※ 159％に拡大していただくと，解答欄は実物大になります。

1

(1) 答えのみでよい

(2) 答えのみでよい

(3) 答えのみでよい

(4) 答えのみでよい

(5) 答えのみでよい

(6) 答えのみでよい

2

(1) 答えのみでよい

(2) 答えのみでよい

(3)

答 ＿＿＿＿＿＿

3

(1) 答えのみでよい

(2)

(3)

答 ＿＿＿＿＿＿

(4)

答 ＿＿＿＿＿＿

4

(1) 答えのみでよい

(2) 答えのみでよい

(3)

答 ＿＿＿＿＿＿

昭和学院秀英高等学校　2024年度

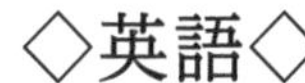

※ 145%に拡大していただくと，解答欄は実物大になります。

1.　(1)　(2)　(3)　(4)　(5)

2.　[1]　[2]　[3]

[4]　[5]

3.　(1)　(2)　(3)　(4)　(5)　(6)

4.　(1)　(2)　(3)　(4)

5.　(1)

(2)

6.　(1)　(2)　(3)　(4)　(5)

7.　(1)　(2)　(3)　(4)　(5)

8.　(1)

15

30

45

60

70

(2)

(3)

9.　[1]

9

18

25

[2]

9

18

25

昭和学院秀英高等学校　2024年度

◇理科◇

※ 145％に拡大していただくと，解答欄は実物大になります。

1
問1　a　b　c
D
問2　あ　い　う　問3　問4　g/L
問5　あ　い　う
＊

2
問1　問2　g　問3

3
問1　A　極　電流の向き　問2　問3　(1)　(2)　(3)

4
問1　問2　問3
問4　記号　理由
問5

5
問1　(1)　(2)　問2
問3　X1　X2
問4　問5　%

6
問1　A　hPa　C　hPa　問2 > > >　問3
問4　e　f　問5
問6　緯　度　経　度　問7　問8

昭和学院秀英高等学校　2024年度　　◇社会◇

※ 159%に拡大していただくと，解答欄は実物大になります。

1

問1		問2		問3		問4	

問5	X		Y	

問6															

2

問1		問2		問3		問4	

3

問1	

問2		問3		問4		問5	
問6		問7		問8		問9	

4

問1		問2		問3	
問4		問5		問6	

5

問1		問2		問3		問4	

6

問1	(1)		(2)	

問2		問3	

問4	

昭和学院秀英高等学校　２０２４年度

◇国語◇

※１４５％に拡大していただくと、解答欄は実物大になります。

一

1		2		3	
4		5			

二

1		2		3		4	

5

ことが可能になると考えている

6	(1)		(2)	

三

1	A		B		2	(i)		(ii)		3	

4

5		6	

四

1		2	a		b		3	
4		5		6		7		

昭和学院秀英高等学校　2023年度

◇数学◇

※ 159％に拡大していただくと，解答欄は実物大になります。

1

(1) 答えのみでよい

(2) 答えのみでよい

(3) 答えのみでよい

(4) 答えのみでよい

(5) 答えのみでよい

2

(1) 答えのみでよい

(2) 答えのみでよい

(3) (4)

(3)

(4)

3

(1) 答えのみでよい

(2) (3)

(2) $(x, y) =$

(3)

4

(1) 答えのみでよい

∠DCF =

(2) (3) (4)

(2) AF =

(3) DE =

(4) AB =

昭和学院秀英高等学校　2023年度

◇英語◇

※ 122％に拡大していただくと，解答欄は実物大になります。

問	解答欄									
1	①	②	③	④	⑤	⑥	⑦	⑧	⑨	⓪
2	①	②	③	④	⑤	⑥	⑦	⑧	⑨	⓪
3	①	②	③	④	⑤	⑥	⑦	⑧	⑨	⓪
4	①	②	③	④	⑤	⑥	⑦	⑧	⑨	⓪
5	①	②	③	④	⑤	⑥	⑦	⑧	⑨	⓪
6	①	②	③	④	⑤	⑥	⑦	⑧	⑨	⓪
7	①	②	③	④	⑤	⑥	⑦	⑧	⑨	⓪
8	①	②	③	④	⑤	⑥	⑦	⑧	⑨	⓪
9	①	②	③	④	⑤	⑥	⑦	⑧	⑨	⓪
10	①	②	③	④	⑤	⑥	⑦	⑧	⑨	⓪
11	①	②	③	④	⑤	⑥	⑦	⑧	⑨	⓪
12	①	②	③	④	⑤	⑥	⑦	⑧	⑨	⓪
13	①	②	③	④	⑤	⑥	⑦	⑧	⑨	⓪
14	①	②	③	④	⑤	⑥	⑦	⑧	⑨	⓪
15	①	②	③	④	⑤	⑥	⑦	⑧	⑨	⓪
16	①	②	③	④	⑤	⑥	⑦	⑧	⑨	⓪
17	①	②	③	④	⑤	⑥	⑦	⑧	⑨	⓪
18	①	②	③	④	⑤	⑥	⑦	⑧	⑨	⓪
19	①	②	③	④	⑤	⑥	⑦	⑧	⑨	⓪
20	①	②	③	④	⑤	⑥	⑦	⑧	⑨	⓪
21	①	②	③	④	⑤	⑥	⑦	⑧	⑨	⓪
22	①	②	③	④	⑤	⑥	⑦	⑧	⑨	⓪
23	①	②	③	④	⑤	⑥	⑦	⑧	⑨	⓪
24	①	②	③	④	⑤	⑥	⑦	⑧	⑨	⓪
25	①	②	③	④	⑤	⑥	⑦	⑧	⑨	⓪

問	解答欄									
26	①	②	③	④	⑤	⑥	⑦	⑧	⑨	⓪
27	①	②	③	④	⑤	⑥	⑦	⑧	⑨	⓪
28	①	②	③	④	⑤	⑥	⑦	⑧	⑨	⓪
29	①	②	③	④	⑤	⑥	⑦	⑧	⑨	⓪
30	①	②	③	④	⑤	⑥	⑦	⑧	⑨	⓪
31	①	②	③	④	⑤	⑥	⑦	⑧	⑨	⓪
32	①	②	③	④	⑤	⑥	⑦	⑧	⑨	⓪
33	①	②	③	④	⑤	⑥	⑦	⑧	⑨	⓪
34	①	②	③	④	⑤	⑥	⑦	⑧	⑨	⓪
35	①	②	③	④	⑤	⑥	⑦	⑧	⑨	⓪
36	①	②	③	④	⑤	⑥	⑦	⑧	⑨	⓪
37	①	②	③	④	⑤	⑥	⑦	⑧	⑨	⓪
38	①	②	③	④	⑤	⑥	⑦	⑧	⑨	⓪
39	①	②	③	④	⑤	⑥	⑦	⑧	⑨	⓪
40	①	②	③	④	⑤	⑥	⑦	⑧	⑨	⓪
41	①	②	③	④	⑤	⑥	⑦	⑧	⑨	⓪
42	①	②	③	④	⑤	⑥	⑦	⑧	⑨	⓪
43	①	②	③	④	⑤	⑥	⑦	⑧	⑨	⓪
44	①	②	③	④	⑤	⑥	⑦	⑧	⑨	⓪
45	①	②	③	④	⑤	⑥	⑦	⑧	⑨	⓪
46	①	②	③	④	⑤	⑥	⑦	⑧	⑨	⓪
47	①	②	③	④	⑤	⑥	⑦	⑧	⑨	⓪
48	①	②	③	④	⑤	⑥	⑦	⑧	⑨	⓪
49	①	②	③	④	⑤	⑥	⑦	⑧	⑨	⓪
50	①	②	③	④	⑤	⑥	⑦	⑧	⑨	⓪

※ 145%に拡大していただくと，解答欄は実物大になります。

2 〔1〕

〔2〕

〔3〕

〔4〕

〔5〕

5 〔6〕

〔7〕

8 〔8〕

〔9〕

〔10〕

9 〔11〕

〔12〕

〔13〕

昭和学院秀英高等学校　2023年度

※ 145％に拡大していただくと，解答欄は実物大になります。

◇理科◇

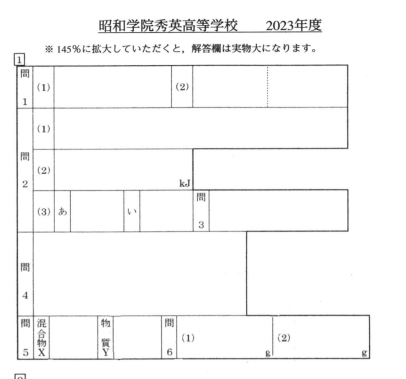

1

問				
問1	(1)		(2)	
問2	(1)			
	(2)	kJ		
	(3)	あ　　い	問3	
問4				
問5	混合物X	物質Y	問6	(1)　　g　(2)　　g

2

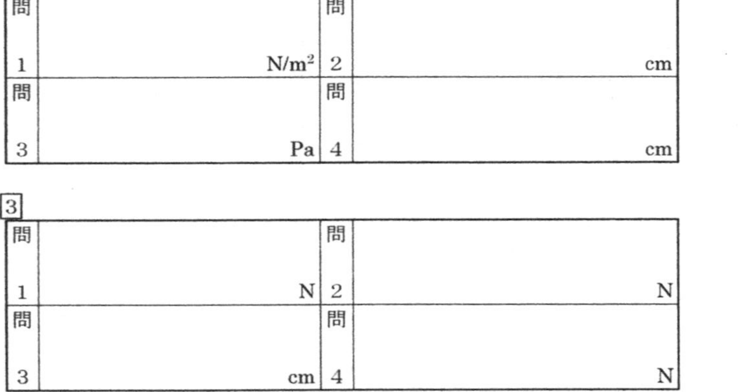

問		問	
問1	N/m^2	問2	cm
問3	Pa	問4	cm

3

問		問	
問1	N	問2	N
問3	cm	問4	N

4

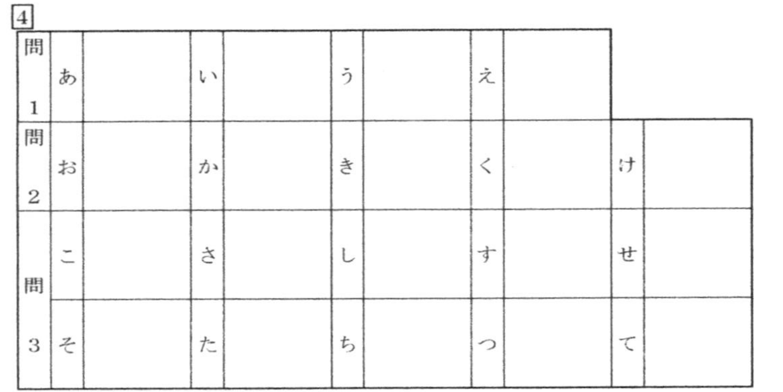

問										
問1	あ		い		う		え			
問2	お		か		き		く		け	
問3	こ		さ		し		す		せ	
	そ		た		ち		つ		て	

5

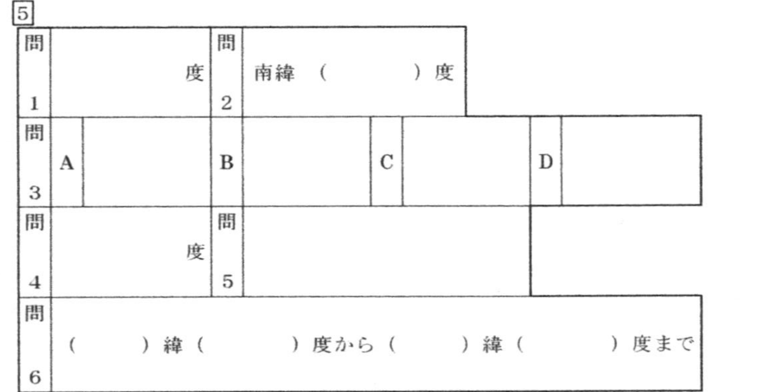

問		問	
問1	度	問2	南緯（　　）度
問3	A	B	C　D
問4	度	問5	
問6	（　）緯（　）度から（　）緯（　）度まで		

昭和学院秀英高等学校　2023年度　　◇社会◇

※ 122%に拡大していただくと，解答欄は実物大になります。

問	解答欄									
1	①	②	③	④	⑤	⑥	⑦	⑧	⑨	⓪
2	①	②	③	④	⑤	⑥	⑦	⑧	⑨	⓪
3	①	②	③	④	⑤	⑥	⑦	⑧	⑨	⓪
4	①	②	③	④	⑤	⑥	⑦	⑧	⑨	⓪
5	①	②	③	④	⑤	⑥	⑦	⑧	⑨	⓪
6	①	②	③	④	⑤	⑥	⑦	⑧	⑨	⓪
7	①	②	③	④	⑤	⑥	⑦	⑧	⑨	⓪
8	①	②	③	④	⑤	⑥	⑦	⑧	⑨	⓪
9	①	②	③	④	⑤	⑥	⑦	⑧	⑨	⓪
10	①	②	③	④	⑤	⑥	⑦	⑧	⑨	⓪
11	①	②	③	④	⑤	⑥	⑦	⑧	⑨	⓪
12	①	②	③	④	⑤	⑥	⑦	⑧	⑨	⓪
13	①	②	③	④	⑤	⑥	⑦	⑧	⑨	⓪
14	①	②	③	④	⑤	⑥	⑦	⑧	⑨	⓪
15	①	②	③	④	⑤	⑥	⑦	⑧	⑨	⓪
16	①	②	③	④	⑤	⑥	⑦	⑧	⑨	⓪
17	①	②	③	④	⑤	⑥	⑦	⑧	⑨	⓪
18	①	②	③	④	⑤	⑥	⑦	⑧	⑨	⓪
19	①	②	③	④	⑤	⑥	⑦	⑧	⑨	⓪
20	①	②	③	④	⑤	⑥	⑦	⑧	⑨	⓪
21	①	②	③	④	⑤	⑥	⑦	⑧	⑨	⓪
22	①	②	③	④	⑤	⑥	⑦	⑧	⑨	⓪
23	①	②	③	④	⑤	⑥	⑦	⑧	⑨	⓪
24	①	②	③	④	⑤	⑥	⑦	⑧	⑨	⓪
25	①	②	③	④	⑤	⑥	⑦	⑧	⑨	⓪

問	解答欄									
26	①	②	③	④	⑤	⑥	⑦	⑧	⑨	⓪
27	①	②	③	④	⑤	⑥	⑦	⑧	⑨	⓪
28	①	②	③	④	⑤	⑥	⑦	⑧	⑨	⓪
29	①	②	③	④	⑤	⑥	⑦	⑧	⑨	⓪
30	①	②	③	④	⑤	⑥	⑦	⑧	⑨	⓪
31	①	②	③	④	⑤	⑥	⑦	⑧	⑨	⓪
32	①	②	③	④	⑤	⑥	⑦	⑧	⑨	⓪
33	①	②	③	④	⑤	⑥	⑦	⑧	⑨	⓪
34	①	②	③	④	⑤	⑥	⑦	⑧	⑨	⓪
35	①	②	③	④	⑤	⑥	⑦	⑧	⑨	⓪
36	①	②	③	④	⑤	⑥	⑦	⑧	⑨	⓪
37	①	②	③	④	⑤	⑥	⑦	⑧	⑨	⓪
38	①	②	③	④	⑤	⑥	⑦	⑧	⑨	⓪
39	①	②	③	④	⑤	⑥	⑦	⑧	⑨	⓪
40	①	②	③	④	⑤	⑥	⑦	⑧	⑨	⓪
41	①	②	③	④	⑤	⑥	⑦	⑧	⑨	⓪
42	①	②	③	④	⑤	⑥	⑦	⑧	⑨	⓪
43	①	②	③	④	⑤	⑥	⑦	⑧	⑨	⓪
44	①	②	③	④	⑤	⑥	⑦	⑧	⑨	⓪
45	①	②	③	④	⑤	⑥	⑦	⑧	⑨	⓪
46	①	②	③	④	⑤	⑥	⑦	⑧	⑨	⓪
47	①	②	③	④	⑤	⑥	⑦	⑧	⑨	⓪
48	①	②	③	④	⑤	⑥	⑦	⑧	⑨	⓪
49	①	②	③	④	⑤	⑥	⑦	⑧	⑨	⓪
50	①	②	③	④	⑤	⑥	⑦	⑧	⑨	⓪

※ 145%に拡大していただくと，解答欄は実物大になります。

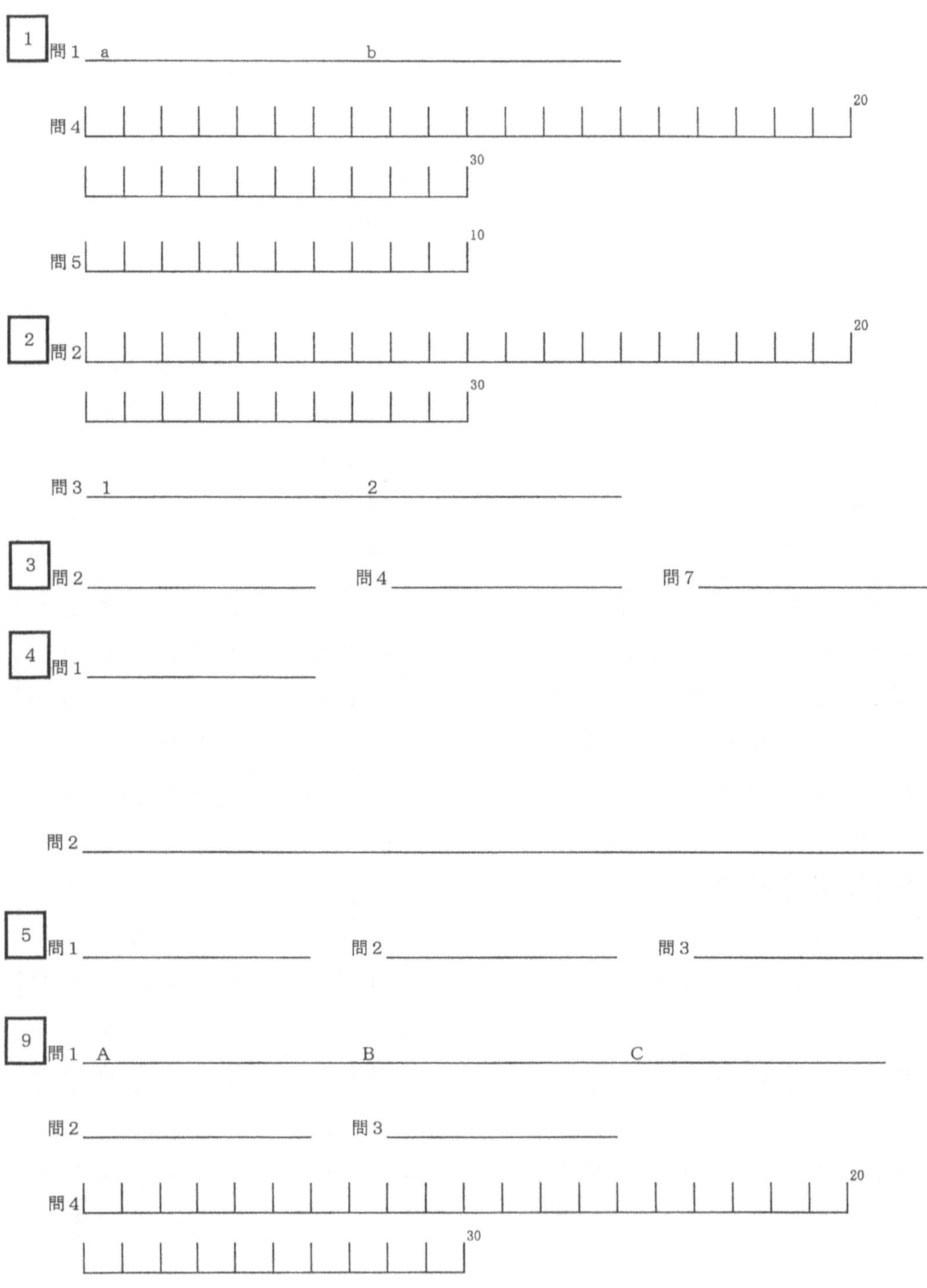

昭和学院秀英高等学校　2023年度

※145%に拡大していただくと、解答欄は実物大になります。

一　1　2　3　4　5（じる）

二　1　Ⅰ　Ⅱ　Ⅲ　2　3　4　5　6

三　1　Ⅰ　Ⅱ　2　3　4　5　6　7　8

四　1　①　②　2　3　4　5　6

昭和学院秀英高等学校　2022年度

◇数学◇

※ 159％に拡大していただくと，解答欄は実物大になります。

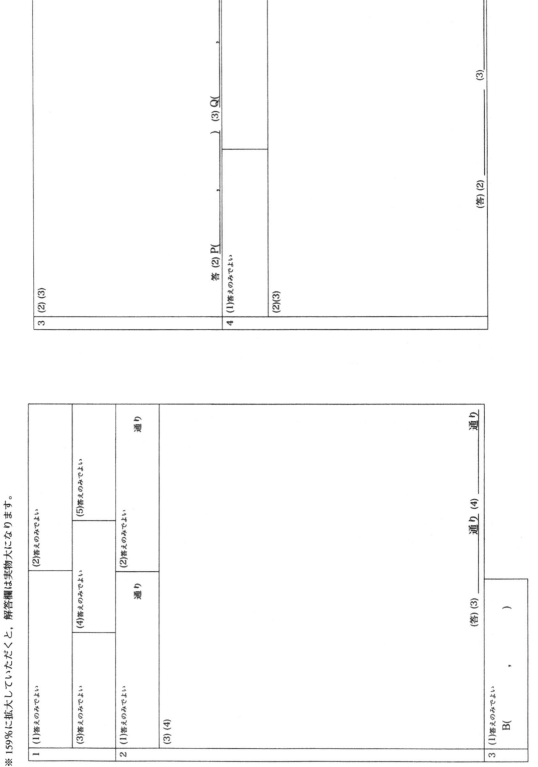

1	(1)答えのみでよい		(2)答えのみでよい
	(3)答えのみでよい	(4)答えのみでよい	(5)答えのみでよい
2	(1)答えのみでよい 通り		(2)答えのみでよい 通り
	(3) (4) (答) (3) ＿＿＿＿ 通り (4) ＿＿＿＿ 通り		
3	(1)答えのみでよい B(　　　,　　　)		

3	(2) (3) 答 (2) P(　　　,　　　) (3) Q(　　　,　　　)	
4	(1)答えのみでよい	
	(2)(3) (答) (2) ＿＿＿＿ (3) ＿＿＿＿	

昭和学院秀英高等学校　　2022年度

◇英語◇

※ 122%に拡大していただくと，解答欄は実物大になります。

マーク例　良い例　悪い例

問	解答欄
1	① ② ③ ④ ⑤ ⑥ ⑦ ⑧ ⑨ ⓪
2	① ② ③ ④ ⑤ ⑥ ⑦ ⑧ ⑨ ⓪
3	① ② ③ ④ ⑤ ⑥ ⑦ ⑧ ⑨ ⓪
4	① ② ③ ④ ⑤ ⑥ ⑦ ⑧ ⑨ ⓪
5	① ② ③ ④ ⑤ ⑥ ⑦ ⑧ ⑨ ⓪
6	① ② ③ ④ ⑤ ⑥ ⑦ ⑧ ⑨ ⓪
7	① ② ③ ④ ⑤ ⑥ ⑦ ⑧ ⑨ ⓪
8	① ② ③ ④ ⑤ ⑥ ⑦ ⑧ ⑨ ⓪
9	① ② ③ ④ ⑤ ⑥ ⑦ ⑧ ⑨ ⓪
10	① ② ③ ④ ⑤ ⑥ ⑦ ⑧ ⑨ ⓪
11	① ② ③ ④ ⑤ ⑥ ⑦ ⑧ ⑨ ⓪
12	① ② ③ ④ ⑤ ⑥ ⑦ ⑧ ⑨ ⓪
13	① ② ③ ④ ⑤ ⑥ ⑦ ⑧ ⑨ ⓪
14	① ② ③ ④ ⑤ ⑥ ⑦ ⑧ ⑨ ⓪
15	① ② ③ ④ ⑤ ⑥ ⑦ ⑧ ⑨ ⓪
16	① ② ③ ④ ⑤ ⑥ ⑦ ⑧ ⑨ ⓪
17	① ② ③ ④ ⑤ ⑥ ⑦ ⑧ ⑨ ⓪
18	① ② ③ ④ ⑤ ⑥ ⑦ ⑧ ⑨ ⓪
19	① ② ③ ④ ⑤ ⑥ ⑦ ⑧ ⑨ ⓪
20	① ② ③ ④ ⑤ ⑥ ⑦ ⑧ ⑨ ⓪
21	① ② ③ ④ ⑤ ⑥ ⑦ ⑧ ⑨ ⓪
22	① ② ③ ④ ⑤ ⑥ ⑦ ⑧ ⑨ ⓪
23	① ② ③ ④ ⑤ ⑥ ⑦ ⑧ ⑨ ⓪
24	① ② ③ ④ ⑤ ⑥ ⑦ ⑧ ⑨ ⓪
25	① ② ③ ④ ⑤ ⑥ ⑦ ⑧ ⑨ ⓪
26	① ② ③ ④ ⑤ ⑥ ⑦ ⑧ ⑨ ⓪
27	① ② ③ ④ ⑤ ⑥ ⑦ ⑧ ⑨ ⓪
28	① ② ③ ④ ⑤ ⑥ ⑦ ⑧ ⑨ ⓪
29	① ② ③ ④ ⑤ ⑥ ⑦ ⑧ ⑨ ⓪
30	① ② ③ ④ ⑤ ⑥ ⑦ ⑧ ⑨ ⓪
31	① ② ③ ④ ⑤ ⑥ ⑦ ⑧ ⑨ ⓪
32	① ② ③ ④ ⑤ ⑥ ⑦ ⑧ ⑨ ⓪
33	① ② ③ ④ ⑤ ⑥ ⑦ ⑧ ⑨ ⓪
34	① ② ③ ④ ⑤ ⑥ ⑦ ⑧ ⑨ ⓪
35	① ② ③ ④ ⑤ ⑥ ⑦ ⑧ ⑨ ⓪
36	① ② ③ ④ ⑤ ⑥ ⑦ ⑧ ⑨ ⓪
37	① ② ③ ④ ⑤ ⑥ ⑦ ⑧ ⑨ ⓪
38	① ② ③ ④ ⑤ ⑥ ⑦ ⑧ ⑨ ⓪
39	① ② ③ ④ ⑤ ⑥ ⑦ ⑧ ⑨ ⓪
40	① ② ③ ④ ⑤ ⑥ ⑦ ⑧ ⑨ ⓪
41	① ② ③ ④ ⑤ ⑥ ⑦ ⑧ ⑨ ⓪
42	① ② ③ ④ ⑤ ⑥ ⑦ ⑧ ⑨ ⓪
43	① ② ③ ④ ⑤ ⑥ ⑦ ⑧ ⑨ ⓪
44	① ② ③ ④ ⑤ ⑥ ⑦ ⑧ ⑨ ⓪
45	① ② ③ ④ ⑤ ⑥ ⑦ ⑧ ⑨ ⓪
46	① ② ③ ④ ⑤ ⑥ ⑦ ⑧ ⑨ ⓪
47	① ② ③ ④ ⑤ ⑥ ⑦ ⑧ ⑨ ⓪
48	① ② ③ ④ ⑤ ⑥ ⑦ ⑧ ⑨ ⓪
49	① ② ③ ④ ⑤ ⑥ ⑦ ⑧ ⑨ ⓪
50	① ② ③ ④ ⑤ ⑥ ⑦ ⑧ ⑨ ⓪

※ 159%に拡大していただくと，解答欄は実物大になります。

2

〔1〕 ＿＿＿＿

〔2〕 ＿＿＿＿ ＿＿＿＿ ＿＿＿＿ ＿＿＿＿

〔3〕 ＿＿＿＿

〔4〕 ＿＿＿＿ ＿＿＿＿ ＿＿＿＿

〔5〕 ＿＿＿＿ ＿＿＿＿ ＿＿＿＿ ＿＿＿＿

5

〔6〕 ＿＿＿＿＿＿＿＿＿＿＿＿＿＿＿＿

〔7〕 ＿＿＿＿＿＿＿＿＿＿＿＿＿＿＿＿

8

〔8〕 15 30 45 60 75 80

〔9〕 10 20

〔10〕 ＿＿＿＿＿＿＿＿＿＿＿＿＿＿＿＿

9

記入例を参考にすること。符号(, . ? ! など)は語数に含めない。

（書き出し） □ I agree. If they experience a part-time job,

□ I do not agree. Even if they experience a part-time job,

10 20 30 40 50 60 70

昭和学院秀英高等学校　2022年度

◇理科◇

※ 159%に拡大していただくと，解答欄は実物大になります。

1

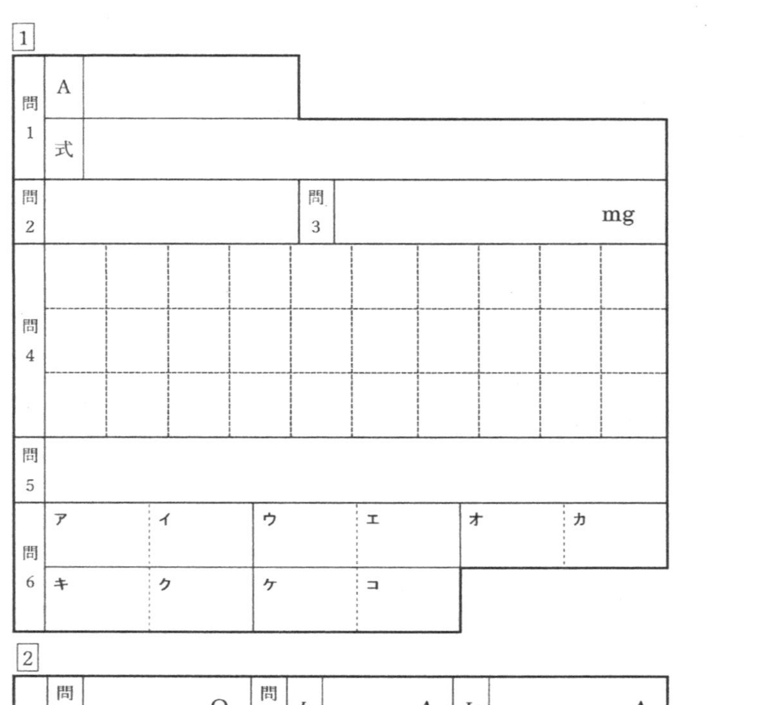

問1	A	
	式	
問2		
問3		mg
問4		
問5		
問6	ア	イ	ウ	エ	オ	カ
	キ	ク	ケ	コ		

2

1	問1	Ω	問2	I_1　A	I_2　A	
	問3	a		b		
2	問1	c		d		e
	問2	f		g		
3	問1	→ →	問2	→ →		

3

問1				
問2	B	C	D	E
問3				
問4	a	b		
	c	d		
問5				
問6				
問7				

4

問1	a	岩質	b	岩質	c　岩質
問2	a		b		c
問3	(1)	(2)	C	D	F
問4	(1)		(2)		

昭和学院秀英高等学校　　2022年度

◇社会◇

※ 122％に拡大していただくと，解答欄は実物大になります。

マーク例

良い例	悪い例
●	✓ ⦿ ◐

問	解答欄
1	① ② ③ ④ ⑤ ⑥ ⑦ ⑧ ⑨ ⓪
2	① ② ③ ④ ⑤ ⑥ ⑦ ⑧ ⑨ ⓪
3	① ② ③ ④ ⑤ ⑥ ⑦ ⑧ ⑨ ⓪
4	① ② ③ ④ ⑤ ⑥ ⑦ ⑧ ⑨ ⓪
5	① ② ③ ④ ⑤ ⑥ ⑦ ⑧ ⑨ ⓪
6	① ② ③ ④ ⑤ ⑥ ⑦ ⑧ ⑨ ⓪
7	① ② ③ ④ ⑤ ⑥ ⑦ ⑧ ⑨ ⓪
8	① ② ③ ④ ⑤ ⑥ ⑦ ⑧ ⑨ ⓪
9	① ② ③ ④ ⑤ ⑥ ⑦ ⑧ ⑨ ⓪
10	① ② ③ ④ ⑤ ⑥ ⑦ ⑧ ⑨ ⓪
11	① ② ③ ④ ⑤ ⑥ ⑦ ⑧ ⑨ ⓪
12	① ② ③ ④ ⑤ ⑥ ⑦ ⑧ ⑨ ⓪
13	① ② ③ ④ ⑤ ⑥ ⑦ ⑧ ⑨ ⓪
14	① ② ③ ④ ⑤ ⑥ ⑦ ⑧ ⑨ ⓪
15	① ② ③ ④ ⑤ ⑥ ⑦ ⑧ ⑨ ⓪
16	① ② ③ ④ ⑤ ⑥ ⑦ ⑧ ⑨ ⓪
17	① ② ③ ④ ⑤ ⑥ ⑦ ⑧ ⑨ ⓪
18	① ② ③ ④ ⑤ ⑥ ⑦ ⑧ ⑨ ⓪
19	① ② ③ ④ ⑤ ⑥ ⑦ ⑧ ⑨ ⓪
20	① ② ③ ④ ⑤ ⑥ ⑦ ⑧ ⑨ ⓪
21	① ② ③ ④ ⑤ ⑥ ⑦ ⑧ ⑨ ⓪
22	① ② ③ ④ ⑤ ⑥ ⑦ ⑧ ⑨ ⓪
23	① ② ③ ④ ⑤ ⑥ ⑦ ⑧ ⑨ ⓪
24	① ② ③ ④ ⑤ ⑥ ⑦ ⑧ ⑨ ⓪
25	① ② ③ ④ ⑤ ⑥ ⑦ ⑧ ⑨ ⓪
26	① ② ③ ④ ⑤ ⑥ ⑦ ⑧ ⑨ ⓪
27	① ② ③ ④ ⑤ ⑥ ⑦ ⑧ ⑨ ⓪
28	① ② ③ ④ ⑤ ⑥ ⑦ ⑧ ⑨ ⓪
29	① ② ③ ④ ⑤ ⑥ ⑦ ⑧ ⑨ ⓪
30	① ② ③ ④ ⑤ ⑥ ⑦ ⑧ ⑨ ⓪
31	① ② ③ ④ ⑤ ⑥ ⑦ ⑧ ⑨ ⓪
32	① ② ③ ④ ⑤ ⑥ ⑦ ⑧ ⑨ ⓪
33	① ② ③ ④ ⑤ ⑥ ⑦ ⑧ ⑨ ⓪
34	① ② ③ ④ ⑤ ⑥ ⑦ ⑧ ⑨ ⓪
35	① ② ③ ④ ⑤ ⑥ ⑦ ⑧ ⑨ ⓪
36	① ② ③ ④ ⑤ ⑥ ⑦ ⑧ ⑨ ⓪
37	① ② ③ ④ ⑤ ⑥ ⑦ ⑧ ⑨ ⓪
38	① ② ③ ④ ⑤ ⑥ ⑦ ⑧ ⑨ ⓪
39	① ② ③ ④ ⑤ ⑥ ⑦ ⑧ ⑨ ⓪
40	① ② ③ ④ ⑤ ⑥ ⑦ ⑧ ⑨ ⓪
41	① ② ③ ④ ⑤ ⑥ ⑦ ⑧ ⑨ ⓪
42	① ② ③ ④ ⑤ ⑥ ⑦ ⑧ ⑨ ⓪
43	① ② ③ ④ ⑤ ⑥ ⑦ ⑧ ⑨ ⓪
44	① ② ③ ④ ⑤ ⑥ ⑦ ⑧ ⑨ ⓪
45	① ② ③ ④ ⑤ ⑥ ⑦ ⑧ ⑨ ⓪
46	① ② ③ ④ ⑤ ⑥ ⑦ ⑧ ⑨ ⓪
47	① ② ③ ④ ⑤ ⑥ ⑦ ⑧ ⑨ ⓪
48	① ② ③ ④ ⑤ ⑥ ⑦ ⑧ ⑨ ⓪
49	① ② ③ ④ ⑤ ⑥ ⑦ ⑧ ⑨ ⓪
50	① ② ③ ④ ⑤ ⑥ ⑦ ⑧ ⑨ ⓪

※ 145%に拡大していただくと，解答欄は実物大になります。

1 問1［i］＿＿＿＿＿＿＿＿方式

［ii］（20字）

問2（60字）

問4＿＿＿＿＿＿

問5（90字）

2 問7（10字）

3 問6［2］（2字）

4 問4（50字）

問6 b＿＿＿＿＿＿ d＿＿＿＿＿＿

5 問1 A＿＿＿＿ B＿＿＿＿ C＿＿＿＿

6 問4＿＿＿＿＿＿＿＿

昭和学院秀英高等学校　２０２２年度

◇国語◇

※１４５％に拡大していただくと、解答欄は実物大になります。

一

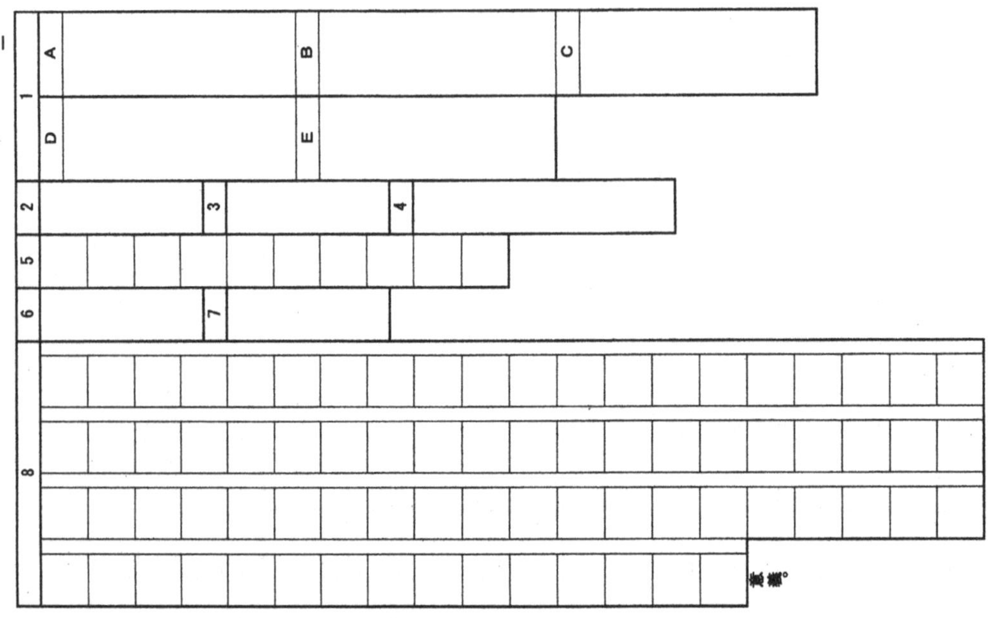

二

1 X Y　2 A B

3　4

5

6　7

三

1　2 ①　③

3 最初　最後

4　5

6

昭和学院秀英高等学校　2021年度

◇数学◇

※ 156％に拡大していただくと，解答欄は実物大になります。

1	(1)答えのみでよい		(2)答えのみでよい
	(3)答えのみでよい $(a\ ,\ b)=(\qquad ,\qquad)$	(4)答えのみでよい	(5)答えのみでよい

2	(1) 答えのみでよい A(　　,　　), B(　　,　　)	(2) 答えのみでよい
	(3) 答えのみでよい C(　　,　　)	
	(4) (答)	

3	(1)答えのみでよい	(2)答えのみでよい
	(3) (答)	

4	(1)答えのみでよい	(2)答えのみでよい
	(3) (答) $(p\ ,\ q)=$	

昭和学院秀英高等学校　　2021年度　　　　◇英語◇

※ 122%に拡大していただくと，解答欄は実物大になります。

マーク例

良い例	悪い例
●	✓ ⦿ ◐

問	解答欄
1	① ② ③ ④ ⑤ ⑥ ⑦ ⑧ ⑨ ⓪
2	① ② ③ ④ ⑤ ⑥ ⑦ ⑧ ⑨ ⓪
3	① ② ③ ④ ⑤ ⑥ ⑦ ⑧ ⑨ ⓪
4	① ② ③ ④ ⑤ ⑥ ⑦ ⑧ ⑨ ⓪
5	① ② ③ ④ ⑤ ⑥ ⑦ ⑧ ⑨ ⓪
6	① ② ③ ④ ⑤ ⑥ ⑦ ⑧ ⑨ ⓪
7	① ② ③ ④ ⑤ ⑥ ⑦ ⑧ ⑨ ⓪
8	① ② ③ ④ ⑤ ⑥ ⑦ ⑧ ⑨ ⓪
9	① ② ③ ④ ⑤ ⑥ ⑦ ⑧ ⑨ ⓪
10	① ② ③ ④ ⑤ ⑥ ⑦ ⑧ ⑨ ⓪
11	① ② ③ ④ ⑤ ⑥ ⑦ ⑧ ⑨ ⓪
12	① ② ③ ④ ⑤ ⑥ ⑦ ⑧ ⑨ ⓪
13	① ② ③ ④ ⑤ ⑥ ⑦ ⑧ ⑨ ⓪
14	① ② ③ ④ ⑤ ⑥ ⑦ ⑧ ⑨ ⓪
15	① ② ③ ④ ⑤ ⑥ ⑦ ⑧ ⑨ ⓪
16	① ② ③ ④ ⑤ ⑥ ⑦ ⑧ ⑨ ⓪
17	① ② ③ ④ ⑤ ⑥ ⑦ ⑧ ⑨ ⓪
18	① ② ③ ④ ⑤ ⑥ ⑦ ⑧ ⑨ ⓪
19	① ② ③ ④ ⑤ ⑥ ⑦ ⑧ ⑨ ⓪
20	① ② ③ ④ ⑤ ⑥ ⑦ ⑧ ⑨ ⓪
21	① ② ③ ④ ⑤ ⑥ ⑦ ⑧ ⑨ ⓪
22	① ② ③ ④ ⑤ ⑥ ⑦ ⑧ ⑨ ⓪
23	① ② ③ ④ ⑤ ⑥ ⑦ ⑧ ⑨ ⓪
24	① ② ③ ④ ⑤ ⑥ ⑦ ⑧ ⑨ ⓪
25	① ② ③ ④ ⑤ ⑥ ⑦ ⑧ ⑨ ⓪
26	① ② ③ ④ ⑤ ⑥ ⑦ ⑧ ⑨ ⓪
27	① ② ③ ④ ⑤ ⑥ ⑦ ⑧ ⑨ ⓪
28	① ② ③ ④ ⑤ ⑥ ⑦ ⑧ ⑨ ⓪
29	① ② ③ ④ ⑤ ⑥ ⑦ ⑧ ⑨ ⓪
30	① ② ③ ④ ⑤ ⑥ ⑦ ⑧ ⑨ ⓪
31	① ② ③ ④ ⑤ ⑥ ⑦ ⑧ ⑨ ⓪
32	① ② ③ ④ ⑤ ⑥ ⑦ ⑧ ⑨ ⓪
33	① ② ③ ④ ⑤ ⑥ ⑦ ⑧ ⑨ ⓪
34	① ② ③ ④ ⑤ ⑥ ⑦ ⑧ ⑨ ⓪
35	① ② ③ ④ ⑤ ⑥ ⑦ ⑧ ⑨ ⓪
36	① ② ③ ④ ⑤ ⑥ ⑦ ⑧ ⑨ ⓪
37	① ② ③ ④ ⑤ ⑥ ⑦ ⑧ ⑨ ⓪
38	① ② ③ ④ ⑤ ⑥ ⑦ ⑧ ⑨ ⓪
39	① ② ③ ④ ⑤ ⑥ ⑦ ⑧ ⑨ ⓪
40	① ② ③ ④ ⑤ ⑥ ⑦ ⑧ ⑨ ⓪
41	① ② ③ ④ ⑤ ⑥ ⑦ ⑧ ⑨ ⓪
42	① ② ③ ④ ⑤ ⑥ ⑦ ⑧ ⑨ ⓪
43	① ② ③ ④ ⑤ ⑥ ⑦ ⑧ ⑨ ⓪
44	① ② ③ ④ ⑤ ⑥ ⑦ ⑧ ⑨ ⓪
45	① ② ③ ④ ⑤ ⑥ ⑦ ⑧ ⑨ ⓪
46	① ② ③ ④ ⑤ ⑥ ⑦ ⑧ ⑨ ⓪
47	① ② ③ ④ ⑤ ⑥ ⑦ ⑧ ⑨ ⓪
48	① ② ③ ④ ⑤ ⑥ ⑦ ⑧ ⑨ ⓪
49	① ② ③ ④ ⑤ ⑥ ⑦ ⑧ ⑨ ⓪
50	① ② ③ ④ ⑤ ⑥ ⑦ ⑧ ⑨ ⓪

※ 149%に拡大していただくと，解答欄は実物大になります。

1-問4

3

[1]

[2]

[3]

6-問3

[a] [b] [c]

[d] [e]

6-問4

7

Dear Ms. Brown,

[1]

[2]

[3]

Sincerely,
Yuri

昭和学院秀英高等学校　2021年度

◇理科◇

※ 149%に拡大していただくと，解答欄は実物大になります。

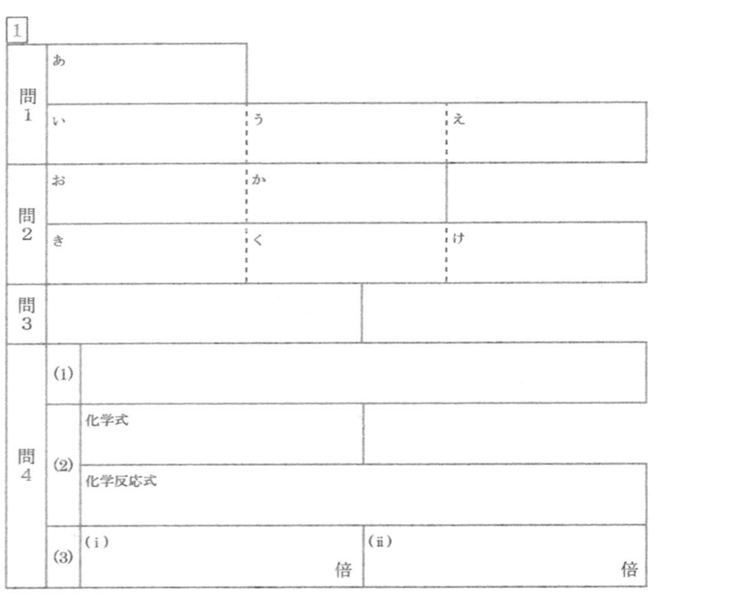

1

問1	あ		
	い	う	え
問2	お	か	
	き	く	け
問3			
問4 (1)			
問4 (2)	化学式		
	化学反応式		
問4 (3)	(i)　倍	(ii)　倍	

2

問1	秒後	問2	m	問3	秒後
問4		問5		問6	m

3

問1	N	問2	台	問3	N
問4	m	問5	文 / グラフ		

4

問1		問2	

5

問1	環境			時代
問2		問3		
問4	記号	名称	問5	
問6				
問7	6番目	9番目		

6

問1	あ	い	う	え
問2 (1)	(　　)→(　　)→(　　)→(　　)→(　　)			
問2 (2)	種子		果実	
問3	系統		法則名	
問4	AA : Aa : aa ＝ ＿＿ : ＿＿ : ＿＿			
問5	「(あ) 生殖」			
	「(う) 生殖」			

昭和学院秀英高等学校　2021年度　　◇社会◇

※ 145%に拡大していただくと，解答欄は実物大になります。

1
問1 ＿＿＿＿＿＿構造線

問2 Y＿＿＿＿＿＿プレート　Z＿＿＿＿＿＿プレート　問3＿＿＿＿　問4＿＿＿＿

問5 （60字）

2
問1＿＿＿＿　問2＿＿＿＿

問3 (1)（40字）

(2)＿＿＿＿　問4＿＿＿＿　問5＿＿＿＿

3
問1 (1)＿＿ (2)＿＿ (3)＿＿ (4)＿＿ (5)＿＿ (6)＿＿

問2 A＿＿＿＿ B＿＿＿＿ C＿＿＿＿　問3＿＿＿＿

問4 ＿＿ → ＿＿ → ＿＿ → ＿＿　問5＿＿＿＿

問6 (1)（60字）

(2)＿＿＿＿　問7 ＿＿ → ＿＿ → ＿＿ → ＿＿

4
問1＿＿＿＿　問2＿＿＿＿　問3＿＿＿＿　問4＿＿＿＿

問5＿＿＿＿　問6＿＿＿＿　問7＿＿＿＿

問8＿＿＿＿　問9＿＿＿＿　問10＿＿＿＿　問11＿＿＿＿

問12＿＿＿＿

◇国語◇

昭和学院秀英高等学校　２０２１年度

※１４３％に拡大していただくと、解答欄は実物大になります。

一

1 A　B　C　D　E

2

3

4

5

6

7

二

1 A　B

2

3

4

5

6

三

1　2

3　4

5

6

7

昭和学院秀英高等学校　2020年度

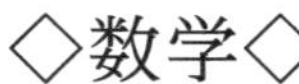

◇数学◇

※174%に拡大していただくと，解答欄は実物大になります。

1

- (1)答えのみでよい
- (2)答えのみでよい
- (3)答えのみでよい
- (4)答えのみでよい　　通り
- (5)答えのみでよい

2

- (1)　(答)
- (2)　(答) C(　　,　　)
- (3)　(答) C(　　,　　)

3

- (1)　(答)
- (2)　(答)

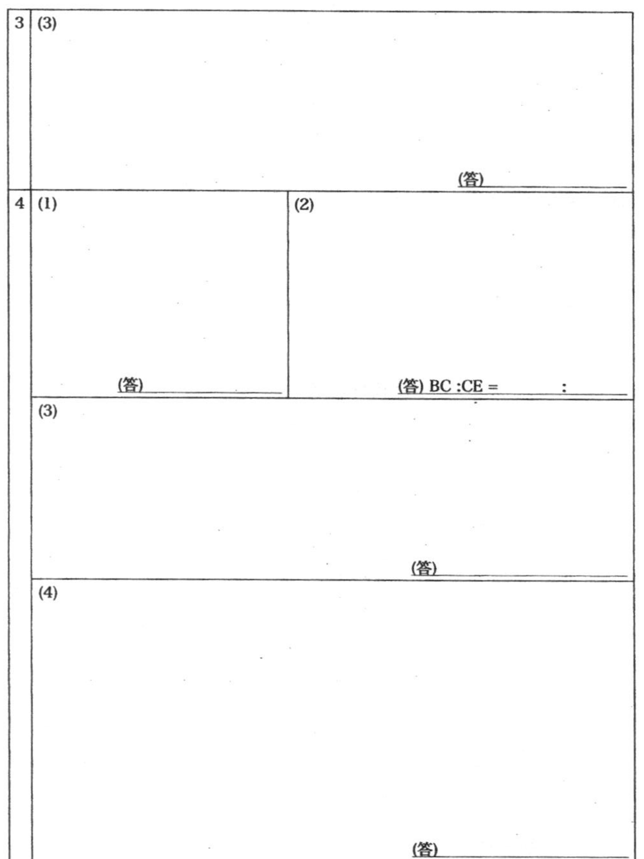

3

- (3)　(答)

4

- (1)　(答)
- (2)　(答) BC :CE = 　:
- (3)　(答)
- (4)　(答)

昭和学院秀英高等学校　2020年度

◇英語◇

※この解答用紙は125%に拡大していただくと，実物大になります。

マーク例　良い例　悪い例

問	解答欄	問	解答欄	問	解答欄	問	解答欄	問	解答欄
1	①②③④⑤⑥⑦⑧⑨⓪	11	①②③④⑤⑥⑦⑧⑨⓪	21	①②③④⑤⑥⑦⑧⑨⓪	31	①②③④⑤⑥⑦⑧⑨⓪	41	①②③④⑤⑥⑦⑧⑨⓪
2	①②③④⑤⑥⑦⑧⑨⓪	12	①②③④⑤⑥⑦⑧⑨⓪	22	①②③④⑤⑥⑦⑧⑨⓪	32	①②③④⑤⑥⑦⑧⑨⓪	42	①②③④⑤⑥⑦⑧⑨⓪
3	①②③④⑤⑥⑦⑧⑨⓪	13	①②③④⑤⑥⑦⑧⑨⓪	23	①②③④⑤⑥⑦⑧⑨⓪	33	①②③④⑤⑥⑦⑧⑨⓪	43	①②③④⑤⑥⑦⑧⑨⓪
4	①②③④⑤⑥⑦⑧⑨⓪	14	①②③④⑤⑥⑦⑧⑨⓪	24	①②③④⑤⑥⑦⑧⑨⓪	34	①②③④⑤⑥⑦⑧⑨⓪	44	①②③④⑤⑥⑦⑧⑨⓪
5	①②③④⑤⑥⑦⑧⑨⓪	15	①②③④⑤⑥⑦⑧⑨⓪	25	①②③④⑤⑥⑦⑧⑨⓪	35	①②③④⑤⑥⑦⑧⑨⓪	45	①②③④⑤⑥⑦⑧⑨⓪
6	①②③④⑤⑥⑦⑧⑨⓪	16	①②③④⑤⑥⑦⑧⑨⓪	26	①②③④⑤⑥⑦⑧⑨⓪	36	①②③④⑤⑥⑦⑧⑨⓪	46	①②③④⑤⑥⑦⑧⑨⓪
7	①②③④⑤⑥⑦⑧⑨⓪	17	①②③④⑤⑥⑦⑧⑨⓪	27	①②③④⑤⑥⑦⑧⑨⓪	37	①②③④⑤⑥⑦⑧⑨⓪	47	①②③④⑤⑥⑦⑧⑨⓪
8	①②③④⑤⑥⑦⑧⑨⓪	18	①②③④⑤⑥⑦⑧⑨⓪	28	①②③④⑤⑥⑦⑧⑨⓪	38	①②③④⑤⑥⑦⑧⑨⓪	48	①②③④⑤⑥⑦⑧⑨⓪
9	①②③④⑤⑥⑦⑧⑨⓪	19	①②③④⑤⑥⑦⑧⑨⓪	29	①②③④⑤⑥⑦⑧⑨⓪	39	①②③④⑤⑥⑦⑧⑨⓪	49	①②③④⑤⑥⑦⑧⑨⓪
10	①②③④⑤⑥⑦⑧⑨⓪	20	①②③④⑤⑥⑦⑧⑨⓪	30	①②③④⑤⑥⑦⑧⑨⓪	40	①②③④⑤⑥⑦⑧⑨⓪	50	①②③④⑤⑥⑦⑧⑨⓪

※167％に拡大していただくと，解答欄は実物大になります。

1-(5)　記入例を参考にすること。符号(, . ? ! など)は語数に含めない。

(記入例)

I　can't　go , sorry . We

(書き始め) □ [A] I would like to try being a weekday vegetarian.

□ [B] I don't think I can give up hamburgers.

10

20

30

3　1)

2)

7　問3

問4

•

•

8

Dear Ms. Michelle Green,

Best regards,
Naomi Suzuki

昭和学院秀英高等学校　2020年度

◇理科◇

※105％に拡大していただくと，解答欄は実物大になります。

1

問1		問2	a	b	問3	

問4　様子

理由　アルミニウムが　　　　反応をするから。

問5		問6	mg

問7　記号

2

問1	(1)　　度	(2)　　度	(3)　　度	(4)　：　：
問2	a	b	c	d

3

問1	a	b	c	d	問2	
問3	C	D				

4

問1					問2	図	理由	問3		問4	

問5	(1)a	b	c	(2)

5

問1

F_3：（　　）が（　　）を（　　）力

F_4：（　　）が（　　）を（　　）力

問2		問3		問4	
問5		問6	N	問7	N
問8	糸b　N	斜面　N			

昭和学院秀英高等学校　2020年度　　◇社会◇

※152％に拡大していただくと，解答欄は実物大になります。

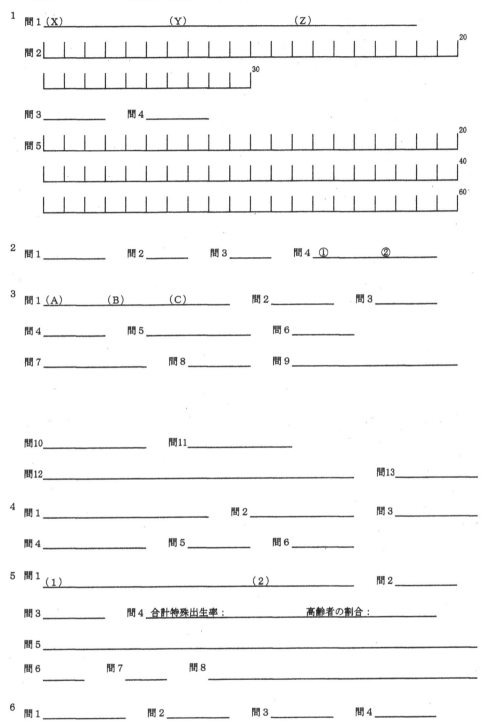

1 問1（X）　（Y）　（Z）

問2 （30字）

問3　問4

問5 （60字）

2 問1　問2　問3　問4 ①　②

3 問1（A）　（B）　（C）　問2　問3

問4　問5　問6

問7　問8　問9

問10　問11

問12　問13

4 問1　問2　問3

問4　問5　問6

5 問1（1）　（2）　問2

問3　問4 合計特殊出生率：　高齢者の割合：

問5

問6　問7　問8

6 問1　問2　問3　問4

昭和学院秀英高等学校　２０２０年度

※１５６％に拡大していただくと、解答欄は実物大になります。

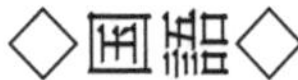

一

1　A　B　C　D　E
2　3
4　Ⅰ　Ⅱ
5　6　7
8

二

1　Ⅰ　Ⅱ　2　Ⅲ　Ⅳ　3
4
5　6　7
8
9

三

1　2　3
4　5　6　7

～公立高校志望の皆様に愛されるロングセラーシリーズ～

公立高校入試シリーズ

・全国の都道府県公立高校入試問題から良問を厳選
※実力錬成編には独自問題も！
・見やすい紙面、わかりやすい解説

数学

合格のために必要な点数をゲット

目標得点別・公立入試の数学　基礎編

- 効率的に対策できる！　30・50・70点の目標得点別の章立て
- web解説には豊富な例題167問！
- 実力確認用の総まとめテストつき

定価：1,210 円（本体 1,100 円 + 税 10%）／ ISBN：978-4-8141-2558-6

応用問題の頻出パターンをつかんで80点の壁を破る！

実戦問題演習・公立入試の数学　実力錬成編

- 応用問題の頻出パターンを網羅
- 難問にはweb解説で追加解説を掲載
- 実力確認用の総まとめテストつき

定価：1,540 円（本体 1,400 円 + 税 10%）／ ISBN：978-4-8141-2560-9

英語

「なんとなく」ではなく確実に長文読解・英作文が解ける

実戦問題演習・公立入試の英語　基礎編

- 解き方がわかる！　問題内にヒント入り
- ステップアップ式で確かな実力がつく

定価：1,100 円（本体 1,000 円 + 税 10%）／ ISBN：978-4-8141-2123-6

公立難関・上位校合格のためのゆるがぬ実戦力を身につける

実戦問題演習・公立入試の英語　実力錬成編

- 総合読解・英作文問題へのアプローチ手法がつかめる
- 文法、構文、表現を一つひとつ詳しく解説

定価：1,320 円（本体 1,200 円 + 税 10%）／ ISBN：978-4-8141-2169-4

理科

短期間で弱点補強・総仕上げ

実戦問題演習・公立入試の理科

- 解き方のコツがつかめる!　豊富なヒント入り
- 基礎～思考・表現を問う問題まで重要項目を網羅

定価：1,045 円（本体 950 円 + 税 10%）
ISBN：978-4-8141-0454-3

社会

弱点補強・総合力で社会が武器になる

実戦問題演習・公立入試の社会

- 基礎から学び弱点を克服!　豊富なヒント入り
- 分野別総合・分野複合の融合などあらゆる問題形式を網羅
  ※時事用語集を弊社HPで無料配信

定価：1,045 円（本体 950 円 + 税 10%）
ISBN：978-4-8141-0455-0

国語

最後まで解ききれる力をつける

形式別演習・公立入試の国語

- 解き方がわかる!　問題内にヒント入り
- 基礎～標準レベルの問題で確かな基礎力を築く
- 実力確認用の総合テストつき

定価：1,045 円（本体 950 円 + 税 10%）
ISBN：978-4-8141-0453-6

東京学参の

高校別入試過去問題シリーズ

＊出版校は一部変更することがあります。一覧にない学校はお問い合わせください。

東京ラインナップ

あ　愛国高校(A59)
青山学院高等部(A16)★
桜美林高校(A37)
お茶の水女子大附属高校(A04)
か　開成高校(A05)★
共立女子第二高校(A40)★
慶應義塾女子高校(A13)
啓明学園高校(A68)★
国学院高校(A30)
国学院大久我山高校(A31)
国際基督教大高校(A06)
小平錦城高校(A61)★
駒澤大高校(A32)
さ　芝浦工業大附属高校(A35)
修徳高校(A52)
城北高校(A21)
専修大附属高校(A28)
創価高校(A66)★
た　拓殖大第一高校(A53)
立川女子高校(A41)
玉川学園高等部(A56)
中央大高校(A19)
中央大杉並高校(A18)★
中央大附属高校(A17)
筑波大附属高校(A01)
筑波大附属駒場高校(A02)
帝京大高校(A60)
東海大菅生高校(A42)
東京学芸大附属高校(A03)
東京農業大第一高校(A39)
桐朋高校(A15)
都立青山高校(A73)★
都立国立高校(A76)★
都立国際高校(A80)★
都立国分寺高校(A78)★
都立新宿高校(A77)★
都立墨田川高校(A81)★
都立立川高校(A75)★
都立戸山高校(A72)★
都立西高校(A71)★
都立八王子東高校(A74)★
都立日比谷高校(A70)★
な　日本大櫻丘高校(A25)
日本大第一高校(A50)
日本大第三高校(A48)
日本大第二高校(A27)
日本大鶴ヶ丘高校(A26)
日本大豊山高校(A23)
は　八王子学園八王子高校(A64)
法政大高校(A29)
ま　明治学院高校(A38)
明治学院東村山高校(A49)
明治大付属中野高校(A33)
明治大付属八王子高校(A67)
明治大付属明治高校(A34)★
明法高校(A63)
わ　早稲田実業学校高等部(A09)
早稲田大高等学院(A07)

神奈川ラインナップ

あ　麻布大附属高校(B04)
アレセイア湘南高校(B24)
か　慶應義塾高校(A11)
神奈川県公立高校特色検査(B00)
さ　相洋高校(B18)
た　立花学園高校(B23)
桐蔭学園高校(B01)
東海大付属相模高校(B03)★
桐光学園高校(B11)
な　日本大高校(B06)
日本大藤沢高校(B07)
は　平塚学園高校(B22)
藤沢翔陵高校(B08)
法政大国際高校(B17)
法政大第二高校(B02)★
や　山手学院高校(B09)
横須賀学院高校(B20)
横浜商科大高校(B05)
横浜市立横浜サイエンスフロンティア高校(B70)
横浜翠陵高校(B14)
横浜清風高校(B10)
横浜創英高校(B21)
横浜隼人高校(B16)
横浜富士見丘学園高校(B25)

千葉ラインナップ

あ　愛国学園大附属四街道高校(C26)
我孫子二階堂高校(C17)
市川高校(C01)★
か　敬愛学園高校(C15)
さ　芝浦工業大柏高校(C09)
渋谷教育学園幕張高校(C16)★
翔凜高校(C34)
昭和学院秀英高校(C23)
専修大松戸高校(C02)
た　千葉英和高校(C18)
千葉敬愛高校(C05)
千葉経済大附属高校(C27)
千葉日本大第一高校(C06)★
千葉明徳高校(C20)
千葉黎明高校(C24)
東海大付属浦安高校(C03)
東京学館高校(C14)
東京学館浦安高校(C31)
な　日本体育大柏高校(C30)
日本大習志野高校(C07)
は　日出学園高校(C08)
や　八千代松陰高校(C12)
ら　流通経済大付属柏高校(C19)★

埼玉ラインナップ

あ　浦和学院高校(D21)
大妻嵐山高校(D04)★
か　開智高校(D08)
開智未来高校(D13)★
春日部共栄高校(D07)
川越東高校(D12)
慶應義塾志木高校(A12)
さ　埼玉栄高校(D09)
栄東高校(D14)
狭山ヶ丘高校(D24)
昌平高校(D23)
西武学園文理高校(D10)
西武台高校(D06)
た　東京農業大第三高校(D18)
は　武南高校(D05)
本庄東高校(D20)
や　山村国際高校(D19)
ら　立教新座高校(A14)
わ　早稲田大本庄高等学院(A10)

北関東・甲信越ラインナップ

あ　愛国学園大附属龍ヶ崎高校(E07)
宇都宮短大附属高校(E24)
か　鹿島学園高校(E08)
霞ヶ浦高校(E03)
共愛学園高校(E31)
甲陵高校(E43)
国立高等専門学校(A00)
さ　作新学院高校
（トップ英進・英進部）(E21)
（情報科学・総合進学部）(E22)
常総学院高校(E04)
た　中越高校(R03)＊
土浦日本大高校(E01)
東洋大附属牛久高校(E02)
な　新潟青陵高校(R02)
新潟明訓高校(R04)
日本文理高校(R01)
は　白鷗大足利高校(E25)
ま　前橋育英高校(E32)
や　山梨学院高校(E41)

中京圏ラインナップ

あ　愛知高校(F02)
愛知啓成高校(F09)
愛知工業大名電高校(F06)
愛知みずほ大瑞穂高校(F25)
暁高校（３年制）(F50)
鶯谷高校(F60)
栄徳高校(F29)
桜花学園高校(F14)
岡崎城西高校(F34)
か　岐阜聖徳学園高校(F62)
岐阜東高校(F61)
享栄高校(F18)
さ　桜丘高校(F36)
至学館高校(F19)
椙山女学園高校(F10)
鈴鹿高校(F53)
星城高校(F27)★
誠信高校(F33)
清林館高校(F16)★
た　大成高校(F28)
大同大大同高校(F30)
高田高校(F51)
滝高校(F03)★
中京高校(F63)
中京大附属中京高校(F11)★
中部大春日丘高校(F26)★
中部大第一高校(F32)
津田学園高校(F54)
東海高校(F04)★
東海学園高校(F20)
東邦高校(F12)
同朋高校(F22)
豊田大谷高校(F35)
な　名古屋高校(F13)
名古屋大谷高校(F23)
名古屋経済大市邨高校(F08)
名古屋経済大高蔵高校(F05)
名古屋女子大高校(F24)
名古屋たちばな高校(F21)
日本福祉大付属高校(F17)
人間環境大附属岡崎高校(F37)
は　光ヶ丘女子高校(F38)
誉高校(F31)
ま　三重高校(F52)
名城大附属高校(F15)

宮城ラインナップ

さ　尚絅学院高校(G02)
聖ウルスラ学院英智高校(G01)★
聖和学園高校(G05)
仙台育英学園高校(G04)
仙台城南高校(G06)
仙台白百合学園高校(G12)
た　東北学院高校(G03)★
東北学院榴ヶ岡高校(G08)
東北高校(G11)
東北生活文化大高校(G10)
常盤木学園高校(G07)
は　古川学園高校(G13)
ま　宮城学院高校(G09)★

北海道ラインナップ

さ　札幌光星高校(H06)
札幌静修高校(H09)
札幌第一高校(H01)
札幌北斗高校(H04)
札幌龍谷学園高校(H08)
は　北海高校(H03)
北海学園札幌高校(H07)
北海道科学大高校(H05)
ら　立命館慶祥高校(H02)

★はリスニング音声データのダウンロード付き。

都道府県別 公立高校入試過去問 シリーズ

- 全国47都道府県別に出版
- 最近数年間の検査問題収録
- リスニングテスト音声対応

公立高校入試対策 問題集シリーズ

- 目標得点別・公立入試の数学（基礎編）
- 実戦問題演習・公立入試の数学（実力錬成編）
- 実戦問題演習・公立入試の英語（基礎編・実力錬成編）
- 形式別演習・公立入試の国語
- 実戦問題演習・公立入試の理科
- 実戦問題演習・公立入試の社会

高校入試特訓問題集 シリーズ

- 英語長文難関攻略33選（改訂版）
- 英語長文テーマ別難関攻略30選
- 英文法難関攻略20選
- 英語難関徹底攻略33選
- 古文完全攻略63選（改訂版）
- 国語融合問題完全攻略30選
- 国語長文難関徹底攻略30選
- 国語知識問題完全攻略13選
- 数学の図形と関数・グラフの融合問題完全攻略272選
- 数学難関徹底攻略700選
- 数学の難問80選
- 数学　思考力―規則性とデータの分析と活用―

2404A

〈ダウンロードコンテンツについて〉

本問題集のダウンロードコンテンツ、弊社ホームページで配信しております。現在ご利用いただけるのは「2025年度受験用」に対応したもので、**2025年3月末日**までダウンロード可能です。弊社ホームページにアクセスの上、ご利用ください。
※配信期間が終了いたしますと、ご利用いただけませんのでご了承ください。

高校別入試過去問題シリーズ

昭和学院秀英高等学校　2025年度

ISBN978-4-8141-2999-7

[発行所] 東京学参株式会社
〒153-0043　東京都目黒区東山2-6-4

書籍の内容についてのお問い合わせは右のQRコードから　⇒

※書籍の内容についてのお電話でのお問い合わせ、本書の内容を超えたご質問には対応できませんのでご了承ください。

2024年5月30日　初版